suhrkamp taschenbuch 2916

»Wer diese Erzählungen nicht liest, ist verloren. Sie nicht zu lesen ist eine schwere, schleichende Krankheit, die mit der Zeit schreckliche Folgen haben kann. Ähnlich wie jemand, der nie einen Pfirsich gekostet hat. Er würde langsam melancholisch werden und immer blasser, vielleicht würden ihm nach und nach die Haare ausfallen.«

Pablo Neruda

Julio Cortázars weltweiter Ruf als »phantastischer« Autor gründet vor allem auf seinen Erzählungen. Die in Band 1 enthaltenen Geschichten wie *Bestiarium*, *Axolotl*, *Das besetzte Haus* und *Die Nacht auf dem Rücken* sind selbstverständlicher Bestandteil der Weltliteratur und Beginn der einzigartigen Meisterschaft des argentinischen Autors.

»Die wahre Rebellion Cortázars findet in seinen Erzählungen statt. In ihnen experimentierte Cortázar nicht: er fand, er entdeckte, er schuf etwas Unvergängliches«, so Mario Vargas Llosa in seinem Vorwort.

Julio Cortázar, 1914 in Brüssel geboren, lebte bis 1951 in Buenos Aires und ist 1984 in Paris gestorben. Sein umfangreiches Gesamtwerk weist ihn als einen der bedeutendsten Autoren des 20. Jahrhunderts aus.

Julio Cortázar
Die Nacht auf dem Rücken

Die Erzählungen

Band 1

Aus dem Spanischen von
Rudolf Wittkopf und
Wolfgang Promies

Mit einem Vorwort von
Mario Vargas Llosa

Suhrkamp

Dieser Band folgt der Ausgabe
Julio Cortázar, Die Erzählungen,
Suhrkamp Verlag Frankfurt am Main 1998.
Die Originalausgabe erschien 1994 unter dem Titel
Cuentos completos bei Alfaguara, Madrid.

Die Sammlungen *Das andere Ufer* und *Bestiarium*
übersetzte Rudolf Wittkopf, die Sammlung
Ende des Spiels Wolfgang Promies.

Erste Auflage 2019
suhrkamp taschenbuch 2916

Printed in Germany
Umschlag: Brian Barth
ISBN 978-3-518-24226-1

Julio Cortázar

Die Erzählungen

Band 1

Inhaltsübersicht

Vorwort

Die Trompete von Deyá

für Aurora Bernárdez

An jenem Sonntag im Jahre 1984 hatte ich mich gerade an meinen Schreibtisch gesetzt, um einen Artikel zu schreiben, als das Telefon klingelte. Ich tat etwas, was ich schon damals so gut wie nie tat: ich nahm den Hörer ab. »Julio Cortázar ist gestorben«, befahl die Stimme des Journalisten. »Diktieren Sie mir Ihren Kommentar.«

Ich dachte an einen Vers von César Vallejo – »Spanier, aus grobem Holz geschnitzt« –, stammelte etwas und gehorchte. Aber statt an jenem Sonntag den Artikel zu schreiben, verbrachte ich den Tag damit, in einigen seiner Bücher zu blättern und ein paar seiner Erzählungen und Seiten seiner Romane zu lesen, die ich in lebhafter Erinnerung bewahrte. Lange Zeit hatte ich nichts mehr von ihm gehört. Ich wußte nichts von seiner zähen Krankheit und seinem schmerzhaften Todeskampf. Aber ich freute mich, als ich erfuhr, daß Aurora in diesen letzten Monaten an seiner Seite gewesen war und daß er dank ihr ein schlichtes Begräbnis erhalten hatte, ohne die zu erwartenden Possen der revolutionären Raben, die ihn in den letzten Jahren so sehr ausgenutzt hatten.

Ich hatte die beiden vor einem Vierteljahrhundert bei einem gemeinsamen Freund in Paris kennengelernt, und seitdem und bis zu jenem letzten Mal, daß ich sie beide zusammen sah, 1967 in Griechenland – wo wir drei auf einer internationalen Konferenz über Baumwolle als Übersetzer tätig waren –, hatte ich immer wieder über das Schauspiel gestaunt, das einem geboten wurde, wenn man Aurora und Julio im Tandem sprechen sah und hörte. Wir übrigen schienen alle überflüssig zu sein. Alles, was sie sagten, war intelligent, kultiviert, amüsant, lebendig. Oft dachte ich: ›Sie können nicht immer so sein. Sie proben diese Gespräche bei sich zu Hause, um dann später ihr Gegenüber mit ungewöhnlichen Anekdoten, brillanten Zitaten und den für sie typischen Scherzen zu faszinieren, die im richtigen Augenblick die intellektuell aufgeladene Atmosphäre entspannen.‹

Sie spielten sich gegenseitig die Themen zu wie zwei vollendete Jongleure, man langweilte sich nie mit ihnen. Ihre Komplizenschaft, das geheime Einverständnis, das sie zu verbinden schien, war etwas, das ich an dem Paar ebenso bewunderte und beneidete wie ihre sympathische Art, ihr Engagement für die Literatur – das ausschließlich und total zu sein schien – und ihre Großzügigkeit gegenüber allen, besonders gegenüber Novizen, wie ich es einer war.

Es war schwer zu bestimmen, wer mehr und besser gelesen hatte und wer von den beiden scharfsinnigere und überraschendere Dinge über Bücher und Autoren sagte. Daß Julio schrieb und Aurora *nur* übersetzte (in ihrem Fall bedeutet dieses *nur* das genaue Gegenteil dessen, was es zu bedeuten scheint), ist etwas, das ich immer für provisorisch hielt, ein vorübergehendes Opfer Auroras, damit es in der Familie einstweilen nur einen Schriftsteller gab. Jetzt, da ich sie nach so vielen Jahren wiedersehe, muß ich mir auf die Zunge beißen, damit ich sie nicht frage, ob sie viel geschrieben hat, ob sie sich endlich entschließen wird, zu veröffentlichen ... Ihr Haar ist grau, aber in allem anderen ist sie ganz dieselbe geblieben. Klein, schmal, mit jenen großen blauen Augen voll Intelligenz, die noch immer die ungeheure Vitalität von früher ausstrahlen. Sie bewältigt das Auf und Ab der mallorquinischen Höhen von Deyá mit einer Geschwindigkeit, die mich ihr immer herzklopfend hinterherhinken läßt. Auch sie besitzt auf ihre Art jene Cortázarsche Tugend par excellence: ein Dorian Gray zu sein.

An jenem Abend Ende 1958 setzte man mich neben einen sehr großen, schlanken jungen Mann mit ganz kurzem Haar, bartlos und mit großen Händen, die er beim Reden unaufhörlich bewegte. Er hatte bereits einen schmalen Band mit Erzählungen veröffentlicht und stand im Begriff, in einer kleinen Reihe, die Juan José Arreola in Mexiko herausbrachte, einen zweiten zu publizieren. Ich war ebenfalls kurz davor, einen Erzählband zu veröffentlichen, und wir tauschten Erfahrungen und Pläne aus, wie zwei junge Leute, die sich ihre ersten literarischen Sporen verdienen. Erst beim Abschied erfuhr ich – verblüfft –, daß er der Autor von *Bestiarium* und vieler anderer Texte war, die ich in der von Borges und Victoria Ocampo herausgegebenen Zeitschrift *Sur* gelesen hatte, und der bewundernswerte Übersetzer der gesammelten Werke von Edgar Allan Poe, die ich in der Ausgabe der Universität von Puerto Rico in Form zweier umfänglicher Bände verschlungen hatte. Er wirkte wie mein Altersgenosse und war doch zweiundzwanzig Jahre älter als ich.

In den sechziger Jahren, insbesondere in den sieben Jahren, in denen ich in Paris lebte, war er einer meiner besten Freunde und auch so etwas wie mein Vorbild und Mentor. Ihm gab ich das Manuskript meines ersten Romans zu lesen und wartete dann mit der ganzen Hoffnung eines Anfängers auf sein Urteil. Und als ich seinen großzügigen Brief empfing, der Zustimmung und Ratschläge enthielt, war ich überglücklich. Ich glaube, ich gewöhnte mir lange Zeit an, beim Schreiben gleichsam seine Aufsicht vorauszusetzen, seine aufmunternden oder kritischen Augen, die mir über die Schulter blickten. Ich bewunderte sein Leben, seine Rituale, seine Manien und seine Gewohnheiten ebenso wie die Leichtigkeit und Reinheit seiner Prosa und jenen Anschein von Alltäglichkeit, Häuslichkeit und Heiterkeit, den in seinen Erzählungen und Romanen die ins Phantastische spielenden Themen annahmen. Jedesmal, wenn er und Aurora anriefen, um mich zum Abendessen einzuladen – zuerst in die kleine Wohnung nahe der Rue de Sèvres und später in das schneckenförmige Häuschen in der Rue du Général Bouret –, war das ein wahres Fest für mich. Mich faszinierten die Pinnwand voller Zeitungssausschnitte mit ungewöhnlichen Nachrichten und die unglaublichen Gegenstände, die er irgendwo aufsammelte oder selbst fabrizierte, und jener mysteriöse Bereich, der, so will es die Legende, bei ihm zu Hause *existierte* und in den Julio sich einschloß, um Trompete zu spielen und sich wie ein Kind zu amüsieren: das Zimmer der Spielsachen. Er kannte ein geheimes, magisches Paris, das in keinem Stadtführer vorkam, und aus jeder Begegnung mit ihm ging ich mit Schätzen beladen hervor: Filme, die anzusehen, Ausstellungen, die zu besuchen waren, Winkel, in denen man herumstreifen, Dichter, die man entdekken konnte, und sogar ein Hexenkongreß in der Mutualité, der mich über alle Maßen langweilte, den er jedoch später in wunderbarer Weise wie eine fröhliche Apokalypse heraufbeschwören sollte.

Mit diesem Julio Cortázar konnte man zwar befreundet sein, nie aber eine engere Beziehung eingehen. Die Distanz, die er mit

Hilfe eines Systems aus Höflichkeiten und Regeln aufrechtzuerhalten verstand, an die man sich halten mußte, um seine Freundschaft zu bewahren, gehörte zum Zauber der Person: sie umgab ihn mit dem Nimbus eines gewissen Mysteriums, verlieh seinem Leben eine geheime Dimension, die sich wie die Quelle der beunruhigenden, irrationalen und wilden Unterströmung ausnahm, die bisweilen selbst noch in seinen ausgelassensten und heitersten Texten durchschien. Er war ein eminent privater Mensch, mit einer Innenwelt, die wie ein Kunstwerk konstruiert war und beschützt wurde und zu der wahrscheinlich nur Aurora Zugang besaß; jemand, für den außerhalb der Literatur nichts von Bedeutung zu sein, ja überhaupt zu existieren schien.

Das bedeutet nicht, daß er ein reiner Büchermensch, ein Gelehrter, ein Intellektueller in der Art zum Beispiel eines Borges war, der mit voller Berechtigung geschrieben hat: »Viele Dinge habe ich gelesen und wenige gelebt.« Bei Julio schien sich die Literatur in der täglichen Erfahrung aufzulösen und das ganze Leben zu durchdringen, es mit einem besonderen Glanz zu umgeben und anzureichern, ohne ihm die Kraft, das Instinktive, die Spontaneität zu nehmen. Wahrscheinlich hat kein anderer Schriftsteller dem Spiel so sehr zu literarischen Würden verholfen, wie Cortázar es getan hat, und niemand hat, wie er, aus dem Spiel ein derart geschmeidiges, nützliches Instrument der künstlerischen Schöpfung und Erkundung gemacht. Aber es in dieser ernsthaften Art auszudrücken verfälscht die Wahrheit: denn Julio spielte nicht, *um* Literatur zu machen. Für ihn war das Schreiben selbst spielen, sich amüsieren, das Leben – die Worte, die Ideen – mit der Willkür, der Freiheit, der Phantasie und der Verantwortungslosigkeit handhaben, wie es Kinder und Narren tun. Aber durch diese Art des Spiels tat das Werk Cortázars völlig neue Türen auf, konnte es unbekannte Tiefen der menschlichen Existenz ausloten und das Transzendente streifen, etwas, das er sicherlich nie bewußt angestrebt hat. Es ist kein Zufall – oder besser gesagt, es ist einer, aber in jenem Sinn, in dem er die Ordnung des Zufalls in *62/Modellbaukasten* beschrieben hat –, daß der ambitionierteste seiner Romane den Titel *Rayuela/Himmel und Hölle* trägt, den Namen eines Kinderspiels.

Wie der Roman, wie das Theater ist das Spiel eine Form von Fiktion, eine künstliche Ordnung, die der Welt übergestülpt wird, Darstellung von etwas Illusorischem, das das Leben ersetzt.

Es dient dem Menschen dazu, sich zu zerstreuen, die wahre Wirklichkeit und sich selbst zu vergessen, indem er, solange dieses Spiel andauert, ein anderes Leben lebt, ein Leben mit strengen, von ihm geschaffenen Regeln. Zerstreuung, Amüsement und Phantasterei, ist das Spiel auch ein Zaubermittel, um die atavistische Angst des Menschen vor der geheimen Anarchie der Welt, vor dem Rätsel seines Ursprungs, seiner Existenz und seines Schicksals zu bannen. Johan Huizinga vertrat in seinem berühmten Werk *Homo Ludens* die Auffassung, daß das Spiel das Rückgrat der Zivilisation sei und daß die Gesellschaft sich spielerisch zur Moderne hin entwickelt habe, indem sie ihre Institutionen, Systeme, Praktiken und Glaubensbekenntnisse ausgehend von den elementaren Formen der Zeremonie und des Rituals schuf, wie sie die Kinderspiele darstellen.

In Cortázars Welt erlangt das Spiel diese verlorene Möglichkeit zurück, wird es zu einer ernsten Tätigkeit, von Erwachsenen ausgeübt, die sich seiner bedienen, um der Unsicherheit, ihrer Angst angesichts einer unbegreiflichen, absurden Welt voller Gefahren zu entfliehen. Es stimmt, daß seine Figuren ihren Spaß am Spiel haben, aber oft handelt es sich um gefährliche Zerstreuungen, die ihnen außer einem flüchtigen Vergessen ihrer Lebensumstände eine furchtbare Erkenntnis oder Wahnsinn oder Tod bescheren.

In anderen Fällen ist das Cortázarsche Spiel Zufluchtsort für die Empfindsamkeit und die Phantasie, die Form, in der zarte, naive Wesen sich gegen die gesellschaftliche Einebnung wehren, oder, wie er im listigsten seiner Bücher – *Geschichte der Cronopien und Famen* – schrieb, »Kampf wider den Pragmatismus und das gräßliche Zweckdenken«. Seine Spiele sind Plädoyers gegen das Vorfabrizierte, gegen durch Gebrauch und Mißbrauch erstarrte Ideen, gegen Vorurteile und, vor allem, gegen die hohle Feierlichkeit, Cortázars Hauptzielscheibe, wenn er die Kultur und Eigenart seines Landes Argentinien aufs Korn nahm.

Ich spreche vom Spiel, doch sollte ich eigentlich den Plural benutzen. Denn in Cortázars Büchern spielt der Autor, spielt der Erzähler, spielen die Figuren und spielt der Leser, zum Spiel gezwungen durch die teuflischen Fallen, die ihn beim Umblättern erwarten, wenn er es am wenigsten erwartet. Und es besteht kein Zweifel, daß es ungeheuer befreiend und erfrischend ist, sich inmitten von Cortázars Zauberkunststücken plötzlich dabei zu ertappen, wie man Statuen parodiert, Wörter vom Friedhof (den akademischen Wörterbüchern) errettet, um ihnen durch Zufuhr von Humor Leben einzuhauchen, oder wie man zwischen Himmel und Hölle hin- und herhüpft.

Die Wirkung von *Rayuela*, als es 1963 erschien, kam einem Erdbeben gleich. Der Roman erschütterte die Überzeugungen und Vorurteile, die wir Schriftsteller und Leser in bezug auf die Mittel und Zwecke der Erzählkunst hatten, bis in die Grundfesten und erweiterte die Grenzen der Gattung in zuvor undenkbarem Ausmaß. Dank *Rayuela* lernten wir, daß schreiben eine geniale Form war, sich zu amüsieren, daß es möglich war, die Geheimnisse der Welt und der Sprache zu erkunden und Spaß dabei zu haben, und daß man über das Spiel mysteriöse Schichten des Lebens ergründen konnte, die der rationalen Erkenntnis, der logischen Vernunft verschlossen blieben, Abgründe der Erfahrung, denen man sich nicht nähern kann, ohne sich der lauernden Gefahr des Todes oder des Wahnsinns auszusetzen. In *Rayuela* verloren Vernunft und Unvernunft, Schlaf und Wachsein, Objektivität und Subjektivität, Geschichte und Phantasie ihren ausschließlichen Status, ihre Grenzen verschwanden, sie hörten auf, widersprüchlich zu sein, um in einer einzigen Wirklichkeit miteinander zu verschmelzen, in der gewisse privilegierte Wesen, wie die Maga und Oliveira und die berühmten Narren seiner künftigen Bücher sich frei bewegen konnten. (Wie viele Paare, die *Rayuela* in den sechziger Jahren lasen, begannen auch Patricia und ich *giglisch* zu reden, einen privaten Jargon zu erfinden und unsere zarten Geheimnisse in seine explosiven esoterischen Vokabeln zu übersetzen.)

Neben dem Begriff des Spiels ist der Begriff der Freiheit unerläßlich, wenn man von *Rayuela* und den übrigen erzählerischen Fiktionen Cortázars spricht. Freiheit, die etablierten Normen der Erzählkunst und -struktur zu verletzen, die konventionelle Ordnung der Erzählung durch eine unterschwellige Ordnung zu ersetzen, die den Anschein der Unordnung besitzt, den Erzähler-Standpunkt, die Erzählzeit, die Psychologie der Figuren, die räumliche Organisation der Geschichte, ihre Folgerichtigkeit zu revolutionieren. Die gewaltige Unsicherheit, die sich Horacio Oliveiras im Lauf des Romans angesichts der Welt bemächtigt und ihn mehr und mehr in ein geistiges Refugium einschließt, ist auch das Gefühl, das den Leser von *Rayuela* begleitet, je mehr er in dieses Labyrinth eindringt und sich durch den machiavellistischen Erzähler im Auf und Ab und Hin und Her der Handlung irreführen läßt. Nichts ist dort erkennbar und sicher: weder der Verlauf noch die Bedeutungen, noch die Symbole, noch der Boden, den man betritt. Was erzählt man mir da? Warum gelingt es mir nicht, alles zu verstehen? Geht es um etwas so Mysteriöses und Komplexes, daß es unfaßlich ist, oder um eine ungeheure Fopperei? Es geht um beides. In *Rayuela* und in vielen Erzählungen Cortázars sind Ulk, Scherz und Salonzauberei – wie die Schattenfiguren, die manche Virtuosen mit ihren Händen an die Wand werfen, oder die Münzen, die zwischen den Fingern verschwinden und hinter dem Ohr oder in der Nase wieder auftauchen – oft präsent, aber oft geschieht es auch, wie in jenen berühmten absurden Episoden *Rayuelas* mit der Pianistin Berthe Trépat, in Paris, und mit dem Brett über der Leere, auf dem Talita in Buenos Aires balanciert, daß sie unmerklich übergehen in einen Abstieg in den dunklen Grund des menschlichen Verhaltens, zu seinen entlegenen vorrationalen Ursprüngen, in eine unveränderliche – magische, barbarische, zeremonielle – tiefe Schicht der menschlichen Erfahrung unterhalb der rationalen Zivilisation, die unter gewissen Umständen freigesetzt wird und sie zunichte macht. (Dies ist das Thema einiger der besten Erzählungen Cortázars, wie *Das Götzenbild von den Zykladen* und *Die Nacht auf dem Rücken*, bei denen wir plötzlich erleben, wie mitten in das moderne Leben unaufhaltsam eine ferne, wilde Vergangenheit blutiger Götter einbricht, die mit Menschenopfern befriedigt werden müssen.)

Rayuela ermutigte wie nur wenige Bücher davor und danach die neuen hispanoamerikanischen Schriftsteller zu formalen Kühnheiten, aber man täte dem Werk unrecht, würde man es als *experimentellen* Roman bezeichnen. Diese Einordnung hat einen abstrakten, prätentiösen Anstrich, läßt an eine Welt von Reagenzgläsern, Retorten und Schiefertafeln mit algebraischen Zahlenreihen denken, an etwas Körperloses, vom unmittelbaren Leben, vom Begehren und von der Lust Losgelöstes. *Rayuela* sprüht nur so von Leben, ist eine Explosion von Frische und Bewegung, von jugendlichem Überschwang und Respektlosigkeit, ein schallendes Gelächter in das Gesicht jener Schriftsteller, die, wie Cortázar zu sagen pflegte, sich Schlips und Kragen anziehen, um zu schreiben. Er schrieb immer in Hemdsärmeln, mit der Ungezwungenheit und Fröhlichkeit, mit der man sich an den Tisch setzt, um ein gemütliches Essen zu genießen, oder seine Lieblingsmusik im Wohnzimmer hört. *Rayuela* lehrte uns, daß Lachen und Ernst einander nicht ausschließen und wie illusorisch und lächerlich der Experimentiereifer sein kann, wenn man ihn zu ernst nimmt. So wie der Marquis de Sade gleichsam sämtliche möglichen Exzesse sexueller Grausamkeit vorweggenommen und erschöpft hat, indem er sie in seinen Romanen zu unwiederholbaren Extremen trieb, stellte *Rayuela* eine Art Apotheose des formalen Spiels dar, nach der jeder *experimentelle* Roman alt und abgenutzt zur Welt kam. So ist es auch zu erklären, daß Cortázar, wie Borges, zahllose Nachahmer, aber keinen Schüler hatte.

Den Roman zerschreiben, die Literatur zerstören, mit den Gewohnheiten des »Leser-Weibchens« brechen, den Worten das Dekorative nehmen, schlecht schreiben usw., all das, worauf die Gestalt des Morelli in *Rayuela* so großen Wert legte, sind Metaphern für etwas sehr Einfaches: die Literatur erstickt durch ein Übermaß an Konvention und Ernsthaftigkeit. Man muß sie von Rhetorik und Gemeinplätzen säubern und ihr Neuheit, Grazie, Übermut, Freiheit zurückgeben. Cortázars Stil besitzt all dies, besonders dann, wenn er sich vom pompösen Wundertäter-Pathos distanziert, mit dem sein Alter ego Morelli über Literatur doziert, das heißt, in seinen Erzählungen, die im allgemeinen transparenter und schöpferischer sind als seine Romane, auch wenn sie nicht mit dem spektakulären Feuerwerk an Ideen daherkommen, das den Nimbus der letzteren ausmacht.

Cortázars Erzählungen sind nicht weniger ambitioniert und bilderstürmerisch als seine umfangreicheren Prosatexte. Was sie an Originalität und Brüchen aufweisen, ist jedoch gewöhnlich mehr in die Geschichten eingewoben; selten werden diese Mittel so schamlos virtuos zur Schau gestellt, wie er es in *Rayuela, 62/Modellbaukasten* und im *Album für Manuel* tut, wo der Leser zuweilen das Gefühl hat, gewissen Intelligenztests unterworfen zu werden. Diese Romane sind revolutionäre Manifeste, aber die wahre Revolution Cortázars findet in seinen Erzählungen statt. Diskreter, aber tiefer und dauerhafter, denn sie erneuerte das Wesen der literarischen Fiktion selbst, jene unauflösliche Einheit von Form und Inhalt, Mittel und Zweck, Kunst und Technik, zu der sie bei den besten Schöpfern wird. In seinen Erzählungen experimentierte Cortázar nicht: er fand, er entdeckte, er schuf etwas Unvergängliches.

So wenig ihn das Etikett des *experimentellen* Schriftstellers ausreichend definiert, so ungenügend wäre es, ihn als *phantastischen* Autor zu bezeichnen, obwohl ihm, wenn man schon mit Definitionen spielt, diese bestimmt besser gefallen hätte als die erste. Julio liebte die phantastische Literatur; er kannte sie in- und auswendig und schrieb einige wunderbare Erzählungen dieses Typs, in denen außergewöhnliche Dinge geschehen, wie die unmögliche Verwandlung eines Menschen in ein Wassertier, in *Axolotl*, einem kleinen Meisterwerk, oder die Wende, die ein unbedeutendes Konzert nimmt, das im Zuge unaufhörlich wachsender Begeisterung in ein maßloses Massaker mündet, bei dem ein enthusiastisches Publikum auf die Bühne stürmt, um den Maestro und die Musiker zu verschlingen (*Die Mänaden*). Aber er schrieb auch hervorragende Erzählungen, deren Realismus nachgerade orthodox ist. Wie das wunderbare Stück *Torito*, die Geschichte des Niedergangs eines Boxers, die von diesem selbst erzählt wird und in Wirklichkeit die Geschichte seiner Sprechweise ist, ein sprachliches Fest voll Witz, Musikalität und Humor, die Erfindung eines Stils mit dem Geschmack der Vorstadt, der Eigenart und Mythologie des einfachen Volkes. Oder wie *Der Verfolger*, ein Text, der von einer subtilen Vergangenheit her erzählt wird, die sich in der Gegenwart des Lesers auflöst und auf diese Weise unterschwellig den graduellen Verfall von Johnny evoziert, dem genialen Jazzmusiker, dessen halluzinatorische Suche nach dem Absoluten mittels des Saxophons uns in der »realistischen« (rationalen und pragmatischen) Form nahegebracht wird, auf die der Kritiker und Biograph Johnnys, der Erzähler Bruno, diese Suche reduziert.

In Wirklichkeit war Cortázar ein realistischer und ein phantastischer Schriftsteller zugleich. Die Welt, die er erfand, ist unverwechselbar gerade durch diese seltsame Symbiose, der Roger Callois als einziger das Recht zuerkannte, sich *phantastisch* zu nennen. Im Vorwort zu der von ihm zusammengestellten Anthologie der phantastischen Literatur vertrat Callois die Auffassung, daß die *wahrhaft* phantastische Kunst nicht aus der bewußten Absicht ihres Schöpfers entsteht, sondern durch das Werk des Zufalls oder geheimnisvollerer Kräfte, die sich gleichsam zwischen seinen Intentionen ihren Weg bahnen. So resultiert das Phantastische, ihm zufolge, nicht aus einer Technik, ist keine literarische Simulation, sondern etwas Unwägbares, eine Wirklichkeit, die ohne Vorsatz plötzlich in einem literarischen Text *geschieht*. Ich erinnere mich an ein langes, leidenschaftliches Gespräch mit Cortázar in einem Bistro in Montparnasse über diese These von Callois, an Julios Begeisterung für sie und an seine Überraschung, als ich ihm versicherte, daß diese Theorie mir haargenau auf das zu passen schien, was in seinen Texten geschah.

In der Cortázarschen Welt beginnt die banale Wirklichkeit unmerklich Risse zu bekommen und einem verborgenen Druck nachzugeben, der sie zum Wunderbaren treibt und sie, ohne sie voll hineinstürzen zu lassen, in einer Art gespanntem, verwirrenden Zwischenbereich schweben läßt, in dem das Wirkliche und das Phantastische sich überlagern, ohne sich zu vermischen. Dies ist die Welt von *Teufelsgeifer*, von *Briefe von Mama*, von *Die geheimen Waffen*, von *Die verstellte Tür* und vieler anderer, ambivalent gelöster Erzählungen, die ebensogut als realistisch oder als phantastisch gedeutet werden können, denn das Außergewöhnliche in ihnen ist, vielleicht, Phantasie der Figuren oder, vielleicht, ein Wunder.

Es ist die berühmte Ambivalenz, die eine bestimmte Art klassischer phantastischer Literatur auszeichnet, deren bestes Beispiel Henry James' *Die Drehung der Schraube* ist, eine delikate Geschichte, die der Meister des Ungewissen in einer Weise zu erzählen verstanden hat, daß man nicht mit Sicherheit sagen kann, ob das, was in ihr geschieht, wirklich geschieht oder ob es die Halluzination einer Figur ist. Was Cortázar von einem James, einem Poe, einem Borges oder einem Kafka unterscheidet, ist nicht die Ambivalenz oder der Intellektualismus, die für ersteren ebenso kennzeichnend sind wie für letzere, sondern die Tatsache, daß in Cortázars literarischen Fiktionen selbst die elaboriertesten und wissensreichsten Geschichten niemals körperlos werden und ins Abstrakte abgleiten: sie bleiben im Alltäglichen und Konkreten verwurzelt und besitzen die Vitalität eines Fußballspiels oder einer Grillparty. Die Surrealisten erfanden den Ausdruck »das wunderbare Alltägliche« für diese poetische, mysteriöse, von der Wahrscheinlichkeit und den wissenschaftlichen Gesetzen losgelöste Wirklichkeit, die der Dichter durch den Traum oder das Delirium hinter den Erscheinungen wahrnehmen kann und die Bücher wie Aragons *Pariser Bauer* oder Bretons *Nadja* heraufbeschwören. Aber ich glaube, daß er keinen anderen Schriftsteller unserer Zeit so gut definiert wie Cortázar, den Seher, der das Ungewöhnliche im Gewöhnlichen, das Absurde im Logischen, die

Ausnahme in der Regel und das Wunderbare im Banalen wahrnahm. Niemand hat das Vorhersehbare, Konventionelle und Triviale des menschlichen Lebens literarisch so sehr gewürdigt: in den Zauberkunststücken seiner Feder gewannen sie eine verborgene Zärtlichkeit oder ließen eine maßlose, erhabene oder grauenhafte Seite erkennen. Das geht so weit, daß Unterweisungen im Uhraufziehen oder im Treppensteigen von seiner Hand zugleich beklemmende Prosagedichte und urkomische pataphysische Texte sein konnten.

Die Erklärung für diese Alchimie, die in Cortázars Texten die irrealste Phantasie mit der sinnenfrohen Realität des Körpers und der Straße, das freie, vorbehaltslose Leben der Imagination mit dem eingeschränkten Leben des Körpers und der Geschichte verschmilzt, ist der Stil. Ein Stil, der in wunderbarer Weise Oralität vorspiegelt, die zwanglose Flüssigkeit der täglichen Sprache, den spontanen, ungeschminkten, unverstiegenen Ausdruck des ganz gewöhnlichen Menschen. Es handelt sich natürlich um eine Illusion, denn in Wirklichkeit drückt der gewöhnliche Mensch sich kompliziert, konfus und voller Wiederholungen aus, was, in die Literatur übertragen, unerträglich wäre. Cortázars Sprache ist ebenfalls eine Fiktion, eine vorzüglich fabrizierte Fiktion: der Kunstgriff ist so wirksam, daß sie *natürlich* wirkt, eine dem Leben abgeschaute Sprache, die dem Leser direkt aus den lebhaften Mündern, von den munteren Zungen der Männer und Frauen aus Fleisch und Blut entgegenkommt, eine Sprache, die so transparent und einfach ist, daß sie mit dem verschmilzt, was sie benennt, mit den Situationen, Dingen, Personen, Landschaften, Gedanken, die sie wie mit einem unauffälligen Glanz von innen erleuchtet, um ihre Echtheit und Wahrheit besser hervortreten zu lassen. Diesem Stil verdanken Cortázars Texte ihre machtvolle Glaubwürdigkeit, den menschlichen Puls, der in ihnen allen schlägt, auch in den kompliziertesten. Die Funktionalität seines Stils geht so weit, daß Cortázars beste Texte *gesprochen* wirken.

Aber oft täuscht uns die Klarheit des Stils, indem sie uns glauben macht, daß der Inhalt dieser Geschichten ebenfalls transparent ist, eine Welt ohne Schatten. Es handelt sich um einen weiteren Zaubertrick. Denn in Wirklichkeit ist diese Welt mit Gewalt befrachtet; Leid, Beklemmung, Angst bedrängen ständig ihre Bewohner, die sich oftmals, um dem Unerträglichen ihrer Existenz zu entrinnen, (wie Horacio Oliveira) in den Wahnsinn oder etwas sehr Ähnliches flüchten. Seit *Rayuela* nehmen die Verrückten eine zentrale Stellung in Cortázars Werk ein. Aber der Wahnsinn erscheint darin in trügerischer Weise, ohne die gewohnte Aura von Drohung und Tragödie, vielmehr wie eine heitere, leicht rührende Macke, eine Äußerung der wesenhaften Absurdität, die hinter den Masken der Rationalität und Vernunft in der Welt nistet. Cortázars Narren sind liebenswert und fast immer gutartig, Wesen, die von aberwitzigen sprachlichen, literarischen, sozialen, politischen, ethischen Projekten besessen sind, um – wie Ceferino Pérez – die Existenz in Übereinstimmung mit wahnhaften Nomenklaturen neu zu ordnen und zu klassifizieren. Ihre Extravaganzen sind nie so fugenlos, daß sie nicht etwas erkennen ließen, das ihre Träger erlöst und rechtfertigt: ein Unzufriedensein mit dem Bestehenden, eine konfuse Suche nach einem anderen Leben, das unvorhersehbarer und poetischer – und bisweilen alptraumhafter – wäre als das, auf das wir beschränkt sind. Etwas kindlich, etwas verträumt, ein wenig Spaßvogel, ein wenig Schauspieler: Cortázars Narren tragen eine Schutzlosigkeit wie auch eine Art moralischer Integrität zur Schau, die sowohl unerklärliche Solidarität bei uns wecken als auch das Gefühl, wir würden angeklagt.

Spiel, Wahnsinn, Poesie, Humor verbinden sich zu einem alchimistischen Gebräu in den Miszellen *Die Reise um den Tag in achtzig Welten*, *Letzte Runde* und dem Zeugnis jener aberwitzigen Pilgerfahrt über eine französische Autobahn, *Die Autonauten auf der Kosmobahn*, in denen er seine Neigungen, Manien, Obsessionen, Sympathien und Phobien mit der heiteren Unbekümmertheit eines Adoleszenten zum Ausdruck gebracht hat. Diese drei Bücher sind Marksteine einer geistigen Autobiographie; sie scheinen für Kontinuität in Cortázars Leben und Werk zu stehen, für seine Art, die Literatur als ständige Provokation, als vergnügliche Unehrerbietigkeit aufzufassen und zu praktizieren. Aber der Schein trügt bisweilen. Denn am Ende der sechziger Jahre machte Cortázar eine jener Verwandlungen durch, die, wie er sagen würde, nur-in-der-Literatur-vorkommen. Auch in dieser Hinsicht war Julio ein unvorhersehbares Cronopium.

Cortázars Wandel, der außergewöhnlichste, den ich je bei einem Menschen erleben durfte, eine Mutation, die ich oft mit der verglichen habe, die der Erzähler von *Axolotl* erfährt, geschah der offiziellen, von ihm selbst sanktionierten Version zufolge im französischen Mai 1968. Damals, in diesen turbulenten Tagen, konnte man ihn auf den Pariser Barrikaden sehen, wo er selbstverfaßte Flugblätter verteilte, mitten unter den Studenten, welche »die Phantasie an die Macht« wünschten. Er war vierundfünfzig Jahre alt. Fortan, in den sechzehn Jahren bis zu seinem Tod, sollte er der Schriftsteller sein, der sich für den Sozialismus engagierte, der Verteidiger von Kuba und Nikaragua, der Unterzeichner von Manifesten und der *habitué* von revolutionären Kongressen.

Im Unterschied zu vielen unserer Kollegen, die sich aus Snobismus oder Opportunismus für eine ähnliche Militanz entschieden – ein Modus vivendi und die Möglichkeit, Positionen im intellektuellen Establishment zu erringen, das in der spanischsprachigen Welt ein Monopol der Linken war und in gewisser Weise noch immer ist –, war in seinem Fall diese Verwandlung echt, eher von der Ethik als von der Ideologie diktiert (gegen die er weiterhin allergisch war) und absolut kohärent. Die Organisation seines Lebens war ihr untergeordnet; es wurde öffentlich, fast promiskuitiv, und ein gut Teil seines Werks geriet in den Sog der Umstände und des aktuellen Geschehens, bis es schließlich den Anschein hatte, als habe es ein anderer geschrieben, und nichts mehr mit dem zu tun, der früher die Politik mit ironischer Verachtung als etwas Fernliegendes betrachtet hatte. (Ich erinnere mich noch, wie ich ihn einmal Juan Goytisolo vorstellen wollte: »Ich verzichte«, sagte er scherzhaft. »Er ist mir zu politisch.«) Wie in der ersten Phase seines Lebens gab er auch in dieser zweiten, wenn auch auf eine andere Weise, mehr, als er bekam, und obwohl ich glaube, daß er sich oft geirrt hat – wie jenes Mal, als er behauptete, sämtliche Verbrechen des Stalinismus seien ein bloßer *accident de parcours* des Kommunismus gewesen –, lag sogar in diesen Irrtümern eine so deutliche Unschuld und Naivität, daß es schwer war, den Respekt vor ihm zu verlieren. Ich habe ihn nie verloren, ebensowenig wie die Zuneigung und Freundschaft, die – wenngleich aus der Ferne – unsere sämtlichen politischen Meinungsverschiedenheiten überlebten.

Julios Wandel ging jedoch sehr viel tiefer und umfaßte mehr als die politische Aktivität. Ich bin sicher, daß er ein Jahr vor 1968 mit der Trennung von Aurora begann. 1967 waren wir drei, wie ich bereits erwähnte, in Griechenland und arbeiteten zusammen als Übersetzer. Wir verbrachten den Vormittag und den Nachmittag am selben Tisch, im Konferenzsaal des Hilton-Hotels, und die Abende in den Restaurants von Plaka, dem Viertel am Fuß der Akropolis, wohin wir unfehlbar zum Abendessen gingen. Und zusammen besuchten wir auch Museen, orthodoxe Kirchen, Tempel und an einem Wochenende die kleine Insel Hydra. Als ich nach London zurückkehrte, sagte ich zu Patricia: »Das vollkommene Paar existiert. Aurora und Julio haben das Wunder zustande gebracht: eine glückliche Ehe.« Wenige Tage später erhielt ich einen Brief von Julio, in dem er mir ihre Trennung mitteilte. Ich glaube, nie habe ich mich so desorientiert gefühlt.

Als ich ihn das nächste Mal sah, in London, mit seiner neuen Lebensgefährtin, war er ein anderer Mensch. Er hatte sich das Haar wachsen lassen und trug einen rötlichen, beeindruckenden Bart, wie ein biblischer Prophet. Er brachte mich dazu, mit ihm zusammen erotische Zeitschriften kaufen zu gehen, und redete von Marihuana, von Frauen, von der Revolution wie früher von Jazz und von Phantasmen. Nach wie vor besaß er diese warmherzige Freundlichkeit und fehlte es ihm völlig an der Eitelkeit und den Posen, die erfolgreiche Schriftsteller ab fünfzig fast unvermeidlich unerträglich machen; man konnte sogar sagen, daß er frischer und jugendlicher geworden war, aber es kostete mich Mühe, ihn mit dem Julio von früher zusammenzubringen. Jedesmal, wenn ich ihn danach sah – in Barcelona, in Kuba, in London oder in Paris, bei Kongressen oder Round-table-Gesprächen, bei gesellschaftlichen oder konspirativen Zusammenkünften –, war ich noch perplexer als beim Mal zuvor: war er es? War das Julio Cortázar? Natürlich war er es, aber er ähnelte der Raupe, die sich in einen Schmetterling verwandelt hatte, oder dem Fakir aus dem Märchen, der, nachdem er von Maharadschas geträumt hatte, die Augen aufschlug und auf einem Thron saß, umgeben von Höflingen, die ihm ihre Huldigung erwiesen.

Dieser andere Julio Cortázar war als Schriftsteller, so scheint mir, weniger er selbst und weniger schöpferisch als der ursprüngliche. Aber ich glaube, daß er zum Ausgleich ein intensiveres und womöglich glücklicheres Leben führte als zuvor, als die Existenz, wie er schrieb, sich für ihn auf ein Buch reduzierte. Zumindest erschien er mir immer dann, wenn ich ihn sah, jung, schwärmerisch, offen.

Wenn jemand das weiß, dann natürlich Aurora. Ich bin nicht so unvorsichtig, sie danach zu fragen. Wir sprechen nicht einmal viel von Julio in diesen heißen Sommertagen in Deyá, obwohl er immer da ist, bei allen Gesprächen, und mit dem früheren Geschick den Kontrapunkt dazugibt. Das kleine Haus, halb verborgen zwischen den Olivenbäumen, den Zypressen, den Bougainvilleen, den Zitronenbäumen und den Hortensien strahlt natürlich Auroras geistige Ordnung aus, und es ist ein ungeheures Vergnügen, auf der kleinen Terrasse an der Schlucht das Sinken des Tages, die Brise der Abenddämmerung zu spüren und die Sichel des Mondes über dem Berg auftauchen zu sehen. Von Zeit zu Zeit höre ich eine verstimmte Trompete. Es gibt niemanden in der Umgebung. Der Ton muß also von jenem Plakat hinten im Wohnzimmer kommen, auf dem ein junger, hochaufgeschossener und bartloser Bursche mit deutschem Haarschnitt und kurzärmeligem Hemd – der Julio Cortázar, den ich kannte – sein Lieblingsspiel spielt.

November 1992 Mario Vargas Llosa

(Aus dem Spanischen von Elke Wehr)

DAS ANDERE UFER

1945

La otra orilla

Deutsch von Rudolf Wittkopf

And we are here as on a darkling plain
Swept with confused alarms of struggle and flight,
Where ignorant armies clash by night.

Matthew Arnold

für Paco

Obgleich diese Erzählungen zu ganz verschiedenen Zeiten geschrieben wurden – zwischen 1937 und 1945 –, versammle ich sie heute in der Hoffnung, daß sie in ihrer zerbrechlichen Struktur das Gleichnis von den Weidenruten veranschaulichen. Jedesmal, wenn sie mir in ihren respektiven Heften unter die Augen kamen, war ich sicher, daß sie einander brauchten, daß ihr Alleinsein ihnen abträglich war. Vielleicht verdienen sie versammelt zu sein, weil aus der Ernüchterung nach Beendigung einer jeden Erzählung der Wunsch erwuchs, die nächste zu schreiben.

Ich lege sie in einem Band vor, um einen Zyklus abzuschließen und einem neuen, weniger ungelenken, entgegenzusehen. Ein Buch mehr ist ein Buch weniger; eine Annäherung an das letzte, schließlich vollkommene, das auf dem Gipfel wartet.

Mendoza, 1945

Plagiate und Übersetzungen

Der Sohn des Vampirs

Wahrscheinlich wußten alle Phantome, daß Duggu Van ein Vampir war. Sie hatten keine Angst vor ihm, doch sie wichen ihm aus, wenn er Schlag Mitternacht seiner Gruft entstieg und das alte Schloß betrat, um sich sein Lieblingsgetränk zu besorgen.

Duggu Vans Gesicht war nicht angenehm anzusehen. Das viele Blut, das er seit seinem Scheintod – Anno 1060 durch Kindeshand, einen mit einer Dolchschleuder bewaffneten neuen David – getrunken hatte, verlieh seiner dunklen Haut die milde Farbe von lange gewässertem Holz. Das einzige Lebendige in diesem Gesicht waren die Augen. Blicke, die den Körper von Lady Vanda fixierten, welche wie ein kleines Kind auf dem Ruhebett eingeschlafen war, das nur das Gewicht ihres leichten Körpers kannte.

Duggu Van bewegte sich völlig lautlos. Die Mischung aus Leben und Tod, aus der sein Herz bestand, verlieh ihm unmenschliche Fähigkeiten. Tiefblau gewandet, stets umwallt von ranzigen Parfüms, schlich der Vampir durch die Galerien des Schlosses auf der Suche nach lebenden Blutbanken. Das Gefrierverfahren hätte ihn sicher entsetzt. Die schlummernde Lady Vanda, eine Hand über ihren Augen, als ahnte sie Gefahr, ähnelte einer Porzellanfigur, die überraschend warm war. Und auch einem verlockenden Anger oder einer liegenden Karyatide.

Duggu Van hatte die löbliche Gewohnheit, nicht zu denken, bevor er handelte. Einmal im Gemach und neben dem Ruhebett, wie er mit unendlich leichter, etwas wurmstichiger Hand den Körper der atmenden Statue entkleidete, ließ sein Blutdurst allmählich nach.

Daß Vampire sich verlieben, ist eine Tatsache, welche die Legende mit Stillschweigen übergeht. Hätte Duggu Van vorher überlegt, dann hätte ihn seine traditionelle Veranlagung vielleicht vor der Liebe bewahrt und er hätte sich darauf beschränkt, das gesunde und nahrhafte Blut zu saugen. Aber Lady Vanda war schon nicht mehr nur ein bloßes Opfer, dazu ausersehen, ihm als Imbiß zu dienen. Die Schönheit brach aus ihrer entrückten Gestalt hervor und kämpfte genau in der Mitte des Raums zwischen den beiden Körpern gegen den Durst an.

Ohne auch nur einen Augenblick verwirrt zu sein, stürzte sich Duggu Van mit geräuschvoller Gier in die Liebe. Lady Vanda erwachte eine Sekunde zu spät, um sich noch wehren zu können. Und der falsche Schlaf der Ohnmacht lieferte sie, ein weißes Licht in der Nacht, dem Liebhaber aus.

Allerdings konnte sich der Vampir im Morgengrauen, bevor er ging, seiner eigentlichen Bestimmung nicht erwehren und saugte der ohnmächtigen Schloßherrin etwas Blut aus der Schulter. Als er später daran zurückdachte, entschuldigte er sich damit, daß Aderlaß bei Ohnmachten überaus indiziert ist. Wie bei allen Wesen war sein Denken weniger nobel als sein Tun.

Im Schloß versammelten sich die Ärzte und stellten wenig angenehme Diagnosen, es kam zu konspirativen Sitzungen und es hagelte Anathema. Außerdem gab es da eine englische Krankenschwester, die sich Miss Wilkinson nannte und mit ergreifender Natürlichkeit Gin trank. Lady Vanda schwebte lange Zeit zwischen Leben und Tod (*sic*). Die Hypothese eines hyper-veristischen Alptraums konnte nach diversen ophthalmologischen Tests nicht aufrechterhalten werden; zudem hatte die Dame nach einiger Zeit das sichere Gefühl, schwanger zu sein.

Türen mit Sicherheitsschlössern hatten Duggu Vans Versuchen Einhalt geboten. Der Vampir mußte mit dem Blut von Kindern, Schafen und sogar – wie schrecklich! – Schweinen vorliebnehmen. Aber all das Blut kam ihm im Vergleich mit dem von Lady Vanda wie Wasser vor. Eine einfache Geschmacksassoziation, vor der ihn seine Vampirnatur nicht bewahrte, verherrlichte in seiner Erinnerung die Süße ihres Blutes, darin der Fisch seiner Zunge leckermäulig gebadet hatte.

Unerbittlich seine Gruft tagsüber, er mußte vom ersten Hahnenschrei bis zum Anbruch der Nacht warten, um ihr zu entsteigen, mit verzerrtem Gesicht, wild vor Durst. Er hatte Lady Vanda nicht wiedergesehen, doch dann und wann führten ihn seine Schritte durch die Galerie, die an dem spöttischen messinggelben Zylinder des Sicherheitsschlosses endete. Duggu Van verfiel zusehends.

Manchmal dachte er – ganz klamm in seiner steinernen Nische liegend –, daß Lady Vanda vielleicht ein Kind von ihm erwarte. Die Liebe war dann stärker als der Blutdurst. Fiebernd träumte er davon, Schlösser aufzubrechen, Lady Vanda zu entführen und sich eine neue, geräumigere Ehegruft zu bauen. Das Sumpffieber hatte ihn gepackt.

Langsam wuchs das Kind in Lady Vanda. Eines Abends hörte Miss Wilkinson ihre Herrin schreien. Sie fand sie bleich und jammernd. Jene berührte ihren mit Atlasseide bedeckten Leib und sagte:

»Es ist wie sein Vater, wie sein Vater.«

Duggu Van, nahe daran, den Vampirtod zu sterben (was ihn verständlicherweise schreckte), hatte noch die leise Hoffnung, sein Kind werde geradeso klug und geschickt sein wie er und auf Mittel sinnen, ihm eines Tages seine Mutter zuzuführen.

Lady Vanda wurde von Tag zu Tag blasser, ätherischer. Die Ärzte fluchten, die Stärkungsmittel erwiesen sich als wirkungslos. Und sie wiederholte ständig:

»Es ist wie sein Vater, wie sein Vater.«

Miss Wilkinson kam zu dem Schluß, daß der kleine Vampir seiner Mutter mit überaus raffinierter Grausamkeit langsam das Blut aussaugte.

Als auch die Ärzte zu dieser Überzeugung kamen, erwog man einen leicht zu rechtfertigenden Schwangerschaftsabbruch; aber Lady Vanda weigerte sich, schüttelte wie ein Plüschbärchen den Kopf und streichelte mit der rechten Hand ihren mit Atlasseide bedeckten Bauch.

»Es ist wie sein Vater«, sagte sie wieder, »wie sein Vater.«

Das Kind von Duggu Van wuchs rasch. Es füllte nicht nur die ihm von der Natur zugedachte Höhlung aus, es nahm nach und nach den ganzen Körper von Lady Vanda in Besitz. Sie konnte kaum noch sprechen; es blieb ihr kein Blut mehr, und wenn sie doch noch etwas hatte, so war es im Körper des Kindes.

Und als der von ihrer Erinnerung errechnete Tag der Entbindung kam, sagten sich die Ärzte, daß es da zu einer sonderbaren Geburt kommen werde. Zu viert standen sie um das Bett der Gebärenden, warteten bis Mitternacht des dreißigsten Tages des neunten Monats nach der von Duggu Van begangenen Missetat.

Miss Wilkinson sah in der Galerie einen Schatten sich nähern.

Sie schrie nicht, denn ihr war klar, daß das nichts nützen würde. Aber Duggu Vans Gesicht gab auch nicht gerade Anlaß zu lächeln. Dessen krustige erdfarbene Haut war gleichmäßig violett angelaufen. An Stelle der Augen schlingerten zwei große larmoyante Fragezeichen unter dem verfilzten Haar.

»Es ist ganz und gar meins«, sagte der Vampir in der bizarren Sprache seiner Sekte, »und niemand kann sich zwischen sein Sein und meine Liebe drängen.«

Er sprach von dem Kind; Miss Wilkinson beruhigte sich.

Die Ärzte, an einer Ecke des Ruhebetts versammelt, versuchten sich gegenseitig zu beweisen, daß sie keine Angst hatten. Sie mußten zugeben, daß sich Lady Vandas Körper veränderte: ihre Haut war plötzlich dunkel geworden, an ihren Beinen traten deutlich Muskeln hervor, ihr Bauch nahm allmählich ab, und mit einer fast vertraut anmutenden Natürlichkeit verwandelte sich ihr Geschlecht ins Gegenteil. Das Gesicht war schon nicht mehr das von Lady Vanda. (Die Hände auch nicht.) Die Ärzte hatten fürchterliche Angst.

Dann, als es zwölf schlug, richtete sich der Körper, der Lady Vanda gewesen und jetzt ihr Sohn war, im Bett langsam auf und streckte zur offenen Tür hin die Arme aus.

Duggu Van betrat das Gemach, ging an den Ärzten vorbei, ohne sie zu beachten, und ergriff die Hände seines Sohnes.

Die zwei blickten einander an, als kennten sie sich seit eh und je, und entschwanden durch das Fenster. Das Bettzeug war leicht zerknittert, die Ärzte stammelten etwas, stierten auf den Tisch mit den Instrumenten ihrer Kunst und der Waage für das Neugeborene, während Miss Wilkinson auf der Türschwelle die Hände rang und sich fragte, sich fragte, sich fragte ...

1937

Die wachsenden Hände

Nicht er hatte ihn provoziert. Als Carry sagte: »Du bist ein Feigling, ein Schuft und ein schlechter Dichter obendrein«, hatten die Worte den Lauf der Dinge bestimmt, wie das im Leben oft geschieht.

Plack machte zwei Schritte auf Carry zu und begann ihn zu schlagen. Er war ziemlich sicher, daß Carry nicht minder heftig zurückschlug, doch er spürte nichts. Nur seine eigenen Fäuste, die beim jähen Vorschießen der Arme Carrys Nase, Augen, Mund trafen oder seine Ohren, Brust, Hals und Schultern.

Ganz frontal, überaus schnell und gewandt den Oberkörper bewegend, ohne je zurückzuweichen, schlug Plack zu. Ohne zurückzuweichen schlug er zu. Seine Blicke taxierten die gegnerische Gestalt. Noch besser aber wußte er um seine eigenen Hände; er sah sie, die, fest geschlossen, in schnellem Wechselrhythmus wie Kolben eines Motors oder eine Maschine arbeiteten, ihre Aufgabe erfüllten. Er boxte Carry, hörte nicht auf, ihn zu schlagen, und jedesmal, wenn seine Fäuste in eine glitschige, warme Masse hineinstießen, die ohne Zweifel Carrys Gesicht war, jauchzte er innerlich.

Schließlich aber senkte er die Arme, ließ sie längs seinem Körper ruhen. Er sagte:

»Das genügt fürs erste, Idiot. So long!«

Er verließ den Rathaussaal und ging durch den Korridor, der weit hinten auf die Straße führte.

Plack war zufrieden. Seine Hände hatten sich gut aufgeführt. Er hielt sie sich vor die Augen, bewunderte sie; sie schienen ihm durch das viele Dreinschlagen etwas geschwollen. Aber sie hatten sich verdammt gut aufgeführt; niemand würde bestreiten, daß er zu boxen verstand wie kein anderer.

Der Korridor zog sich hin, lang und leer. Warum nur brauchte er so lange, um ihn hinter sich zu bringen? Vielleicht war es Müdigkeit, jedoch fühlte er sich leicht, wie getragen von den unsichtbaren Händen physischen Behagens. Von den Händen physischen Behagens. Von den Händen ...? Auf der ganzen Welt gab es keine Hände, die sich mit den seinen vergleichen konnten; wahrscheinlich auch keine, die durch Beanspruchung so geschwollen waren. Er betrachtete sie erneut, tänzelnd oder sich wiegend wie Mädchen in der Sommerfrische; er fühlte sie ganz und gar als die seinen, sie waren inniger mit ihm verbunden als nur durch die Handgelenke. Seine lieben, seine herrlichen siegreichen Hände.

Er pfiff im Takt seiner Schritte, während er durch den endlosen Korridor ging. Es war noch ein ziemliches Stück bis zum Ausgang, doch was machte das schon nach alldem. Bei Emilio aß man spät zu Mittag, allerdings würde er gar nicht zu Emilio essen gehen, sondern zu Margie. Er würde mit Margie zu Mittag essen, weil es ihm Freude machte, ihr Koseworte zu sagen; danach würde er wieder gehen, um bis zum Abend zu arbeiten. Es gab viel zu tun im Rathaus. Die Hände aller reichten dazu nicht aus. Die Hände ...? Aber die seinen, die hatten kurz zuvor viel geleistet. Schlagen und schlagen, sich rächen; vielleicht waren sie ihm deshalb jetzt so schwer. Und die Straße war weit entfernt, und es war Mittag.

Das Licht am Ende des Korridors begann in Placks Gesichtsfeld zu tanzen. Er hörte auf zu pfeifen, sagte: »Bli-blug, bli-blug, bli-blug.« Schön, so dahinzureden, Nonsens von sich zu geben. Da spürte er, daß etwas von ihm über den Boden schleifte. Etwas, das mehr war als irgend etwas; ein Teil von ihm schleifte am Boden.

Er blickte nach unten und sah, daß es die Finger seiner Hände waren, die über den Boden schleiften.

Die Finger seiner Hände schleiften über den Boden. Zehn Empfindungen schnitten gleichzeitig in Placks Gehirn, den diese plötzliche Neuigkeit ergrimmte. Er wollte es nicht glauben, aber so war es. Seine Hände ähnelten den Ohren eines afrikanischen Elefanten. Riesige Schirme aus Fleisch, die über den Boden schleiften.

Trotz des Horrors mußte er hysterisch lachen. Die Handrükken kribbelten ihm; jeden Spalt zwischen den Fliesen empfand er wie Schmirgelpapier auf seiner Haut. Er wollte eine Hand heben, aber er vermochte es nicht. Jede Hand mußte an die fünfzig Kilo wiegen. Es gelang ihm nicht einmal, sie zu schließen. Bei der Vorstellung, was für Fäuste sie abgegeben hätten, schüttelte er sich vor Lachen. Was für Pranken! Still und leise zu Carry zurückkehren mit Fäusten so groß wie Petroleumfässer, ihm eine dieser kolossalen Fäuste entgegenstrecken, sie langsam öffnen, so daß die Fingerglieder, die Nägel zum Vorschein kommen, Carry auf die linke flache Hand setzen, sie mit der rechten zudecken und Carry zwischen den riesigen Handflächen hin- und herrollen wie einen Klumpen Nudelteig, geradeso wie Margie das jeden Donnerstag mittag machte. Ihn fröhlich pfeifend hin- und herrollen, bis Carry mürbe wäre wie alter Zwieback.

Plack erreichte schließlich den Ausgang. Die Hände über den Boden schleifend, kam er kaum voran. Bei jeder Unregelmäßigkeit des Fliesenbodens spürte er, wie seine Nerven sich sträubten. Er begann leise zu fluchen, alles, so schien ihm, wurde rot, doch das mußte an den Scheiben der Tür liegen.

Das Hauptproblem war, die verdammte Tür zu öffnen. Plack glaubte es dadurch zu lösen, daß er ihr einen Fußtritt versetzte und den Flügel, sowie er aufschwang, mit dem Körper offenhielt. Dennoch gingen die Hände nicht durch die Öffnung. Sich seitlich stellend, wollte er zuerst die rechte Hand passieren lassen und dann die linke. Doch er konnte weder die eine noch die andere hindurchzwängen. Er dachte: ›Laß sie einfach hier.‹ Er dachte es, als wäre das allen Ernstes möglich.

»Absurd«, murmelte er, doch das Wort klang hohl.

Er versuchte sich zu beruhigen und setzte sich im Schneidersitz vor die Tür; neben den winzigen gekreuzten Füßen lagen die Hände wie eingeschlafen. Plack sah sie sich genau an; außer der Tatsache, daß sie sehr gewachsen waren, hatten sie sich nicht verändert. Die Warze am rechten Daumen – einmal davon abgesehen, daß sie jetzt so groß war wie ein Wecker – hatte immer noch dieselbe schöne adria-blaue Farbe. Die Fingernägel waren immer noch akkurat geschnitten (Margie). Plack atmete tief durch, eine Technik, um sich zu beruhigen; die Sache war ernst. Derart ernst, daß sie jeden, dem sie zustieße, um den Verstand brächte. Trotzdem gelang es ihm nicht, wirklich zu begreifen, was sein Verstand ihm signalisierte. Ernst, eine ernste und böse Sache; und er lächelte, als er das sagte, lächelte wie im Traum. Plötzlich wurde er gewahr, daß die Tür zwei Flügel hatte. Er rappelte sich auf, versetzte dem zweiten Flügel einen Tritt und benutzte die linke Hand als Keil. Langsam, die Abstände sorgfältig abschätzend, schob er nach und nach seine beiden Hände auf die Straße hinaus. Er fühlte sich erleichtert, fast glücklich. Jetzt kam es darauf an, bis zur Straßenecke zu gelangen und den Bus zu nehmen.

Die Leute auf dem Platz musterten ihn mit Verwunderung und

Bestürzung. Plack machte sich nichts daraus; viel absonderlicher wäre es gewesen, hätten sie nicht von ihm Notiz genommen. Mit einer gebieterischen Kopfbewegung bedeutete er dem Fahrer eines Busses, an der Ecke zu halten. Er wollte einsteigen, doch seine Hände waren zu schwer, und schon der erste Versuch, sie hochzuheben, erschöpfte ihn. Er wich zurück vor der Lawine schriller Schreie, die aus dem Innern des Busses drangen, wo ältere Damen, die auf der Seite zum Trottoir hin saßen, reihenweise in Ohnmacht fielen.

Plack blieb auf der Straße zurück, besah sich seine Hände, die sich auf dem Trottoir mit allerlei Unrat, Hälmchen und Steinchen füllten. Pech mit dem Bus. Vielleicht die Straßenbahn ...?

Die Straßenbahn hielt, und die Fahrgäste stießen entsetzliche Schreie aus, wie sie diese auf dem Boden schleifenden Hände sahen und Plack zwischen ihnen, klein und bleich. Hysterisch drängten die Leute den Fahrer, so schnell wie möglich weiterzufahren. Plack konnte nicht einsteigen.

»Ich werde ein Taxi nehmen«, murmelte er und begann allmählich zu verzweifeln.

Es gab Taxis die Menge. Er rief eins herbei, ein gelbes. Das Taxi hielt, wie es schien, widerwillig. Ein Schwarzer saß am Steuer.

»Wie-sen-schaum-kraut!« stotterte der Schwarze. »Was für Hände!«

»Mach den Wagenschlag auf, steig aus, nimm die linke Hand, heb sie rein, dann die rechte, heb sie rein, stoß mich in den Wagen, nicht so fest, so ist's gut. Jetzt fahr mich in die 12. Straße, Nummer 4075, und danach fahr zur Hölle, schwarzer Teufel.«

»Wiesenschaumkraut!« rief der Fahrer wieder aus, der jetzt, seiner Rasse getreu, aschgrau geworden war. »Sind das wirklich Ihre Hände, Sir?«

Plack auf dem Rücksitz stöhnte. Es blieb für ihn kaum Platz: die Hände nahmen nicht nur den ganzen Boden ein, sondern belagerten auch den Sitz. Es fing an kalt zu werden, und Plack mußte niesen. Instinktiv hatte er sich die Hand vors Gesicht halten wollen, und dabei hatte er sich fast den Arm ausgerissen. Da sank er zurück, willenlos, besiegt, fast glücklich. Die Hände ruhten schmutzig und massig auf dem Boden des Taxis. Aus der Warze, mit der er gegen einen Laternenpfahl gestoßen war, rannen ein paar dicke Blutstropfen.

›Ich werde einen Arzt aufsuchen‹, beschloß Plack. ›Ich kann so nicht zu Margie kommen. Bei Gott nicht, ich würde ihr ganzes Appartement ausfüllen. Besser, ich suche einen Arzt auf, der wird mir zur Amputation raten, und ich werde einwilligen, die einzige Möglichkeit, damit Schluß zu machen. Ich habe Hunger, bin müde.‹

Er klopfte mit der Stirn an die Trennscheibe.

»Fahren Sie mich in die 50. Straße, Nummer 4856. Die Praxis von Dr. September.«

Er war so zufrieden über diese Idee, daß er sich vor Vergnügen die Hände reiben wollte; doch er konnte sie kaum bewegen, also ließ er sie ruhen.

Der Schwarze trug ihm die Hände bis in die Arztpraxis. Es entstand eine fürchterliche Panik im Wartezimmer, als Plack erschien, hinter seinen Händen hergehend, die der Schwarze, schweißtriefend und stöhnend, an den Daumen gepackt hielt.

»Führ mich zu dem Sessel da; ja, so ist's gut. Steck die Hand in meine Jackentasche. Deine Hand, Blödmann, in die Tasche meiner Jacke; nein, nicht in diese, in die rechte. Tiefer, Dummkopf, ja, so. Hol das Bündel Scheine raus, nimm dir einen Dollar, behalt das Wechselgeld, und bye-bye.«

Er ließ an dem so hilfsbereiten Schwarzen seine Wut aus, ohne zu wissen, warum er so in Rage war. Eine Rassenfrage, vielleicht, ganz ohne Grund.

Nun setzten zwei Krankenschwestern ein ihr Entsetzen kaschierendes Lächeln auf, damit Plack seine Hände auf sie stütze. Mühsam schleppten sie ihn bis ins Sprechzimmer. Dr. September war ein Mann mit dem runden Gesicht eines ramponierten Schmetterlings; er ging auf Plack zu, um ihm die Hand zu geben, als er gewahr wurde, daß dies gewisser angestrengter Manöver bedurfte, und so vertauschte er den Händedruck gegen ein Lächeln.

»Was führt Sie zu mir, mein lieber Plack?«

Plack sah ihn mitleidig an.

»Nichts«, erwiderte er mürrisch. »Mich schmerzt mein Stammbaum. Sehen Sie meine Hände nicht, Sie Schelm von einem Arzt?«

»Oh, oh!« gab September zu. »Oh, oh, oh!«

Der Arzt kniete sich hin und begann, Placks linke Hand abzutasten. Er schien ziemlich besorgt zu sein. Er stellte eine Reihe von Routinefragen, die seltsam klangen, jetzt wo sie sich auf das bestürzende Phänomen bezogen.

»Sehr merkwürdig«, resümierte er mit überzeugter Miene. »Höchst sonderbar, Plack.«

»Finden Sie?«

»Ja, der merkwürdigste Fall in meiner ganzen Praxis. Sie werden mir doch erlauben, für das Raritäten-Museum in Pennsylvania ein paar Fotos zu machen, nicht wahr? Auch habe ich einen Schwager, der für *The Shout* arbeitet, ein überaus diskretes und vertrauenswürdiges Blatt. Dem armen Korinkus geht es ziemlich dreckig, ich möchte gern etwas für ihn tun. Eine Reportage über den Mann mit den ... sagen wir, mit den überdimensionalen Händen; für Korinkus ein Triumph. Wir wollen ihm diesen Knüller gönnen, nicht wahr? Wir könnten ihn noch heute abend kommen lassen.«

Plack spuckte wütend aus. Er zitterte am ganzen Leib.

»Nein, ich bin keine Zirkusnummer«, sagte er düster. »Ich bin nur gekommen, damit Sie mir das da amputieren, und auf der Stelle, verstanden? Ich zahle, was immer Sie verlangen, ich habe eine Versicherung, die die Kosten übernimmt. Zudem sind da meine Freunde, die für mich bürgen; sowie sie erfahren, was mir passiert ist, werden sie kommen; wie ein Mann werden sie kommen, um mir die Hand... Nun, sie werden kommen.«

»Ganz wie Sie wünschen, lieber Freund.« Dr. September sah auf seine Armbanduhr. »Es ist jetzt drei« (und Plack erschrak, denn er hatte nicht gedacht, daß es schon so spät war). »Wenn ich Sie jetzt operiere, werden Sie das Schlimmste während der Nacht durchmachen. Wollen wir nicht bis morgen warten? In der Zwischenzeit kann Korinkus...«

»Das Schlimmste mache ich eben jetzt durch«, sagte Plack und drückte im Geiste seine Hände an die Schläfen. »Operieren Sie mich, Doktor. Um Gottes willen, operieren Sie mich... Ich sage, Sie sollen mich operieren! Operieren Sie mich, Mann... begehen Sie kein Verbrechen!!! Begreifen Sie doch, wie sehr ich leide!! Sind Ihnen die Hände nie derart gewachsen...?? Aber mir, mir ja!!! Sehen Sie doch... mir ja!!!«

Er weinte, und die Tränen rannen nur so über sein Gesicht, tropften vom Kinn und verloren sich in den tiefen Furchen seiner Hände, die mit dem Rücken auf dem Boden ruhten, auf den eiskalten Fliesen.

Dr. September war jetzt umringt von einer Riege diensteifriger Krankenschwestern, eine hübscher als die andere. Gemeinsam führten sie Plack zu einem Hocker und legten seine Hände auf einen Marmortisch. Feuer flammten, starke Gerüche stiegen auf. Blinkender Stahl, knappe Anordnungen. Dr. September vermummt in sieben Meter weißen Stoff; lebendig an ihm waren einzig die Augen. Plack mußte an den schrecklichen Moment denken, wenn er aus der Narkose ins Leben zurückkehren würde.

Sanft legte man ihn so hin, daß seine Hände auf dem Tisch liegenblieben, wo das Opfer vollbracht werden sollte. Dr. September trat näher heran, lachte unter seiner Maske.

»Korinkus wird kommen, um Fotos zu machen«, sagte er. »Hören Sie, Plack, es ist keine große Sache. Denken Sie an was Lustiges, und Ihr Herz wird nicht leiden. Haben Sie sich von Ihren Händen verabschiedet? Wenn Sie aufwachen, werden sie nicht mehr bei Ihnen sein ...«

Plack machte ein ängstliches Gesicht. Er betrachtete seine Hände, zuerst die eine, dann die andere. ›Bye-bye, sweethearts‹, dachte er. ›Im Formalinbad, das eigens auf euch wartet, denkt an mich. Denkt an Margie, die euch küßte. Denkt an Mitt, dessen Fell ihr gestreichelt habt. Ich verzeihe euch den bösen Streich eingedenk der Tracht Prügel, die ihr Carry verabreicht habt, diesem Angeber, diesem unverschämten Kerl ...‹

Man hatte ihm einen Wattebausch auf die Nase gedrückt, und Plack nahm einen süßlichen, wenig angenehmen Geruch wahr. Er wollte protestieren, doch Dr. September winkte kurz ab. Da schwieg Plack. Es war besser, sich narkotisieren zu lassen, sich abzulenken, indem er an was Lustiges dachte, zum Beispiel an die Schlägerei mit Carry. Nicht er hatte ihn provoziert. Als Carry sagte: »Du bist ein Feigling, ein Schuft und ein schlechter Dichter obendrein«, hatten die Worte den Lauf der Dinge bestimmt, wie das im Leben oft geschieht. Plack machte zwei Schritte auf Carry zu und begann ihn zu schlagen. Er war ziemlich sicher, daß Carry nicht minder heftig zurückschlug, doch er spürte nichts. Nur seine eigenen Fäuste, die beim jähen Vorschießen der Arme Carrys Nase, Augen, Mund trafen oder seine Ohren, Brust, Hals und Schultern.

Langsam kam er wieder zu sich. Als er die Augen aufschlug, war das erste Bild, das er wahrnahm, Carry. Ein sehr bleicher und besorgter Carry, der sich über ihn neigte und stammelte:

»Mein Gott! Plack, alter Junge... Niemals hätte ich geglaubt, daß sowas passieren könnte...«

Plack begriff nicht. Carry hier? Er dachte nach: vielleicht hatte Dr. September, irgendwelche postoperative Komplikationen befürchtend, die Freunde benachrichtigt. Denn außer Carry sah er jetzt auch die Gesichter anderer städtischer Angestellter, die sich um sein Lager scharten.

»Wie geht's dir, Plack?« fragte Carry mit erstickter Stimme. »Fühlst... fühlst du dich besser?«

Da ging es Plack blitzartig auf. Er hatte geträumt! Er hatte geträumt! ›Carry hat mir einen Kinnhaken versetzt, und ich bin ohnmächtig geworden; und während meiner Ohnmacht habe ich diesen Horror, das mit meinen Händen geträumt...‹

Erleichtert lachte er auf. Mehrmals mußte er laut lachen. Seine Freunde sahen ihn immer noch ängstlich und erschreckt an.

»Ah, was für ein Dummkopf bin ich doch!« platzte es aus Plack heraus, und er sah Carry mit glänzenden Augen ins Gesicht. »Du hast mich k.o. geschlagen, aber warte nur, bis ich mich etwas erholt habe... dann werde ich dich derart verprügeln, daß du ein ganzes Jahr lang das Bett hüten mußt.«

Er hob die Arme, um seine Worte mit einer definitiven Geste zu unterstreichen. Da sahen seine Augen die Stümpfe.

1937

Das Telefon klingelt, Delia

Delia schmerzten die Hände. Wie gemahlenes Glas drang der Seifenschaum in die Risse ihrer Haut und verursachte einen brennenden Schmerz, durchblitzt von jähen Stichen. Am liebsten hätte Delia losgeweint, sich dem Schmerz überlassen wie weit geöffneten Armen. Doch sie weinte nicht, eine geheime Kraft hielt sie davon ab, in Tränen auszubrechen; der von der Seife verursachte Schmerz war kein hinreichender Grund nach all der Zeit, die sie wegen Sonny geweint hatte, wegen Sonnys Abwesenheit. Es wäre entwürdigend gewesen, ohne den einzigen Grund, der sie zu weinen berechtigte. Und außerdem war da Babe in ihrem auf Raten gekauften Gitterbett. Wie immer waren da Babe und Sonnys Abwesenheit. Babe in ihrem Bettchen oder auf dem abgenutzten Teppich herumkrabbelnd, und Sonnys Abwesenheit, allgegenwärtig wie jede Abwesenheit.

Die Wanne, die beim Rubbeln der Wäsche auf ihrem Gestell schepperte, begleitete mit ihrem Rhythmus das Schlagzeug eines Blues, gesungen von demselben dunkelhäutigen Mädchen, das Delia in den Programmzeitschriften bewunderte. Sie hörte die Blues-Sängerin immer sehr gern; abends um Viertel nach sieben – das Radio kündigte zwischen zwei Songs mit dem »Hi, hi« einer erschreckten Maus die Zeit an – bis halb acht. Delia dachte nie »neunzehn Uhr dreißig«; sie zog den altvertrauten Sprachgebrauch vor, so wie die Wanduhr die Zeit anzeigte mit ihrem müden Pendel, den Babe gerade mit einem komischen Wiegen ihres noch etwas hilflosen Köpfchens beobachtete. Delia liebte es, fortwährend auf die Uhr zu sehen oder auf das »Hi, hi« im Radio zu warten; auch wenn es sie traurig stimmte, mit der Uhrzeit Sonnys Abwesenheit zu verbinden, Sonnys Schlechtigkeit und daß er sie verlassen hat, und Babe, und das Verlangen zu weinen, und in was für einem Ton Mrs. Morris gesagt hatte, daß die Rechnung des Krämers sofort bezahlt werden muß, doch wie hübsch waren die haselnußbraunen Strümpfe.

Ohne anfangs zu wissen warum, ertappte sich Delia dabei, wie sie verstohlen das Foto von Sonny betrachtete, das neben dem Tischchen mit dem Telefon hing. Sie dachte: ›Niemand hat heute angerufen! Warum zahlte sie eigentlich noch jeden Monat Telefongebühren?‹ Seit Sonny weggegangen war, rief niemand mehr an. Die Freunde, und Sonny hatte viele Freunde, wußten, daß er jetzt ein Fremder war für Delia, für Babe, für die kleine Wohnung, wo sich in der Enge der zwei Zimmer die Sachen häuften. Nur Steve Sullivan meldete sich gelegentlich und sprach mit Delia; er rief an, um ihr zu sagen, wie sehr er sich freue, sie bei guter Gesundheit zu wissen, und sie solle nicht glauben, daß das, was zwischen ihr und Sonny vorgefallen ist, ein Grund sein könnte, nicht mehr anzurufen, um sich nach ihrer Gesundheit und nach Babes Zähnchen zu erkundigen. Nur Steve Sullivan. Und heute hatte das Telefon nicht ein einziges Mal geklingelt; nicht mal, weil sich jemand verwählt hat.

Es war zwanzig nach sieben. Delia hörte das »Hi, hi« zwischen zwei Werbespots für Zahnpasta und Mentholzigaretten. Sie erfuhr auch, daß die Regierung Daladier gefährlich ins Wanken geriet. Dann kam wieder die Blues-Sängerin, und Babe, die schon einen Flunsch gezogen hatte, strahlte auf einmal übers ganze Gesicht, als verspräche diese dunkle und tiefe Stimme eine Süßigkeit, die sie mochte. Delia kippte die Seifenlauge weg und trocknete sich die Hände, wobei sie vor Schmerzen klagte, wenn das Handtuch über die wunde Haut fuhr.

Doch sie weinte nicht. Nur wegen Sonny konnte sie weinen. Mit lauter Stimme, an Babe gewandt, die sie von ihrem zerwühlten Bettchen aus anlächelte, suchte sie nach Worten, die ein Schluchzen, ein schmerzvolles Gesicht hätten rechtfertigen können.

»Wenn er wüßte, was er uns angetan hat, Babe ... Wenn er ein Herz hätte, wenn er nur eine Sekunde an das dächte, was er hinter sich gelassen hat, als er wütend die Tür zuschlug und ging ... Zwei Jahre, Babe, zwei Jahre ... und wir haben nichts von ihm gehört ... Weder ein Brief noch ein Scheck ... nicht einmal etwas Geld für dich, für Kleidung und Schühchen ... Erinnert er sich nicht mehr an deinen Geburtstag? Nein? Der war im vergangenen Monat, und ich saß mit dir auf dem Arm neben dem Telefon und wartete darauf, daß er anruft, sollte er auch nur sagen: ›Hallo, herzlichen Glückwunsch!‹ oder daß er dir ein Geschenk schickt, ein kleines Geschenk nur, ein Plüschhäschen oder eine Goldmünze ...«

Nun erschienen ihr die Tränen, die auf ihren Wangen brannten, gerechtfertigt, denn sie vergoß sie, weil sie an Sonny dachte.

Und in diesem Augenblick klingelte das Telefon, gerade als aus dem Radio der Fiepton kam: sieben Uhr zweiundzwanzig.

»Es klingelt«, sagte Delia, Babe ansehend, als könnte das Kind begreifen. Sie ging zum Telefon, etwas zögernd, weil es vielleicht Mrs. Morris war, die die ausstehende Rechnung anmahnte. Sie ließ sich auf den Hocker nieder. Trotz des insistierenden Klingelns zeigte sie keine Eile. Sie sagte:

»Hallo.«

Sie bekam nicht gleich Antwort.

»Ja, wer...?«

Natürlich wußte sie schon, wer es war, und deshalb schien das Zimmer sich zu drehen, verwandelte sich der Minutenzeiger der Uhr in einen wilden Propeller.

»Ich bin's, Delia... Sonny, Sonny.«

»Ah, Sonny.«

»Legst du jetzt auf?«

»Ja, Sonny«, sagte sie sehr ruhig.

»Delia, ich muß mit dir sprechen.«

»Ja, Sonny.«

»Ich habe dir viel zu sagen, Delia.«

»Gut, Sonny.«

»Bist du... bist du böse?«

»Ich kann nicht böse sein. Ich bin traurig.«

»Bin ich für dich jetzt ein Unbekannter... ein Fremder?«

»Frag mich nicht sowas. Ich will nicht, daß du mich sowas fragst.«

»Es tut mir leid, Delia.«

»Ah, es tut dir leid.«

»Großer Gott, rede nicht so, in diesem Ton...«

....

»Hallo.«

»Hallo. Ich dachte...«

»Delia...«

»Ja, Sonny.«

»Kann ich dich etwas fragen?«

Da war etwas Seltsames in Sonnys Stimme. Womöglich hatte sie den Klang seiner Stimme schon ein wenig vergessen. Ohne sie in Worte zu fassen, stellte sie sich die Frage, ob er aus dem Gefängnis anrufe oder aus einer Bar... Da war eine Stille hinter seiner Stimme; und wenn Sonny schwieg, war alles Stille, nächtliche Stille.

»... eine Frage nur, Delia.«

Babe sah von ihrem Bettchen aus zu ihrer Mutter hinüber, indem sie ihr Köpfchen neugierig vorneigte. Sie zeigte keine Ungeduld, auch kein Verlangen zu weinen. Das Radio am anderen Ende des Zimmers gab erneut die Zeit an: »Hi, hi«, sieben Uhr fünfundzwanzig. Und Delia hatte noch nicht die Milch für Babe warm gemacht; und sie hatte auch noch nicht die eben gewaschene Wäsche aufgehängt.

»Delia... ich möchte wissen, ob du mir verzeihst.«

»Nein, Sonny, ich verzeih dir nicht.«

»Delia...«

»Ja, Sonny.«

»Du verzeihst mir nicht?«

»Nein Sonny, verzeihen nützt jetzt nichts mehr... Man verzeiht denen, die man noch ein wenig liebt... und wegen Babe, wegen Babe kann ich dir nicht verzeihen.«

»Wegen Babe, Delia? Glaubst du etwa, ich habe sie vergessen?«

»Ich weiß nicht, Sonny. Aber ich würde dich nie mehr zu ihr lassen, denn jetzt ist es allein mein Kind, nur meins. Niemals würde ich dich zu ihr lassen.«

»Das ist jetzt nicht mehr wichtig, Delia«, sagte Sonnys Stimme, und Delia spürte wieder, und diesmal stärker, daß der Stimme etwas fehlte, oder schwang noch etwas mit?

»Von wo rufst du an?«

»Auch das ist unwichtig«, sagte Sonnys Stimme, als schmerzte es ihn, so zu antworten.

»Aber...«

»Lassen wir das, Delia.«

»Gut, Sonny.«

(Sieben Uhr siebenundzwanzig.)

»Delia... denk daran, daß ich verschwinde...«

»Du verschwindest? Und warum?«

»Das kann passieren, Delia... Es passiert so vieles, das... Versteh mich, Delia... Verschwinden, einfach so, ohne daß du mir verziehen hast... einfach so, Delia, ohne was... nackt... nackt und allein!«

(Die Stimme, so seltsam. Sonnys Stimme, als wäre sie nicht Sonnys Stimme und zugleich doch Sonnys Stimme.)

»Ganz ohne was, Delia... Allein und nackt, einfach so verschwinden ... mit meiner Schuld ... Ohne daß du mir verzeihst, ohne daß du mir verziehen hast, Delia!«

»Warum sprichst du so, Sonny?«

»Weil ... ich weiß nicht ... Ich bin so allein, ganz ohne Liebe, mir ist so seltsam ...«

»Aber ...«

Wie durch einen Nebelschleier starrte Delia vor sich auf die Uhr. Neunundzwanzig nach sieben; der Minutenzeiger stand genau auf dem feinen Strich vor dem dickeren der halben Stunde.

»*Delia ... Delia ...!*«

»Von wo aus sprichst du ...?« schrie sie, sich über das Telefon beugend. Sie verspürte Angst, Angst und Liebe; und Verlangen, großes Verlangen, wie gern wäre sie jetzt mit ihren Fingern durch Sonnys schwarzes Haar gefahren, hätte ihn auf den Mund geküßt.

»Von wo aus sprichst du ...?«

....

»Von wo aus sprichst du, Sonny?«

....

»Sonny ...!«

....

»Hallo, hallo ...! Sonny!«

»*Verzeih mir, Delia ...*«

Die Liebe, die Liebe, die Liebe. Verzeihen, wie absurd das ...

»Sonny ... Sonny, komm ...! Komm, ich warte auf dich ...! Komm ...!«

(»Mein Gott, mein Gott ...!«)

....

»Sonny ...!«

....

»Sonny! *Sonny!!*«

....

Nichts.

Es war genau halb acht. Die Uhr zeigte es an. Und das Radio: »Hi, hi.« Die Uhr, das Radio und Babe, die Hunger hatte und ihre Mutter ansah, etwas verwundert über die Verspätung.

Weinen, weinen. Sich dem Strom der Tränen überlassen, neben einem Kind, das eine ernste Miene macht und mucksmäuschenstill ist, als begriffe es, daß sich bei diesen Tränen jede Nachahmung verbiete. Aus dem Radio kam eine sehr sanfte Klaviermusik mit fließenden Akkorden, und da schlief Babe ein, ihr Kopf ruhte auf dem Unterarm ihrer Mutter. Im Zimmer war gleichsam ein großes, aufmerksames Lauschen, und Delias Schluchzer stiegen spiralförmig auf, hielten schlucksend inne und verloren sich dann in den inneren Gängen der Stille.

Die Türklingel. Ganz kurz. Jemand hustete hinter der Tür.

»Steve!«

»Ja, ich bin's, Delia. Ich kam gerade vorbei und...«

Es entstand eine lange Pause.

»Steve... kommen Sie von...?«

»Nein, Delia.«

Steve war traurig, und Delia machte eine mechanische Geste und bat ihn hereinzukommen. Sie merkte, daß er nicht mehr so forsch auftrat wie früher, als er kam, um Sonny abzuholen oder mit ihnen zu Abend zu essen.

»Nehmen Sie Platz, Steve.«

»Nein, nein... ich muß gleich wieder gehen. Delia, Sie wissen nichts von...«

»Nein, nichts.«

»Und Sie lieben ihn natürlich nicht mehr...«

»Nein, ich liebe ihn nicht mehr, Steve. Obgleich...«

»Ich bringe eine Nachricht, Delia.«

»Mrs. Morris...?«

»Nein, es handelt sich um Sonny.«

»Um Sonny? Hat man ihn verhaftet?«

»Nein, Delia.«

Delia ließ sich auf den Hocker fallen. Ihre Hand berührte das kalte Telefon.

»Ach!... Ich dachte, er könnte mich aus dem Gefängnis angerufen haben...«

»Er hat Sie angerufen?«

»Ja, Steve, er wollte mich um Verzeihung bitten.«

»Sonny? Sonny hat Sie telefonisch um Verzeihung gebeten?«

»Ja, Steve. Und ich habe ihm nicht verziehen. Weder Babe noch ich konnten ihm verzeihen.«

»Oh, Delia.«

»Wir konnten nicht, Steve. Aber danach... Sehen Sie mich nicht so an... danach habe ich wie eine dumme Göre geheult... sehen Sie meine Augen... und ich hätte gewollt, daß... aber Sie sagten, daß Sie eine Nachricht bringen... eine Nachricht von Sonny...«

»Delia...«

»Ich weiß, ich weiß... Sie brauchen es mir nicht zu sagen; er hat wieder gestohlen, nicht wahr? Man hat ihn verhaftet, und er hat mich aus dem Gefängnis angerufen... Steve!... Ja, sagen Sie es mir, jetzt will ich es wissen.«

Steve schien wie vor den Kopf geschlagen. Er blickte um sich, als suchte er einen Halt.

»Wann hat er Sie angerufen, Delia?«

»Eben erst, um sieben... zwanzig nach sieben, ich erinnere mich genau. Und wir haben bis halb acht miteinander gesprochen.«

»Aber Delia, das ist unmöglich.«

»Warum? Er wollte, daß ich ihm verzeihe, Steve, und erst als die Verbindung abriß, habe ich begriffen, wie allein er war, wie verzweifelt... Und da war es zu spät, obgleich ich wieder und wieder ins Telefon geschrien habe... es war zu spät. Er hat aus dem Gefängnis angerufen, nicht wahr?«

»Delia...« Steves Gesicht war jetzt bleich und unpersönlich, und seine Finger krallten sich in die Krempe seines Hutes, den er nicht aufgehört hatte zu knautschen. »Oh Gott, Delia...«

»Was ist, Steve...?«

»Delia... das ist unmöglich, ganz unmöglich...! Sonny kann vor einer halben Stunde nicht angerufen haben!«

»Warum nicht?« fragte sie und sprang entsetzt auf.

»Weil Sonny um fünf Uhr gestorben ist, Delia. Man hat ihn auf offener Straße erschossen.«

Vom Kinderbett her war das regelmäßige Atmen Babes zu hören, im Einklang mit dem Hin und Her des Pendels. Die Klaviermusik im Radio war verstummt; die zeremoniöse Stimme des Sprechers pries wortreich ein neues Automodell: modern, ökonomisch, superschnell.

1938

Remis tiefer Mittagsschlaf

Da kamen sie. Er hatte sich ihre Schritte oft vorgestellt: erst klangen sie fern und leicht, dann fest und nah, auf den letzten Metern etwas zögernd, wie unschlüssig. Die Tür öffnete sich, ohne daß er das vertraute Geräusch des Schlüssels gehört hatte, so angespannt hatte er auf den Augenblick gewartet, da er aufstehen und seinen Henkern gegenübertreten mußte.

Der Satz bildete sich in seinem Kopf, noch bevor die Lippen des Kerkermeisters ihn artikulierten. Wie oft hatte er vermutet, daß in diesem Augenblick nur eines gesagt werden konnte, ein einfacher und klarer Satz, der alles enthielt. Er hörte ihn:

»Es ist Zeit, Remi.«

Der Druck an den Armen war fest, aber nicht böswillig. Er fühlte, daß er wie zu einem Spaziergang durch den Korridor geführt wurde, und betrachtete gelassen einige Gestalten, die sich an die Gitterstäbe klammerten und mit einemmal eine ungeheure und überaus unnötige Bedeutung bekamen allein dadurch, daß es lebende Gestalten waren, die noch lange herumkrebsen würden. Dann die Halle, die er nie zuvor gesehen hatte (doch er kannte sie aus seiner Vorstellung, und sie war genau so, wie er gedacht hatte), eine Treppe ohne Geländer, um sich darauf zu stützen, denn beim Hinaufsteigen wurde er auf beiden Seiten von den Wärtern gestützt, und da oben, da oben...

Er spürte die Schlinge, man ließ ihn plötzlich los, und einen Augenblick war er ganz allein und wie frei in einer großen Stille voller Nichts. Da versuchte er dem, was geschehen würde, in Gedanken zuvorzukommen, wie er es seit seiner Kindheit immer getan hatte. In einem blitzartigen Augenblick stellte er sich die möglichen Empfindungen vor, die ihn eine Sekunde, nachdem man die Versenkung öffnete, elektrisieren würden. Der Sturz in einen tiefen schwarzen Schacht oder nur das langsame und schreckliche Ersticken oder etwas, das ihn als Konstrukt nicht voll befriedigte; etwas Mangelhaftes, Unzureichendes, etwas...

Der Sache müde, nahm er die Hand vom Hals, mit der er den eingefetteten Strick simuliert hatte; wieder so eine dumme Komödie, wieder hatte er sich mit seiner krankhaften Phantasie um eine Siesta gebracht. Er richtete sich im Bett auf und suchte mechanisch nach den Zigaretten; noch hatte er den Geschmack von der letzten im Mund. Er riß das Streichholz an und betrachtete es so lange, bis er sich fast die Finger verbrannte; die Flamme tanzte vor seinen Augen. Dann betrachtete er sich eitel im Spiegel über dem Waschbecken. Es war Zeit, ein Bad zu nehmen und Morella anzurufen, um sich mit ihr bei Mrs. Belkis zu treffen. Wieder eine Siesta zum Teufel; der Gedanke ärgerte ihn wie ein Moskito, er verscheuchte ihn nicht ohne Mühe. Warum machte die Zeit nicht Schluß mit diesen dummen Angewohnheiten der Kindheit, mit diesem Hang, sich als Helden vorzustellen und sich in der dumpfen Schläfrigkeit des Februars endlose Abenteuer auszudenken, wo ihn der Tod am Fuße einer Zitadelle oder auf dem Schafott erwartete? Als Kind: Pirat, gallischer Krieger, Sandokan, und die Liebe ein Abenteuer, bei dem einzig der Tod als Trophäe befriedigen konnte. Als Jüngling: verwundet und geopfert – ah! diese Revolutionen während der Siesta, herrliche Niederlagen, wo er sein Leben hingab für das eines sehr lieben Freundes –, immer imstande, elegant im Dunkel zu verschwinden durch die Falltür eines letzten Satzes, den zu bilden, zu erinnern, parat zu haben ihn faszinierte... Feste Schemata: a) Die Revolution, wo Hilarius ihm im feindlichen Schützengraben gegenüberlag. Etappen: Einnahme des Schützengrabens, Hilarius in Bedrängnis, Begegnung mitten im Kampfgewühl, er opfert sich, indem er Hilarius seine Uniform gibt und ihn laufen läßt, und um den Schein zu wahren, erschießt er sich. b) Die Rettung Morellas (fast immer vage); Sterbebett – vergeblicher chirurgischer Eingriff – und Morella nimmt seine Hände und weint; großartige Abschiedsworte, Morella küßt ihn auf die schweißnasse Stirn. c) Tod auf dem Schafott vor den Augen der gaffenden Volksmasse; berühmtes Opfer, des Königsmords oder Hochverrats angeklagt, Sir Walter Raleigh, Alvaro de Luna etc. Letzte Worte (ein Trommelwirbel übertönt die Stimme von Ludwig XVI.), gegenüber dem Henker ein erhabenes Lächeln der Verachtung (Karl I.), angesichts solchen Heldenmuts schlägt das Entsetzen des Publikums in Bewunderung um.

Er kehrte aus einem solchen Traum zurück – auf der Bettkante sitzend betrachtete er sich weiter im Spiegel, wütend auf sich selbst –, als wäre es nicht stupide, mit fünfunddreißig Jahren diese Manien der Kindheit beizubehalten, als wäre es nicht viel zu heiß, sich solche Todesstunden auszumalen. Eine Variante dieser

Siesta: eine Hinrichtung im engeren Kreis, in irgendeinem Londoner Gefängnis, wo man im Beisein nur weniger Zeugen gehenkt wird. Ein schäbiges Ende, das es aber wert ist, langsam ausgekostet zu werden; er blickte auf die Uhr, es war zehn nach vier. Wieder eine Siesta vertan …

Warum nicht ein wenig mit Morella plaudern? Er wählte die Nummer, spürte, daß ihm von der Siesta noch ein schlechter Nachgeschmack geblieben war, und dabei hatte er gar nicht geschlafen, hatte sich nur seinen Tod vorgestellt, wie so oft als Kind. Als am anderen Ende der Hörer abgenommen wurde, kam es Remi so vor, als habe nicht Morella »Hallo!« gesagt, sondern eine Männerstimme, und er hörte ein unterdrücktes Getuschel, als er fragte: »Morella?«, und gleich darauf ihre frische und helle Stimme, die ihn grüßte wie immer, nur etwas weniger spontan, denn sie erreichte Remi mit einer ihm unbekannten Spontaneität.

Von der Greenestreet bis zu Morellas Wohnung sind es genau zehn Blocks. Mit dem Auto ganze zwei Minuten. Aber hatte er ihr nicht gesagt: »Ich treffe dich um acht bei Mrs. Belkis«? Als er ankam und aus dem Taxi sprang, war es viertel nach vier. Er rannte durchs Wohnzimmer, lief hinauf in den ersten Stock, hielt vor der Mahagonitür (rechts von der Treppe) inne und öffnete sie, ohne anzuklopfen. Er hörte Morellas Schrei, noch bevor er sie sah. Bei Morella war Leutnant Dawson, aber nur Morella schrie, als sie den Revolver sah. Doch Remi kam es so vor, als wäre es sein eigener Schrei, ein Brüllen, das in seiner zusammengeschnürten Kehle jäh erstickte.

Der Körper zitterte nicht mehr. Die Hand des Vollstreckers suchte an den Knöcheln den Puls. Die Zeugen gingen schon.

1939

Puzzle

Für Rufus King

Sie hatten so saubere Arbeit geleistet, daß niemand, nicht einmal der Tote, Sie des Mordes hätte beschuldigen können.

In der Nacht, wenn alles in eine Welt der Einförmigkeit versinkt, aus der allein das Licht Flächen und Kanten herausmodellieren könnte, kamen Sie bewaffnet mit einem Krummesser mit vibrierender, singender Klinge und hielten vor der Tür des Schlafzimmers inne. Sie lauschten, und als Sie nichts als Stille hörten, öffneten Sie die Tür; nicht mit der systematischen Langsamkeit dieser Person bei Edgar Allan Poe, die Haß auf ein Auge hatte, sondern freudig entschlossen, so wie man das Haus seiner Freundin betritt oder sich beim Chef einstellt, um eine Gehaltserhöhung zu empfangen. Sie stießen die Tür auf, und allein elementare Vorsicht konnte Sie davon abhalten, ein Lied zu pfeifen, das – es erübrigt sich zu sagen – geheißen hätte: *Nach dir, mein Lieb, verzehr ich mich.*

Ralph hatte die Gewohnheit, auf der Seite liegend zu schlafen, wodurch er den Blicken oder den Messern eine Blöße bot. Die Entfernung abschätzend, näherten Sie sich langsam; bei einem Abstand von nur einem Meter machten Sie halt. Das Fenster, das Ralph immer offen ließ, um die frische Morgenluft hereinzulassen (und dann aufzustehen, es zu schließen und des reinen Vergnügens wegen noch bis zehn Uhr weiterzuschlafen), durch dieses Fenster konnte man die Leuchtreklamen der Stadt sehen. New York war diese Nacht hörbar pulsierendes Leben, steckte voller Kapriolen, und es machte Ihnen Spaß, dem erbarmungslosen, unentschiedenen Wettstreit zwischen verschiedenen Zigarettenmarken oder Autoreifentypen zuzusehen.

Doch dies war nicht der Augenblick für humorige Gedanken. Es galt, ein begonnenes Werk mit freudiger Entschlossenheit zu Ende zu bringen. Sie fuhren sich mit den Fingern durchs Haar und strichen es nach hinten, waren entschlossen, Ralph ohne Präliminarien und ohne Inszenierung zu erstechen.

Also setzten Sie den rechten Fuß auf den roten Bettvorleger, der Ihnen die genaue Stelle mit Ralphs Bett anzeigte (falls man einen Schritt nach vorn machte, versteht sich); die Leuchtreklamen vergessend, drehten Sie den Oberkörper nach links, hoben den Arm, holten wie zu einem Golfschlag aus und stießen Ralph das Messer in die Seite, wenige Zentimeter unter der Achsel.

Ralph erwachte in ebendem Augenblick, da er starb, und er war sich seines Todes bewußt. Das konnte Ihnen nur recht sein. Sie wollten, daß Ralph begreift, warum er stirbt, und daß das Ende einer so verhaßten Existenz einen direkt beteiligten Zuschauer hat.

Ralph entrang sich ein Seufzer, er stöhnte, tat einen weiteren Seufzer, in seinem Leib blubberte es, und dann war nichts mehr zu hören, was Zweifel daran hätte aufkommen lassen, daß zusammen mit dem Messer der Tod eingetreten war und seine neue Beute umklammerte.

Sie zogen die Klinge heraus, wischten das Blut an Ihrem Taschentuch ab, strichen Ralph sanft über das Haar – was eine vorsätzliche Beleidigung war – und traten dann ans Fenster. Eine ganze Weile standen Sie über den Abgrund gebeugt und betrachteten New York. Betrachteten es aufmerksam, so wie ein Matrose im Ausguck weit über den Bug seines Schiffes hinausspäht. Die Nacht war antipoetisch und nackt. Die Autos dort unten waren durch die Magie der Farbe, der Entfernung und der nächtlichen Stunde zu Skarabäen und Glühwürmchen geworden.

Sie öffneten die Tür, schlossen sie hinter sich und verschwanden mit einem sanften, engelhaften Lächeln über den Flur.

»Guten Morgen.«
»Guten Morgen.«
»Hast du gut geschlafen?«
»Ja, und du?«
»Ich auch.«
»Möchtest du frühstücken?«
»Ja, Schwesterchen.«
»Kaffee?«
»Ja, Schwesterchen.«
»Zwieback?«
»Ja, danke, Schwesterchen.«
»Hier ist die Zeitung.«
»Ich lese sie später, Schwesterchen.«
»Merkwürdig, daß Ralph noch nicht aufgestanden ist.«
»Sehr merkwürdig, Schwesterchen.«

Rebecca stand vor dem Spiegel und puderte sich. Von der Zimmertür aus beobachtete die Polizei ihre Bewegungen. Der Polizist mit dem Gesicht eines einfältigen Vogelfängers blickte argwöhnisch, er schien den Braten längst zu riechen.

Rebecca puderte sich die Wangen. Sie schminkte sich mechanisch, mußte die ganze Zeit an Ralph denken. An Ralphs Beine, an seine glatten, weißen Schenkel, an seine eigentümlichen Schlüsselbeine. An die Art, wie Ralph sich anzog, an seine geniale Liederlichkeit.

Sie befanden sich in Ihrem Zimmer, umgeben vom Polizeiinspektor und mehreren Detektiven. Man stellte Ihnen Fragen, auf die Sie antworteten, während Sie sich mit der linken Hand durchs Haar fuhren.

»Ich habe keine Ahnung, meine Herren. Gestern abend habe ich ihn das letzte Mal gesehen.«

»Glauben Sie an Selbstmord?«

»Ich könnte daran glauben, wenn ich den Leichnam sähe.«

»Vielleicht finden wir ihn heute.«

»Gab es in seinem Zimmer keine Spuren von Gewalt?«

Die Polizisten überraschte es zu hören, wie Sie den Inspektor ausfragten, was Sie sehr amüsierte. Der Inspektor seinerseits war ganz verdutzt.

»Nein, es gibt keine Spuren von Gewalt.«

»Ah! Ich dachte, Sie haben auf dem Bett oder dem Kopfkissen vielleicht Blutspuren gefunden.«

»Warum sagen Sie das?«

»Weil... Aber hören Sie mal, wie können Sie mich mit dem Verschwinden meines Schwagers in Verbindung bringen?«

»Das ist meine Sache.«

»Aber auch meine.«

»Ich bin Beamter.«

»Und ich ein Bürger.«

Rebecca hörte auf sich zu pudern und warf einen Blick über ihre Schulter. Ralph, so schien ihr, konnte jeden Augenblick kommen. Dennoch war sie sich jetzt sicher, daß er tot war. Ihre Gewißheit stützte sich auf unerklärliche und eben dadurch unabweisbare Gründe. Sie fühlte, daß ihr eine schreckliche Aufgabe zugedacht war, und sie hatte Angst, sie zu erfüllen.

Mrs. Miller in der Giptonstreet hatte neulich zu ihr gesagt:

»Die Karten sagen, dein Los ist mit dem Schicksal verbunden.«

Rebecca begann den Sinn dieses Satzes zu verstehen. Ihr Los war mit dem Schicksal verbunden wie ein kleines Boot mit einem Ozeandampfer. Stach der Ozeandampfer in See, mußte das kleine Boot ihm in der Kielspur folgen.

Das Verhör hat Sie sehr amüsiert.

Ein Einbauschrank kann hübsch verborgen werden, wenn man die Geduld hat, das Mobiliar entsprechend zu plazieren. Man muß die Möbel so umstellen – wie eine Person bei Poe es gemacht hätte –, daß kein Neugieriger auf das Vorhandensein eines solchen Wandschrankes schließen könnte. Die psychologische Wirkung: der Augenschein trügt, Scheitern des Detektivs, der trotzdem weiter an seinen ausgezeichneten Spürsinn glaubt.

»Endlich haben wir Ruhe.«
»Wer weiß.«
»Warum sagst du das?«
»Etwas bleibt noch zu tun.«
»Was denn, Schwesterchen?«
»Zu Abend essen.«
»Pah!«
»Und darauf warten, daß Ralph zurückkommt.«
»Wenn er zurückkommt.«
»Er wird zurückkommen.«
»Bist du dir da so sicher, Schwesterchen?«
»Er wird zurückkommen.«
»Ich will dir gern glauben.«
»Du wirst ja sehen.«

Dann haben Sie sich einige Begebenheiten ins Gedächtnis zurückgerufen, indem Sie eine Pause in der Belagerung durch die Polizei nutzten.

Sie erinnerten sich, wie schwer er war. Sie sagten sich, daß Ihre Geschicklichkeit ein wichtiger Faktor für den Erfolg des Unternehmens gewesen war. Und der Flur, der frühe Morgen. Dieser bleierne Himmel voller streunender schmutziggelber Hunde.

Sie sollten baldigst einem Vogelkäfig einen neuen Anstrich geben. Eine Farbe kaufen, karmesinrot, oder besser zinnoberrot, oder noch besser purpurfarben, obgleich die ideale Farbe vielleicht violett wäre. Den Käfig violett anstreichen, und zu diesem

Zweck die Hose und das Hemd anziehen, die jetzt neben einem gewissen Etwas lagen.

Zweitens: Sie haben daran gedacht, daß Sie unbedingt Sand kaufen müssen, ihn dann in mehrere Pakete zu fünf Kilo abfüllen und diese in die Wohnung hinaufbringen. Der Sand sollte dazu dienen, gewissen Folgerungen sensorischer Art vorzubeugen.

Drittens: Sie haben gedacht, daß Rebeccas Gelassenheit neurotische Gründe haben mußte, und Sie haben angefangen sich zu fragen, ob Sie ihr letztlich nicht einen glänzenden Dienst erwiesen haben.

Aber all das war natürlich nicht zu verifizieren.

»Auf Wiedersehen, Herr Wachtmeister.«

»Auf Wiedersehen, der Herr.«

»Fröhliche Weihnachten, Herr Wachtmeister.«

»Danke, gleichfalls.«

In der Wohnung blieben nur ihre zwei Bewohner zurück.

Rebecca setzte den Deckel auf die Suppenterrine. Sie tat es ganz langsam. Sie waren im Eßzimmer, hörten Radio, während Sie auf das Abendessen warteten. Rebecca betrachtete die Suppenterrine, dann die Salatschüssel und danach die Flasche Wein. Und Sie kritisierten im Geiste die Art, wie Ruddy Vallée sang.

Rebecca kam mit dem Tablett herein und setzte sich auf ihren Platz, während Sie das Radio ausmachten und am Kopfende des Tisches Platz nahmen.

»Er ist nicht zurückgekommen.«

»Er wird zurückkommen.«

»Möglich, Schwesterchen.«

»Zweifelst du etwa daran?«

»Nein. Das heißt, ich möchte nicht daran zweifeln.«

»Ich sage dir, daß er zurückkommen wird.«

Es reizte Sie, zu ironisieren. Das war gefährlich, doch Sie schreckten nicht davor zurück.

»Ich frage mich, ob jemand, der nicht weggegangen ist . . . zurückkommen kann.«

Rebecca blickte Sie unglaublich starr an.

»Eben das ist es, was ich mich frage.«

Ihnen gefiel diese Antwort überhaupt nicht.

»Warum fragst du dich das, Schwesterchen?«

Rebecca blickte Sie unglaublich starr an.
»Warum nimmst du an, daß er nicht weggegangen ist?«
Sie spürten, wie sich Ihre Nackenhaare sträubten.
»Warum? Warum, Schwesterchen?«
Rebecca blickte Sie unglaublich starr an.
»Gib die Suppe auf.«
»Warum soll ich sie aufgeben, Schwesterchen?«
»Gib du sie heute abend auf.«
»Wie du willst, Schwesterchen.«
Rebecca reichte Ihnen die Suppenterrine, und Sie stellten sie neben sich. Sie verspürten keinen Appetit, wie Sie das schon vorausgesehen hatten.
Rebecca blickte Sie unglaublich starr an.
Da hoben Sie den Deckel der Terrine. Sie hoben ihn langsam, gerade so langsam, wie Rebecca ihn draufgesetzt hatte. Sie hatten eine merkwürdige Angst, den Deckel von dieser Suppenterrine zu nehmen, aber Sie sagten sich, daß es die Nerven waren, die Ihnen einen bösen Streich spielten. Sie dachten, wie schön es wäre, weit weg zu sein, im Erdgeschoß und nicht im obersten der dreißig Stockwerke, ganz allein mit Rebecca.
Rebecca blickte Sie unglaublich starr an.
Und als Sie den Deckel schließlich abgenommen hatten, blickten Sie in die Terrine, und dann blickten Sie Rebecca an, und Rebecca blickte Sie unglaublich starr an und blickte dann in die Terrine und lächelte, und Sie fingen an zu stöhnen, und alles begann sich vor Ihren Augen zu drehen, die Konturen der Dinge verschwammen, und Sie hatten nur noch den Deckel vor Augen, wie er sich langsam hob, die Flüssigkeit in der Terrine und... und...
Das hatten Sie nicht erwartet. Sie waren zu intelligent, um das zu erwarten. Sie besaßen zuviel Intelligenz, als daß sie länger in Ihrem Hirn verbleiben konnte; sie mußte sich einen Ausweg suchen. Jetzt, auf der Pritsche sitzend, rechnen Sie alles wieder und wieder durch. Man kriegt kein Wort aus Ihnen heraus, doch von Zeit zu Zeit blicken Sie zum Fenster, als erwarteten Sie, Leuchtreklamen zu sehen, dann setzen Sie den rechten Fuß etwas vor, drehen den Oberkörper wie jemand, der sich anschickt, einen Golfball zu schlagen, und stoßen die leere Hand in die Leere der Zelle.

1938

Geschichten von Gabriel Medrano

Für Jorge D'Urbano Viau

Rückkehr aus der Nacht

Man schläft ein; das ist alles. Niemand wird je sagen können, in welchem Augenblick sich die Tore der Träume öffnen. In jener Nacht schlief ich ein wie immer, und ich hatte wie immer einen Traum. Nur daß ...*

In jener Nacht träumte ich, daß es mir sehr schlecht ging. Daß ich langsam, mit jeder Faser starb. Ein fürchterlicher Schmerz in der Brust; und wenn ich atmete, verwandelte sich das Bett in Klingen und Glassplitter. Ich war bedeckt mit kaltem Schweiß, ich spürte dieses schreckliche Zittern der Beine, wie schon einmal, vor vielen Jahren ... Ich wollte schreien, damit man mich höre. Ich hatte Durst, Angst, Fieber; ein Fieber, das wie eine Schlange war, glitschig und eiskalt. In der Ferne hörte man einen Hahnenschrei, und auf dem Weg pfiff jemand ganz jämmerlich.

Ich mußte lange geträumt haben, doch ich weiß, daß meine Gedanken auf einmal klar wurden und ich mich in der Dunkelheit aufsetzte, unter dem Alpdruck immer noch zitternd. Es ist unerklärlich, wie sehr das Wachsein und das Träumen in den ersten Augenblicken des Erwachens vermischt bleiben und sich weigern, ihre Wasser zu scheiden. Ich fühlte mich sehr schlecht; ich war mir nicht sicher, ob ich all das durchgemacht hatte, aber ich konnte auch nicht erleichtert aufatmen und in einen Schlaf frei von Schrecken zurücksinken. Ich tastete nach der Nacht-

* Mir ist klar, daß diese Erzählung ein angemessenes Präludium verlangt, in dem Ton, den die englischen Romanschreiber ihren *mystery novels* geben. Einen düsteren Akkord, der ans Mark geht; ein dunkelviolettes Licht. Auch hätte ich im einzelnen die Sache mit meiner Herzkrankheit erklären müssen und sagen, daß eines Nachts auf meinem Gesicht plötzlich ein letzter Ausdruck haften bleiben wird, eine Maske. Aber ich habe den Glauben an die Wörter und die Einleitungen verloren, und kaum wage ich, von der Sprache Gebrauch zu machen, um von diesen Dingen zu sprechen.

tischlampe, und ich glaube, ich machte sie an, denn jäh tauchten die Vorhänge und der große Schrank vor meinen Augen auf. Ich mußte ganz bleich sein. Ohne zu wissen wie, war ich auf den Beinen und ging zum Schrank mit dem Spiegel, ich wollte mir mein Gesicht ansehen und den unmittelbaren Schrecken des Alptraums verscheuchen.

Als ich vor dem Schrank stand, brauchte ich einige Sekunden, bis ich begriff, daß mein Körper sich nicht widerspiegelte. Wäre ich völlig wach gewesen, hätten sich mir sicher die Haare gesträubt, aber bei diesem Automatismus meines Verhaltens schien mir eine einfache Erklärung die Tatsache, daß die Schranktür geschlossen war und der Spiegel mich folglich nicht erfassen konnte. Mit der rechten Hand öffnete ich rasch die Tür.

Und dann sah ich mich, aber nicht mich selbst. Das heißt, ich sah mich nicht vor dem Spiegel stehen. Vor dem Spiegel war nichts. Von der Nachttischlampe war das Bett grell erleuchtet, und mein Körper lag darauf, ein nackter Arm hing auf den Boden herab und das Gesicht war ganz weiß, blutleer.

Ich glaube, ich schrie. Aber meine eigenen Hände erstickten den Schrei. Ich wagte nicht, mich umzudrehen, ganz aufzuwachen. Bei meiner Benommenheit konnte sich nicht einmal die absurde Irrealität des Ganzen durchsetzen. Vor dem Spiegel stehend, der nicht mein Abbild wiedergab, betrachtete ich weiter, was es da hinter mir gab. Langsam begriff ich, daß ich auf dem Bett lag und gerade gestorben war.

Der Alptraum ... Nein, das war es nicht. Das hier war die Realität des Todes. Aber wieso ...?

»Wieso ...?«

Es gelang mir nicht, die Frage zu formulieren. Ein bestürzendes Gefühl, daß sich etwas Unausweichliches vollzogen hatte, drang in mein Bewußtsein. Ich glaubte klar zu sehen, alles schien geklärt. Aber ich wußte nicht, was es war, das ich klar sah, und wie alles sich klären konnte. Langsam wandte ich mich vom Spiegel ab und betrachtete das Bett.

Es war ganz normal. Ich sah, daß ich etwas auf der Seite lag, daß mein Gesicht und die Armmuskeln starr zu werden begannen. Mein wirres, glänzendes Haar war feucht von einem Todeskampf, den ich geträumt zu haben glaubte, von einem verzweifelten Todeskampf vor dem völligen Erlöschen.

Ich näherte mich meinem Leichnam. Ich berührte eine Hand,

und ihre Kälte ließ mich zurückweichen. Im Mundwinkel hing ein Speichelfaden, und Blutstropfen leuchteten auf dem zerknautschten, unförmigen Kopfkissen, das fast unter dem Rücken lag. Die Nase, plötzlich spitz geworden, wies Äderchen auf, die ich bisher nicht bemerkt hatte. Mir wurde klar, wie sehr ich gelitten haben mußte, bevor ich starb. Meine Lippen waren zusammengepreßt, boshaft hart, und zwischen den halb geöffneten Lidern blickten mich meine blaugrünen Augen mit starrem Vorwurf an.

Meine Ruhe schlug jäh in Entsetzen um. Eine Sekunde später hatte ich mich in die dem Bett gegenüberliegende Ecke geflüchtet, es schüttelte und schauderte mich. Meine tiefe Ruhe dort auf dem Bett war geradezu beispielhaft, ich aber spürte über mir die Peitschenhiebe des Wahnsinns und klammerte mich an die Angst, als könnte sie mir helfen. Daß so etwas möglich war, daß ich mich hier befand, drei Meter vor meinem in seinen Tod zurückgezogenen Körper, daß die Nacht und der Alptraum und der Spiegel und die Angst und die Uhr, die neunzehn Minuten nach drei zeigte, und die Stille...

Ist der Höhepunkt erreicht, geht es wieder abwärts. Meine Nerven – meine *Nerven*? – entspannten sich; allmählich führte die Ruhe zu einem sanften Schmerz, einem Weinen, das wie eine Freundeshand war, die sich mir aus dem Dunkel entgegenstreckte. Ich drückte diese Hand und ließ mich gehen, endlos.

›Dann bin ich also tot. Keine Ergründung des Absurden. Da liege ich: das ist Beweis genug. Werde immer starrer, mir selbst immer ferner. Alle Spannkraft ist gebrochen, und da liege ich nun auf diesem Bett, die Augen halb geschlossen angesichts des Lichts, das die Nacht von ihrer Beute fernhält. Tot. Nichts ist einfacher. Tot. Was ist daran irreal, alptraumhaft...? Ich bin tot. Ich hebe den herabhängenden Arm meines Leichnams hoch und decke ihn zu. So wird es besser sein. Keine Fragen. Alles ist bitter notwendig und elementar; das Schema des Todes. Ja, aber... Nein, keine Probleme; ich weiß ja, ich weiß, daß außer mir selbst, tot dort auf dem Bett, ich auch hier, auf dieser Seite bin. Aber genug, genug damit; jetzt gilt es, an anderes zu denken. Keine Fragen. Ein Bett mit mir darin, tot. Alles weitere ist einfach; ich muß hinausgehen und Großmutter berichten, was geschehen ist. Muß es behutsam tun, ihr alles nüchtern und sachlich erzählen, damit sie ja nicht von meiner Angst erfahre und wie sehr ich gelitten habe, allein, ganz allein in der Nacht... Aber wie sie wecken, wie ihr sagen, daß...? Keine Fragen; die Liebe wird Mittel und Wege wissen. Ich muß sie vor dem Entsetzen bewahren, wenn sie am Morgen mit dem Frühstück hereinkommt und das starre verkrampfte Schreckgespenst vorfindet... Das starre verkrampfte Schreckgespenst... Das starre... Das starre verkrampfte Schreckgespenst...‹

Mich erfüllte Zufriedenheit, eine traurige Zufriedenheit. Gut, daß mir das eingefallen war. Großmutter verdiente es; ich mußte sie auf das Schlimmste vorbereiten. Sanft, mit Liebkosungen eines Mannes, der neben der großen ehrwürdigen Bettstatt zum Kind wird.

›Bevor ich hinausgehe, muß ich dieses Gesicht etwas zurechtmachen‹, sagte ich mir. Manchmal stand Großmutter nachts auf und machte einen langen Rundgang durchs Haus. Ich mußte jeder makabren Überraschung vorbeugen; wenn sie plötzlich hereinkäme und mich dabei ertappte, wie ich meinen Leichnam herrichte...

Ich verschloß die Tür und machte mich an die Arbeit, in Frieden mit mir selbst. Die Fragen, die schrecklichen Fragen würgten mir in der Kehle, aber ich kämpfte gegen sie an, erdrosselte sie mit Röcheln, erstickte sie in Verneinung. Währenddessen erledigte ich meine Arbeit. Ich zog die Bettücher zurecht, glättete die Steppdecke; meine Finger kämmten mich derb, bändigten das Haar und strichen es nach hinten. Und dann, ah, dann wurde ich mutig, ich modellierte die Lippen in meinem verkrampften Gesicht, bis ich mit unendlicher Geduld erreichte, daß sie lächelten... Und ich schloß die Lider, ich drückte sie so lange, bis sie sich fügten und mein Gesicht den Ausdruck eines jungen Heiligen annahm, der sein Martyrium genossen hat. Eines heiligen Sebastian, der sich der Pfeile erfreute.

Warum war es so still? Und warum tauchte jetzt eine Stimme in meiner Erinnerung auf, eine manchmal tränenerstickte Stimme, die Stimme einer schwarzen Frau, die sang: »Ich weiß, du hältst über mich, o Herr, deine Hand«? Es gab keinen Anlaß dafür; es geschah einfach. Ein zerbrochenes Bild, ich, vor meinem kalten und zeremoniösen Körper stehend, der gestorben ist mit der falschen Würde, die ihm meine Geschicklichkeit soeben verliehen hat.

»Oh, tiefer Fluß, und jetzt bist du es aus der Nacht.« Die

Stimme der schwarzen Frau, die weint und wiederholt: »Tiefer Fluß, mein Herz, es treibt im Jordan.« ›Wird das immer so weitergehen? Ist diese erste Nacht womöglich der Spiegel der Ewigkeit? Ist die Zeit in meinem Leichnam gestorben? Halten diese in ihrer Verlassenheit schlaff geöffneten Hände sie gefangen? Wird es dabei bleiben, mein Körper, die Stimme der schwarzen Frau und mein Bewußtsein, das fragt und fragt?‹

Aber es war nun höchste Zeit; das Nachdenken führte mir die Dimension einer zu erfüllenden Pflicht vor Augen. Die Zeit dauerte fort; diese Uhr verkündete es. Ich strich meinem Leichnam eine rebellische Haarsträhne nach hinten, die jedoch wieder in die so weiße Stirn fiel, und verließ das Zimmer.

Ich lief durch den Gang, der übersät war mit aschgrauen Flekken – Bilder, Nippsachen –, und betrat dann das Gemach, wo Großmutter schlief. Ihr leichter Atem, hin und wieder durch plötzliche Seufzer unterbrochen – wie vertraut war mir dieser Atem, wie oft hatte er mich eingewiegt in einer verlorenen, unendlich fernen und grauen Kindheit! –, er war das Taktmaß meiner Schritte bis zum Bett.

Da wurde mir das Entsetzliche meines Vorhabens bewußt. Die Schlafende so sanft wie möglich wecken, ihr mit den Fingerspitzen leicht über die Lider streichen, ihr sagen: »Großmutter, du mußt wissen...« Oder: »Siehst du nicht, daß ich gerade...?« Oder auch: »Bring mir am Morgen nicht das Frühstück, denn...« Mir wurde klar, daß solch eine Einleitung die Maschinerie der abscheulichen Enthüllung noch beschleunigen würde. Nein, ich hatte nicht das Recht, diesen geheiligten Schlaf zu stören; ich hatte nicht das Recht, dem Tod selbst zuvorzukommen.

Zögernd, schaudernd wollte ich davonlaufen – wohin, bis wann? –, aber ich war gerade nur fähig, mich vor dem hohen Bett fallenzulassen und die Stirn in die rote Bettdecke zu drücken, in die Nacht einzutauchen, in diesen tiefen, wunderbaren Schlaf, den sich Großmutter unter den Lidern bewahrte. Ich wollte lautlos aufstehen und wieder in mein Zimmer gehen, wollte aus dem Alptraum zurückkehren oder mit ihm eins werden bis zum Ende. Da aber hörte ich einen angstvollen Laut, und ich wußte, daß Großmutter mich in der Dunkelheit spürte. Zu schweigen wäre ungeheuerlich gewesen: ich mußte beichten oder lügen. (Und dort in meinem Zimmer erwartete mich...)

»Was ist, was ist, Gabriel?«

»Nichts, Großmutter. Nichts. Es ist nichts, Großmütterchen.«

»Warum bist du aufgestanden? Ist etwas passiert?«

»Ich bin ...« (›Sag es ihr, sag es ihr. Oh, nein, sag es ihr jetzt nicht, sag es ihr nie ...‹)

Sie hatte sich im Bett aufgesetzt und näherte ihre Hand meiner Stirn. Ich zitterte, denn wenn sie mich berührte, dann ... Aber die Liebkosung war sanft wie immer, und da wußte ich, daß Großmutter nicht gemerkt hatte, daß ich tot bin.

»Fehlt dir etwas?«

»Nein, nein ... Ich kann nur nicht schlafen. Das ist alles. Ich kann nicht schlafen.«

»Dann bleib hier ...«

»Mir ist jetzt besser. Schlaf, Großmutter. Ich geh wieder ins Bett.«

»Trink etwas Wasser, das hilft gegen Schlaflosigkeit ...«

»Ja, Großmutter, ich werde einen Schluck Wasser trinken. Nun schlaf aber, schlaf.«

Beruhigt überließ sie sich ihrer Müdigkeit. Ich küßte sie auf die Stirn, auf die Augen – dort, wo es so schön war, sie zu küssen –, und als ich mich aufrichtete, um hinauszugehen, mit tränennassem Gesicht, kam von fernher die Stimme der schwarzen Frau zu mir, aus irgendeiner alten, geliebten und vergessenen Gegend ... »Meine Seele ist verankert im Herrn ...«

Ich kann nur nicht schlafen. Diese Lüge zerstob zu meinen Füßen, als ich den gleichen Weg wieder zurückging. Vor meinem Zimmer hatte ich für einen Augenblick eine leise Hoffnung. Alles schien klar zu sein, schien verständlich. Ich brauchte nur die Tür zu öffnen, und die Phantasmagorie würde verschwinden. Ein leeres Bett, ein getreuer Spiegel ... und ein friedlicher Schlaf bis zum Morgen ...

Doch dort lag ich, tot, mich erwartend. Das künstlich zustande gebrachte Lächeln empfing mich höhnisch. Und die Haarsträhne war wieder in die Stirn gefallen und meine Lippen hatten längst nicht mehr ihre frühere Farbe, sie waren aschgrau und grausam in ihrer endgültigen Form.

Das widerwärtige Aussehen stieß mich zurück. Im harten Schein der Nachttischlampe bot sich mir mein Leichnam mit fester, unleugbarer Körperlichkeit dar. Ich spürte, wie meine Hände danach verlangten, über das Bett herzufallen und dieses Gesicht mit wütigen Nägeln zu zerfetzen. Von einem Weinkrampf geschüttelt, wandte ich ihm den Rücken und stürzte auf die verlassene, mondhelle Straße hinaus.

Und dann lief ich. Ja, dann lief ich viele Häuserzeilen entlang durch die Viertel meiner Stadt, eilte auf vertrauten Wegen davon. Und das Gefühl, fern meines dort liegenden Körpers zu sein, ließ mich die falsche Ruhe desjenigen wiederfinden, der sich in sein Schicksal ergeben hat, gab meinem Bewußtsein die eitle Gelassenheit, die zum Nachdenken einlädt. So lief ich endlos weiter und entwickelte unter dem kalten Mond der tiefen Nacht die Theorie meines Todes.

Und ich glaubte, die ganze Wahrheit gefunden zu haben. ›Ich habe geschlafen und geträumt. Ohne Zweifel durchschritt ich als Traumgestalt die raumlosen Dimensionen meines Traums; raumlose und zeitlose, einzigartige Dimensionen, die mit unserem engen Kerker des Wachseins nichts zu tun haben ...‹

Ich befand mich auf dem Platz unter der alten Linde.

›Plötzlich bin ich aufgewacht, wer weiß warum. *Zu plötzlich*; darin liegt der Schlüssel zu meiner gegenwärtigen Lage. Erwacht man nicht im Augenblick des Todes? Ich bin derart schnell ins Reich der Menschen zurückgekehrt, daß meine Traumgestalt – die in jenem Augenblick Gefäß meines Lebens und meines Denkens war – nicht die Zeit hatte, mit zurückzukehren ... Und so kam es zu der absurden Spaltung, der Bestürzung über das von meiner realen Gestalt losgerissene Traumbild; und über meinen Körper, der vom kleinen Tod des Schlafs in den großen Tod übergehen mußte, wo er jetzt lächelt.‹

Über den fernen Mauern zeigte sich ein grauer Streif.

›Ach, ich hätte niemals so jäh aufwachen sollen. Diese meine Traumgestalt wäre in ihrem engen Kerker aus Fleisch und Knochen zurückgekehrt; wenn sie sterben mußte, wären wir zusammen gestorben, ohne diese Spaltung ertragen zu müssen, deren Tragweite ich nicht ermessen kann ... Das Leben ist die Zeit! Warum hämmert in mir dieser Gedanke? Das Leben ist die Zeit! Aber diese meine jetzige Zeit ist schrecklicher als jeder Tod; sie ist bewußter Tod, sie bedeutet, am Kopfende eines gräßlichen Bettes meiner eigenen Zersetzung beizuwohnen ...‹

Und das Orchester des Tagesanbruchs stimmte leise seine kupferfarbenen Instrumente.

›Dort bin ich absoluter Raum: hier bin ich lebendige Zeit. Die Bilder der Wirklichkeit sind zerbrochen! Mein Leichnam ist, indem er nichts mehr ist; während ich kaum den Schrecken meines Nichtseins begreife, reine Zeit, die sich in keine Form bringen läßt, ein Gespenst, das der Morgen den düsteren Blicken der Leute darbieten wird...‹

Und es war fast schon Tag.

›Kann man mich sehen? Bin ich unsichtbar? Großmutter hat mit mir gesprochen, hat mich gestreichelt. Aber der Spiegel wollte mich nicht widerspiegeln, er blieb leer. Wer bin ich? Wie wird diese abscheuliche Maskerade enden?‹

Ich stellte plötzlich fest, daß ich wieder vor der Haustür stand. Und ein schriller Hahnenschrei ließ mich erschauern vor dem, war mir bevorstand; um diese Zeit würde Großmutter mir das Frühstück bringen. Die Kirche schoß ihre ersten Pfeile gen Himmel; gleich würde Großmutter in mein Zimmer kommen und mich tot vorfinden. Und ich, draußen auf der Straße, würde das Geschrei hören, das erste Hin- und Hergerenne, das unsägliche Schluchzen angesichts der soeben gemachten Entdeckung.

Ich weiß nicht, was mich durchfuhr. Ich rannte in mein Zimmer. Das Morgenlicht wurde ganz weiß auf meinem Leichnam, als ich mich am Fußende des Bettes niederkauerte. Ich glaubte schon ein Geräusch im Gang zu hören. *Großmutter*! Ich stürzte mich auf mich selbst, packte diese marmornen Schultern, schüttelte mich wie ein Verrückter, drückte den Mund auf meine lächelnden Lippen, suchte diese völlige Reglosigkeit wiederzubeleben. Ich preßte mich an meinen Körper, wollte ihm mit meinen Klauen die Arme brechen, sog verzweifelt an seinem störrischen Mund, besiegte, Stirn gegen Stirn, mein Grauen, bis meine Augen nicht mehr sahen, blind wurden, und das andere Gesicht sich in einem bleichen Nebel verlor und nur ein zitternder Schleier blieb, ein Keuchen und Vernichtung...

Ich öffnete die Augen. Die Sonne schien mir ins Gesicht. Ich atmete schwer; ich fühlte mich beengt, als hätte jemand mir mit aller Kraft die Brust zusammengepreßt. Das Vogelgezwitscher brachte mich ganz in die Wirklichkeit zurück.

Blitzartig erinnerte ich mich an alles. Ich betrachtete meine Füße. Ich lag auf dem Rücken im Bett. Alles war unverändert, nur war da dieses ungewohnte Schweregefühl, diese unendliche Müdigkeit...

Mit welcher Wonne überließ ich mich dem Trost eines Seufzers! Ich kehrte daraus zurück wie aus einem Meer, und ich konnte meine Gedanken in drei Worte zusammenfassen, die meine trockenen, durstigen Lippen artikulierten:

»Welch gräßlicher Traum ...«

Langsam setzte ich mich auf, genoß das herrliche Gefühl, das man nach der Demaskierung eines bösen Traums hat. Da sah ich die Blutflecke auf dem Kopfkissen und bemerkte, daß die Spiegeltür des Schranks halb offenstand und so die Ecke mit meinem Bett widerspiegelte. Ich betrachtete darin mein Haar, das sorgfältig nach hinten gekämmt war, als hätte jemand es während der Nacht glattgestrichen ...

Ich wollte weinen, mich völliger Verlassenheit hingeben. Aber da kam Großmutter mit dem Frühstück herein, und mir war, als käme ihre Stimme von weit her, wie aus einem anderen Raum, aber sanft wie immer ...

»Fühlst du dich besser? Du hättest gestern nacht nicht aufstehen sollen; es war kalt ... Du hättest mich rufen sollen, wenn du nicht schlafen kannst ... Steh nicht noch einmal auf so mitten in der Nacht ...«

Ich führte die Tasse an den Mund und trank. Von fernher, aus dunkler Tiefe kehrte die Stimme der schwarzen Frau wieder. Sie sang, sang ... »Ich weiß, du hältst über mich, o Herr, deine Hand ...« Die Tasse war jetzt leer. Ich sah Großmutter an und nahm ihre Hände.

Sie mußte glauben, es sei das Sonnenlicht, das mir die Augen mit Tränen füllte.

1941

Die Hexe

Sie läßt die Stricknadeln in den Schoß sinken. Der Schaukelstuhl bewegt sich unmerklich. Paula hat wieder dieses seltsame Gefühl, das sie von Zeit zu Zeit überkommt; der Drang, all das, was ihre Sinne in einem Augenblick erfassen, festzuhalten. Sie versucht ihre unmittelbaren Eindrücke zu ordnen, sie zu identifizieren, sich ihrer voll bewußt zu werden: die Bewegung des Schaukelstuhls, ein Schmerz im linken Fuß, ein Jucken am Haaransatz, ein Zimtgeschmack, der Trillergesang des Kanarienvogels, das violette Licht im Fenster, die noch dunkler violetten Schatten auf beiden Seiten des Zimmers, ein Geruch nach Muffigem, nach Wolle, nach alten Spielkarten. Kaum hat sie diese Analyse beendet, überkommt sie ein starkes Unglücksgefühl, eine Beklommenheit, die ihr wie ein Kloß den Schlund hochsteigt und sie drängt wegzulaufen, auf und davon zu gehen, ihr Leben zu ändern; Dinge, bei denen sie nur tief durchzuatmen, die Augen zu schließen und sich eine dumme Gans zu schelten braucht, um sie abzustellen.

Paulas Jugend war traurig und ruhig, wie das auf den Dörfern oft der Fall ist bei Mädchen, die das Lesen dem Promenieren auf dem Dorfplatz vorziehen, gewöhnliche Brautwerber verachten und sich mit der Räumlichkeit eines Hauses als hinlänglicher Lebensdimension begnügen. Deshalb, als sie jetzt die hellen Augen vom Strickzeug – ein ganz schlichter grauer Pullover – hebt, zeigt sich auf ihrem Gesicht die dunkle Ergebenheit eines Menschen, der seinen Frieden durch ruhiges Nachdenken findet und nicht in der fröhlichen Unordnung eines voll ausgekosteten Lebens. Sie ist ein trauriges, gutes, einsames Mädchen. Sie ist fünfundzwanzig, hat nächtliche Angstzustände und ist etwas melancholisch. Sie spielt Schumann auf dem Klavier und manchmal Mendelssohn; nie singt sie, doch ihre Mutter, die schon tot ist, erinnerte sich, einst gehört zu haben, wie Paula, als sie fünfzehn war, an den Nachmittagen vor sich hin pfiff.

»Wie auch immer«, sagt Paula laut, »wie gern hätte ich jetzt ein paar Pralinen.«

Sie lächelt angesichts dieses einfachen und genußvollen Ersatzes für ihr Verlangen; ihr schrecklicher Drang zu fliehen war zu einer kleinen Laune geschrumpft. Doch plötzlich erstarrt ihr Gesichtsausdruck, als hätte man ihr das Lachen vom Mund gerissen: mit ihrem Verlangen nach Pralinen verband sich die Erinnerung an die Fliege, was ihre untätigen Hände leicht zittern läßt.

Paula ist zehn Jahre alt. Die Lampe im Eßzimmer streut rötliche Funken auf ihren Nacken und das kurze Haar. Über ihr – sie kommen ihr riesig, weit entfernt, unwirklich vor – diskutieren ihre Eltern und der alte Onkel unverständliche Dinge. Das kleine schwarze Dienstmädchen hat den unvermeidlichen Teller Suppe vor Paula hingestellt. Sie muß sie essen, bevor die Stirn der Mutter sich mit befremdlichem Mißfallen in Falten legt, bevor zu ihrer Linken der Vater »Paula« sagt und in diesen einfachen Namen eine unüberhörbare Drohung legt.

Die Suppe essen. Nicht sie schlürfen: sie essen. Sie ist lau und aus dickem Grieß: sie haßt diesen weißlichen, klitschigen Brei. Sie denkt, wenn der Zufall eine Fliege dazu brächte, sich in den riesigen gelblichweißen Morast des Tellers zu stürzen, dann würde man ihr erlauben, ihn beiseite zu schieben, und das scheußliche Ritual bliebe ihr erspart. Eine Fliege, die in ihren Teller fiele. Nichts weiter als eine kleine, elende, schillernde Fliege.

Ihr Blick ist fest auf die Suppe gerichtet. Sie denkt an eine Fliege, wünscht sie herbei, erwartet sie.

Und da erscheint die Fliege genau in der Mitte des Grießbreis. Ganz klebrig und mitleiderregend schleppt sie sich ein paar Millimeter voran, bevor sie krepiert.

Man nimmt den Teller fort, und Paula ist gerettet. Doch nie wird sie die Wahrheit sagen; nie wird sie gestehen, daß sie die Fliege nicht in den Grießbrei hat fallen sehen. Sie hat gesehen, wie sie dort erschien, das ist was anderes.

Von der Erinnerung immer noch verstört, fragt sich Paula, warum sie nicht versucht hat, über das, was sie argwöhnte, Gewißheit zu erlangen. Sie hat Angst: das ist die Antwort. Ihr Leben lang hat sie Angst gehabt. Niemand glaubt an Hexen, doch findet man eine, dann tötet man sie. Paula verwahrt in der großen Truhe ihrer Verschwiegenheit eine tiefe Gewißheit; etwas sagt ihr, daß sie es *kann.* Ihre Kindheit ist unter Gestammel und Erwartungen verstrichen; jetzt sieht sie ihre Jugend vergehen, langsam sich entblätternd wie ein unendlich trauriger Kranz, den zögernde Hände über ihren Kopf hielten. So ist ihr Leben; sie hat Angst, sie möchte Pralinen essen. Die Pullover und die Bettjäckchen stapeln sich in den Schränken; auch die nach Motiven von Puvis de Chavannes fein bestickten Tischtücher. Sie hat sich dem Dorf nicht anpassen wollen; Raúl, Atilio González, der blasse René sind Zeugen von früher; sie haben sie geliebt, sie haben ihr den Hof gemacht, doch sie hat sie lächelnd abgewiesen. Sie fürchtete sich vor ihnen wie vor sich selbst.

»Wie auch immer, gern hätte ich jetzt ein paar Pralinen.«

Sie ist allein im Haus. Der alte Onkel spielt im »Tokio« Billard. Paula verspürt die Versuchung zum ersten Mal so stark, daß ihr leicht übel wird. Warum nicht? fragt sie sich. Warum nicht! sagt sie sich entschlossen. Es ist bereits unabwendbar, sie muß es tun. Und wie seinerzeit legt sie ihr ganzes Verlangen in die Augen, richtet den Blick auf das Tischchen neben ihrem Schaukelstuhl, projiziert ihr ganzes Ich darauf, bis sie in sich eine Leere fühlt, eine große hohle Form, die sie vorher ausgefüllt hatte: ein totaler Ausbruch, der sie aus ihrem Sein reißt, der sie darauf reduziert, bloßer Wille zu sein...

Und sie sieht, wie sich ihr Verlangen nach und nach materialisiert. Dünne rosa Folie, blau und rot gestreiftes, schillerndes Silberpapier; Glanz von Pfefferminzglasur, von blanken Nüssen; dunkle Konkretion köstlicher Schokolade. All das transparent, diaphan; die Sonne, die den Rand des Tischchens erreicht, trifft auf die wachsende Masse, durchstrahlt sie; aber Paula konzentriert sich noch mehr auf ihr Werk und erreicht schließlich die triumphierende Opakheit der Materie. Die Sonne wird nun von jeder geglätteten Oberfläche zurückgeworfen, die Worte auf den Hüllen behaupten sich kategorisch, und es bildet sich eine schöne Pyramide aus Pralinen. Mokka. Nougat. Rum. Kümmelbranntwein. Karamel.

Die Kirche ist groß und fest in der Erde verankert. Mit Schwatzen zögern die Frauen die Heimkehr hinaus, dichter Schatten der Bäume auf dem Kirchplatz verstärkt das Verlangen zu bleiben. Sie haben gesehen, wie Paula vorbeikam, ganz in Blau gekleidet, und sie betrachten sie gehässig auf ihrem stillen und einsamen Weg. Das Geheimnis dieses ihres neuen Lebens beunruhigt sie, ärgert sie; daß es ihrer wiederholten Nachforschung widersteht, ist unerträglich. Der alte Onkel ist gestorben; Paula wohnt allein im Haus. Nie hat die Familie Geld gehabt; aber dieses blaue Kleid...

Und der Ring! Denn sie haben den funkelnden Ring gesehen, der manchmal in den Pausen im Dorfkino unverschämt aufblitzt, wenn Paula den wippenden Flügel ihres kastanienbraunen Haars mechanisch nach hinten streicht.

Paula geht jeden Tag in die Dorfkirche beten. Sie betet für sich, für ihr scheußliches Verbrechen. Sie betet, weil sie ein menschliches Wesen getötet hat.

War es ein menschliches Wesen? Aber ja! Aber ja doch! Wie konnte sie sich nur dazu verleiten lassen, in die Gebiete des Anormalen einzudringen und sich ein lebendiges kleines Geschöpf wünschen, das sie an die Puppen ihrer Kindheit erinnerte. Der Ring, das blaue Kleid, all das ging in Ordnung; es war keine Sünde, sich das zu wünschen. Aber eine lebendige Puppe erschaffen, sich diesen Wunsch nicht versagen... An jenem Tag, um Mitternacht, setzte sich das Püppchen schüchtern lächelnd auf die Tischkante. Es hatte schwarzes Haar, trug einen roten Rock und ein weißes Mieder; es war ihre Puppe Nené, doch sie war lebendig. Sie ähnelte einem kleinen Mädchen, aber Paula spürte, daß diesem zwanzig Zentimeter großen Körper eine erschreckende Reife innewohnte. Es war eine Frau, eine Frau, die sie in ihrer Verirrung soeben erschaffen hatte.

Und da hat sie sie getötet. Sie mußte das Werk vernichten, das zwangsläufig entdeckt worden wäre und das ihr den Namen Hexe eingebracht hätte sowie die entsprechende Bestrafung. Paula kannte ihr Dorf; sie hatte nicht den Mut, aus ihm zu fliehen. Kaum jemand flieht aus den Dörfern, und das ist deren Triumph. Nachts, als das Püppchen still und lächelnd auf einem Kissen eingeschlafen war, trug Paula es in die Küche, steckte es in den Gasofen und drehte den Hahn auf.

Sie hat es im Patio unter dem Limonenbaum begraben. Für es und für sich ging die Mörderin jeden Tag in die Kirche beten.

Es ist Abend, es regnet. Wie traurig ist es doch, allein in einem Haus zu leben. Paula liest wenig, spielt selten Klavier. Sie sehnt sich nach etwas, doch sie weiß nicht, nach was. Sie möchte keine Angst mehr haben, möchte fliehen. Sie träumt von Buenos Aires;

vielleicht Buenos Aires, wo niemand sie kennt. Vielleicht Buenos Aires. Aber ihr Verstand sagt ihr, solange sie sich selbst mitnähme, würde die Angst ihr Glück überall ersticken. Also dableiben und versuchen, so gut es geht glücklich zu sein. Sich ein häusliches Glück schaffen, sich mit der Erfüllung tausender kleiner Wünsche zu begnügen, all den Kapricen, die man ihr in der Kindheit und Jugend sorgsam ausgetrieben hat. Jetzt, wo sie die Macht dazu hat, wo sie alles vermag. Herrin der Welt, wenn sie sich nur getraute ...

Aber Scheu und Angst schnüren ihr die Kehle zu. Hexe, Hexe. Hexen kommen in die Hölle.

Die Schuld trifft nicht nur die Frauen. Wenn sie glauben, Paula verkaufe heimlich ihren Körper, so deshalb, weil ihnen der Ursprung eines so ungewöhnlichen Wohlstandes unbegreiflich ist. Da ist die Sache mit ihrem Landhaus. Und dann die Kleider, das Auto, der Swimmingpool, die Rassehunde und der Nerzmantel. Aber der Liebhaber wohnt nicht im Dorf, das ist sicher; und Paula verläßt fast nie den Ort. Gibt es so anspruchslose Männer?

Sie ist sich bewußt, daß man sie beobachtet, sie weiß von den Bemerkungen, die man über sie macht, durch die wenigen Freunde der Familie, die, ohne Fragen zu stellen, manchmal auf eine Tasse Tee zu ihr kommen. Sie lächelt traurig dazu und sagt, daß es ihr nichts ausmacht, daß sie glücklich ist. Ihre Freunde, jene, die ihr einst vergebens den Hof gemacht haben, finden soviel Glück in Paulas Blick bestätigt. Jetzt liegt ein gleichsam phosphoreszierender Glanz in ihren hellen Pupillen. Wenn sie den Tee in die feinen Porzellantassen gießt, hat ihre Geste etwas Triumphierendes, wenngleich in Schranken gehalten durch ihren scheuen Charakter, der ihr verbietet, sich mit dem Erreichten zu brüsten.

Ist sie allein, denkt Paula an ihr Demiurgenwerk zurück, an die allmähliche, bedächtige Verwirklichung ihrer Wünsche. Das erste Problem war das Landhaus; sie wollte ein Haus außerhalb des Dorfes haben, mit dem Komfort, den ihr Müßiggang verlangte. Sie wählte den Ort, die Umgebung; nicht fern der Landstraße, doch nicht allzu nahe. Hochland, kein salzhaltiges Wasser. Sie schuf Geld, um das Grundstück zu kaufen, und sie war nahe daran, einen Architekten mit dem Bau des Landhauses zu betrauen. Doch hielt die Furcht sie zurück, sich mit finanziellen

Dingen befassen zu müssen und so den Argwohn, der in jedem Gruß, genauer, in dem verächtlichen Schweigen der Dorfbewohner lag, noch zu vergrößern. Eines Nachmittags, allein auf ihrem Grund und Boden, dachte sie daran, auch das Haus selber zu erschaffen, doch sie hatte Angst. Man beobachtete sie, man verfolgte sie; auf dem Land entsteht ein Haus nicht aus dem Nichts. Es darf nicht aus dem Nichts entstehen. Sie mußte sich also an einen Architekten wenden; Paula hatte Bedenken, sie verzagte vor jedem Problem. Das Dorf zu verlassen hätte alldem ein Ende gemacht; doch das zu tun oder mutig zu sein, war ihr nicht möglich.

Da hatte sie einen genialen Einfall: nicht das Haus erschaffen, sondern den Bau des Hauses. Tag und Nacht damit beschäftigt, erreichte sie, daß das Landhaus erbaut wurde, ohne bei jemandem das so befürchtete Befremden zu erregen. Nach und nach erschuf sie den Bau ihrer ländlichen Villa, und obgleich sie sich manchmal fragte, was die Handwerker nach Beendigung ihrer Arbeit tun würden, konnte sie schließlich zu ihrer Zufriedenheit sehen, wie diese Männer, ihr Geld zählend, schweigend abzogen. Da betrat sie ihr Haus, das wirklich zauberhaft war, und begann damit, es nach und nach zu möblieren.

Das machte Spaß; sie blätterte in Zeitschriften und suchte eine Einrichtung, die ihr gefiel, wählte den richtigen Platz dafür und erschuf Gegenstand um Gegenstand nach diesen bevorzugten Bildern. Es gab Gobelins, einen Orientteppich, ein Bild von Guido Reni, chinesische Fische, Pommersche Hütehunde und einen Storch. Die wenigen Freunde, die sie besuchen kamen, wurden in großen, hohen Räumen von diskretem bürgerlichem Geschmack empfangen; Paula begrüßte ihre Gäste herzlich, führte sie durch das Haus und die Gärten, zeigte ihnen die Chrysanthemen und die Veilchen; und da sie die Verschwiegenheit selbst war, tranken die Besucher ihren Tee und verließen den Landsitz, ohne etwas Ungewöhnliches entdeckt zu haben.

Sie schaffte sich eine Bibliothek mit Liebesromanen an, sie hatte fast alle Platten von Pedro Vargas und auch ein paar von Elvira Ríos; es kam der Moment, da sie sich nur noch wenig wünschte, und sie kaprizierte sich lediglich auf die eine oder andere Süßigkeit, ein neues Parfüm, ein Fischgewürz. Doch dann wollte Paula einen Mann haben, der sie liebte, und obwohl sie lange schwankte, ob sie nicht einen ihrer treuen Verehrer in ihrem Bett empfangen sollte oder sich eher ein Wesen erschaffen, das ihren romantischen Vorstellungen von einst in allem gerecht würde, war ihr klar, daß es keine Alternative gab und sie sich notgedrungen für letzteres entscheiden mußte. Ein Liebhaber aus dem Dorf hätte Fragen gestellt, nachgeforscht und schließlich hinter ihrem Lächeln die Zauberkraft der Hexe entdeckt. Das hätte Terror, Verfolgung, Wahnsinn bedeutet.

Sie erschuf sich ihren Mann. Ihr Mann liebte sie. Er war schön und feinfühlig, er hieß Esteban, nie wollte er das Haus verlassen: so mußte er sein. Von ihren Mitmenschen bereits völlig isoliert, verweigerte sie nun auch den Freunden den Tee, und diese ahnten, daß ein Mann im Haus war. Traurigen Herzens kehrten sie ins Dorf zurück.

Sie gedenkt jetzt ihres Demiurgenwerks. Es ist fast Nacht; Paula ist nicht traurig, doch da ist eine kalte Hand, die sich auf ihre Brust legt, mit festem Druck den Einschnitt zwischen den Brüsten bedeckt. ›Ich bin müde‹, sagt sie sich. ›Ich habe soviel denken müssen, mußte mir soviel wünschen...‹ Stumm begreift sie, wie ungeheuer müde Gott gewesen sein mußte. Auch sie braucht ihren siebenten Tag, um vollends glücklich zu sein.

Esteban neigt sich über sie, betrachtet sie mit tiefen schwarzen Augen; lächelt sie an, ein wenig wie ein Sohn.

»Paula«, flüstert er.

Sie streicht ihm schweigend übers Haar. Es ist schwer, sich nicht als Mutter zu fühlen bei diesem überaus sensiblen Jungen, der, losgelöst von allen menschlichen Banden, sich ganz allein der Aufgabe widmet, sie anzubeten. Esteban stellt keine Fragen, er scheint immer auf ihre Worte zu warten. Das ist besser so.

Und plötzlich, wie ein ferner Hörnerschall, hat Paula das leise, aber bestimmte Gefühl, daß sie krank ist, daß sie sterben wird, daß unaufschiebbar der siebente Tag kommt.

Als die beiden Ärzte ins Dorf zurückkehren, haben sie nur wenig zu sagen. Das gleiche am nächsten Tag. Am Abend des dritten Tages fährt das Auto der Ärzte um den Platz herum und hält vor dem Beerdigungsinstitut.

Da müssen Paulas Freunde gegen die entfesselte Wut eines ganzen christlichen Dorfes ankämpfen. Die verheirateten Frauen, die Ordensschwestern, die Lehrer dörflicher Moral; manche wünschen sich sogar, Paula möge in ihrem abgelegenen Haus verwesen, frei und einsam, wie sie in ihrem Leben war. Was man in dieser Welt gewählt hat, dabei muß es in der anderen bleiben. Und es sind wenige, gerade nur fünf schweigsame Männer, die sich in dieser Nacht im Landhaus einfinden, um bei der Freundin die Totenwache zu halten.

Die Angestellten des Beerdigungsinstituts und zwei Frauen vom benachbarten Bauernhof haben die Tote feierlich aufgebahrt. Ohne besonders überrascht zu sein, finden die Freunde Estaban vor. Sie sehen ihn zum ersten Mal, drücken ihm die Hand. Esteban scheint nicht zu begreifen; er sitzt zur Rechten des Leichnams in einem Sessel mit hoher, durchbrochener Rükkenlehne. Von Zeit zu Zeit steht er auf, geht zu Paula und küßt sie auf den Mund; es ist ein frischer, fester Kuß, was die Freunde mit Entsetzen sehen. Der Kuß eines jungen Kriegers für seine Göttin vor der Schlacht. Dann kehrt Esteban zu seinem Lehnstuhl zurück, setzt sich und starrt über die Totenbahre hinweg zur Wand.

Paula ist gegen Abend gestorben, und jetzt ist es Mitternacht. Die Freunde sind mit ihr und Esteban allein. Draußen ist es kalt, und einige denken an das Dorf, an die warme Bettflasche, die Radionachrichten.

Im Halbkreis sitzend, betrachten sie Paula, die kraftlos daliegt, als wäre sie endlich von einer Last befreit, die zu schwer war für ihre kleinen Schultern, welche immer etwas von der kindlichen Form behalten hatten. Die ungewöhnlich langen Wimpern werfen einen zierlichen Schatten auf ihre grauen Wangenbeine. Die Ärzte haben gesagt, ihr Sterben sei lang, doch ohne Kampf gewesen, wie das Reifen einer Frucht. Und die fünf Freunde haben abwechselnd den gleichen zarten und klischeehaften Gedanken: ›Es ist, als ob sie schliefe.‹

Warum kommt soviel Kälte ins Zimmer? Ganz plötzlich, in anschwellenden Wellen. Vielleicht, denken die Freunde, ist es eine Kälte, die von innen kommt; so fühlt man sich immer bei Totenwachen. Etwas Cognac... Und wie einer von ihnen Esteban ansieht, der steif in seinem Sessel sitzt, packt ihn plötzlich ein Schauder, der ihm über die Haut, das Haar, die Hände, die Zunge läuft; durch Estebans Brust hindurch sieht er die durchbrochene Rückenlehne des Sessels. Die anderen folgen seinem Blick und werden bleich. Die Kälte nimmt zu, steigt an wie eine

Flut. Hinter der geschlossenen Tür ragt im Mondschein plötzlich der dichte Eukalyptuswald auf; und sie begreifen, daß sie durch die geschlossene Tür hindurchsehen. Nun sind es die Wände, die vor der Landschaft weichen, vor dem benachbarten Bauernhof, alles im harten Licht des Vollmonds, und Esteban ist jetzt nur noch eine Blase aus Gelatine, schön und jämmerlich in seinem Sessel, der, wie er selbst, beim Vorrücken des Nichts verschwindet. Durch das Dach fällt ein silberner Lichtstrahl, der den Kerzen des Katafalks den Glanz nimmt. Durch die Sohlen ihrer Schuhe spüren die fünf Freunde, wie die Feuchtigkeit von frischer Erde, von Gras und Klee hindurchdringt, und als sie einander ansehen, unfähig, das erste Wort über die Entdeckung zu sagen, sind sie mit Paula allein, mit Paula und dem Katafalk, der sich mitten auf dem Land unter dem unvermeidlichen Mond erhebt.

1943

Gewisse Veränderungen

Ah, wenn es nur das Büro wäre, aber die Rückfahrt, heute wo man Schlange stehen muß, um in die Trambahnen zu steigen, wo die stickige eingeschlossene Luft, der keine Zeit bleibt, sich zu erneuern, eine Art weißliches Tapiokamehl bildet, das man einatmen und aus sich herauspusten muß, ekelhaft. Nicht ohne Erleichterung steigt Raimundo Velloz aus der 97er und bleibt eine Weile auf der Verkehrsinsel stehen, betastet seine Taschen wie jemand, der überfallen worden ist oder der unerwartet eine Rechnung hat bezahlen müssen und über sein ihm verbliebenes Budget nachgrübelt, wieso zwei Zehner statt ein Hunderter. Es ist schon dunkel, es wird früh dunkel im Juni. Raimundo Velloz denkt an sein Kanapee im Salon, an die Tasse Kaffee, die María ihm schön heiß serviert, an seine Pantoffeln mit dem weichen Futter aus Lamawolle. Und an die Nachrichten der BBC um zehn.

Das Büro ermüdet ihn, drückt ihn nieder, und nach den obligaten Bürostunden sträubt er sich wie ein Stachelschwein gegen alles, was nicht Erholung ist. Die Staatlichen Eisenbahnen, sein Büro in der Buchhaltungsabteilung... Die Pflicht endet um sieben, nicht früher und nicht später. Seine Erholung beginnt um Viertel nach acht, wenn er an der Wohnungstür klingelt und die vertrauten Schritte gedämpft durch die Tür hört, und dann die Begrüßung, irgendeine Frage und das Kanapee. Fünf Jahre Buchhaltung – da war er noch jung –, zehn Jahre – da war er noch nicht alt –, fünfzehn Jahre im September, am 22. September, um 11 Uhr morgens. Er hat eine gute Personalakte, vier Beförderungen –, und so als veranschaulichte er sich seinen Gedankengang, steigt er jetzt die Treppe des Appartementhauses hinauf. Er hat sich nichts vorzuwerfen, ein Gewinn von fünftausend Pesos in der Tucumán-Lotterie, das kleine Grundstück in Salsipuedes, ein Abonnement von ›El Hogar‹, kinderlieb und ohne Bedauern Junggeselle. Er hat seine Mutter, seine Großmutter und seine Schwester. Das Kanapee, den Kaffee, BBC. Das ist nicht wenig, wo es viele andere gibt, die... Und schon ist er im zweiten Stock, und Frau Peláez – wenn es Frau Peláez ist, denn sie pflegt ihr Äußeres in Schönheitssalons zu verwandeln und ist das Ärgernis des ganzen Viertels – grüßt ihn auf dem Treppenabsatz, sie scheint ihm wieder etwas jünger geworden zu sein, nicht zu glauben.

›Das Universum‹, denkt Raimundo Velloz, ›was für ein Unsinn!‹ Die Einheit ist ein metaphysischer Schwindel. (Er hat die staatliche höhere Schule absolviert). Es gibt nicht ein Universum, es gibt deren Millionen und Millionen, eins im anderen, und in jedem fünf, zehn, vierzehn verschiedene Universen. Er mag die konzentrische Gedankenfolge, Begriffe in zunehmenden und abnehmenden Konnotationsreihen. Man geht von der Kaffeebohne aus, der Kaffeekanne, die sie enthält, der Küche, welche die Kaffeekanne enthält, dem Haus, das die Küche enthält, dem Häuserblock, der das Haus enthält... Und man kann fortfahren mit den zwei Aspekten des Bildes, mit der Kaffeebohne, die tausend Universen einschließt, und dem Universum des Menschen, ein Universum innerhalb wer weiß wie vieler Universen, das vielleicht – er erinnert sich, das irgendwo gelesen zu haben – nur ein Stückchen von der Schuhsohle eines kosmischen Kindes ist, das in einem Garten spielt (dessen Blumen natürlich die Sterne sind). Dieser Garten gehört zu einem Land, das zu einem Universum gehört, das ein Stückchen Zahn einer Maus ist, gefangen in einer Mausefalle, die man auf dem Tisch eines Dachbodens in einem Haus in der Vorstadt aufgestellt hatte. Die Vorstadt gehört zum... Ein Stückchen von irgend etwas, doch immer nur ein Stückchen; Größe ist eine jämmerliche Illusion.

Und das Kanapee.

María öffnet ihm die Wohnungstür, noch ehe er geklingelt hat. Sie hält ihm ihre so weiße Wange hin, durch die manchmal zwei feine Äderchen durchscheinen; Raimundo gibt ihr einen Kuß darauf und merkt, daß die Wange nicht so sanft und glatt ist wie gewöhnlich, und eine Sekunde lang hat er das Gefühl, eine andere Wange geküßt zu haben, er, der keine anderen kennt als die, welche er im Kino sieht oder sich manchmal im Halbschlaf ausmalt, wenn er zuviel Leberpastete gegessen hat. María betrachtet ihn etwas verwundert.

»Du kommst später als sonst, es ist schon zwanzig nach acht.«

»Die Tram. Ich glaube, sie hat an der Once diesmal länger gehalten.«

»Soso. Oma hat sich schon Sorgen gemacht.«

»Soso.«

Er hört in seinem Rücken die Tür ins Schloß fallen, hängt Regenschirm und Hut an die Garderobe im Flur und geht ins Eßzimmer, wo seine Mutter und seine Großmutter dabei sind, den Tisch zu decken. Ohne etwas zu sagen (denn dieses Kleid ist sichtlich abgetragen, und wohl nur aus Zerstreutheit war es ihm bislang nicht aufgefallen), geht er auf seine Mutter zu und gibt ihr einen Kuß. Welch schöne Ruhe, ein Gefühl, das genau dem entspricht, was die Gewohnheit verlangt und erwartet. Ihre Wange ist etwas rauh (das ist normal, weil seine Mutter sich die Wangen enthaart), ein Pfirsichgeschmack und ein schwacher Duft nach alten parfümierten Briefen, nach rosa Seidenschleifen. Nur eben das Kleid... Aber Großmutters joviale Drohung mit dem Finger veranlaßt ihn, auf sie zuzugehen, er legt seine Hände auf ihre überaus fragilen Schultern – aber sind sie wirklich so fragil, spürt er nicht ihre Resistenz, wie sie dem leichten Druck seiner Hände standhalten? – und küßt sie auf die aschgraue, zarte Stirn, deren Haut für das unvorstellbar opake Stirnbein gerade nur ein ganz leichter Schutz sein muß.

»Hast du dir meinetwegen Sorgen gemacht? Ich komme nur knappe fünf Minuten später.«

»Nein, ich habe gedacht, der Autobus hat vielleicht Verspätung.«

Raimundo setzt sich an seinen Platz und stützt die Ellbogen auf den Tisch. Er hat vergessen, sich vorher wie üblich die Hände zu waschen; merkwürdig, daß María ihn nicht dazu ermahnt, sie, die fixe Vorstellungen von Prophylaxe hat und an allen Handläufen der Trambahnen Kontaminationen sieht. Da fällt ihm ein, daß seine Großmutter die Trambahn soeben mit dem Autobus verwechselt hat, wo er doch nie einen Autobus nimmt, und sie müßte das eigentlich wissen. Vielleicht aber hat er Autobus gehört, wo in Wirklichkeit von der Tram 97 die Rede war.

Vielleicht aber handelt es sich tatsächlich um dasselbe Bild, und das Licht des Kronleuchters, das merkwürdige Reflexe auf das Glas wirft, läßt die Lippen dick und grünlich erscheinen. Vom Kanapee aus ist das Porträt von Onkel Horacio klar und deutlich zu sehen, und Raimundo kann sich nicht erinnern, je solche Lippen und solch eine Hand gesehen zu haben, die wie ein schlaffes Taschentuch herabhängt, denn in Wirklichkeit hat Onkel Horacio auf dem Bild die Hände in den Taschen; nur ein anderer Widerschein als der des Kronleuchters im Salon kann diese weiße Hand und diese fast grünlichen Lippen vorspiegeln, und außerdem scheint dieses Porträt eher das einer Frau zu sein als das von Onkel Horacio.

Und nun die BBC mit der Sendung »Atalaya«. Nichts Schöneres als diese Kommentare beim prickelnd heißen Kaffee, den María ihm von hinten über das Kanapee reicht. Raimundo nimmt ihn dankbar entgegen, seine Füße bewegen sich wohlig in den warmen Pantoffeln, und er fühlt sich rundum behaglich und gelöst, wiewohl vielleicht etwas weniger als an anderen Abenden, an den anderen Abenden zuhaus. Jemand singt in der Küche das Lied, das seine Mutter immer singt, wenn sie Geschirr spült. Es ist dasselbe Lied – »Rosas de Picardía«, sehr selten auch »Caminito« –, auf dieselbe Art gesungen, wie seine Mutter es singt, nur ist die Stimme heiserer und tiefer, vielleicht eine Erkältung, als sie am Abend vom Balkon aus auf den Platz hinaussah.

»Geh und sag Mama, sie soll ein Aspirin nehmen und sich einen Schal um den Hals wickeln.«

»Aber wenn ihr nichts fehlt«, murrt María, die in dem niedrigen Sessel die Zeitung liest. »Onkel Lucas war heute nachmittag hier und fand, daß sie in guter Verfassung sei.«

Raimundo setzt die Tasse auf dem Tellerchen ab und sieht seine Schwester lange an. Das muß ein Scherz von ihr sein, seine Mutter hat nur Brüder, die schon tot sind. Jetzt versteckt María sich hinter der Zeitung; besser ihr Spiel mitspielen und sie mit ihren eigenen Waffen schlagen.

»Schade, daß Onkel Lucas kein Arzt ist. Dann könnte man auf seine Meinung etwas geben.«

»Er ist kein Arzt, aber er versteht sich auf vieles«, sagt Marías Stimme gelassen, und ihre Hände, die Raimundo besonders groß vorkommen, wenden ruhig die Seiten der Zeitung um.

»Sie macht mir den Eindruck, daß sie stockheiser ist. Und Oma, ist sie noch nicht zu Bett gegangen?«

»Oh, sie geht spät zu Bett, das weißt du doch. Sie wird noch eine ganze Menge Garn verstricken.«

Sie macht weiter Scherze, und Raimundo sagt sich, daß es schofel wäre, María den Spaß zu verderben, wo es ihr soviel Vergnügen machen muß. Wie als sie klein waren und Erwachsene spielten, richtig verheiratet und mit Kindern, und mit wichtigen Dingen beschäftigt. Tagelang stellten sie sich gegenseitig Fragen, erkundigten sich nach häuslichen Angelegenheiten, nach dem Befinden der Gattin, beziehungsweise des Gatten, und nach der Gesundheit von Raulito und Marucha ... Bis sie sich eines Tages zerstritten oder das Vergessen ihnen wieder eine Kindheit ohne Probleme schenkte. Merkwürdig – sogar etwas traurig – dieses Wiederaufleben alter Possen bei María; als hätte Oma stricken können! Jetzt blickt sie zur Tür, scheint auf etwas zu warten. Seltsames Mädchen, auf einmal trägt sie das Haar hochgesteckt und blondiert es sich, und es schellt an der Tür zu einer Zeit, da es hier noch nie geschellt hat.

»Wer zum Teufel kann das sein?« brummt Raimundo.

María ist aufgestanden und schon an der Tür, als sie den Kopf wendet und ihn anblickt.

»Mein Gott, bist du aber komisch! Die Portiersfrau, natürlich.«

Gar nicht so natürlich, denn es ist noch nie vorgekommen, daß die Portiersfrau um diese Zeit heraufgekommen ist. María nimmt die Post und den Briefkastenschlüssel entgegen, schließt gleichmütig die Tür und sieht sich einen nach dem anderen die Briefe an, wobei sie sich zur Tischlampe hinabbeugt und mit den Händen fast Raimundos Kopf berührt.

»Alles für Mama«, sagt sie enttäuscht. »Bebe hat mir nicht geschrieben ... Aber von mir erwartet er, daß ich ihm schreibe. Ah, da kann er lange warten.«

Das Kleid der Mutter verschwindet fast ganz unter einer Küchenschürze, die sie in dem Augenblick abzulegen beginnt, als sie den Salon betritt. Vom heißen Wasser hat sie gerötete Hände, sie lächelt zufrieden und müde. Sie nimmt das Bündel Briefe entgegen und steckt es in ihre große Rocktasche, aus der so etwas wie eine rosa Spitzenborte ragt, die sehr hübsch ist, die Raimundo jedoch bei einer Rocktasche nicht für passend hält; als wäre da eine Halskrause an Stelle der Tasche. Und am Hals? Nichts, dort liegt der Stoff glatt an, hat gerade nur einen leicht gefältelten Saum. Raimundo, der sich eben gefragt hat, wer es wohl sein mag, den María Bebe nennt, sagt sich, daß seine Mutter etwas von Kleidern versteht, und lächelt sie an, als sie zu ihm tritt.

»Müde?«

»Nein, nicht mehr als sonst. Heute abend gibt es keine interessanten Nachrichten.«

»Dann hören wir Musik.«

»Gut.«

Er dreht am Radioknopf, wartet, sucht, dreht zurück. Aber wo ist seine Mutter geblieben? Und wo steckt María? Nur Oma kommt langsam herein, läßt sich in ihrem Lehnsessel nieder – wo sie doch früh schlafen gehen sollte, wie Dr. Ríos ihr verordnet hat – und betrachtet ihn aufmerksam.

»Du arbeitest zuviel, mein Sohn. Das sieht man an deinem Gesicht.«

»Ich arbeite wie immer, Oma.«

»Mag sein, aber zu lang. Was für eine Musik spielen die da?«

»Weiß nicht, kommt sicher aus New York, irgendeine Jazzmusik. Ich mach sie aus, wenn du willst.«

»Nein, ich mag sie; dieses Orchester ist sehr gut.«

Gewöhnung, denkt Raimundo. Selbst die ältere Generation akzeptiert schließlich, was sie noch gestern – bis zu dieser Stunde – als scheußlich empfunden hat, als Katzenmusik, als Höllenstrafe. Es verwundert ihn, wie rüstig seine Großmutter ist, und um nichts in der Welt möchte er sie kränken, indem er ihr nahelegte, zu Bett zu gehen; wenn sie heute abend entschlossen ist, ihren Kopf durchzusetzen, so ist das ein Zeichen von Gesundheit und geistiger Frische. Er versagt sich selbst jeden Kommentar, als er sieht, wie sie sich zu einem Beutel, der am Sessel hängt, hinabbeugt, eine schwarze Handarbeit samt Stricknadeln herausholt und alles eingehend mit Kennermiene betrachtet. Worüber sich wundern? Die Gewohnheiten der Familie ändern sich, ohne daß man es bemerkt; er verbringt so viele Stunden im Büro, ist Tag und Nacht völlig in Anspruch genommen von den Problemen der Buchhaltung ... Er fühlt sich den Seinen fern, er denkt, daß er viele Wochen wie ein Automat gewesen sein muß, wenn er abends nach Hause kam, sich die Pantoffeln anzog, BBC hörte und auf dem Kanapee einschlief. In dieser Zeit schneiderte sich seine Mutter dieses Kleid, befreundete sich María mit Bebe und lernte Oma stricken. Worüber sich wundern? Höchstens darüber, daß er allem so fern gewesen ist und so ganz anders war, als er hätte sein müssen, daß er sich als schlechter Sohn und Bruder erwiesen hat. Aber das bringt das Leben nun mal mit sich, und man kann die Büroarbeit bei der Staatlichen Eisenbahn nicht leichthin erledigen. Kurzum, wenn sich zu Hause etwas ändert, muß ihn das nicht persönlich betreffen; seine Familie ist nicht seinem Willen unterworfen. Überhaupt handelt es sich nur um Kleinigkeiten: ein anderes Licht, das das Porträt von Onkel Horacio verändert; seine Schwester, die jetzt einen Freund hat; die

Portiersfrau, die auf die Idee kommt, die Abendpost hochzubringen; eine seltsame Rocktasche am Kleid seiner Mutter; seine Großmutter, die wieder zu Kräften gekommen ist und nicht mehr diese schwachen und so fragilen Schultern hat. Kleinigkeiten, Dinge, die in einem Haus eben vorkommen.

»Lucía«, sagt seine Mutter (ja, sie ist heiser) vom Schlafzimmer aus.

»Ich komme, Mama«, antwortet ohne Verwunderung die Stimme Marías.

Schließlich hörte er auf, sich Fragen zu stellen – alle schliefen schon – und er legte sich seinerseits hin. Er mochte das Licht des Zimmers, es war gedämpft und sanft für seine von den Zahlenkolonnen verdorbenen Augen. Er schlüpfte in den Pyjama und bemerkte kaum die mechanischen Bewegungen, die er dabei machte; er streckte sich auf dem Rücken aus und löschte das Licht.

Er hatte sie nicht sehen wollen. Als sie hereinkamen, um ihm eine gute Nacht zu wünschen, und sich dabei über das Kanapee beugten, hielt er bei einem dunklen Gefühl von etwas Irrealem die Augen geschlossen und akzeptierte die drei Küsse, die drei Gute Nacht, die verschiedenen Schritte der drei, die sich in Richtung ihrer Schlafzimmer entfernten. Er machte das Radio aus, um nachzudenken; aber nun, da er auf der Seite lag, wollte er nicht denken. Zwischen diesen beiden Augenblicken meinte er vage zu begreifen, daß er nichts begriff; er kam lediglich auf die albernsten Gedanken. Zum Beispiel: ›Da hier alle Wohnungen gleich sind, könnte ich mich...‹ Er konnte den Gedanken nicht einmal zu Ende denken. Auch nicht diesen, weniger albernen: ›Wäre es möglich, daß ich anfange zu...‹ Und dann, als Resümee seines üblichen Verhaltens: ›Vielleicht morgen...‹ Deshalb hatte er sich auf die Seite gelegt, als könnte der Schlaf intervenieren und einen Prozeß beenden, in dem etwas sich aufzulösen und einen anderen Verlauf zu nehmen begann, das auszudenken er sich weigerte. Alles würde morgen wieder in Ordnung sein. Morgen würde alles wieder in Ordnung sein.

Wahrscheinlich schlief Raimundo, aber es fiel ihm schwer, zwischen der Erinnerung an seine Gedanken im Halbschlaf und seinen Träumen zu unterscheiden. Vielleicht war er irgendwann in der Nacht aufgestanden (aber das dachte er erst viel später, als er im Büro des Nationalen Post- und Fernmeldewesens etwas ungeschickt eine Urkunde in dem großen Buch kopierte) und durch die Wohnung gewandert, ohne genau zu wissen, weshalb, aber in der Gewißheit, daß es notwendig war und daß ihn, täte er es nicht, die Schlaflosigkeit plagen würde. Zuerst ging er in den Salon und knipste die Lampe an, um sich im Halbschatten der hinteren Wand Onkel Horacios Bild zu betrachten. Man hatte es ausgewechselt, auf diesem hier war eine Frau mit hängenden Armen sowie dünnen, aus einer Laune des Malers heraus, fast grünen Lippen. Er erinnerte sich, daß María Onkel Horacios Bild nicht besonders mochte und daß sie einmal davon gesprochen hatte, es abzuhängen. Aber er kannte diese Frau mit den verkniffenen Zügen nicht; diese Frau gehörte nicht zu seiner Familie.

Aus dem Schlafzimmer der Großmutter war geräuschvolles Atmen zu hören. Wer weiß, ob Raimundo dort wirklich hineinging, er jedoch sah sich das Zimmer betreten und – beim schwachen Lichtschein aus dem Salon – das Gesicht betrachten, das auf dem Kopfkissen ruhte wie das Profil einer Münze auf dem Samtkissen eines Numismatikers. Lange Zöpfe lagen auf dem Kissen, schwarze, dicke Zöpfe. Das Profil war im Schatten, und Raimundo hätte sich weit vorneigen müssen, um die Großmutter erkennen zu können. Aber diese schwarzen Zöpfe, die Bettdecke, die sich über ihrer kräftigen Schulter wölbte, und dazu noch das starke Atmen . . . ! Womöglich ging er ins Eßzimmer zurück oder verhielt sich eine Weile ganz still, um dem Atem Marías und dem seiner Mutter zu lauschen, die beide im selben Zimmer schliefen. Er ging nicht hinein, er konnte jetzt kein weiteres Zimmer betreten, es fiel ihm sogar schwer, in das seine zurückzugehen, die Tür zu schließen, den Riegel vorzuschieben – der ganz rostig war, da er ihn nie vorschob –, sich ins Bett zu legen und das Licht auszumachen. Wer weiß, ob er tatsächlich in der Wohnung herumgewandert ist; manchmal träumt man, daß man durch die Wohnung geht, und in Wirklichkeit wälzt man sich nur im Bett herum, schluchzt plötzlich auf wie bei großem Kummer und stammelt Namen, sieht Gesichter, mustert Gestalten und diesen Bebe, der nicht schreibt.

Am Morgen hört Raimundo, wie die Türklinke niedergedrückt wird, und er fährt hoch und erinnert sich, daß er den Riegel vorgeschoben hat, eine Idiotie, die ihm seitens María endlose Sticheleien einbringen wird. Da er im Pyjama ist, springt er aus dem Bett und beeilt sich, aufzumachen. Lächelnd kommt Lucía mit dem

Frühstückstablett herein und setzt sich ans Fußende des Bettes; sie scheint sich nicht zu wundern, daß er den Riegel vorgeschoben hat, und auch ihn wundert es nicht besonders, daß sie sich nicht wundert.

»Ich hatte gedacht, du bist schon aufgestanden. Aber du bist wohl wieder eingeschlafen. Wirst zu spät kommen.«

»Bis zwölf...«

»Aber du fängst doch um zehn an...«, entgegnet Lucía und sieht ihn etwas verdutzt an. Sie ist ein sehr blondes, hochgewachsenes Mädchen mit sonnengebräunter Haut, was sich, wie bei allen Blondinen, besonders gut ausnimmt. Sie rührt im Milchkaffee, deckt die Zuckerdose zu und geht hinaus. Raimundo sieht ihren weißen Rock, die leichte Wölbung der Bluse über den jungen Brüsten, den bei der morgendlichen Toilette eilig festgesteckten Haarkranz. Hat er recht daran getan, den Riegel vorzuschieben? Es ist die einzige Frage, die er sich stellt, aber sie zu stellen ist vielleicht schon zuviel. Da erscheint Lucía erneut, um ihm einen Brief zu bringen, den sie ihm mit einem freundlichen Lächeln von der Tür aus hinreicht, wonach sie wieder geht. Señor Jorge Romero, Straße und Hausnummer. Alles richtig, bis auf den Namen, und dennoch muß auch der Name stimmen, denn es war ja Lucía, die ihm diesen Brief gebracht und mit einem Lächeln überreicht hat. Nicht so absurd, wie man meinen könnte, nur eben statt Raimundo Velloz dieser Jorge Romero; und in dem Brief die Einladung zu einem Ball und mit den besten Grüßen von C.D.

Er spürt jetzt gleichsam ein Gewicht auf den Schultern, auf der Zunge, im Nacken; es kommt ihm so vor, als würde er es nie fertigbringen, seine Schuhe zuzuschnüren, und als wäre das Binden der Krawatte eine überaus langwierige und sinnlose Arbeit.

»Jorge, du wirst zu spät kommen!«

Die Stimme seiner Mutter – sie ist wirklich heiser. Du wirst zu spät kommen, Jorge. Immerhin, bis zwölf... Besser schon jetzt gehen, ins echte Leben zurückkehren, zur Buchhaltung, zur gestern nicht beendeten Lohnliste. Ein Kaffee, eine Zigarre, die Liste, eine verläßliche Welt. Besser jetzt gleich gehen, ohne mich zu verabschieden. Jetzt gleich gehen und mich nicht erst verabschieden.

Leise geht er durch die rechte Tür in den Salon, als hätte er ihn nicht immer durch den hinteren Gang betreten. Aber egal, es ist ihm jetzt gleich, auf welchem Wege man in den Salon gelangt, und er sieht nicht einmal zu dem Bild der Frau hin, die auf den Blick zu lauern scheint, den er ihr verweigert. Als er zwei Meter vor der Wohnungstür steht, schellt es. Er weiß nicht, was tun, und schon kommt Lucía aus der Küche gelaufen, Federbesen in der Hand, und schubst ihn lachend zur Seite.

»Mir aus dem Weg, du Tölpel!«

Er tritt zur Seite, sieht, wie die Tür aufgeht. Fast ohne überrascht zu sein, erblickt er María im Kostüm, die ihn ansieht, während Lucía ihr die Hand reicht und sie hereinbittet.

»Endlich lernen Sie den Mann im Haus kennen! Dank der Tatsache, daß er sich heute verspätet hat... Mein Bruder Jorge, Señorita María Velloz, meine Französischlehrerin, du weißt schon...«

Diese streckt ihm mit der mechanischen und obligaten Geste der Begrüßung die Hand hin. Raimundo zögert einen Augenblick, er erwartet, daß passiert, was passieren muß, doch da ihm seine Schwester ihre Hand immer noch hinhält und nichts geschieht, ergreift er sie mit seiner Rechten, und das zu tun kostet ihn weniger, als er gedacht hat. Auf einmal findet er, daß es so in Ordnung ist, es wäre albern zu schreien, zu sagen, daß sie seine Schwester María ist und daß er... Er denkt lediglich, daß er es gesagt haben könnte; er denkt es, aber ohne etwas dabei zu fühlen. Er fühlt nicht das geringste, es ist nur ein Gedanke von vielen. Und wer wollte wissen, ob er ihn gedacht hat. Im Gegenteil, etwas keimt in ihm auf, das ihn tröstet und ihn froh stimmt, daß ihm die Señorita María Velloz vorgestellt wurde. Wenn man jemanden nicht kennt, ist es nur normal, daß er einem vorgestellt wird.

1945

Ferner Spiegel

> I feel like one who smiles, and turning shall
> remark,
> Suddenly, his expression in a glass.
>
> *T. S. Eliot*

Trotzdem habe ich es immer fertiggebracht, sie davon abzubringen. Es sind liebe Menschen, sie möchten mich aus meinem einsamen Leben herausreißen, mich in die Kinos und Cafés mitnehmen, mit mir endlose Runden um den Marktplatz machen. Aber meine Weigerungen – sie reichen vom lächelnden »Nein« bis zu hartnäckigem Schweigen – haben ihrer Fürsorge ein Ende gemacht, und seit vier Jahren führe ich hier, mitten im Zentrum von Chivilcoy, ein ruhiges und zurückgezogenes Leben. Deshalb wird der Vorfall vom 15. Juni von meinen Mitbürgern mit Nachsicht aufgenommen werden, sie werden darin nur die erste Manifestation einer monomanischen Neurose sehen, die mein Leben – so wenig chivilcoyanisch! – sie schon immer hat vermuten lassen. Vielleicht haben sie recht; ich beschränke mich darauf, zu erzählen. Auf diese Weise werde ich einige Begebenheiten, die ich mir nicht ganz erklären kann, fixieren und endgültig in die Vergangenheit verweisen. Und außerdem – warum es leugnen? – gibt es eine hübsche Geschichte ab.

Ich führe in Chivilcoy, was ich ein den Studien gewidmetes Leben nenne, mögen seine Einwohner auch von einem klösterlichen Leben sprechen. Morgens unterrichte ich an der Pädagogischen Hochschule, bis zum Mittag oder auch etwas länger; danach kehre ich immer auf dem gleichen Weg in die Pension von Doña Micaela zurück, esse in Gesellschaft einiger Bankangestellter zu Mittag und verkrieche mich sofort danach in meinem Zimmer. Dort, im hellen Licht der Sonne, die den ganzen Nachmittag auf die zwei hohen Fenster prallt, bereite ich bis halb vier meine Lektionen für den nächsten Tag vor, doch anschließend betrachte ich mich ganz als Herr meiner selbst. Mit anderen Worten, ich kann nach Lust und Laune studieren; ich schlage die Luther-Bibel auf und lese mich zwei Stunden lang in die deutsche Sprache ein, freue mich, wenn es mir gelingt, ein ganzes Kapitel ohne die Hilfe meines Cipriano de Valera zu lesen. Plötzlich aber breche ich die Lektüre ab (meine intellektuelle Neugier hat sehr deutliche Grenzen, und sobald ich sie spüre, reagiere ich entsprechend), ich setze den Wasserkessel auf, höre dabei die Abendnachrichten von Radio El Mundo und bereite mir in der kleinen emaillierten Kanne, die mich seit langem begleitet, in Ruhe meinen Mate. All das ergibt, wie meine Studenten sagen würden, ein »break«; kaum ist die Freude am Mate ausgekostet, vertiefe ich mich mit großem Behagen in eine andere Lektüre. Die ändert sich mit der Zeit; 1939 waren es die gesammelten Werke von Sigmund Freud; 1940 englische und amerikanische Romane, die Poesie von Eluard und Saint-John Perse; 1941 der ganze Lewis Carroll sowie Kafka und ein paar Bücher über indische Philosophie von Fatone; 1942 die Geschichte Griechenlands von Bury, sämtliche Werke von Thomas de Quincey und eine kolossale Biographie Sandro Botticellis, außerdem zwölf Romane von Francis Carco in der löblichen Absicht, meine Kenntnisse des Argot zu perfektionieren; und schließlich, in diesem Jahr, studiere ich die Anthologie moderner anglo-amerikanischer Poesie von Louis Untermeyer, parallel dazu die Geschichte der Renaissance in Italien von John Addington Symonds sowie – ein absurdes Vergnügen – die Reihe der Cäsaren, angefangen mit dem Eponym Heros bis zum letzten Kapitel von Ammianus Marcellinus. Für diese Arbeit habe ich mir – mit freundlicher Genehmigung der Bibliothekarin der Hochschule – Tacitus, Sueton, die Autoren der *Historia Augusta* und Marcellinus ausgeliehen. Bis heute habe ich das Leben der römischen Kaiser bis Probus in allen Details kennengelernt; an die Wand meines Zimmers habe ich einen großen Bogen Bristolpappe gepinnt, auf den ich einen nach dem anderen die Namen all jener Cäsaren samt dem Datum ihrer Regierungszeit verzeichne. Ein weniger mnemotechnisches als unterhaltsames Verfahren, das auch (ich habe es schon mit Freuden bemerkt) die verwunderten Blicke der Töchter von Doña Micaela auf sich zieht, wann immer sie mein Zimmer putzen kommen.

»And such is our life.« Zur vollständigen Beschreibung meines Ambientes führe ich noch einige weitere Elemente an: Gedichte in überwältigender Menge (fast alle, ach! von mir), die fünfte Ausgabe von *Noticias Gráficas*, ein Radio, das mir erlaubt, zu meinem nächtlichen Vergnügen die Programme der BBC und von KGEI (San Francisco) zu hören, eine Flasche Whisky *Mountain*

Cream, eine Scheibe aus Pappkarton, auf die ich, und zwar recht geschickt, ein Federmesser werfe, wobei ich Wettbewerbe mit hohen Preisen ausschreibe, die ich jedoch nie gewinne; Reproduktionen von Bildern Gauguins, Van Goghs und Giottos, die keine größere Beachtung finden als die Liste der römischen Kaiser. Bleiben noch zu erwähnen einige, sehr wenige Kinobesuche, wenn das örtliche Lichtspielhaus aus unerklärlichem Versehen einen Film von René Clair, Walt Disney oder Marcel Carné bringt. Niemand besucht mich, außer einem Professor, der manchmal vorbeischaut und sich immer von neuem über meine Ungeselligkeit wundert, wie auch ein paar Ex-Studenten, die in mir einen ihnen gewogenen Ratgeber entdeckten, vielleicht sogar einen potentiellen Freund, aber eine Freundschaft auf unbestimmte Zeit verschoben.

Es ist mir bewußt, daß mein Bericht bisher noch nach Tagebuch aussieht, eine elegante Art, künftigen Biographen »comptes rendus« an die Hand zu geben, doch es war vielleicht nötig, damit sich der hypothetische Leser, geradeso wie ich, über das sonderbare Gefühl des Eingesperrtseins wundert, das mich am Nachmittag des 15. Juni überkam. Es gibt eine Krankheit, die man Klaustrophobie nennt; ich glaube, ich bin immun gegen sie, nicht jedoch gegen ihr Gegenteil. Jedenfalls gelang es mir nicht, das Umfeld dessen, was ich gerade las, zu erfassen und voll zu verstehen, warum Cornelius im zehnten Kapitel der Apostelgeschichte nach Petrus schickte. Ich kam in der Lektüre nur mit Mühe voran, kämpfte gegen eine innere Leere an, gegen ein verrücktes Verlangen, das Buch zuzuschlagen und wegzulaufen, irgendwohin, raus aus meinem Zimmer. Ich haderte mit mir bei diesem so harten Kampf des Geistes mit sich selbst und verzichtete darauf, den lutherischen Text weiter zu lesen – unmöglich, diese einfachen Worte zu verstehen: »Darum habe ich mich nicht geweigert zu kommen…«, X, 29 –, als dann etwas, das stärker war als ich, mir den Hut in die Hand gab, und ich zum ersten Mal nach langer Zeit mein Zimmer verließ, wegging, um durch die sonnenüberfluteten Straßen des Ortes zu schlendern.

Ziellos umherzuwandern ist eines der weniger angenehmen Dinge für einen Geist, der wie der meine die Ordnung und die Effizienz liebt. Die Sonne jedoch liebkoste mir mit überaus sanften Fingern den Nacken, und die Luft war voller Vögel; es war eine wohlige Atmosphäre, und schöne Mädchen blickten mich lächelnd an, verwundert vielleicht, daß ich um vier Uhr nachmittags ins blendende Licht der Sonne blinzelte. Ich ging durch mir vertraute Straßen, erkannte Bürgersteige und Häuser wieder; ich beruhigte mich, ohne jedoch das Verlangen zu spüren, in mein Zimmer zurückzukehren, von dem ich bereits weit entfernt war. Mein Körper hatte wieder dieses köstliche Gefühl – so oft an den sommerlichen Stränden ausgekostet –, sich in der Sonne aufzulösen, in der blauen Luft zu schmelzen, körperlos zu werden, nichts weiter zu sein als eine angenehme Empfindung von Wärme, Bläue und Behagen. Sommerferien, sie lagen endgültig hinter mir, und wie lange schon! Doch dieser Herbstnachmittag war ein Trost, fast eine Verheißung; und ich war seelenfroh, ausgegangen zu sein, mich dem Dämon überlassen zu haben, der mich von den heiligen Texten losriß.

All das änderte sich, als ich zur Ecke Carlos Pellegrini/Rivadavia kam, wo das Gebäude der Banco de la Provincia aufragt. Kennt jemand den Túpac-Amaru-Zustand? Er manifestiert sich in einem Zwiespalt zwischen der Seele und dem Körper, in dem Verlangen, etwas Bestimmtes zu tun und zugleich das Gegenteil davon, nach rechts zu gehen und zugleich nach links. So hatte ich an der Ecke des Bankgebäudes vor, bis zum Platz munter weiterzugehen, diesem schönen und großen Platz von Chivilcoy, während die seltsame Anziehung, die mich schon von Cornelius und Petrus fortgelockt hatte, meine Schritte unwiderstehlich in die Rivadavia-Straße lenkte, die sich hoffnungslos vom Platz entfernt. Ich mußte diesem von der Sonne verlassenen, dunklen Weg folgen, mußte die Bäume und die einladenden Bänke des Platzes hinter mir lassen. Einen Augenblick lang weigerte ich mich, doch die Anziehungskraft machte alles Sträuben zunichte; ich glaube, ich zuckte die Achseln – eine Geste, die meine Freundinnen zu Recht an mir tadeln – und ließ mich fortziehen, spürte wieder die milde Luft des Nachmittags und sah, wie sich die Bordsteine in der Ferne beim Dämmerlicht zart violett färbten.

›Sieh an, das Haus von Doña Emilia! Und wenn ich hineinginge und ihr guten Tag sagte?‹ Denn Doña Emilia ist eine meiner wenigen Freundinnen in Chivilcoy. Sie erteilt an der Schule Sprachunterricht. Sie ist in dem Alter, wo die mütterlichen Gefühle stärker sind als jede temporäre Leidenschaft, und sie mag mich sehr, vielleicht weil ich ein sympathisches Naturell habe; einmal hat sie mir gezeigt, wo sie wohnt, und eine Einladung zum Tee ausgesprochen, der ich damals nicht gefolgt bin. Aber heute nachmittag... Wie ich das dachte, drückte mein Finger bereits die Klingel, aus dem zweiten Patio war ein heftiges und schrilles Läuten zu hören, und ich begann an der Tür zu überlegen, was ich Doña Emilia sagen sollte, um meinen ungewohnten Besuch zu rechtfertigen. Ihr erklären, daß eine Túpac-Amaru-Kraft... unmöglich! Die einzige Lösung war die bürgerliche: daß ich gerade hier vorbeikam und mir einfiel, daß etc. Unterdessen wartete ich weiter, doch niemand kam.

Ich drückte noch einmal die Klingel, die man überall, sogar auf dem Bürgersteig gegenüber hören mußte. Dann, nachdem ich noch etwas gewartet hatte, tat ich etwas Unerhörtes: ich ging ganz unbefangen durch den Flur bis ins Wohnzimmer, so als wäre ich hier zu Hause.

So als...

Aber ich war hier zu Haus. Ich stellte es fest, ohne besonders überrascht zu sein, verspürte gerade nur ein leichtes Kribbeln am Haaransatz. Das Wohnzimmer war genauso möbliert wie das von Doña Micaela; und die linke Tür, die ohne Zweifel in den Salon führte, war meine Tür, die Tür zu meinem Zimmer.

Ich hielt vor dieser Tür inne, mir blieb gerade noch soviel Handlungsfreiheit, um gegebenenfalls sofort die Flucht zu ergreifen; da hörte ich es im Salon husten.

Es geschah das gleiche wie bei der Klingel; meine Hand kam meinem Willen zuvor. Die mir vertraute Klinke gab unter dem Druck nach, und ich gelangte in den Salon. Aber es war kein Salon, sondern mein Arbeitszimmer. In jeder Hinsicht mein Arbeitszimmer. In solchem Maße, daß, als Gipfel der Perfektion, ich selbst dort am Schreibtisch saß und in der Luther-Bibel las, die auf ihrem hölzernen Lesepult ruhte. Ich in der alten blaugestreiften Joppe und in den Pantoffeln, die meine Mutter mir diesen Herbst geschenkt hat.

Es gelang mir, ich gestehe es ganz freimütig, an etwas zu denken, mochte es auch literarisch und ein wenig defensiv verbrämt sein. ›Mein Gott, das ist ja DER HORLA. Jetzt werden wir miteinander sprechen müssen etc....‹ Und mit besagtem Gedanken endete meine aktive Rolle; ich war jetzt ein Etwas, das unbeweglich an der Tür stand, war Zeuge der Entwicklung einer alltäglichen Szene, ein aufmerksamer Zuschauer, und derart in Schrekken versetzt, daß ich darüber meine Angst vergaß.

Ich sah, wie ich im Wörterbuch von Pfohl etwas nachschlug, und meine eigene Stimme – verändert wie auf einer Schallplatte – intonierte voller Würde die Bibelsprüche: Cornelius schickte nach Petrus in volltönendem Deutsch, und dieser begab sich nach einer gastronomischen Vision ins Haus seines Gastgebers und predigte dort das Wort des Herrn; die Geschichte, deren Lektüre ich unterbrochen hatte, als ich mein Zimmer im Haus von Doña Micaela verließ, las ich hier ungehindert zu Ende. Plötzlich sah ich, wie ich mich vom Buch abwandte und das Radio anmachte; ich ging an mir vorbei, setzte den Wasserkessel auf, und als aus dem Radio ein altes Inkalied kam, pfiff ich fröhlich dazu, wobei ich die Modulation des Nordens aus dem Moment heraus ziemlich gut nachahmte. All das, ohne meiner Anwesenheit die geringste Beachtung zu schenken, ohne mir einen einzigen Blick zu gönnen – es war nicht DER HORLA, Gott sei Dank –, ganz dem Ritual des süßen Mate und der Musik hingegeben; oder so gleichgültig, wie man aus dem Augenwinkel sein Abbild sieht, wenn man an einem Spiegel vorbeigeht. Ich mußte hören, daß die Kampfflugzeuge *Liberator* die Insel Pantelleria dem Erdboden gleichgemacht haben, daß King George VI sich in Afrika aufhielt und die Soldaten, als sie ihn erblickten, »For he's a jolly good fellow« sangen und daß General Pedro Pablo Ramírez entschlossen war, die Spekulation mit Gütern des täglichen Bedarfs zu verbieten. Es war schon dunkel, ich schaltete das Licht an; ich schob den Sessel an den Tisch, holte mir den ersten Band von Symonds' »Renaissance in Italy«, vertiefte mich darin, lächelte bisweilen, machte Randbemerkungen, protestierte heftig oder pflichtete mit offenkundiger Zufriedenheit den Ideen des Autors bei. Und auf einmal – denn um diese Zeit spüre ich gewöhnlich einen Druck auf der Blase – legte ich das Buch auf den Tisch, ging an mir vorbei und verließ den Raum. Der Schauspieler trat ab; der Zuschauer hatte den Mut, das gleiche zu tun, doch er rannte wie verrückt auf die Straße, ihm war plötzlich wieder bewußt geworden, daß all dies schlechterdings unmöglich war.

Schließlich – und ich allein weiß die verborgene Bedeutung dieses Ausdrucks zu ermessen – kehrte ich nach Hause zurück. Es war zur Zeit des Abendessens, und ich wollte meiner gutherzigen

Wirtin sagen, daß ich mir heute ihren köstlichen Spießbraten und ihren frischen Salat werde entgehen lassen müssen. Doña Micaela musterte mich aufmerksam und meinte dann, daß ich sehr blaß sei.

»Es ist sehr kalt draußen«, sagte ich, um etwas zu sagen. »Ich werde gleich zu Bett gehen. Bis morgen!«

Als ich die Patios durchquerte, kam eines der Mädchen nach Hause und klagte, daß es draußen sehr schwül sei; ich senkte den Kopf und ging in mein Zimmer.

Alles war wie immer; meine Bibel war auf der Seite aufgeschlagen, wo ich am Nachmittag zu lesen aufgehört hatte, daneben der Bleistift, das Wörterbuch von Pfohl und ein Bändchen mit Gedichten von Hugo von Hofmannsthal, die ich langsam zu entziffern begann. Es war mein tägliches Ambiente, warm und behaglich, so wie meine Neigungen und meine Gewohnheiten es geschaffen hatten.

Nicht imstande, in Ruhe nachzudenken, suchte ich nach meinen Embutaltabletten, spülte eine mit Wasser hinunter und machte mir eine Tasse Lindenblütentee. Es war schon zehn, und ich konnte mich nicht entschließen, ins Bett zu gehen, ich war mir sicher, daß ich nicht würde schlafen können, ich wußte um die starke Wirkung der Dunkelheit und Stille in solchen Fällen. Ich erinnere mich, daß ich stundenlang an meinem Schreibisch gesessen habe und daß ich mich dabei ertappte, wie ich mit einem Federmesser (dem meiner Wurfwettbewerbe) meine Initialen in sein Holz schnitt, wobei ich an nichts dachte, was die schlimmste Art zu denken ist. Ich sah mir selbst zu, wie ich Holzstückchen herausschnitt und ungelenk ein G und ein M einkerbte. Dann wurde es Tag, und mir fiel ein, daß ich um neun Unterricht zu geben hatte; ich warf mich angezogen aufs Bett und schlief wie ein Murmeltier; beim Erwachen wußte ich die Schönheit dieses abgedroschenen Gemeinplatzes zu schätzen.

Am Nachmittag (wie ich den Studenten die Geographie von Holland und die Tetrarchie des Diokletian beigebracht habe, wird mir ein ewiges Rätsel bleiben, und ich fürchte auch ihnen), am Nachmittag also tat ich, was jeder an meiner Stelle getan hätte: ich kehrte eilends zu Doña Emilia zurück.

Als ich mit dem Zeigefinger die Klingel drückte, bemerkte ich den großen Unterschied zwischen diesem meinem Handeln und dem tags zuvor; ich ging jetzt kühl zu Werke, war meiner sicher und entschlossen, das Rätsel zu lösen, falls es sich um etwas so einfaches wie ein Rätsel handelte. Was konnte ich meiner Freundin sagen? Diese Art Untersuchung ging über eine bloße Befragung hinaus; sie überstieg das Normale, was nach Doña Emilia und ganz Chivilcoy das Wahre und Annehmbare ist. Ich war von zu Hause weggegangen, ohne zu überlegen, was ich weiter tun sollte; ich erinnere mich nur, daß ich mir den Browning in die Tasche steckte; doch sage mir einer, wozu der mir dienen sollte.

Doña Emilia lächelte mir vom Wohnzimmer aus freundlich zu. Ich möchte doch hereinkommen, es sei ihr ein seltenes Vergnügen, mich zu sehen; mein Besuch bereite ihr eine große Freude, ich solle mich wie zu Hause fühlen (ich zuckte unwillkürlich zusammen); ich möchte ihren Aufzug entschuldigen, es sei noch so früh, und außerdem... Ich hörte ihr kaum zu; sowie ich durch den Flur gegangen war und im Wohnzimmer stand, wo ich meiner Freundin die Hand drückte, blickte ich nach links auf der Suche nach der Tür. Und ich sah sie, gewiß, aber sie war nicht die meines Zimmers, sondern breiter und schwerer, mit groben Gardinen aus Makramee vor den Scheiben.

»Das ist der Salon«, sagte Doña Emilia, etwas verwundert über meinen prüfenden Blick und mein Schweigen. »Gehen wir hinein, wenn Sie möchten.«

Es gelang mir, ein paar höfliche Fragen zu stottern: der Gatte, die Enkel, die bei ihr wohnten... Doch schon öffnete Doña Emilia die Tür und betrat als erste den Salon. Ich dachte: ›Jetzt wird sie mich dort vorfinden und laut aufschreien.‹ Da nichts dergleichen geschah, ging auch ich hinein.

Es war ein prächtiger bürgerlicher Salon mit einer Tapete mit kirschroten Rhomben und undefinierbaren exotischen Früchten, einem Régence-Tischchen, Familienbildern, einer Büste von Voltaire und, etwas im Hintergrund, einem großen Schreibtisch mit gedrechselten Füßen, wirklich schön.

»Hier arbeite ich manchmal«, sagte Doña Emilia und bot mir einen Stuhl an. »Aber es ist kühl hier, unbehaglich, weshalb ich es vorziehe, im Schlafzimmer meiner ältesten Tochter, das mehr Licht hat, die Hausarbeiten zu korrigieren und mich für die Unterrichtsstunden vorzubereiten. Hierher kommen die Enkelchen zum Spielen... Doch welche Mühe, ihnen einzutrichtern, ja nichts kaputtzumachen!«

In mir keimte so etwas wie Euphorie auf, die von den Füßen die Beine hochstieg, den Solarplexus durchströmte und sich aufs wunderbarste dem Herzen und den Lungen mitteilte. Ich stieß einen Seufzer der Erleichterung aus und sagte etwas über die vornehme Einrichtung und die Bilder, da Doña Emilia begann, mir den Anlaß zu jeder altertümlichen Photographie zu erklären. Über ihre Laren und Penaten konnte sie endlos plaudern; ich ließ mich durchfluten vom Glück, festzustellen, bestätigt zu sehen, daß alles nur reine Phantasie, die Wahnvorstellung eines von Halluzinationen geplagten Menschen gewesen war. Ich sollte den Whisky und das Bromid für eine Zeitlang lassen, sollte eine Liegekur machen, um mich von diesen absurden Alpträumen zu kurieren. Denn es gab nichts in diesem Salon, das mich an mein Zimmer und an mich selbst hätte erinnern können; alles sprach mich von meiner Phantasterei frei. Denn...

»... denn gestern«, sagte Doña Emilia, »war ich den ganzen Tag auf dem Lande, um mir auf dem Gut den Wurf Kaninchen anzusehen. Kaninchen aus Flandern, wissen Sie, ...«

Gestern. Doña Emilia war den ganzen gestrigen Tag auf dem Lande gewesen. Hatte sich junge Kaninchen angesehen. Am Rande der Rettung spürte ich, wie eine eisige Hand mich am Genick packte und langsam nach hinten zog, auf das *andere* zu. Und eben in diesem Augenblick unterbrach Doña Emilia ihre Plauderei mit einem Schrei der Entrüstung. Entsetzt betrachtete sie sich den schönen Schreibtisch.

»Diese Kinder!« seufzte sie und rang die Hände. »Ich wußte ja, daß sie ihn noch verschandeln würden!«

Ich beugte mich über den Tisch. Auf einer Seite, fast an der Kante, hatte sich jemand damit vergnügt, mit einem scharfen Gegenstand seine Initialen einzuritzen. Die Buchstaben waren bizarr ineinander verschlungen, doch konnte man ein G und ein M erkennen. Es war keine kunstvolle Arbeit; zum Zeitvertreib hatte jemand, der mit seinen Gedanken woanders war, der nicht wußte, was er tat, sein Federmesser benutzt, das er unnötigerweise in der Hand hielt.

1943

Prolegomena zur Astronomie

Von der interplanetarischen Symmetrie

This is very disgusting.
Donald Duck

Kaum war ich auf dem Planeten Pharos gelandet, führten mich die Pharenser umher, um mir das physische, phytogeographische, zoogeographische, politökonomische und nächtliche Ambiente ihrer Hauptstadt zu zeigen, die sie 956 nannten.

Die Pharenser sind Wesen, die wir bei uns als *Insekten* bezeichnen würden; sie haben sehr lange Spinnenbeine (man stelle sich eine grüne Spinne vor mit borstigen Haaren und glänzenden Höckern, aus denen ein flötenähnlicher, anhaltender Ton kommt, der, musikalisch moduliert, ihre Sprache bildet); von ihren Augen, ihrer Art sich zu kleiden, ihren politischen Systemen und ihrem erotischen Verhalten werde ich ein andermal sprechen. Ich glaube, daß sie mich mochten; mit universalen Gebärden gab ich ihnen zu verstehen, daß ich den Wunsch hatte, ihre Geschichte und ihre Sitten und Gebräuche kennenzulernen; man brachte mir ganz offensichtlich Sympathie entgegen.

Ich hielt mich drei Wochen in 956 auf; lange genug, um feststellen zu können, daß die Pharenser kultiviert waren, Sonnenuntergänge und knifflige geistvolle Fragestellungen liebten. Aber ich wollte auch ihre Religion kennenlernen, und deshalb bat ich mit den wenigen mir zur Verfügung stehenden Vokabeln, die ich mittels einer flink verfertigten Knochenpfeife artikulierte, um Auskunft. Sie erklärten mir, daß sie sich zum Monotheismus bekannten; das Priesteramt habe sein Prestige noch nicht völlig verloren, und das Sittengesetz gebiete ihnen ein Minimum an Anständigkeit. Zur Zeit schienen sie nur ein Problem zu haben: Illi. Ich erfuhr, daß Illi ein Pharenser war, der den Glauben in den Gefäßsystemen (»Herzen« wäre morphologisch nicht exakt) zu läutern versuche, und daß er auf dem besten Wege war, das zu erreichen.

Man nahm mich mit zu einem Bankett, das die Honoratioren von 956 für Illi veranstalteten. Ich sah den Häresiarchen auf der Spitze der Pyramide (Tisch, in Pharos) essen und predigen. Man lauschte ihm andächtig, schien ihn anzubeten, und er hörte nicht auf zu reden.

Ich konnte nur wenige Worte verstehen, doch die genügten, um mir von Illi eine hohe Meinung zu bilden. Plötzlich meinte ich einen Anachronismus zu erleben, ich fühlte mich in die irdischen Epochen zurückversetzt, als die großen Religionen entstanden. Ich erinnerte mich an den Rabbi Jesus. Auch der Rabbi Jesus hatte geredet, gegessen und geredet, während man ihm andächtig zuhörte und ihn anzubeten schien.

Ich mußte denken: ›Und wenn dieser hier auch Jesus wäre? Sie ist nicht neu, die Hypothese, daß der Sohn Gottes sehr wohl auf den Planeten umherwandeln könnte, um alle Bewohner des Universums zu bekehren. Warum auch sollte er sich ausschließlich der Erde widmen? Wir befinden uns nicht mehr in der geozentrischen Ära; gestehen wir ihm also das Recht zu, seine schwere Aufgabe allüberall zu erfüllen.‹

Illi fuhr fort, seine Tischgenossen zu belehren. Mehr und mehr verstärkte sich meine Vermutung, daß dieser Pharenser Jesus war. ›Was für eine ungeheure Aufgabe‹, dachte ich. ›Und monoton noch dazu. Es wäre interessant zu erfahren, ob die Wesen überall gleich reagieren. Würde man ihn auch auf dem Mars, auf Jupiter, auf Pluto kreuzigen …?‹

Als ein Mensch vom Planeten Erde spürte ich, wie, zurückblickend, Scham in mir aufstieg. Der Kalvarienberg stigmatisierte uns Erdenbewohner, aber dieses Stigma definierte uns auch. Wir waren wahrscheinlich die einzigen, die zu einer solchen Schandtat fähig waren. Gottes Sohn an ein Holz nageln …!

Völlig verblüfft sah ich, wie die Pharenser die Beweise ihrer Liebe verstärkten; knieend (ich werde nicht versuchen, den Anblick, den sie boten, zu beschreiben) beteten sie den Meister an. Plötzlich schien Illi alle seine Beine gleichzeitig zu heben (und die Pharenser haben derer siebzehn). Er krümmte sich in der Luft und fiel plötzlich wieder auf die Spitze der Pyramide (den Tisch). Augenblicks wurde er schwarz und stumm. Auf meine Frage sagte man mir, daß er tot sei. Offenbar hatte man ihm Gift ins Essen getan.

1943

Die Sternputzer

Bibliographischer Vermerk: Dies entstand, als ich an einem Haushaltswarengeschäft vorüberging und eine Schachtel sah, die einen geheimnisvollen Gegenstand enthielt mit der Bezeichnung: STAR WASHERS.

Es wurde eine Gesellschaft mit dem Namen DIE STERNPUTZER gegründet.

Man brauchte nur die Nummer 50-4765 anzurufen, und unverzüglich erschienen die Putzkolonnen, mit allen notwendigen Gerätschaften ausgerüstet, genauestens instruiert und voller Arbeitseifer; wenigstens waren dies die Worte, mit denen die Gesellschaft warb.

Auf diese Weise erlangten die Sterne am Himmel schon bald den Glanz zurück, den die Zeit, die historischen Studien und die Abgase der Flugzeuge getrübt hatten. Es wurde möglich, eine genauere Klassifizierung nach ihrer Magnitudo vorzunehmen, und dabei stellte man freudig überrascht fest, daß alle dem Reinigungsprozeß unterzogenen Sterne der ersten bis dritten Größe angehörten. Jene, die man vorher für unbedeutend gehalten hatte – wer kümmert sich schon um Sterne, die Hunderte von Lichtjahren entfernt zu sein scheinen? –, besaßen in Wirklichkeit ein gedämmtes Licht, das nur darauf wartete, seine rechtmäßige Leuchtkraft wiederzuerlangen.*

Es war gewiß keine leichte Aufgabe. Vor allem in der ersten Zeit läutete ständig das Telefon, und die Direktoren des Unternehmens wußten nicht, wie die Zahl der Kolonnen vergrößern, und sie zeichneten ihnen komplizierte Routen vor, die vom Alpha eines bestimmten Sternbildes bis zu seinem Kappa führten,

* Im November 1942 verkündete Professor Bernardo H. Dawson (vom Observatorium der Universität in La Plata) lautstark, eine »Nova« entdeckt zu haben, und zwar um 8h. 9½ Rektaszension und um 35°12' südlicher Deklination, »den hellsten Stern in der Region zwischen Sirius, Kanopus und dem Horizont« (LA PRENSA, 10. November, S. 10). Einfältige Geschöpfe! In Wirklichkeit handelte es sich um den ersten – natürlich geheimen – Versuch der Gesellschaft.

so daß eine beträchtliche Anzahl von Sternen, die eine Gruppe bilden, gleichzeitig geputzt werden konnte. Erstrahlte ein Sternbild nachts in neuem Glanze, setzte ein Sturm auf das Telefon ein, denn Myriaden neiderfüllter Sterne waren zu allem bereit, um denen zu gleichen, welche die Gesellschaft schon geputzt hatte. Man mußte verschiedene Listen anwenden, wie zum Beispiel die bereits polierten Sterne mit einer durchsichtigen Folie überziehen, die eine gewisse Zeite brauchte, um sich wieder abzulösen, so daß sich erst dann der strahlende Glanz zeigte; oder die Zeit dichter Bewölkung nutzen, wenn die Gestirne den Kontakt zur Erde verloren und sich außerstande sahen, die Gesellschaft mit der Bitte um Reinigung anzurufen. Das Direktorium kaufte jede ingeniöse Idee, die geeignet war, den Service zu verbessern und keine Neidgefühle zwischen Sternbildern und Nebelflecken aufkommen zu lassen. Diese letzteren, denen man nur mit kräftigem Bürsten und Schrubben beikommen konnte sowie mit einem Dampfbad, das sie von allen Ablagerungen befreit, drehten sich melancholisch um ihre Achse, eifersüchtig auf die Sterne, die schon zu ihrer schlanken Gestalt gekommen waren. Das Direktorium der Gesellschaft beruhigte sie jedoch mit Hochglanzprospekten, wo zu lesen war: »Das Bürsten der Nebelflecke erlaubt diesen, den Augen des Universums die ewige Grazie einer sich fortwährend verändernden Linie zu bieten, wie Dichter und Maler sie sich erträumen. Alles bereits Definierte bedeutet den Verzicht auf die Vielfalt der Formen, in denen der göttliche Wille sich gefällt.« Die Sterne aber verstimmte dieser Prospekt, und die Gesellschaft konnte nicht umhin, ihnen zum Ausgleich ein hundertjähriges Abonnement anzubieten, das mehrere Gratisreinigungen enthielt.

Die astronomische Forschung geriet in eine so tiefe Krise, daß das prekäre und provisorische Gerüst der Wissenschaft mit Getöse in sich zusammenbrach. Riesige Bibliotheken wurden ins Feuer geworfen, und eine Zeitlang konnten die Menschen in Ruhe schlafen, ohne einen Mangel an Brennmaterial befürchten zu müssen, der in jener Erdepoche bereits alarmierend war. Die Namen Kopernikus, Martín Gil, Galilei, Gaviola und James Jeans wurden in den Pantheons und Akademien gelöscht; an ihrer Statt prangten dort nun in großen, ehernen Lettern die Namen der Gründer der Gesellschaft. Auch die Poesie erlitt einen empfindlichen Verlust; Hymnen an die Sonne, jetzt in Verruf geraten, wurden unter Gespött aus den Anthologien verbannt; Gedichte, die Beteigeuze, Kassiopeia und Alpha des Zentaur besangen, fielen dem dumpfen Vergessen anheim. Eine bedeutende Literatur, die vom Mond, verschwand, wie von gigantischen Besen hinweggefegt, im Nichts; wer erinnerte sich seither noch an Laforgue, Jules Verne, Hokusai, Lugones und Beethoven? Der Mann im Mond legte sein Reisigbündel ab und setzte sich, um lange über das Meer der Launenhaftigkeit zu weinen.

Unglücklicherweise hatte man die Folgen solch großer siderischer Veränderungen in der Zentrale der Gesellschaft nicht vorausgesehen. (Oder hatte das Direktorium, von Profitgier getrieben, von der schrecklichen Zukunft, welche das Universum erwartete, nichts wissen wollen?) Der vom Unternehmen vorgesehene Arbeitsplan umfaßte drei Phasen, denen man sich nacheinander widmete. In der ersten Phase galt es, den spontanen telefonischen Anfragen nachzukommen. In der zweiten, die Gefallsucht der Sterne durch verstärkte Werbung wirksam zu fördern. In der dritten Phase, alle desinteressierten oder bescheidenen Sterne zu putzen, ob sie das nun wollten oder nicht. Letzteres, mit Protestgeschrei aufgenommen, wiewohl auch Stimmen der Ermutigung zu hören waren, wurde von der Gesellschaft, die darauf bedacht war, jedem Stern die Wohltaten der Organisation zukommen zu lassen, unerbittlich durchgeführt. Eine bestimmte Zeit lang schickte man die Kolonnen zusammen mit Stoßtrupps und Belagerungsmaschinen in jene störrischen Gegenden des Himmels. Ein Sternbild nach dem anderen erlangte seinen Glanz zurück; das Telefon der Gesellschaft verstummte, doch die Kolonnen, von blindem Eifer getrieben, setzten ihre Arbeit unermüdlich fort. Bis nur noch ein Stern zu putzen übrigblieb.

Bevor es den letzten Befehl erteilte, stieg das Direktorium vollzählig auf die Dachterrasse seines *skyscrapers* – eine höchst passende Bezeichnung – und betrachtete sein Werk voller Stolz. Alle Menschen der Erde waren in diesem feierlichen Augenblick tief bewegt. Wahrlich, nie hatte man einen solchen Himmel gesehen. Jeder Stern war eine Sonne von unbeschreiblicher Leuchtkraft. Es wurde nicht mehr wie früher gefragt: »Ist dieser Stern deiner Meinung nach orange, rötlich oder gelb?« Jetzt zeigten sich die Farben in ihrer ganzen Reinheit, die Doppelsterne ließen ihre Strahlen in einzigartigem Farbton aufleuchten, und der Mond wie auch die Sonne, in der Menge der Sterne verloren, wurden unsichtbar, aus dem Feld geschlagen, besiegt von der triumphalen Leistung der Sternputzer.

Und es blieb nur noch ein Stern zu putzen. Es war Nausikaa, ein Stern, den nur ganz wenige Gelehrte kannten, und der dort oben in seiner trügerischen zwanzigsten Größe ganz verloren war. Wenn die Putzkolonne ihr Werk beendete, wäre der Himmel völlig rein. Die Gesellschaft hätte gesiegt. Sie könnte hinabsteigen in die Grenzen der Zeit, ihres ewigen Ruhms gewiß.

Der Befehl wurde erteilt. Durch ihre Teleskope betrachteten die Direktoren und die Völker mit Bangen den fast unsichtbaren Stern. Nur ein Augenblick, und auch er würde in die Lichtsymphonie seiner Gefährten mit einstimmen. Und der Himmel wäre vollkommen, für immer.

Ein schreckliches Kreischen, wie Glas, das ein Auge schrammt, erhob sich plötzlich in der Luft und breitete sich aus wie eine jähe schreckliche Yggdrasil. Alle Direktoren der Gesellschaft lagen am Boden, preßten ihre Hände auf die Augenlider, und in der ganzen Welt wälzten sich die Menschen auf der Erde, drängten in die Keller, ins Dunkel, mit Fingernägeln und Klingen stachen sie sich gegenseitig die Augen aus, um nicht sehen zu müssen, nur nicht sehen zu müssen, nur ja nicht sehen zu müssen...

Die Arbeit war beendet, der Stern war rein. Aber sein Licht, das zu dem der anderen, von der Gesellschaft geputzten Sterne hinzukam, übertraf jetzt die Macht des Dunkels.

Die Nacht war jäh abgeschafft. Alles wurde weiß, der Weltraum, die Leere, der Himmel, weiß wie ein Bett, das seine Laken vorzeigt, und es gab nur noch ein totales Weiß, Summe aller reinen Sterne...

Bevor er starb, gelang es einem der Direktoren der Gesellschaft, ein wenig die Finger zu spreizen und hindurchzublinzeln: er sah den völlig weißen Himmel, und die Sterne, alle Sterne, bildeten schwarze Punkte. Es gab Sternbilder und Nebelflecke. Die Sternbilder bestanden aus schwarzen Punkten und die Nebelflecke aus Gewitterwolken. Und der Himmel, der Himmel war gleißend weiß.

1942

Kurzer Lehrgang in Ozeanographie

On peut dire alors que, sur la Lune, il fait *clair de Terre.*

Dictionnaire encyclopédique Quillet, *art. »Lune«.*

Betrachtet man aufmerksam eine Karte der Luna, wird man feststellen, daß ihre »Meere« und »Flüsse« untereinander keinerlei Verbindung haben; sie sind im Gegenteil äußerst reserviert und bewahren, in sich versunken, die Erinnerung an einstige Wasser. Daher lehren die Lehrer ihre Schüler, die ihnen mit offenem Mund zuhören, daß es auf der Luna einmal separierte Becken gegeben hat, und bestimmt kein System kommunizierender Röhren.

Dies ist der Tatsache zuzuschreiben, daß man die uns abgewandte Seite des Satelliten offiziell nicht kennt. Nur ich, o liebreiche Selene, kenne deinen süßen Rücken. Dort, in dieser Gegend, die der Dummkopf von Endymion zu seinem Entzücken hätte erobern können, vereinigten die Flüsse und Meere ehemals ihre Wasser in einem riesigen, breiten Strom, einem Ästuar, das heute entsetzlich trocken und ausgemergelt ist und das die rauhe Mähne der Sonne peitscht und spornt, allerdings völlig vergebens.

Befürchte nichts, Astarte. Deine Tragödie wird erzählt werden, dein Schmerz und deine Sehnsucht; aber ich werde sie in schöne Worte kleiden, denn hier, auf diesem Planeten, von dem du abhängig bist, zählt die Form mehr als die Ethik.* Laß mich erzählen, wie in alten Zeiten dein Herz eine unerschöpfliche Quelle war, wo die Flüsse mit üppigen Hüften entsprangen, Berge verschlingend, verzagte Alpinisten, immer abwärts fließend, bis sie nach kecken Evolutionen sich alle vereinigten in dem großen Strom deines Rückens, der sie dem OKEANOS zuführte. Dem vielgestaltigen Weltmeer, strotzend von Häuptern und Brüsten!**

Der Strom von großer Breite führte Wasser, das seine jugend-

* Dem Herrn sei Dank.

** Hommage à Hesiod.

lichen Spiele schon vergessen hatte. Luna war jungfräulich, und der Fluß flocht ihr einen Zopf, der ihr in die delikate Mulde zwischen ihren Schulterblättern herabfiel, ihr mit kühler Hand die Gegend brannte, wo die Nieren wie junge Rennpferde unter den Sporen erbeben. So glitt der Zopf unablässig hinab, umgeben von mineralischen Landschaften, begleitet von tiefem Behagen, Resümee schon großer Hydrographien.

Hätten wir ihn damals sehen können, hätten wir uns damals nicht zwischen dem Farn und dem Flugsaurier befunden, diesen ersten Stadien zu einem besseren Zustand hin, welch Wunderwerk aus Silber und Schaum wäre an unseren Augen vorübergeglitten! Gewiß, der Hauptstrom, der Große, floß auf der Seite, die der Erde abgewandt ist. Aber was sagen von den Meeren zwischen den Bergen, den kolossalen Talkesseln, einst angefüllt mit ihrer flüssigen Substanz? Und was sagen vom Widerschein der Wellen, der eigenen Architektur applaudierend? Erstaunliches Meer! Nach tausend Burgen und ephemeren Tafeltüchern, nach Regatten und Hochzeitstorten und großen Flottenmanövern vor den auf ihren Pfründen beharrenden Felsen nahm der lärmende Zug in geschlossenen Reihen seinen Weg zum großen Ästuar der anderen Seite.

Laß mich, harmonische Selene, dies zu den Menschen sagen: Jene Wasser waren bevölkert von einem himmlischen Geschlecht von spindelförmiger Gestalt, sanft im Umgang und mit stets überströmendem Herzen. Kennst du die Delphine, lieber Leser? Ja, du hast sie von der Reling eines Ozeandampfers, von einem Parkettplatz im Kino aus gesehen, oder du bist ihnen in den Geschichten von Seefahrern begegnet. Aber ich frage dich, ob du sie näher kennst, ob du einmal die melancholische Kristallkugel nach ihrem dem Anschein nach so freudigen Leben hast befragen können.* Ich frage dich, ob du, mit den simplen Erklärungen der Zoologiebücher nicht zufrieden, jemals einem Delphin direkt in die Augen gesehen hast...

In den Wassern des großen Stromes schwammen die Lunabewohner hinab, Wesen, die noch kaum wahrgenommen wurden, die noch ohne jeden Vergleich und noch ohne Namen waren,

* »Die Delphine vollführen Sprünge, die auf ihre große Spielfreude schließen läßt...« (Jonathan Thorpe, *Foam and Ashes*). »Die Delphine, traurig wie ein an einen Spiegel gedrückter Mund...« (Francis de Mesnil, *Monotonies*).

Schwimmer und Lotosesser. Im Unterschied zu den Delphinen sprangen sie nicht hoch aus der Flut; ihre trägen Rücken tauchten mit der Ruhe der Wellen auf, ihre glasklaren Pupillen betrachteten in stetem Entzücken die Kette rauchender Vulkane am Ufer, die Gletscher, deren Nähe eine plötzliche Kälte im Wasser ankündigte, einer schleimigen Hand gleich, die ihnen heimlich unter den Bauch greift. Und dann flohen sie die Gletscher und suchten das laue Wasser auf, das der Strom in seinen tiefen Schichten von lebhaftem Blau bewahrte.

Und hier nun das Traurigste, das Grausamste, wovon zu berichten ist. Der Hauptstrom, sich untreu werdend, verließ eines Tages sein Bett, schuf sich auf der sanften lunaren Wölbung eine feuchte Tangente der Revolte, und auf die dichte Luft gestützt, zog er dahin in Richtung Weltraum und Freiheit ... Wie das berichten, ohne in den Wirbelknochen die Schärfe eines dissonanten Akkords zu spüren?* Auf den Flügeln des Windes entfernte sich der Strom, zog eine Bahn entschiedenen Aufruhrs, die Wasser Lunas mit sich führend, die schmerzlich überrascht war, plötzlich nackt und aller Liebkosung beraubt zu sein.

Arme Lunabewohner, arme gleichmütige und liebenswerte Lunabewohner! Untergetaucht in den Fluten wußten sie nichts von ihrem siderischen Kurs; nur einer, alleingelassen, weil er zurückgeblieben war, plötzlich fern den anderen und mitten im trockenen Bett des großen Stroms, konnte deren ungewisses Schicksal beklagen. Lange sah er zu, wie sich der Strom im Weltraum entfernte. Er wagte nicht, den Blick von ihm abzuwenden, denn der Strom wurde zusehends kleiner und ähnelte nur mehr einer Träne am Himmel. Dann drehte sich die Zeit um ihre Achse, und langsam nahte der Tod und legte sanft seine Hand auf die gewölbte Stirn des Verlassenen. Und von diesem Augenblick an war Luna so, wie die Lehrbücher sie zeigen.

Die neidische Erde – o Selene, ich werde es sagen, auch wenn du aus Furcht vor einer härteren Strafe dagegen bist –, sie war die Schuldige. Indem dieser verdorbene Planet Unmengen seiner Reserven an Anziehungskraft auf dem Gipfel des Kilimandscharo konzentrierte, hatte er Luna ihren vielförmigen Zopf losgerissen. Jetzt, mit weit geöffnetem Maul** und durstiger Miene erwartete er begierig die Ankunft des großen Stroms, um sich mit ihm zu

* Hommage à Lautreamont.

** Der treuherzige Magellan nannte es den Stillen Ozean.

schmücken und unter dem flüssigen Kosmetikum die Häßlichkeit zu verbergen, die wir nur zu gut kennen.

Was soll ich noch sagen? Traurig, traurig war es, der Ankunft dieser Wasser beizuwohnen, die schwer auf dem Boden aufklatschten und sich dann wie Spucke ausbreiteten, schmutzig vom primitiven Abschaum, und in die Klüfte drangen, aus denen mit fürchterlichem Knall die Luft entwich ... O Astarte, es wird besser sein, nun zu schweigen; es wird besser sein, sich mit den Ellbogen auf die Reling eines Schiffes zu stützen, wenn die Nacht dir gehört, und den Delphinen zuzusehen, die wie quirlige Luftikusse aus dem Wasser schnellen und wieder in die Fluten eintauchen, immer wieder in die Luft springen und in ihr Gefängnis zurückkehren. Und zu sehen, traurige Astarte, wie die Delphine auf der Suche nach dir aus dem Wasser springen, dich rufen; wie sehr sie den Lunabewohnern ähneln, dem himmlischen, spindelförmigen Geschlecht, sanft im Umgang und mit stets übervollem Herzen. Übervoll jetzt von schmutziger Dünung und fast ganz des Lichts deines Bildes beraubt, das in der Tiefe ihrer Nacht als winzige Perle für jeden von ihnen glänzt.

1942

BESTIARIUM

1951

Bestiario

Deutsch von Rudolf Wittkopf

Das besetzte Haus

Wir mochten das Haus, es war nicht nur geräumig und alt (heute, wo immer mehr alte Häuser wegen des guten Preises, den man für ihre Baumaterialien erzielt, abgerissen werden), es barg auch Erinnerungen an unsere Urgroßeltern, an den Großvater väterlicherseits, an unsere Eltern und an die ganze Kindheit.

Irene und ich hatten uns daran gewöhnt, es allein zu bewohnen, was eine Torheit war, denn in diesem Haus hätten gut acht Personen wohnen können, ohne einander im Wege zu sein. Morgens machten wir sauber, schon um sieben standen wir auf, und so gegen elf überließ ich es Irene, die letzten Zimmer durchzuwischen, und ging in die Küche. Immer pünktlich um zwölf Uhr aßen wir zu Mittag; es blieb dann nichts mehr zu tun, außer ein paar Teller zu spülen. Mit Befriedigung dachten wir beim Mittagessen an das große stille Haus und daß wir es ganz allein sauber halten konnten. Manchmal meinten wir, daß wir des Hauses wegen nicht geheiratet haben. Irene hat ohne besonderen Grund zwei Bewerber abgewiesen, und mir starb María Esther, noch ehe es zur Verlobung gekommen war. Wir traten ins vierzigste Lebensjahr mit dem unausgesprochenen Gedanken, daß die bescheidene und stille Geschwisterehe, die wir führten, der notwendige Abschluß der von unseren Ahnen in diesem Haus gegründeten Geschlechterfolge wäre.

Eines Tages würden wir hier sterben, entfernte Verwandte würden das Haus erben und es abreißen lassen, um sich an dem Grundstück und den Backsteinen zu bereichern; da wäre es besser, der Gerechtigkeit wegen, wir selbst rissen es ab, bevor es zu spät wäre.

Irene war ein Mädchen, das die Gabe hatte, nie jemanden zu stören. Abgesehen von ihrer morgendlichen Geschäftigkeit verbrachte sie den Rest des Tages strickend auf dem Sofa ihres Schlafzimmers. Ich weiß nicht, warum sie so viel strickte; ich glaube, die Frauen stricken, weil ihnen diese Arbeit einen grandiosen Vorwand zum Nichtstun liefert. Nicht so Irene, sie strickte immer nützliche Sachen, Leibwäsche für den Winter, Socken für mich, Bettjäckchen und Westen für sich. Manchmal strickte sie eine Weste und dann räufelte sie sie im Nu wieder auf, weil ihr etwas daran nicht gefiel; es war lustig, im Körbchen den Berg krauser Wolle zu sehen, die sich wehrte, ihre Form von wenigen Stunden zu verlieren. Samstags ging ich in die Stadt, um für Irene die Wolle zu kaufen; sie vertraute meinem Geschmack, fand Gefallen an den Farben und nie mußte ich Stränge zurückbringen. Ich benutzte diese Stadtgänge, um mich in den Buchhandlungen umzusehen und nach Neuerscheinungen französischer Literatur zu fragen. Vergebens, seit 1939 kam nichts nach Argentinien, das lesenswert gewesen wäre.

Doch von dem Haus will ich erzählen, von dem Haus und von Irene, ich bin nicht wichtig. Ich frage mich, was Irene wohl ohne das Stricken getan hätte. Ein Buch kann man wiederlesen, aber wenn ein Pullover fertig ist, kann man ihn nicht nochmal strikken; das wäre Unfug. Eines Tages fand ich die untere Schublade der Kommode aus Kampferholz bis oben angefüllt mit weißen, grünen und lila Schals. Sie waren eingemottet und gestapelt wie in einem Kurzwarengeschäft; es fehlte mir der Mut, Irene zu fragen, was sie damit tun wolle. Wir hatten es nicht nötig, uns den Lebensunterhalt zu verdienen, jeden Monat kam Geld von den Gütern ein und sammelte sich an. Für Irene war das Stricken nur Zeitvertreib, sie besaß eine erstaunliche Fingerfertigkeit, und mir verflogen die Stunden, wenn ich ihren Händen zuschaute, die wie silbrige Igel waren, dem Hin und Her der Nadeln und wie die Wollknäuel in einem oder zwei Körbchen auf dem Boden zappelten. Das war hübsch.

Wie mich nicht an die Einteilung des Hauses erinnern: Das Eßzimmer, ein Salon mit Gobelins, die Bibliothek und drei große Schlafzimmer lagen in dem hinteren Teil, der auf die Rodriguez-Peña geht. Nur ein Korridor mit seiner Tür aus massiver Eiche trennte diesen Teil von dem Vorderflügel, wo ein Badezimmer, die Küche, unsere Schlafzimmer und das große Wohnzimmer waren, von dem man in die Schlafzimmer und auf den Korridor gelangte. Man kam ins Haus durch eine gekachelte Vorhalle und die Gittertür führte direkt ins Wohnzimmer. Trat man also durch die Vorhalle ein und öffnete die Gittertür, stand man gleich im Wohnzimmer; zu beiden Seiten waren die Türen zu unseren Schlafzimmern und gegenüber lag der Korridor, der zum hinteren Teil führte; ging man den Korridor entlang, stieß man auf die Eichentür, und dahinter begann der andere Teil des Hauses; aber man konnte auch unmittelbar vor der Tür links abbiegen und einen engeren Gang entlanggehen, der zur Küche und zum Bad führte. Stand die Tür offen, konnte man sehen, wie groß das Haus war; wenn nicht, machte es den Eindruck eines Appartements, wie sie jetzt häufig gebaut werden und in denen man sich kaum bewegen kann; Irene und ich wohnten immer in diesem Teil des Hauses, fast nie gingen wir durch die Eichentür, außer um im hinteren Teil zu putzen; es ist ja unglaublich, wieviel Staub sich auf den Möbeln ansammelt. Buenos Aires mag eine saubere Stadt sein, doch das nur dank ihrer Einwohner und nicht ihres Namens wegen. Zuviel Schmutz in der »guten Luft«, und kaum weht ein Lüftchen, schon legt sich der Staub auf den Marmor der Konsolen und zwischen die Kreuzstickereien der Tischdecken und man hat ihn an den Fingerkuppen; es macht viel Arbeit, ihn mit dem Staubwedel wegzukriegen, er fliegt auf, bleibt eine Weile in der Luft und legt sich dann von neuem auf Möbel und Klaviere.

Ich werde mich immer deutlich daran erinnern, denn es ging ganz einfach und ohne viel Umstände vonstatten. Irene strickte in ihrem Schlafzimmer, es war acht Uhr abends und mir fiel plötzlich ein, das Mate-Teekesselchen aufs Feuer zu stellen. Ich ging den Korridor entlang bis zur angelehnten Eichentür, bog in den schmalen Gang ein, der zur Küche führt, als ich etwas im Eßzimmer oder in der Bibliothek hörte. Es klang dumpf und unbestimmt, wie ein Stuhl, der auf den Teppich fällt, oder wie Gemunkel. Gleichzeitig oder eine Sekunde später hörte ich es auch hinten im Korridor, der von den Zimmern dort bis zur Eichentür führt. Ich stürzte zur Tür, bevor es zu spät wäre, warf mich mit dem ganzen Körper gegen sie und schlug sie zu; zum Glück steckte der Schlüssel auf unserer Seite, und zur Sicherheit schob ich noch den Riegel vor.

Ich ging in die Küche, setzte das Kesselchen auf, und als ich mit dem Teetablett wiederkam, sagte ich zu Irene:

»Ich mußte die Korridortür zuschließen. Sie haben den hinteren Teil besetzt.«

Sie ließ das Strickzeug fallen und sah mich mit ihren ernsten und müden Augen an.

»Bist du sicher?«

Ich nickte.

»Dann«, sagte sie, indem sie ihre Stricknadeln wieder aufhob, »müssen wir eben auf dieser Seite bleiben.«

Mit großer Sorgfalt bereitete ich den Mate, sie brauchte eine Weile, bis sie ihre Handarbeit wieder aufnahm. Ich erinnere mich, daß sie an einer grauen Weste strickte; ich mochte diese Weste.

Die ersten Tage fanden wir es betrüblich, denn beide hatten wir in dem besetzten Teil viele Dinge gelassen, die uns lieb waren. Meine Bücher französischer Literatur, zum Beispiel, waren alle in der Bibliothek. Irene vermißte einige Tischdecken und ein Paar Pantoffeln, die im Winter so schön wärmten. Mir tat es um meine aus Wacholder geschnitzte Pfeife leid, und ich glaube, daß Irene an eine jahrealte Flasche »Hesperidina« dachte. Oft (doch dies nur in den ersten Tagen) schlossen wir irgendeine Kommodenschublade und sahen uns traurig an.

»Ist nicht hier.«

Wieder eine Sache, die wir auf der anderen Seite des Hauses eingebüßt hatten.

Doch es gab auch Vorteile. Das Saubermachen wurde soviel einfacher, daß wir, auch wenn wir sehr spät aufstanden, um halb zehn, zum Beispiel, um elf Uhr schon mit verschränkten Armen dasaßen. Irene machte es sich zur Gewohnheit, mit mir zusammen in die Küche zu gehen und mir bei den Vorbereitungen für das Mittagessen zu helfen. Nach reiflicher Überlegung wurde folgendes beschlossen: während ich das Mittagessen zubereitete, sollte Irene etwas kochen, das man am Abend kalt essen würde. Wir waren über diese Lösung glücklich, denn es war immer lästig, bei Dunkelwerden die Schlafzimmer verlassen zu müssen und noch mit dem Kochen anzufangen. Jetzt genügten uns der Tisch in Irenes Schlafzimmer und kalte Platten.

Irene war froh, denn so blieb ihr mehr Zeit zum Stricken. Ich kam mir wegen der Bücher etwas verloren vor, doch um meine Schwester nicht zu betrüben, begann ich Papas Briefmarkensammlung durchzusehen, so konnte ich mir die Zeit vertreiben. Jedem machte seine Beschäftigung viel Vergnügen, und fast immer saßen wir zusammen in Irenes Schlafzimmer; dort war es gemütlicher. Manchmal sagte Irene:

»Schau mal dieses Muster, das mir eingefallen ist. Sieht es nicht aus wie ein Kleeblatt?«

Eine Weile später war ich es, der ihr ein kleines viereckiges Papierchen vor die Augen hielt, damit sie sich die Schönheit irgendeiner Marke von Eupen und Malmédy betrachte. Wir fühlten uns wohl und hörten langsam auf zu denken. Man kann leben, ohne zu denken.

(Wenn Irene im Traum sprach, wachte ich sofort auf. Nie konnte ich mich an diese Statuen- oder Papageienstimme gewöhnen, eine Stimme, die aus den Träumen und nicht aus der Kehle kam. Irene sagte, wenn ich träume, würfe ich mich so wild herum, daß manchmal die Bettdecke herunterfiele. Zwischen unseren Schlafzimmern lag das Wohnzimmer, doch nachts vernahm man im Haus das kleinste Geräusch. Wir hörten uns atmen, husten, ahnten des andern Tasten nach dem Schlüssel des Nachttisches, einer des anderen häufige Schlaflosigkeit.

Davon abgesehen, war alles still im Haus. Tagsüber gab es die häuslichen Geräusche, das zarte Klappern der Stricknadeln, das Rascheln, wenn ich die Seiten des Briefmarkenalbums umblätterte. Die Eichentür, ich sagte es glaube ich schon, war massiv. In der Küche und im Bad, die an den besetzten Teil des Hauses grenzten, begannen wir lauter zu sprechen, oder Irene sang Wiegenlieder. In der Küche gibt es zu viele Topf- und Geschirrgeräusche, als daß dort andere zu hören waren. Ganz selten gestatteten wir uns, dort zu schweigen, aber wenn wir ins Wohnzimmer oder in die Schlafzimmer zurückkehrten, war im Haus wieder Stille, gedämpftes Licht, auch traten wir leiser auf, um uns gegenseitig nicht zu stören. Daher kam es wohl, daß ich nachts sofort aufwachte, wenn Irene im Traum zu sprechen anfing.)

Es hieße fast, dasselbe nochmal erzählen, wären die Folgen nicht andere gewesen. Spät abends hatte ich Durst, und bevor ich zu Bett ging, sagte ich zu Irene, daß ich in die Küche gehen wolle, um mir ein Glas Wasser zu holen. Von der Schlafzimmertür aus (Irene strickte) hörte ich ein Geräusch in der Küche; wahrscheinlich in der Küche, aber vielleicht auch im Badezimmer, denn die Biegung des Korridors dämpfte das Geräusch. Irene war durch mein plötzliches Stehenbleiben aufmerksam geworden und kam zu mir, ohne ein Wort zu sagen. Wir lauschten und hörten deutlich, daß die Geräusche von dieser Seite der Eichentür kamen, aus der Küche, aus dem Badezimmer oder gar aus dem Korridor, dort wo er abbog.

Wir sahen uns nicht einmal an. Ich packte Irene am Arm und wir liefen, ohne uns umzusehen, zur Gittertür. Die Geräusche in unserem Rücken wurden lauter, blieben jedoch undefinierbar. Ich schlug die Gittertür hinter uns zu und wir standen in der Vorhalle. Jetzt hörte man nichts mehr.

»Sie haben diesen Teil besetzt«, sagte Irene. Das Strickzeug hing ihr in den Händen und die Wollfäden gingen bis zur Gittertür, unter der sie sich verloren. Als sie bemerkte, daß die Knäuel auf der anderen Seite geblieben waren, ließ sie das Strickzeug einfach fallen.

»Hast du Zeit gehabt, etwas mitzunehmen?« fragte ich sie unnützerweise.

»Nein, nichts.«

Uns war geblieben, was wir auf dem Leibe hatten. Ich dachte an die fünfzehntausend Pesos im Schrank meines Schlafzimmers. Jetzt war es zu spät.

Da ich meine Armbanduhr noch hatte, sah ich, daß es elf Uhr abends war. Ich legte meinen Arm um Irenes Taille (ich glaube, sie weinte), und so gingen wir auf die Straße hinaus. Bevor wir weggingen, jammerte es mich, ich schloß die Eingangstür gut zu und warf den Schlüssel in den Gully. Damit es einem armen Teufel nicht etwa einfiele zu stehlen und in das Haus einzudringen, zu dieser Stunde und wo es besetzt war.

Brief an ein Fräulein in Paris

Andrée, eigentlich habe ich Ihr Appartement in der Calle Suipacha nicht beziehen wollen. Nicht so sehr wegen der kleinen Kaninchen, eher weil es mich schmerzt, in eine in sich geschlossene Ordnung einzudringen, konstruiert bis in die feinsten Maschen der Luft, deren Zellen die Musik des Lavendels bewahren, das Flügelschlagen eines verstaubten Schwans, das Spiel der Violine oder der Viola in dem Quartett von Rará. Es ist mir peinlich, einen Raum zu betreten, wo jemand, der schön wohnt, alles nach dem Bilde seiner Seele angeordnet hat, hier die Bücher (auf der einen Seite die spanischen, auf der anderen die französischen und englischen), dort die grünen Sofakissen, genau an dieser Stelle des Tischchens der gläserne Aschenbecher, der eine halbe Seifenblase zu sein scheint, und immer ein Duft, ein Klang, ein Wachsen von Pflanzen, eine Photographie des gestorbenen Freundes, ein Ritual von Tabletts mit Tee und Zuckerzangen ... Ah, liebe Andrée, wie schwer ist es doch, auch wenn man sie bei völliger Verleugnung des eigenen Seins akzeptiert, sich der minuziösen Ordnung zu widersetzen, die eine Frau in ihrer fragilen und duftigen Wohnung herstellt. Wie sträflich, ein Metalltäßchen von seinem Platz zu nehmen und es ans andere Ende des Tisches zu stellen, es einfach dort hinzustellen, weil man seine englischen Wörterbücher geholt hat und sie auf dieser Seite des Tisches, in Reichweite liegen müssen. Dieses Täßchen von seinem Platz zu nehmen, ist wie ein unerwartetes, entsetzliches Rot mitten in einer Modulation von Ozenfant, so als wenn in dem verhaltensten Augenblick einer Symphonie von Mozart plötzlich mit ungeheurem Peitschenknall die Saiten sämtlicher Kontrabässe rissen. Dieses Täßchen von seinem Platz nehmen, verändert das Spiel der Beziehungen in der ganzen Wohnung, jedes Gegenstandes zum anderen, jedes Moments ihrer Seele zur vollen Seele der Wohnung und ihrer abwesenden Besitzerin. Und ich kann meine Finger nicht einem Buch nähern, kann nicht einmal den Lichtkegel einer Lampe verkleinern, den Deckel von der Spieldose nehmen, ohne daß mich wie ein Schwarm zeternder Spatzen das Gefühl umschwirrt, etwas Schimpfliches und Anmaßendes zu tun.

Sie wissen, warum ich in Ihre Wohnung kam, in Ihren so ruhigen und von Sonne umschmeichelten Salon. Alles scheint ganz natürlich, wie immer, wenn man die Wahrheit nicht weiß. Sie sind nach Paris gegangen, ich übernahm das Appartement in der Calle Suipacha, wir trafen ein einfaches, befriedigendes Abkommen, jedem würde gedient sein, bis der September Sie wieder nach Buenos Aires führt und es mich in eine andere Wohnung verschlägt, wo vielleicht ... Doch nicht deswegen schreibe ich Ihnen, ich schicke Ihnen diesen Brief wegen der kleinen Kaninchen, ich halte es für meine Pflicht, Sie davon zu unterrichten; und weil ich gerne Briefe schreibe, und vielleicht auch, weil es regnet.

Am vergangenen Donnerstag, um fünf Uhr nachmittags, bin ich umgezogen, halb verwirrt, halb widerwillig. Ich habe in meinem Leben so viele Koffer geschlossen, ich habe so viele Stunden damit verbracht, meine Habseligkeiten zu packen, was dann zu nichts geführt hat, daß der Donnerstag ein Tag voller Schattengebilde und Riemen war, denn wenn ich die Riemen der Koffer sehe, ist es, als sähe ich Schatten, Elemente einer Peitsche, die mich indirekt, auf die raffinierteste und schrecklichste Weise peitscht. Doch ich packte die Koffer, gab Ihrem Dienstmädchen Bescheid, daß ich kommen würde, um mich bei Ihnen einzurichten, und stieg in den Aufzug. Genau zwischen dem ersten und dem zweiten Stock fühle ich, daß ich ein kleines Kaninchen spucken würde. Nie hatte ich Ihnen das erklärt, doch glauben Sie nicht, daß es unaufrichtig von mir war, es ist nur natürlich, wenn einer den Leuten nicht groß erzählt, daß er von Zeit zu Zeit ein kleines Kaninchen spuckt. Wie immer ist es passiert, als ich allein war, und ich behielt die Sache für mich, wie man ja auch so manches von dem, was einem tagtäglich geschieht (oder was man geschehen läßt), für sich behält. Machen Sie mir keinen Vorwurf daraus, Andrée, machen Sie mir keinen Vorwurf daraus. Von Zeit zu Zeit passiert es mir eben, daß ich ein kleines Kaninchen spucke. Das ist kein Grund, um nicht irgendwo zu wohnen, auch ist es kein Grund, um sich zu schämen, sich in die Einsamkeit zurückzuziehen und zu schweigen.

Wenn ich spüre, daß ich ein kleines Kaninchen spucken werde, stecke ich mir die Finger in den Mund, wie eine geöffnete Zange, und warte, bis ich im Hals den wohligen Flaum fühle, der schäumend hochkommt wie brausendes Natron. Alles geht schnell und hygienisch vor sich, ist in kürzester Zeit geschehen. Ich nehme die Finger aus dem Mund und halte ein kleines weißes Kaninchen an den Ohren. Das kleine Kaninchen scheint zufrieden, es ist ein normales und wohlgestaltes Kaninchen, nur sehr klein, so klein wie ein Kaninchen aus Schokolade, aber weiß und ein richtiges kleines Kaninchen. Ich setze es mir auf die Hand und streichle ihm mit den Fingern das Flaumhaar, das kleine Kaninchen scheint mit seiner Geburt zufrieden, es ist quirlig und drückt sein Schnäuzchen gegen meine Haut, mit dieser lautlosen und kitzelnden Schnupperbewegung einer Kaninchenschnauze an der Haut einer Hand. Es sucht etwas zu fressen, und dann bringe ich es auf den Balkon (ich spreche von damals, als das in meiner Vorstadtwohnung geschah) und setze es in den großen Blumentopf, in dem Klee wächst, den ich zu eben dem Zweck gesät habe. Das kleine Kaninchen stellt seine Ohren ganz auf und hascht sich mit einer schnellen Drehung seiner Schnauze ein zartes Kleeblatt, dann weiß ich, daß ich es sich selbst überlassen und gehen kann, um für eine Weile ein Leben zu führen, das sich von dem so vieler Menschen, die ihre Kaninchen bei den Bauern kaufen, nicht unterscheidet.

Zwischen dem ersten und dem zweiten Stock, Andrée, gleich einer Ankündigung, wie sich mein Leben in Ihrer Wohnung gestalten werde, wußte ich, daß ich ein kleines Kaninchen spucken würde. Und sofort bekam ich es mit der Angst (oder war es Betroffenheit? Nein, Angst vor der Betroffenheit vielleicht), denn ehe ich meine Wohnung aufgab, erst zwei Tage vorher hatte ich ein kleines Kaninchen gespuckt, und für einen Monat, für fünf Wochen, mit ein bißchen Glück auch für sechs, schien ich außer Gefahr. Bedenken Sie, daß ich das Problem der kleinen Kaninchen bestens gelöst hatte. Ich säte Klee auf dem Balkon meiner früheren Wohnung, spuckte ein Kaninchen, setzte es in den Klee, und nach einem Monat, wenn ich vermutete, daß jeden Augenblick …, schenkte ich das inzwischen groß gewordene Kaninchen der Señora Molina, die an ein *hobby* glaubte und nichts sagte. In einem anderen Blumentopf sproß bereits wieder zarter und nahrhafter Klee, und gelassen wartete ich auf den Morgen, da das Kitzeln eines hochkommenden Flaumfells mir die Kehle zuschnürt, und das neue kleine Kaninchen lebte von dieser Stunde an das Leben des früheren, mit den gleichen Gewohnheiten. Die Gewohnheiten, Andrée, sind konkrete Formen des Rhythmus, sind der Teil des Rhythmus, der uns leben hilft. Es ist nicht so schrecklich, kleine Kaninchen zu spucken, hat man sich einmal an den unveränderlichen Kreislauf, an die Prozedur gewöhnt. Sie werden vielleicht wissen wollen, warum diese ganze Arbeit, warum all dieser Klee und die Señora Molina. Man hätte das kleine Kaninchen doch besser gleich töten sollen und ... Ah, müßten Sie auch nur eines spucken, es mit den Fingern nehmen und sich in die hohle Hand setzen, noch so inniglich verbunden mit Ihnen durch den Akt der Geburt, durch die unbeschreibliche Aura seiner unmittelbaren Nähe. Ein Monat Abstand macht viel aus; ein Monat bedeutet Größe, langes Fell, Sprünge, wilde Augen; ein völliger Unterschied. Andrée, ein Monat macht ein Kaninchen, macht wirklich ein Kaninchen; aber die erste Minute, wenn der wohlige und quirlige Wuschel von einer Präsenz ist, der man sich nicht entziehen kann ... Wie ein Gedicht in den ersten Minuten, die Frucht einer Nacht in Edom: so sehr eins mit uns wie wir selbst ... und später überhaupt nicht mehr wie man selbst, so entrückt und fern in seiner schlichten weißen Welt im Briefpapierformat.

Trotz allem entschloß ich mich, das kleine Kaninchen zu töten, kaum daß es geboren wäre. Ich sollte vier Monate in Ihrer Wohnung wohnen: vier – vielleicht mit etwas Glück drei – Löffel Alkohol in die Schnauze. (Wissen Sie, daß Barmherzigkeit es erlaubt, ein kleines Kaninchen sofort zu töten, indem man ihm einen Löffel Alkohol zu trinken gibt? Sein Fleisch schmeckt dann besser, sagt man, obgleich ich ... Drei oder vier Löffel Alkohol, dann das Badezimmer oder eine Schachtel und in den Abfall.)

Als ich am dritten Stock vorbeifuhr, regte sich das kleine Kaninchen in meiner offenen Hand. Oben wartete Sara, um mir zu helfen, die Koffer hineinzutragen ... Wie es ihr klarmachen, daß eine Laune, eine Tierhandlung? Ich wickelte das kleine Kaninchen in mein Taschentuch, steckte es in die Tasche meines Überziehers und ließ diesen offen, um das Tierchen nicht zu beengen. Es bewegte sich kaum. Sein kleines Bewußtsein mußte ihm wichtige Fakten entdecken: daß das Leben eine Aufwärtsbewegung ist mit einem Klick am Ende, und daß es auch ein niedriger, weißer, einhüllender und nach Lavendel riechender Himmel auf dem Grund einer behaglichen Grube ist.

Sara bemerkte nichts, es faszinierte sie zu sehr das schwierige

Problem, ihren Ordnungssinn mit meinem Kleiderkoffer, meinen Papieren zu vereinbaren, und mit meinem Mißmut angesichts ihrer ausgefeilten Erklärungen, bei denen der Ausdruck »zum Beispiel« vorwiegt. Sobald ich konnte, schloß ich mich im Bad ein; es jetzt gleich töten. Eine Aura von Wärme umgab das Taschentuch, das kleine Kaninchen war ganz weiß und vielleicht noch niedlicher als die anderen. Es sah mich nicht an, es war nur quirlig und zufrieden, was die schrecklichste Art war, mich anzusehen. Ich sperrte es in die leere Hausapotheke und ging wieder hinaus, um auszupacken, verwirrt, doch nicht unglücklich, nicht schuldbeladen, mir nicht die Hände einseifend, um eine letzte Zuckung zu entfernen.

Mir wurde klar, daß ich es nicht töten konnte. Aber in derselben Nacht spuckte ich ein schwarzes Kaninchen. Und zwei Tage später ein weißes. Und in der vierten Nacht ein graues Kaninchen.

Sie müssen ihn lieben, den schönen Kleiderschrank in Ihrem Schlafzimmer mit seiner großen, freigebig sich öffnenden Tür und den leeren Fächern, die auf meine Wäsche warten. Jetzt habe ich sie dort. Dort drinnen. Das scheint zwar unmöglich; nicht einmal Sara würde es glauben. Weil Sara nichts argwöhnt, und daß sie nichts argwöhnt, kommt daher, daß ich fürchterlich arbeite, eine Arbeit, die mir mit einem einzigen Harkenzug meine Tage und meine Nächte raubt und mich innerlich ausglüht und verhärtet, wie dieser Seestern, den Sie auf den Rand der Badewanne gelegt haben, und der einem bei jedem Bad den Körper mit Salz und peitschender Sonne und großem Rauschen der Tiefe zu füllen scheint.

Tagsüber schlafen sie. Es sind zehn. Tagsüber schlafen sie. Bei geschlossener Tür ist der Kleiderschrank für sie eine Nacht bei Tage, dort schlafen sie ihre Nacht ruhig und gehorsam. Wenn ich zur Arbeit gehe, nehme ich die Schlüssel des Schlafzimmers mit. Sara muß denken, daß ich ihrer Ehrlichkeit nicht traue, und blickt zweifelnd, jeden Morgen ist ihr anzusehen, daß sie mir etwas sagen will, doch am Ende schweigt sie und ich bin froh darüber. (Wenn sie das Schlafzimmer macht, von neun bis zehn, mache ich im Salon Lärm, lege eine Platte von Benny Carter auf, die die ganze Wohnung erfüllt, und da auch Sara gern Saetas und Pasodobles hört, scheint es im Kleiderschrank still zu sein, und vielleicht ist es das auch, denn für die kleinen Kaninchen ist es schon Nacht und Zeit zum Schlafen.)

Ihr Tag beginnt nach dem Abendessen, wenn Sara bei leisem Klingkling der Zuckerzange das Tablett hinausträgt, mir Gute Nacht wünscht – ja, sie wünscht mir Gute Nacht, Andrée, das Bitterste für mich ist, daß sie mir Gute Nacht wünscht – und sich in ihr Zimmer einschließt und ich auf einmal allein bin, allein mit dem verdammten Schrank, allein mit meiner Pflicht und meiner Traurigkeit.

Ich lasse sie heraus, lasse sie den Salon stürmen, gierig den Klee erschnuppernd, den ich in meinen Taschen verborgen hatte und der jetzt auf dem Teppich ein ephemeres, feines Spitzenmuster bildet, das sie verändern, zerrupfen und im Nu vertilgen. Sie fressen gut, verhalten sich still und korrekt, bis zu diesem Augenblick kann ich mich über sie nicht beklagen, ich betrachte sie mir nur, vom Sofa aus, unnützerweise ein Buch in der Hand – ich, der ich so gern alle Ihre Giraudoux lesen möchte, Andrée, und die Geschichte Argentiniens von López, die Sie auf dem untersten Brett stehen haben -; und sie fressen den Klee auf.

Es sind zehn. Fast alle weiß. Sie heben wohlig den Kopf, blikken zu den Lampen des Salons auf, den drei unbeweglichen Sonnen ihres Tages, sie, die das Licht lieben, weil ihre Nacht weder Mond noch Sterne noch Laternen hat. Sie betrachten ihre dreifache Sonne und sind zufrieden. Sie hoppeln auf dem Teppich herum, springen auf die Stühle, zehn leichte Farbflecken ziehen in ständig wechselnder Konstellation von einer Seite zur anderen, während ich möchte, daß sie sich ruhig verhalten, daß sie ruhig zu meinen Füßen liegen – ein wenig der Traum jedes Gottes, Andrée, der nie erfüllte Traum der Götter – und nicht so hinter das Bild von Miguel de Unamuno schleichen, um die hellgrüne Vase herum, durch die dunkle Höhlung des Schreibtischs, immer weniger als zehn, immer nur sechs oder acht, und ich mich frage, wo die zwei, die fehlen, gerade stecken mögen, und wenn Sara jetzt aus irgendeinem Grund aufstünde, und die Präsidentschaft von Rivadavia, über die ich in dem Geschichtsbuch von López lesen wollte.

Ich weiß nicht, wie ich es aushalte, Andrée. Sie erinnern sich, daß ich in Ihre Wohnung kam, um mich zu erholen. Es ist nicht meine Schuld, daß ich von Zeit zu Zeit ein kleines Kaninchen spucke, daß dieser Umzug mich auch innerlich verändert hat – es ist nicht Nominalismus, auch nicht Magie, nur können die Dinge sich so plötzlich nicht ändern, manchmal nehmen sie eine brutale Wendung, und wenn Sie die Ohrfeige rechts erwarteten ... So ist es, Andrée, oder anders, aber so ist es immer.

Ich schreibe Ihnen in der Nacht. Es ist drei Uhr Nachmittag, doch ich schreibe in der Nacht der Kaninchen. Tagsüber schlafen sie. Welche Erholung, dieses Büro, voller Geschrei, Anweisungen, Royal-Maschinen, Vizepräsidenten und Vervielfältigungsapparaten! Welche Erholung, welcher Friede, welch Greuel, Andrée! Jetzt ruft man mich an, es sind die Freunde, die sich wegen meiner abendlichen Zurückgezogenheit Sorgen machen, es ist Luis, der mich zu einem Spaziergang einlädt, oder Jorge, der eine Konzertkarte für mich hat. Ich bringe es nicht über mich, einfach nein zu sagen, erfinde lange und unnütze Geschichten von angegriffener Gesundheit, von Übersetzungen im Rückstand, Ausflüchte. Und wenn ich nach Hause komme und mit dem Aufzug nach oben fahre – dieses Stück zwischen dem ersten und dem zweiten Stock –, habe ich Abend für Abend die eitle Hoffnung, es möge nicht wahr sein.

Ich tue, was ich kann, daß sie nicht Ihre Sachen ruinieren. Sie haben die Bücher auf dem untersten Regalbrett ein bißchen angenagt, ich habe sie versteckt, damit Sara es nicht merkt. Haben Sie Ihre Lampe mit dem Porzellanbauch, bemalt mit Schmetterlingen und alten Rittern, sehr gemocht? Daß sie zerbrochen ist, fällt kaum auf, die ganze Nacht habe ich mit einem Spezialkitt gearbeitet, den man mir in einem englischen Laden verkauft hat – Sie wissen, daß die englischen Läden den besten Kitt haben –, und jetzt sitze ich neben ihr, damit keines sie noch einmal mit den Pfoten erreicht (es ist wirklich hübsch zu sehen, wie gern sie sich aufrichten, Nostalgie nach dem fernen Menschlichen, vielleicht Nachahmung ihres Gottes, der da umhergeht und sie finster anblickt; auch Sie werden schon gesehen haben – in Ihrer Kindheit vielleicht –, daß man ein kleines Kaninchen zur Strafe an die Wand stellen kann; aufrecht, mit den Vorderpfoten sich stützend, bleibt es ganz ruhig stehen, stundenlang).

Um fünf Uhr morgens (ich habe etwas geschlafen, auf dem grünen Sofa liegend und bei jedem samtenen Gerenne, bei jedem Geklirr aufwachend) stecke ich sie in den Kleiderschrank und mache sauber. Deshalb findet Sara alles in Ordnung, obgleich ich manchmal bemerkt habe, daß sie sich doch ein bißchen wunderte, daß sie sich etwas genau ansah, zum Beispiel eine leichte Verfärbung des Teppichs, und sie mich wieder etwas fragen wollte, doch ich pfiff dann die symphonischen Variationen von Franck, weshalb sie nicht. Wozu Ihnen, Andrée, die unseligen Läppereien dieser dumpfen und vegetabilischen Morgenstunde erzählen, in der ich verschlafen herumgehe und Kleestengel, einzelne Blätter, weiße Flaumflocken auflese, an den Möbeln mich stoßend, taumelig vor Müdigkeit, und mit meinem Gide immer mehr im Rückstand, mit Troyat noch gar nicht angefangen, und was einer Dame im fernen Land sagen, die sich schon fragen wird, ob ... Wozu all das weitermachen, wozu diesen Brief, den ich zwischen Telephonaten und Konferenzen schreibe, fortsetzen.

Andrée, liebe Andrée, mein Trost ist, daß es zehn sind und nicht mehr. Vor vierzehn Tagen hielt ich ein letztes kleines Kaninchen in der Hand, danach keines mehr, nur die zehn sind um mich herum, sie schlafen am Tage und werden größer, sind schon häßlich und bekommen langes Fell, sind schon halbwüchsig und ungebärdig und voller Einfälle, springen auf die Büste des Antinoos (es ist doch Antinoos, nicht wahr, dieser Jüngling, der einen so blind ansieht?) oder verirren sich ins Wohnzimmer, wo ihr Gehoppel hallende Geräusche verursacht, wie oft muß ich sie von dort verjagen, aus Angst, daß Sara sie hört und bleich vor Entsetzen vor mir auftaucht, womöglich im Nachthemd – denn ich nehme an, daß Sara ein Nachthemd anhat – und dann ... Nur zehn, stellen Sie sich diese kleine Freude vor, die ich trotz allem habe, die wachsende Gelassenheit, mit der ich bei der Rückkehr die strengen Plafonds des ersten und des zweiten Stocks passiere.

Ich habe diesen Brief unterbrochen, weil ich an einer Ausschußsitzung teilnehmen mußte. Ich schreibe ihn in Ihrer Wohnung weiter, Andrée, in der dumpfen Grisaille des anbrechenden Tages. Ist wirklich ein neuer Tag, Andrée? Ein kleiner Zwischenraum auf der Seite wird für Sie das Intervall sein, eben nur die Brücke, die meinen Brief von gestern und den von heute verbindet. Ich muß Ihnen berichten, daß in diesem Intervall alles kaputtgegangen ist, wo Sie eine Brücke sehen, höre ich, wie an den Pfeilern tosend das Wasser sich bricht, für mich gibt es auf dieser Seite des Papiers, dieser Seite meines Briefes nicht mehr die

Ruhe, mit der ich Ihnen schrieb, bevor ich an einer Ausschußsitzung teilnehmen mußte. In ihrer kubischen Nacht ohne Traurigkeit schlafen elf kleine Kaninchen; vielleicht gleich, doch nein, nicht jetzt ... Später im Aufzug oder wenn ich hereinkomme; es ist nicht mehr wichtig, wo; wenn das Wann jetzt ist, kann es in jedem der Augenblicke geschehen, die mir noch bleiben.

Genug! ich habe dies geschrieben, weil mir darum zu tun war, Ihnen zu beweisen, daß ich an der heillosen Zerstörung Ihrer Wohnung nicht allein schuld bin. Ich werde diesen Brief hier lassen, bis Sie zurückkommen, es wäre infam, wenn die Post ihn Ihnen an einem hellen Pariser Morgen zustellte. Gestern nacht habe ich die Bücher im anderen Regal umgedreht; sie konnten sie schon erreichen, sich aufrichtend oder springend, und haben an den Buchrücken genagt, um sich die Zähne zu schärfen – nicht aus Hunger, sie bekommen all den Klee, den ich kaufe und in den Schreibtischschubladen verwahre. Sie haben die Gardinen zerrissen, den Stoff der Sessel, den Rand des Selbstbildnisses von Augusto Torres, haben den Teppich mit ihren Haaren verfilzt, und geschrien haben sie auch, sie hockten auf ihren Hinterbeinen im Kreis unter dem Licht der Lampe, im Kreis und so als beteten sie mich an, und plötzlich schrien sie, schrien, ich habe nicht geglaubt, daß Kaninchen so schreien können.

Vergebens habe ich versucht, die Haare, die den Teppich ruinieren, herauszuzupfen, den Rand des zernagten Stoffes zu glätten und sie wieder in den Kleiderschrank zu sperren. Es wird hell, womöglich steht Sara bald auf. Es ist schon seltsam, daß Sara mir gleichgültig ist. Es ist schon seltsam, daß es mir egal ist, wenn ich sehe, wie sie auf der Suche nach einem Spielzeug überall hochspringen. Ich habe daran keine so große Schuld, wenn Sie zurückkommen, werden Sie sehen, daß viele der zerbrochenen Dinge mit dem Kitt, den ich in einem englischen Laden gekauft habe, sehr gut repariert sind, ich habe getan, was ich konnte, um Ihnen Verdruß zu ersparen ... Was mich betrifft, zwischen zehn und elf ist wie eine unüberwindliche Kluft. Sehen Sie: zehn, das ging gerade noch, mit einem Kleiderschrank, mit Klee und Zuversicht läßt sich vieles machen. Nicht mehr bei elf, denn sagt man elf, bedeutet das sicher zwölf, Andrée, zwölf, was dreizehn bedeutet. Dann ist da das Morgengrauen und eine kalte Einsamkeit, in der die Freunde, die Erinnerungen, Sie und vielleicht noch viele andere Platz haben. Dann ist da der Balkon über der Suipacha, der Morgenglanz und die ersten Geräusche der Stadt. Ich glaube nicht, daß es viel Arbeit machen wird, elf auf dem Pflaster verstreute kleine Kaninchen einzusammeln, vielleicht bemerken sie sie gar nicht, so beschäftigt mit der anderen Leiche, die man rasch fortschaffen muß, bevor die ersten Schulkinder vorbeikommen.

Die Ferne

Tagebuch der Alina Reyes

12. Januar
Gestern abend war es wieder, und ich so müde der Verlobungsarmbänder und der Possen, des *pink champagne* und des Gesichts von Renato Viñes, o dieses Gesicht eines lallenden Seehunds, das Bildnis von Dorian Gray als Wrack. Ich ging ins Bett mit einem Geschmack nach Pfefferminzbonbon, nach dem Boogie der Banco Rojo und gähnender, aschgrauer Mama (wie sie nach der Heimkehr von Festen immer ist, aschgrau und todmüde, ein riesiger Fisch und gar nicht sie selbst).

Nora sagt, daß sie bei Licht und Lärm und bei den lebhaften Erzählungen ihrer Schwester, während die sich auszieht, schlafen kann. Wie glücklich sie sind, ich lösche die Lichter, beschwichtige die Hände, streife schreiend den Alltag und die Bewegung ab, will schlafen und bin eine schreckliche tönende Glocke, eine Woge, die Kette, die Rex die ganze Nacht bei den Ligustern hinter sich her schleift. *Now I lay me down to sleep ...* Ich muß mir Verse hersagen, oder die Methode, nach Worten mit *a* zu suchen, danach mit *a* und *e*, mit allen fünf Vokalen, mit vier. Mit zwei und einem Konsonanten (Oma, Opa), mit drei Konsonanten und einem Vokal (Gras, Sarg) und wieder Verse: Luna stieg hinab zur Schmiede in ihrem Reifrock aus Narden, das Kind, es schaut und schaut, das Kind schaut sie immerzu an. Mit drei und drei abwechselnd, Kabale, Lagune, Araber; Manolo, marode, Basuto.

So verbringe ich Stunden: mit vier, mit drei und zwei, und später Palindrome. Die einfachen, Reliefpfeiler, Schlaf; die komplizierten und schönen, die Liebe ist Sieger, rege ist sie bei Leid; ein Neger mit Gazelle zagt im Regen nie. Oder die köstlichen Anagramme: Salvador Dalí, Avida Dollars; Alina Reyes, es la reina y ... Sehr schön, dieses, weil es etwas einleitet, weil es nicht endet: Sie ist die Königin und ...

Nein, schrecklich. Schrecklich, weil es dieser da einen Weg bereitet, die nicht die Königin ist und die ich nachts wieder hasse. Dieser, die Alina Reyes ist, aber nicht die Königin des Anagramms; die gleich was sein mag, Bettlerin in Budapest, Bordelldirne in Jujuy oder Dienstmädchen in Quetzaltenango, irgendwo weit weg, und nicht Königin. Aber Lina Reyes, und deshalb war es gestern abend wieder, sie fühlen und den Haß.

20. Januar

Manchmal weiß ich, daß sie friert, daß sie leidet, daß man sie schlägt. Ich kann sie nur schrecklich hassen, die Hände verabscheuen, die sie zu Boden werfen, und auch sie selbst, sie noch mehr, weil sie sie schlagen, weil ich es bin und sie sie schlagen. Ah, bring mich nicht so zur Verzweiflung, wenn ich gerade schlafe oder ein Kleid zuschneide oder Mama Besuch hat und ich der Señora Regules oder dem Jungen der Rivas den Tee serviere. Dann macht es mir weniger aus, ist fast eine persönliche Sache, die ich mit mir selbst ausmache; ich fühle, daß sie mit ihrem Unglück besser fertig wird, weit weg und allein, aber damit fertig wird. Soll sie leiden, soll sie frieren; ich halte hier aus und ich glaube, daß ich ihr damit ein wenig helfe. Wie Verbände für einen Soldaten machen, der noch nicht verwundet worden ist, und das als lohnend empfinden, daß man ihm von vornherein Erleichterung verschafft, vorausschauend.

Soll sie leiden. Ich gebe der Señora Regules einen Kuß, schenke dem Jungen der Rivas den Tee ein und halte mich zurück, um innerlich standzuhalten. Ich sage mir: »Jetzt gehe ich über eine vereiste Brücke, jetzt dringt mir der Schnee durch die kaputten Schuhe.« Nicht, daß ich etwas fühle. Ich weiß nur, daß es so ist, daß ich irgendwo über eine Brücke gehe, in ebendiesem Augenblick (aber ich weiß nicht, ob es in ebendiesem Augenblick geschieht), wo der Junge der Rivas mir die Teetasse abnimmt und sein bestes dekadentes Gesicht macht. Und ich ertrage es, weil ich allein bin unter diesen gefühllosen Leuten und nicht so sehr in Verzweiflung gerate. Nora war gestern abend richtig albern, sie sagte: »Was ist nur mit dir?« Jener widerfuhr es, mir in weiter Ferne. Etwas Schreckliches mußte ihr widerfahren, sie schlugen sie oder sie fühlte sich krank, und gerade als Nora Fauré singen wollte und ich am Flügel saß und glückstrahlend Luis María ansah, der sich mit den Ellbogen auf den Flügel stützte, von ihm wie von einem Rahmen eingefaßt, und mich mit dem Gesicht eines Hündchens zufrieden anschaute und auf die Arpeggios wartete, als wir beide uns so nah waren und uns so gern hatten. Auch ist es schlimmer, wenn ich etwas Neues von ihr erfahre und gerade mit Luis María tanze, ihn küsse oder Luis María auch nur nahe bin. Denn mich, die weit weg ist, mögen sie nicht. Diese Seite an mir mögen sie nun einmal nicht, aber wie sollte es mich nicht innerlich zerreißen, wenn ich fühle, wie sie mich schlagen oder wie der Schnee mir durch die Schuhe dringt, während Luis María mit mir tanzt und es mir bei seiner Hand auf meiner Hüfte ganz heiß wird, wie Mittagsglut, ein herzhafter Geschmack nach Orangen oder peitschendes Bambusrohr, und sie schlagen sie und ich kann es nicht aushalten, und dann muß ich Luis María sagen, daß mir nicht wohl ist, daß es die Nässe ist, die Nässe dieses Schnees, den ich nicht fühle, den ich nicht fühle, obgleich er mir durch die Schuhe dringt.

25. Januar

Natürlich suchte Nora mich auf und machte mir eine Szene. »Meine Liebe, das war das letzte Mal, daß ich dich gebeten habe, mich am Klavier zu begleiten. Wir haben uns blamiert.« Was wußte ich von Blamagen, ich habe sie begleitet so gut ich konnte, ich erinnere mich, daß ich sie gedämpft hörte. *Votre âme est un paysage choisi* ... aber ich sah auf meine Hände, und ich hatte das Gefühl, daß sie gut spielten, daß sie Nora zuverlässig begleiteten. Auch Luis María schaute auf meine Hände, der Arme, ich glaube, weil er sich nicht getraute, mir ins Gesicht zu sehen. Ich muß ein ganz seltsames Gesicht machen.

Arme kleine Nora, soll eine andere sie begleiten. (Ich empfinde das mehr und mehr als Strafe, jetzt sehe ich mich dort nur, wenn ich glücklich sein will, wenn ich glücklich bin; wenn Nora Fauré singt, sehe ich mich dort, und es bleibt nur der Haß.)

Nachts

Manchmal ist es Zärtlichkeit, eine plötzliche und notwendige Zärtlichkeit zu der, die nicht Königin ist und weit weg ist. Ich möchte ihr gern ein Telegramm schicken, Pakete, möchte wissen, daß es ihren Kindern gutgeht oder daß sie keine Kinder hat – denn ich glaube, daß ich dort keine Kinder habe – und Trost und Mitleid und Bonbons braucht. Gestern nacht bin ich eingeschlafen, indem ich mich damit unterhielt, kurze Mitteilungen, Treffpunkte zu ersinnen. Ankomme Donnerstag stop erwarte mich Brücke. Welche Brücke? Ein Gedanke, der wiederkehrt wie Budapest wiederkehrt, an die Bettlerin in Budapest glauben, wo es viele Brücken geben mag, und Schnee, der einen durchnäßt. Dann richtete ich mich im Bett steif und gerade auf, und fast heulte ich, fast lief ich, um Mama zu wecken, sie zu beißen, damit sie aufwache. Beim bloßen Gedanken. Noch ist es schwer zu sagen. Beim bloßen Gedanken, daß ich jetzt gleich nach Budapest gehen könnte, wenn ich wirklich Lust dazu hätte. Oder nach Jujuy, oder nach Quetzaltenango. (Ich habe diese Namen in den Seiten weiter vorne gesucht.) Daran ist nichts, ebensogut könnte ich sagen Tres Arroyos, Kobe, Florida im 15. Jh. Nur Budapest bleibt übrig, denn *da* ist es kalt, da schlagen sie mich und beschimpfen mich. Da (das habe ich geträumt, es ist nur ein Traum, aber wie bleibt er haften und schleicht sich ins Wachen ein) gibt es jemand, der Rod heißt – oder Erod, oder Rodo – und er schlägt mich und ich liebe ihn, ich weiß nicht, ob ich ihn liebe, aber ich lasse mich schlagen, das wiederholt sich Tag für Tag, dann ist es sicher, daß ich ihn liebe.

Später
Eine Lüge. Ich habe von Rod geträumt oder es war irgendein altes und naheliegendes Traumbild. Es gibt Rod nicht, mich werden sie dort strafen, aber wer weiß, ob es ein Mann ist, eine wütende Mutter, die Einsamkeit.

Mich suchen gehen. Luis María sagen: »Laß uns heiraten und nimm mich mit nach Budapest, zu einer Brücke, wo es Schnee gibt und jemand.« Ich sage: und wenn ich da bin? (Denn all das denke ich mit der heimlichen Überlegenheit, es im Grunde nicht glauben zu wollen. Und wenn ich da bin?) Nun, wenn ich da bin ... Aber nur als Verrückte, nur ... Was für Flitterwochen!

28. Januar
Ich habe etwas Seltsames gedacht. Seit drei Tagen erreicht mich nichts mehr von der Frau in der Ferne. Vielleicht schlagen sie sie jetzt nicht, oder sie konnte Schutz finden. Ihr ein Telegramm schicken, ein Paar Strümpfe ... Ich habe etwas Seltsames gedacht. Ich kam in die schreckliche Stadt und es war Nachmittag, ein

grünlicher und wäßriger Nachmittag wie Nachmittage nie sind, wenn man ihnen nicht hilft, indem man sie erdenkt. In der Gegend der Dobrina Stana, auf dem Skorda-Prospekt, Pferde starrend von Stalagmiten und steife Polypen, dampfende Laibe Brot und Windfransen, die die Fenster mit Stolz erfüllen. Die Dobrina entlanggehen in der Gangart eines Touristen, den Stadtplan in der Tasche meines blauen Kostüms (bei dieser Kälte, und den Mantel im Burglos gelassen), bis zu einem Platz am Fluß, fast über dem tosenden Fluß mit den Eisschollen und Schleppkähnen und einem Eisvogel, der dort sbunáia tjéno oder schlimmer heißen mag.

Nach dem Platz, vermutete ich, käme die Brücke. Ich dachte das und wollte nicht weitergehen. Es war der Abend des Konzerts von Elsa Piaggio de Tarelli im Odeon, ich zog mich widerwillig an, weil ich ahnte, daß mich hinterher die Schlaflosigkeit erwarten werde. Dieses Denken bei Nacht, in tiefer Nacht ... Wer weiß, ob ich mich nicht verirren werde. Man erfindet Namen, wenn man in Gedanken reist und erinnert sich sofort an sie: Dobrina Stana, sbunáia tjéno, Burglos. Aber den Namen des Platzes kenne ich nicht, es ist fast, als wäre ich wirklich an einen Platz in Budapest gekommen und wüßte nicht weiter, weil ich seinen Namen nicht kenne; dort, wo ein Name ein Platz ist.

Ich komme gleich, Mama. Wir werden pünktlich zu deinem Bach und deinem Brahms kommen. Der Weg dorthin ist ganz einfach. Ohne Platz, ohne Burglos. Hier wir, dort Elsa Piaggio. Wie traurig, daß sie mich unterbrochen hat, wissen, daß ich auf einem Platz bin (doch das ist schon nicht mehr sicher, ich denke das nur und das ist weniger als nichts). Und daß am Ende des Platzes die Brücke beginnt.

Nachts

Es beginnt, geht weiter. Zwischen dem Ende des Konzerts und dem ersten da capo fand ich seinen Namen und den Weg. Der Vladas-Platz, die Brücke der Märkte. Vom Vladas-Platz aus ging ich weiter bis zum Anfang der Brücke, bummelte etwas, wollte immer wieder stehenbleiben vor Häusern oder Schaufenstern, bei eingemummelten Knirpsen und Brunnen mit großen Helden in verblichenen Pelerinen, Tadeo Alanko und Vladislas Néroy, Tokajer-Trinkern und Zimbelspielern. Zwischen zwei Chopins sah ich Elsa Piaggio, die Arme, sich verbeugen, und von meinem Parkettsitz ging sie ohne weiteres auf den Platz hinaus mit der Brückenauffahrt zwischen gewaltigen Säulen. Aber das habe ich gedacht, Vorsicht, es ist dasselbe wie anagrammieren *es la reina y...* anstatt Alina Reyes, oder Mama im Haus der Suárez zu sehen und nicht neben mir. Es ist gut, nicht auf Albernheiten zu verfallen: das ist meine Sache, ich muß nur wollen, wirklich wollen. Königlich wollen, weil Alina, genug davon – nicht das andere, nicht das Gefühl, daß sie friert oder daß sie sie mißhandeln. Das ist ein Einfall, und ich verfolge ihn zum Vergnügen, weil ich wissen möchte, wohin er führt, um zu erfahren, ob Luis María mich nach Budapest mitnimmt, wenn wir heiraten und ich ihn bitte, mich nach Budapest mitzunehmen. Es ist leichter, hinauszugehen, um diese Brücke zu suchen, hinauszugehen auf der Suche nach mir und mich zu finden wie jetzt, denn ich bin schon halb über die Brücke gegangen, unter Rufen und Beifall, unter »Albéniz!« und noch mehr Beifall und »Die Polonaise!«, als wenn das Sinn hätte bei dem dreisten Schnee, der mich mit dem Wind vorantreibt, Hände aus Frotteetuch, die mich um die Taille fassen und mich bis zur Mitte der Brücke mitnehmen.

(Es ist bequemer, in der Gegenwart zu reden. Das war um acht, als Elsa Piaggio die dritte Zugabe spielte, ich glaube Julián Aguirre oder Carlos Guastavino, etwas mit Wiese und Vöglein.) Aber ich bin mit der Zeit eine Kanaille geworden, ich habe keinen Respekt mehr. Ich erinnere mich, daß ich eines Tages dachte: »Dort schlagen sie mich, dort dringt mir der Schnee durch die Schuhe, und ich weiß das sofort, wenn es mir dort widerfährt, weiß ich es zur gleichen Zeit. Aber warum zur gleichen Zeit? Vielleicht erreicht es mich verspätet, vielleicht ist es noch nicht geschehen. Vielleicht werden sie sie in vierzehn Jahren schlagen, oder sie ist schon ein Kreuz mit einer Jahreszahl auf dem Sankt Ursula Friedhof.« Und es schien mir schön, möglich, ganz idiotisch. Denn hinterher befindet man sich immer in der gleicher Zeit. Beträte sie jetzt wirklich die Brücke, weiß ich, daß ich es sogleich spüren würde, und von hier aus. Ich erinnere mich, daß ich stehenblieb, um den Fluß zu betrachten, der wie geronnene Mayonnaise war, gegen die Pfeiler brandete, wütend, tosend und peitschend. (Ich habe das gedacht.) Es lohnte sich, über die Brüstung gelehnt, in den Ohren das Zerbrechen des Eises dort unten zu spüren. Es lohnte sich zu verweilen, halb des Anblicks, halb der Angst wegen, die in mir aufstieg – oder war es die zu leichte Kleidung, das starke Schneegestöber und mein Umhang im Hotel –. Und dabei bin ich bescheiden, ich bin ein Mädchen ohne Eitelkeit, aber sage mir einer, daß das schon einer passiert ist, daß sie mitten im Odeon nach Ungarn reist. Das macht jeden frösteln, das, hier oder in Frankreich.

Aber Mama zog mich am Ärmel, es waren fast keine Leute mehr im Parkett. Ich schreibe nicht weiter, habe keine Lust mehr, mich an das zu erinnern, was ich gedacht habe. Aber es ist wahr, ist wahr; ich habe etwas Seltsames gedacht.

30. Januar
Armer Luis María, was für ein Idiot, daß er mich heiratet. Er weiß nicht, was er da auf sich nimmt. Oder unter sich, wie Nora sagt, die als emanzipierte Intellektuelle posiert.

31. Januar
Wir werden hinfahren. Es war ihm mehr als recht, fast hat er gejauchzt. Ich verspürte Angst, mir schien, daß er zu leicht auf dieses Spiel eingeht. Und er weiß nichts, er ist wie der Bauer im Schach, der die Partie unvermutet beendet. Bäuerlein Luis María neben seiner Königin. Der Königin und –

7. Februar
Genesen. Ich will nicht zu Ende schreiben, was ich im Konzert gedacht habe. Gestern abend spürte ich, daß sie wieder litt. Ich weiß, daß sie mich dort erneut schlagen. Ich will mich nicht dagegen sperren, daß ich es erfahre, aber genug davon berichtet. Wenn ich mich darauf beschränkt hätte, es zum Vergnügen festzuhalten, damit mir leichter werde ... Es war schlimmer, als ich das Geschriebene wiederlas, ein Verlangen zu verstehen, in jedem Wort Aufschluß zu finden, das ich nach diesen Nächten aufs Papier warf. So als ich den Platz ersann, den Eisgang und die Geräusche, und danach ... Aber ich schreibe es nicht, ich werde es nie schreiben.

Hinfahren und mich davon überzeugen, daß die Ehelosigkeit mir nicht zuträglich war, nichts weiter, siebenundzwanzig Jahre und ohne Mann. Jetzt wird mein Junge da sein, mein Dummkopf, genug des Denkens, jetzt will ich leben, endlich leben und zu was nutze sein.

Und trotzdem, da ich dieses Tagebuch ja abschließen will, denn entweder heiratet man oder man schreibt ein Tagebuch, beides zusammen geht nicht ... Ich mag mich von ihm nicht trennen, ohne mit der Freude der Erwartung, mit der Erwartung der Freude zu sagen: Wir gehen hin, aber es muß nicht so sein, wie ich es mir an dem Konzertabend gedacht habe. (Ich schreibe es, und Schluß mit dem Tagebuch, zu meinem Besten.) Ich werde sie auf der Brücke treffen und wir werden uns ansehen. An dem Konzertabend spürte ich in meinen Ohren das Brechen des Eises dort unten. Und es wird der Sieg der Königin sein über diese böse Anhänglichkeit, diese ungehörige heimliche Usurpation. Sie wird nachgeben, wenn ich wirklich ich bin, sie wird in meine lichte Zone treten, schöner und bestimmter, sich mir anschließen; allein dadurch, daß ich neben ihr gehe und ihr eine Hand auf die Schulter lege.

Alina Reyes de Aráoz und ihr Mann kamen am 6. April nach Budapest und stiegen im Ritz ab. Das war zwei Monate vor ihrer Scheidung. Am Nachmittag des zweiten Tages ging Alina aus, um sich die Stadt und den Eisgang anzusehen. Da sie gern allein ging – sie ging schnell und war neugierig –, irrte sie lange umher auf der vagen Suche nach etwas, doch ohne sich zuviel vorzunehmen, sich ganz dem Verlangen überlassend, das sich in plötzlichen Einfällen äußerte und sie von einem Schaufenster zum andern führte, wobei die Straßenseiten und die Auslagen wechselten.

Sie kam zur Brücke und überquerte sie bis zur Mitte, jetzt mühsam gehend, weil der Schnee Hindernisse in den Weg legt und von der Donau ein Wind aufsteigt, der einen packt und peitscht. Sie fühlte, wie ihr der Rock an den Schenkeln klebte (sie war zu leicht gekleidet) und hatte plötzlich das Verlangen, umzukehren, in die ihr bekannte Stadt zurückzukehren. Mitten auf der trostlosen Brücke wartete die zerlumpte Frau mit dem schlaffen schwarzen Haar; es war etwas Starres und Gieriges in dem undurchsichtigen Gesicht und in der Krümmung der halb geschlossenen Hände, die sich jetzt jedoch streckten. Alina stand vor ihr und wiederholte, jetzt wußte sie es, Gebärden und Schritte wie nach einer Generalprobe. Ohne Furcht, endlich sich befreiend – so glaubte sie in einem gewaltigen Auffahren der Freude und des Schauderns –, stand sie vor ihr und streckte ebenfalls die Hände aus, sich das Denken versagend, und die Frau auf der Brücke preßte sich an ihre Brust und die beiden umarmten sich starr und schweigend über dem aufgebrochenen Fluß, der gegen die Pfeiler brandete.

Alina tat der Verschluß der Brieftasche weh, die die Heftigkeit der Umarmung ihr zwischen die Brüste gestoßen hatte, eine leichte, erträgliche Verletzung. Sie hielt die schlanke Frau eng umschlungen, spürte sie in ihrer Umarmung, voll und ganz, mit zunehmendem Glücksgefühl ähnlich einer Hymne, dem Auffliegen von Tauben, dem brausenden Fluß. Bei der völligen Verschmelzung schloß sie die Augen, mied die Eindrücke von außen, das Dämmerlicht; auf einmal ganz müde, aber sicher ihres Sieges, ohne ihn zu feiern, da er doch letztlich der ihre war.

Es kam ihr so vor, als würde eine der beiden leise weinen. Es mußte sie sein, weil ihre Wangen naß waren, und das Wangenbein tat ihr weh, als hätte sie sich gestoßen. Auch der Hals und plötzlich die Schultern, gebeugt von einer unendlichen Müdigkeit. Als sie die Augen öffnete (vielleicht schrie sie da auf), sah sie, daß sie sich getrennt hatten. Und jetzt schrie sie, jetzt ja. Vor Kälte, weil ihr der Schnee durch die schadhaften Schuhe drang, weil den Weg hinunter zum Platz Alina Reyes ging, sehr hübsch in ihrem grauen Kostüm, das Haar etwas lose im Wind, ohne sich einmal umzudrehen.

Omnibus

»Wenn es Ihnen keine Umstände macht, bringen Sie mir auf dem Rückweg doch bitte *El Hogar* mit«, bat Señora Roberta und lehnte sich im Sessel zurück, um Siesta zu halten. Clara ordnete die Medikamente auf dem Serviertischchen und sah sich noch einmal prüfend im Zimmer um. Nichts fehlte, die junge Matilde würde sich weiter um Señora Roberta kümmern, und das Hausmädchen wußte, was zu tun war. Sie konnte jetzt gehen, den ganzen Samstagnachmittag hatte sie für sich, um halb sechs erwartete sie ihre Freundin Ana, um bei schön süßem Tee, Radiomusik und Schokolade ein wenig zu plaudern.

Um zwei Uhr, wenn das Gros der Angestellten sich verlaufen hat, ist Villa de Parque menschenleer und hell. Clara ging entschiedenen Schritts die Tinogasta y Zamudio hinunter und genoß die Novembersonne, gesprenkelt mit Schatten, die die Bäume der Landwirtschaftsschule auf den Weg warfen. Während sie an der Ecke Avenida Martín und Nogoyá auf den Omnibus Nummer 168 wartete, hörte sie das Gezänk der Spatzen über ihrem Kopf, und der florentinische Turm von San Juan María Vianney kam ihr gegen den wolkenlosen Himmel röter vor, und so hoch, daß einem schwindlig werden konnte. Don Luis, der Uhrmacher, kam vorbei und grüßte sie anerkennend, so als lobte er ihre üppige Figur, die Schuhe, die sie schlanker machten, ihr weißes Hälschen, das aus der cremefarbenen Bluse schaute. Auf der leeren Straße kam der 168er angezuckelt und tat einen kurzen, unzufriedenen Schnaufer, als er für Clara, die an der nachmittäglich stillen Ecke der einzige Fahrgast war, die Tür öffnete.

In der Handtasche unter allen möglichen Dingen nach dem Kleingeld kramend, brauchte sie eine Weile, um den Fahrschein zu lösen. Der Schaffner wartete mit mürrischem Gesicht, ein kleiner Dicker und ein Protz auf seinen krummen Beinen, dabei so gewandt, daß er in den Kurven und bei plötzlichem Bremsen nie den Halt verlor. Zweimal sagte ihm Clara: »Zu fünfzehn«, ohne daß der Kerl den Blick von ihr wandte, wie verwundert über etwas. Dann gab er ihr den rosa Fahrschein und Clara fiel ein Kinderreim ein, der ungefähr so ging: »Knips, Schaffner, fein ein Loch mir in den Schein. Schön rund muß es sein und klein, ganz klein.« Still vor sich hin lächelnd, suchte sie weiter hinten einen Sitzplatz, der am *Notausgang* war frei, und mit der kleinen Besitzerfreude, die ein Fensterplatz immer bringt, setzte sie sich. Da bemerkte sie, daß der Schaffner sie immer noch anblickte. Und an der Ecke der Brücke der Avenida San Martín, bevor er die Kurve nahm, drehte der Fahrer sich um und sah sie ebenfalls an, was bei der Entfernung gar nicht leicht war, doch er suchte sie mit dem Blick, bis er sie, tief in ihrem Sitz eingesunken, entdeckt hatte. Er war ein starkknochiger, hohlwangiger Blonder, er wechselte mit dem Schaffner ein paar Worte und beide sahen Clara an, sahen einander an, der Bus machte einen Satz und bog in voller Fahrt in die Chorroarín ein.

›Alberne Kerle‹, dachte Clara halb geschmeichelt, halb nervös. Damit beschäftigt, ihren Fahrschein in das Portemonnaie zu stekken, beobachtete sie aus den Augenwinkeln die Frau mit dem großen Strauß Nelken, die auf dem Sitz vor ihr saß. Da sah die Frau sie an, sie drehte sich um und guckte sie über den Blumenstrauß wie eine Kuh über einen Zaun hinweg milde an, und Clara holte den Taschenspiegel hervor und war augenblicklich in die kritische Betrachtung ihrer Lippen und Augenbrauen vertieft. Da hatte sie ein unangenehmes Gefühl im Nacken; sie argwöhnte eine weitere Ungehörigkeit und drehte sich rasch um, nun wirklich verärgert. Zwei Zentimeter vor ihrem Gesicht glotzten die Augen eines alten Mannes in steifem Kragen, er hielt einen Margeritenstrauß in der Hand, der einen fast Übelkeit erregenden Geruch verströmte. Hinten im Bus, auf den durchgehenden grünen Rücksitzen, blickten alle Fahrgäste Clara an, sie schienen etwas an ihr auszusetzen, doch Clara hielt ihren Blicken mit wachsender Anstrengung stand, sie spürte, daß es immer schwerer wurde, nicht wegen der auf sie gerichteten Blicke, auch nicht wegen der Blumensträuße, die die Fahrgäste bei sich hatten; eher weil sie eine liebenswerte Lösung des Rätsels erwartet hatte, etwas zum Lachen, so wie Ruß auf der Nase zu haben (aber sie hatte keinen); und als sie ein Lächeln andeutete, machten diese aufmerksamen und unverwandten Blicke es gefrieren, so als blickten die Sträuße sie an.

Plötzlich beunruhigt, rutschte sie auf dem Sitz etwas nach vorn, heftete den Blick auf die beschädigte Rückenlehne vor sich, besah sich den Hebel des Notausgangs und die Aufschrift *Zum Öffnen der Tür* DEN GRIFF NACH INNEN ZIEHEN *und aufstehen,* wobei sie Buchstaben für Buchstaben betrachtete, ohne daß es ihr gelingen wollte, sie zu Worten zu verbinden. Sie schuf sich so eine Zone der Sicherheit, eine Ruhepause, in der sie nachdenken konnte. Es ist nur natürlich, daß die Fahrgäste sich den ansehen, der gerade zugestiegen ist, es ist natürlich, daß die Leute Blumensträuße bei sich haben, wenn sie zum Chacarita fahren, und es ist auch nicht absonderlich, daß alle im Omnibus Blumen haben. Sie fuhren am Hospital Alviar vorbei, und auf Claras Seite erstreckte sich das Ödland, in dessen Ferne sich die Sierra de la Estrella erhebt, ein Gebiet mit schmutzigen Tümpeln und verwahrlosten Pferden, mit Stricken um den Hals. Clara hatte Mühe, ihren Blick von einer Landschaft zu lösen, der der harte Glanz der Sonne keinen Liebreiz zu geben vermochte, nur hin und wieder wagte sie es, einen kurzen Blick ins Wageninnere zu werfen. Rote Rosen und Kallas, weiter hinten scheußliche Gladiolen, wie zerquetscht und schmutzig, altrosa mit dunkelvioletten Flecken. Der Herr am dritten Fenster (er sah sie an, jetzt nicht, jetzt wieder) hatte Nelken, die fast schwarz waren, und so zusammengepreßt, daß sie eine einzige Masse bildeten, wie ein Gerunzel. Die zwei kleinen Mädchen mit den häßlichen Nasen, die vorn auf den Seitensitzen saßen, hatten zusammen den Strauß der Armen, Chrysanthemen und Dahlien, doch sie waren nicht arm, trugen gut geschnittene Jacken, Faltenröcke, weiße Kniestrümpfe und sahen Clara hochmütig an. Sie wollte schon machen, daß sie die Augen niederschlügen, die unverschämten Gören, doch es waren vier starre Pupillen, und auch der Schaffner, der Herr mit den Nelken, die Wärme im Nacken durch all diese Leute da hinten, der Alte mit dem steifen Kragen so nah, die jungen Leute auf den durchgehenden Rücksitzen, La Paternal: Fahrscheine für Cuenca laufen ab.

Niemand stieg aus. Der Mann stieg flink ein und ging auf den Schaffner zu, der ihn in der Mitte des Wagens erwartete und ihm auf die Hände schaute. Der Mann hatte zwanzig Centavos in der Rechten, mit der anderen Hand strich er sich die Jacke glatt. Er wartete, ohne sich um den forschenden Blick zu kümmern: »Zu fünfzehn«, hörte Clara ihn sagen. Wie sie: zu fünfzehn. Doch der Schaffner riß den Fahrschein nicht ab, er blickte den Mann weiterhin an, der es schließlich bemerkte und eine Geste höflicher Ungeduld machte: »Ich sagte, zu fünfzehn.« Er nahm den Fahrschein entgegen und wartete auf das Wechselgeld. Bevor er es bekam, hatte er sich schon leicht auf einen freien Sitz neben dem Herrn mit den Nelken fallen lassen. Der Schaffner reichte ihm die fünf Centavos und sah ihn noch einmal kurz an, von oben, so als untersuche er seinen Kopf, der Mann merkte es nicht, er war ganz in die Betrachtung der so schwarzen Nelken versunken. Der Herr neben ihm beobachtete ihn, ein- oder zweimal sah er ihn kurz an, und der Mann begann den Blick zu erwidern; die zwei bewegten den Kopf fast gleichzeitig, doch nicht herausfordernd, sie blickten sich lediglich an. Clara war immer noch wütend auf die Mädchen da vorn, die erst sie und dann den neuen Fahrgast anstarrten; als der 168er dicht an der dicken Mauer des Chacarita entlangfuhr, sahen für einen Augenblick sämtliche Fahrgäste den Mann an, und Clara dazu, nur daß sie sie jetzt nicht mehr direkt anblickten, da der zuletzt Zugestiegene sie mehr interessierte, aber es war, als schlössen sie sie in ihren Blick mit ein, als vereinten sie beide in einem einzigen Blick. Wie albern diese Leute taten, denn selbst die Gören waren so jung nicht mehr, jeder hatte seinen Blumenstrauß und mußte sich innerlich auf den Friedhofsgang vorbereiten, und sie benahmen sich so pöbelhaft. Gern hätte Clara den anderen Fahrgast gewarnt, sie fühlte, wie eine dunkle, grundlose Brüderlichkeit in ihr aufkam. Ihm sagen: ›Sie und ich haben Fahrscheine zu fünfzehn gelöst‹, als wenn sie das einander näher brächte. Ihn am Arm fassen und ihm raten: ›Fühlen Sie sich nicht betroffen, die sind unverschämt, hocken da hinter ihren Blumen und glotzen einen an wie Idioten.‹ Sie hätte es gern gesehen, wenn er sich neben sie gesetzt hätte, aber der Junge – er war wirklich jung, wenn auch sein Gesicht von tiefen Furchen gezeichnet war – hatte sich auf den erstbesten freien Sitz fallen lassen. Mit halb belustigter, halb verdutzter Miene begann er die Blicke des Schaffners, der beiden Mädchen und der Frau mit den Gladiolen zu erwidern; und jetzt drehte der Mann mit den roten Nelken sich um und sah Clara an, sah sie ausdruckslos an, mit der opaken und seichten Sanftheit von Bimsstein. Clara blieb standhaft und begegnete seinem Blick, sie kam sich vor wie hohl; am liebsten wäre sie ausgestiegen (doch in dieser Straße, in dieser Gegend, und wirklich wegen nichts, nur weil sie keinen Blumenstrauß hatte); sie bemerkte, daß der Junge sich zu beunruhigen schien, er blickte von einer Seite auf die andere, dann nach hinten, und war überrascht, als er die vier Fahrgäste auf den Rücksitzen sah und den alten Mann mit dem steifen Kragen und den Margeriten. Sein Blick streifte Claras Gesicht, verweilte eine Sekunde auf ihrem Mund, ihrem Kinn; von vorn zerrten die Blicke des Schaffners, die der beiden Gören und der Frau mit den Gladiolen, bis der Junge sich wieder umwandte und sie ansah, wie erschlaffend. Clara ermaß die eigene Bedrängnis in den vergangenen Minuten an der, in die jetzt der neu Zugestiegene geriet. ›Und der Arme sitzt mit leeren Händen da‹, dachte sie unsinnigerweise. Sie fand ihn etwas schutzlos, hatte er doch nur seine Augen, um sich jener kalten Blicke zu erwehren, die ihn von allen Seiten unter Beschuß nahmen.

Ohne abzubremsen, nahm der 168er die zwei Kurven, die auf die Esplanade vor dem Säulengang des Friedhofs führen. Die jungen Mädchen kamen durch den Gang und stellten sich vor den Ausgang; hinter ihnen nahmen die Margeriten, die Gladiolen und die Kallas Aufstellung. Dahinter drängte sich eine ungeordnete Menge, und die Blumen dufteten für Clara, die ganz still an ihrem Fenster saß, aber sehr erleichtert war, als sie sah, wie viele ausstiegen, wie gut, daß sie noch ein Stück weiter fahren würde. In der Höhe tauchten die schwarzen Nelken auf, der neue Fahrgast war aufgestanden, um die schwarzen Nelken vorbei zu lassen, und blieb zur Seite geneigt stehen, sich mit einer Hand auf die Rücklehne des freien Sitzes vor dem Claras stützend. Er war ein netter Junge, schlicht und offen, vielleicht Gehilfe in einer Apotheke oder Buchhalter oder Konstrukteur. Der Omnibus hielt sanft an und die Tür tat einen Schnaufer, als sie aufging. Der Junge wartete, bis die Leute ausstiegen, um sich in aller Ruhe einen neuen Sitzplatz zu wählen, während Clara geduldig mit ihm wartete und sich sehnlich wünschte, daß die Gladiolen und die Rosen schnell ausstiegen. Die Tür war jetzt geöffnet und alle standen in einer Reihe, blickten Clara an, blickten den neuen Fahrgast an, ohne auszusteigen, blickten sie durch die Blumensträuße hindurch an, die sich bewegten, als wäre es windig, als wehte unter der Erde ein Wind, der an den Wurzeln der Pflanzen rüttelte und die Sträuße schüttelte. Die Kallas stiegen aus, die roten Nelken, die Männer von hinten mit ihren Sträußen, die zwei Mädchen, der Alte mit den Margeriten. Blieben nur sie beide, und der 168er schien auf einmal kleiner, grauer, hübscher. Clara fand es ganz in Ordnung und geradezu unausbleiblich, daß der neue Fahrgast neben ihr Platz nahm, obgleich er den ganzen Bus hatte, um sich einen Sitzplatz zu wählen. Er setzte sich und beide senkten den Kopf und schauten auf ihre Hände. Da waren sie, es waren nur Hände, weiter nichts.

»Chacarita!« rief der Schaffner.

Clara und der neue Fahrgast beantworteten seinen zur Eile mahnenden Blick mit einer schlichten Feststellung: ›Wir haben Fahrscheine zu fünfzehn.‹ Sie dachten es nur, das genügte. Die Tür blieb geöffnet. Der Schaffner kam auf sie zu.

»Cha-ca-ri-ta«, sagte er, jede Silbe betonend.

Der neue Fahrgast schenkte ihm keinen Blick, doch Clara hatte Erbarmen mit ihm.

»Ich fahre zum Retiro«, sagte sie und zeigte ihm den Fahrschein. Knips, Schaffner, fein ein Loch mir in den Schein. Der Fahrer hatte sich fast ganz von seinem Sitz erhoben und blickte sie an; der Schaffner kehrte unschlüssig um und gab ein Klingelzeichen.

Die hintere Tür schnaufte (vorn war niemand eingestiegen) und der 168er beschleunigte, wobei er cholerisch krängte, leichtsinnig und ausgelassen wie in einem Rennen, und Clara wurde der Magen bleischwer. Neben dem Fahrer hielt sich der Schaffner jetzt an der verchromten Stange fest und blickte sie beide eindringlich an. Sie erwiderten seinen Blick, bis zur Kurve der Einfahrt nach Dorrego. Da spürte Clara, daß der Junge seine Hand langsam auf die ihre legte, wie es sich zunutze machend, daß man es von vorn nicht sehen konnte. Es war eine sanfte Hand, sehr wohlig, und sie zog die ihre nicht zurück, doch sie bewegte sie langsam, bis sie sie mehr ans Ende des Schenkels geschoben hatte, fast bis aufs Knie. Ein Wind der Geschwindigkeit erfaßte den Omnibus.

»So viele Leute«, sagte er fast tonlos. »Und plötzlich steigen alle aus.«

»Sie bringen Blumen zum Chacarita«, sagte Clara. »Sonnabends gehen viele Leute auf die Friedhöfe.«

»Ja, aber ...«

»Ja, es war etwas seltsam. Haben Sie bemerkt, wie ...?«

»Ja«, sagte er, ihr fast ins Wort fallend. »Und Ihnen ging es auch so, ich hab's wohl gesehen.«

»Es ist seltsam. Doch jetzt steigt keiner mehr zu.«

Der Wagen bremste hart vor der Schranke des Central Argentino. Sie wurden durch den plötzlichen Ruck nach vorn gerissen. Der Wagen erzitterte wie ein riesiger Leib.

»Ich fahre zum Retiro«, sagte Clara.

»Ich auch.«

Der Schaffner hatte sich nicht von der Stelle gerührt, jetzt redete er sehr aufgebracht mit dem Fahrer. Sie sahen (ohne sich eingestehen zu wollen, daß sie die Szene aufmerksam verfolgten), wie der Fahrer seinen Sitz verließ und durch den Gang auf sie zukam, der Schaffner hinter ihm her. Clara bemerkte, daß beide den Jungen anblickten und daß dieser sich straffte, wie um Kräfte zu sammeln; ihm zitterten die Beine und die Schulter, die an der ihren ruhte. Entsetzlich heulte in voller Fahrt eine Lokomotive, schwarzer Qualm verdunkelte die Sonne. Der Lärm des Schnellzugs erstickte die Worte, die der Fahrer gerade gesagt haben mußte; zwei Sitze vor ihnen blieb er stehen, duckte sich wie jemand, der zum Sprung ansetzt. Der Schaffner hielt ihn im Zaum, indem er ihn mit einer Hand an der Schulter packte, gebieterisch wies er ihn auf die Schranken hin, die schon aufgingen, während mit metallischem Getöse noch der letzte Waggon vorbeiratterte. Der Fahrer preßte die Lippen zusammen und eilte zu seinem Sitz zurück; mit einem wütenden Satz nahm der 168er die Gleise, die dahinter beginnende Steigung.

Der Junge entspannte sich und lehnte sich langsam zurück.

»So etwas ist mir noch nie passiert«, sagte er wie zu sich selbst.

Clara war zum Weinen zumute, es saß ihr im Hals, sie hätte können, aber es war unnütz. Ohne daß sie nachdachte, war ihr bewußt, daß alles seine Richtigkeit hatte, daß sie in einem 168er fuhr, der, von einem weiteren Fahrgast abgesehen, leer war, und wenn ihr etwas daran nicht paßte, brauchte sie bloß zu klingeln und an der nächsten Ecke auszusteigen. Doch alles war gut so; das einzige, was sich erübrigte, war der Gedanke, auszusteigen, von dieser Hand sich zu lösen, die die ihre erneut gedrückt hatte.

»Ich habe Angst«, gestand sie offen. »Hätte ich mir doch wenigstens ein paar Veilchen an die Bluse gesteckt.«

Er sah sie an, sah sich ihre schlichte Bluse an.

»Ich stecke mir manchmal gern eine Jasminblüte ins Knopfloch«, sagte er. »Heute hab ich's eilig gehabt und nicht daran gedacht.«

»Wie schade. Aber wir fahren ja zum Retiro.«

»Sicher, wir fahren zum Retiro.«

Es war ein Gespräch, ein Gespräch. Es weiterführen, es nicht versickern lassen.

»Könnte man das Fenster nicht etwas runterziehen? Ich ersticke hier drinnen.«

Er blickte sie verwundert an, ihm war eher kalt. Der Schaffner beobachtete sie aus den Augenwinkeln, während er mit dem Fahrer sprach; der 168er hatte seit der Schranke noch nicht wieder gehalten und sie fuhren schon durch Cánning und Santa Fe.

»Ihr Sitzplatz hat ein Fenster, das sich nicht öffnen läßt«, sagte er. »Sie sehen, es ist der einzige Sitzplatz im Wagen mit so einem Fenster, wegen des Notausstiegs.«

»Ah«, sagte Clara.

»Aber wir können uns ja woanders hinsetzen.«

»Nein, nein.« Sie drückte ihm die Finger und hinderte ihn so daran, sich zu erheben. »Je weniger wir uns bewegen, desto besser.«

»Gut, aber wir könnten ja das vordere Fenster runterziehen.«

»Nein, nicht, bitte nicht.«

Er wartete, dachte, daß Clara noch etwas hinzufügen würde, doch sie machte sich auf dem Sitz kleiner. Jetzt sah sie ihm voll ins Gesicht, um der Anziehungskraft von vorn zu entgehen, diesem Zorn, der ihnen als Schweigen oder Hitze entgegenschlug. Der Fahrgast legte seine andere Hand auf Claras Knie, und sie näherte die ihre und beide verständigten sich dunkel mit den Fingern, mit dem wohligen Streicheln der Handflächen.

»Manchmal ist man so nachlässig«, sagte Clara kleinlaut. »Man glaubt alles bei sich zu haben, aber immer vergißt man etwas.«

»Aber wir wußten das ja nicht.«

»Nein, aber trotzdem. Wie die mich ansahen, vor allem diese Mädchen, ich fühlte mich ganz elend.«

»Die waren unausstehlich«, bekräftigte er. »Haben Sie nicht gesehen, wie sie sich verabredet haben, uns anzustarren?«

»Dabei bestand ihr Strauß nur aus Chrysanthemen und Dahlien«, sagte Clara. »Trotzdem waren sie hochnäsig.«

»Weil die anderen sie ermutigten«, bestätigte er gereizt. »Der Alte neben mir mit dem Vogelgesicht und seinen garstigen Nelken. Die, die hinten saßen, habe ich nicht genau sehen können. Glauben Sie, daß alle ...?«

»Alle«, sagte Clara. »Es fiel mir schon auf, als ich einstieg. Ich bin in der Nogoyá Ecke Avenida San Martín eingestiegen, und fast gleich habe ich mich umgedreht und gesehen, daß alle, alle ...«

»Zum Glück sind sie ausgestiegen.«

Pueyrredón, jähes Bremsen. Ein brauner Polizist machte das Kreuz, schien sich auf seinem hohen Podest irgendeiner Sache zu bezichtigen. Der Fahrer verließ seinen Sitz, als wollte er sich heimlich davonschleichen, der Schaffner konnte ihn gerade noch am Ärmel erwischen, doch der Fahrer riß sich los und kam durch den Gang, sie beide abwechselnd ansehend, linkisch und mit bebenden, feuchten Lippen. »Da, er gibt frei!« rief der Schaffner mit sonderbarer Stimme. Zehn Hupen belferten hinter dem Omnibus, und der Fahrer eilte betrübt zu seinem Sitz zurück. Der Schaffner sprach halblaut mit ihm, wobei er sich immer wieder umdrehte und sie beide ansah.

»Wenn Sie nicht wären ...«, flüsterte Clara. »Ich glaube, wenn Sie nicht wären, ich hätte mich entschlossen, auszusteigen.«

»Aber Sie wollten doch zum Retiro«, sagte er etwas verwundert.

»Ja, ich muß einen Besuch machen. Doch es wäre mir egal gewesen.«

»Ich habe einen Fahrschein zu fünfzehn gelöst«, sagte er. »Bis zum Retiro.«

»Ich auch. Das Dumme ist nur, wenn man aussteigt, bis dann der nächste Bus kommt ...«

»Eben, und dann ist er womöglich auch noch besetzt.«

»Womöglich auch das noch. Wie schlecht man heutzutage fährt. Haben Sie die U-Bahnen erlebt?«

»Ja, nicht zu sagen. Die Fahrerei ermüdet mehr als die Arbeit.«

Hellgrünes Licht flutete durch den Bus, sie sahen das Altrosa des Museums, die neue Juristische Fakultät, und in der Leandro N. Alem beschleunigte der 168er noch mehr, war wie wild darauf, ans Ziel zu kommen. Zweimal wurde er von einem Verkehrspolizisten angehalten, und beide Male wollte der Fahrer sich auf sie stürzen; beim zweiten Mal stellte der Schaffner sich vor ihn hin, weigerte sich wütend, ihn vorbeizulassen, so als wäre er es leid. Clara spürte, wie sich ihr die Knie bis zur Brust hochschoben, und die Hände ihres Begleiters ließen jäh von ihr ab, zeigten hervorspringende Knochen und harte Adern. Clara hatte nie gesehen, wie die Hand eines Mannes sich verändert, wenn sie sich zur Faust ballt, sie betrachtete sich diese harten und festen Dinger mit demütigem, vor Schrecken fast vergehendem Vertrauen. Und die ganze Zeit redeten sie über die Fahrerei, über das

Schlangestehenmüssen an der Plaza de Mayo, über die Pöbelhaftigkeit der Leute, über die Geduld, die man haben muß. Dann schwiegen sie, blickten auf die dicke Mauer längs der Bahngleise, und ihr Begleiter zog seine Brieftasche hervor und sah sie sich mit ernster Miene durch, wobei ihm ein wenig die Finger zitterten.

»Es dauert nicht mehr lange«, sagte Clara und setzte sich gerade hin. »Wir sind gleich da.«

»Ja. Hören Sie, wenn er zum Retiro einbiegt, stehen wir schnell auf und gehen zum Ausgang.«

»Gut. Sobald er am Platz ist.«

»Ja. Die Haltestelle ist kurz vor dem Turm der Ingleses. Sie steigen zuerst aus.«

»Oh, das ist egal.«

»Nein, ich werde für alle Fälle hinter Ihnen bleiben. Sobald wir um die Ecke biegen, stehe ich auf und lasse Sie vorbei. Sie müssen schnell machen und eine Stufe zur Tür hinuntergehen; dann stelle ich mich hinter Sie.«

»Gut, danke«, sagte Clara, ihn bewegt ansehend, und sie konzentrierten sich auf ihren Plan, indem sie auf ihre Schuhe schauten und aus den Augenwinkeln die Strecke maßen, die es zurückzulegen galt. Sie sahen, daß der 168er an der Ecke des Platzes freie Fahrt haben würde; mit zitternden Scheiben und drauf und dran, die Einfriedung des Platzes zu rammen, ging er mit Vollgas in die Kurve. Der Fahrgast sprang von seinem Sitz auf und Clara ging schnell hinter ihm vorbei und stürzte die Stufe hinunter, während er sich umdrehte und sie mit seinem Körper deckte. Clara blickte auf die Tür, die Einfassung aus schwarzem Gummi und die Rechtecke aus schmutzigem Glas; sie wollte nichts anderes sehen und zitterte furchtbar. Im Haar spürte sie das Keuchen ihres Begleiters, das brutale Bremsen schleuderte sie beide zur Seite, und in dem Moment, als die Tür aufging, kam der Fahrer mit ausgestreckten Händen durch den Gang gelaufen. Clara war schon auf den Platz gesprungen, und als sie sich umdrehte, sprang auch ihr Begleiter, und schnaufend ging die Tür zu. Die schwarzen Gummipuffer klemmten dem Fahrer eine Hand, seine steifen weißen Finger ein. Clara hatte durch die Fenster gesehen, daß der Schaffner zum Steuer gestürzt war, um den Hebel zu erreichen, der die Tür schloß.

Er nahm sie am Arm und sie überquerten schnell den Platz, auf dem es von Kindern und Eisverkäufern wimmelte. Sie sagten kein Wort zueinander, aber sie zitterten wie vor Glück, ohne sich anzusehen. Clara ließ sich führen, verschwommen nahm sie den Rasen wahr, die Beete, atmete die Luft, die nach dem nahen Fluß roch. Auf der anderen Seite des Platzes war ein Blumenverkäufer, und der junge Mann blieb vor dem auf Böcken stehenden Tragkorb stehen und wählte zwei Sträußchen Stiefmütterchen. Er reichte eines Clara, dann ließ er sie beide Sträußchen halten, damit er die Brieftasche ziehen und zahlen konnte. Aber als sie weitergingen (er nahm nicht wieder ihren Arm), hatte jeder sein Sträußchen, jeder trug das seine und war zufrieden.

Kopfschmerz

Die schönsten Bilder dieses Berichts verdanken wir der Doktorin Margaret L. Tyler. Ihr wunderbares Gedicht Symptome für die Anwendung der gebräuchlichsten Heilmittel gegen Schwindel und Kopfschmerzen *erschien in der Zeitschrift HOMEOPATIA (herausgegeben von der Gesellschaft argentinischer Homöopathen) Jahrgang XIV, Nr. 32, April 1946, S. 33ff.*

Ebenfalls möchten wir Ireneo Fernando Cruz dafür danken, daß er uns auf einer Reise nach San Juan mit der Lebensweise der Mancuspien bekannt gemacht hat.

Wir versorgen die Mancuspien bis zum späten Abend, jetzt im Sommer bei der Hitze sind sie überaus launisch und eigensinnig, die, die am weitesten zurückgeblieben sind, bedürfen besonderer Ernährung und wir bringen ihnen in großen Tonschüsseln gemälzten Hafer; die größeren wechseln gerade ihr Rückenfell, weshalb man sie aussondern, ihnen zum Schutz eine Decke umbinden und aufpassen muß, daß sie nachts nicht mit den Mancuspien zusammenkommen, die in Käfigen schlafen und alle acht Stunden Futter erhalten.

Wir fühlen uns nicht wohl. Schon seit dem Morgen nicht, vielleicht wegen des warmen Windes, der bei Tagesanbruch wehte, bevor noch diese teerige Sonne aufging, die den ganzen Tag auf das Haus schien. Es kostet uns Mühe, die kranken Tiere zu betreuen – das tut man um elf – und nach der Siesta die Jungen zu untersuchen. Wir finden es von Mal zu Mal beschwerlicher, der gewohnten Arbeit nachzugehen; wir fürchten, wenn wir auch nur eine Nacht nicht aufpassen, könnte das für die Mancuspien verhängnisvoll sein und unsere Existenz wäre für immer vernichtet. Wir überlegen daher nicht lange, kommen nacheinander all den Pflichten nach, die die Gewohnheit uns auferlegt, und machen gerade nur Pause, um zu essen (auf dem Tisch und auf der Konsole im Wohnzimmer liegen Stücke Brot) oder um uns in dem Spiegel zu betrachten, der das Schlafzimmer verdoppelt. Abends fallen wir ganz plötzlich ins Bett, und der Drang, uns vor dem Schlafengehen die Zähne zu putzen, weicht der

Müdigkeit, es reicht gerade nur zu einer Handbewegung zur Nachttischlampe oder zu den Medikamenten. Draußen hört man die ausgewachsenen Mancuspien immerfort im Kreis herumlaufen.

Wir fühlen uns nicht wohl. Einer von uns ist ein Fall von *Aconitum,* das heißt, daß er in stark verdünnten Dosen Aconitum einnehmen muß, wenn zum Beispiel Angst bei ihm Schwindel hervorruft. *Aconitum ist ein heftiger Sturm, der schnell vorübergeht.* Wie anders die Gegenattacke auf eine Unruhe beschreiben, die aus irgendeiner Nichtigkeit, aus dem Nichts entsteht. Eine Frau sieht sich unverhofft einem Hund gegenüber und fühlt sich darauf sehr schwindlig. Dann Aconitum, und nach kurzer Zeit bleibt nur ein sanfter Schwindel zurück mit der Neigung, rückwärts zu gehen (das widerfuhr uns, aber es war ein Fall von *Bryonia,* ebenso hatten wir das Gefühl, mit dem Bett, oder durch es hindurch, zu versinken).

Der andere dagegen ist ein klarer Fall von *Nux Vomica.* Nachdem er den Mancuspien den gemälzten Hafer gebracht hat, vielleicht weil er sich beim Füllen des Napfes zu lange gebückt hat, überkommt ihn plötzlich ein Gefühl, als drehe sich ihm das Gehirn, nicht daß sich alles im Kreise drehe – wie beim eigentlichen Schwindel –, sondern das Sehen ist es, was sich dreht, in ihm dreht sich das Bewußtsein wie ein Kreisel in seiner Kreisbahn, und draußen ist alles schrecklich unbeweglich, nur daß es flieht und nicht zu greifen ist. Wir haben schon gedacht, ob dies nicht eher das Krankheitsbild für *Phosphorus* ist, weil ihn außerdem der Duft der Blumen erschreckt (oder der der kleinen Mancuspien, die leicht nach Flieder riechen) und er physisch zum Phosphor-Bild paßt: er ist groß, schlank, ist versessen auf kalte Getränke, Eis und Salz.

Nachts ist es nicht so schlimm, da helfen uns die Müdigkeit und die Stille – denn das Umherlaufen der Mancuspien skandiert dieses Schweigen der Pampa – und manchmal schlafen wir bis zum Morgengrauen und es weckt uns ein zuversichtliches Gefühl der Besserung. Wenn einer von uns vor dem anderen aus dem Bett springt, kann es allerdings passieren, daß wir konsterniert mit ansehen, wie ein Phänomen von *Camphora monobromata* auftritt, denn er glaubt, daß er in die eine Richtung geht, während er in Wirklichkeit in die entgegengesetzte läuft. Es ist schrecklich, wir sind uns ganz sicher, daß wir ins Bad gehen, und unversehens spüren wir im Gesicht die nackte Haut des hohen Spiegels. Wir nehmen es zumeist nicht ernst, denn man muß an die Arbeit denken, die wartet, und was hülfe es uns, gleich zu verzagen. Wir suchen die Pillen und befolgen ohne zu jammern und zu klagen die Vorschriften von Doktor Harbín. (Vielleicht sind wir insgeheim ein bißchen *Natrium muriaticum*. Es ist für einen Natrium typisch, daß er weint, doch niemand darf es bemerken. Er ist traurig, verschlossen; er mag gern Salz.)

Wer kann an so viele Nichtigkeiten denken, wenn in den Korralen, im Treibhaus und in der Molkerei die Arbeit wartet? Schon machen sich Leonor und der lärmige Chango draußen zu schaffen, und wenn wir mit den Thermometern und den Waschtrögen für das Bad hinausgehen, stürzen sich die beiden auf die Arbeit, als wollten sie schnell ermüden, mit dem Hintergedanken, sich am Nachmittag auf die faule Haut zu legen. Wir wissen das sehr wohl, deshalb sind wir froh, gesund zu sein, um selber mit allem fertig zu werden. Solange die Arbeit nicht mehr wird und wir keine Kopfschmerzen bekommen, können wir weitermachen. Wir haben jetzt Februar, im Mai werden die Mancuspien verkauft sein und wir werden für den Winter ausgesorgt haben. Noch kann man weitermachen.

Die Mancuspien machen uns viel Spaß, einerseits weil sie sehr pfiffig sind und voller Bosheit stecken, andererseits weil ihre Aufzucht eine delikate Arbeit ist und ständige peinliche Sorgfalt erfordert. Wir brauchen nicht in Einzelheiten zu gehen, doch hier ein Beispiel: einer von uns holt die Muttertiere aus den Käfigen im Treibhaus – es ist 6 Uhr dreißig morgens – und schafft sie alle in den Korral mit dem Trockenfutter. Er läßt sie zwanzig Minuten lang herumtollen, während der andere die Jungen aus den numerierten Häuschen, wo jedes seine Krankengeschichte hat, holt, rasch rektal die Temperatur mißt, jene, die über 37,1° haben, in ihr Häuschen zurückschafft, und die übrigen durch eine Viehschleuse aus Blech zum Säugen mit ihren Müttern zusammenbringt. Dies ist vielleicht der schönste Augenblick des Morgens, die Freude der kleinen Mancuspien und ihrer Mütter, ihr anhaltendes geräuschvolles Plappern, geht uns ans Herz. Auf das Gitter des Korrals gestützt, vergessen wir die Realität des nahenden Mittags, des unaufschiebbaren harten Nachmittags. Mitunter fürchten wir uns etwas, auf den Boden des Korrals zu blicken – ein typisches Symptom von *Onosmo-*

dium –, doch es geht vorüber und die Helle bewahrt uns vor dem Komplementärsymptom, dem Kopfschmerz, der sich in der Dunkelheit verschlimmert.

Um acht ist Badezeit, einer von uns wirft einige Handvoll Krüschen-Salz und Kleie in die Waschtröge, der andere weist den Chango an, der Eimer mit lauwarmem Wasser anschleppt. Die Muttertiere mögen das Baden nicht, man muß sie vorsichtig an Ohren und Pfoten packen, geradeso wie man ein Kaninchen hält, und mehrere Male in den Waschtrog tauchen. Die Mancuspien geraten in Verzweiflung und sträuben ihr Fell, doch eben das wollen wir, damit das Salz bis an ihre zarte Haut dringt.

Es ist Leonors Aufgabe, den Muttertieren ihr Futter zu geben, und er macht das sehr gut; nie haben wir gesehen, daß er sich in der Zuteilung der Rationen vertat. Er gibt ihnen gemälzten Hafer und zweimal in der Woche Milch mit Weißwein. Dem Chango trauen wir nicht so recht, uns scheint, daß er den Wein selbst trinkt; es wäre besser, den Bordeaux drinnen zu lagern, aber das Haus ist so klein, und dann dieser süßliche Geruch, der sich in den Stunden verbreitet, wenn die Sonne am höchsten steht.

All das, wovon wir hier berichten, wäre vielleicht eintönig und belanglos, ergäben sich in der Folge nicht kleine Änderungen; in den letzten Tagen – jetzt wo die kritische Zeit beginnt, da wir die Jungtiere absetzen müssen – hat einer von uns feststellen müssen, und wie bitter war das für uns, daß sich immer stärker Symptome von *Silica* bemerkbar machen. Es beginnt in ebendem Augenblick, da uns die Müdigkeit übermannt, es ist ein Verlust des Gleichgewichts, ein tiefer Absturz im Innern, ein Schwindel, der über das Rückgrat hoch in den Kopf hinein krabbelt; wie das wuselnde Klettern (man kann es nicht anders beschreiben) der kleinen Mancuspien die Pfosten der Korrale hoch. Dann auf einmal, über dieser schwarzen Grube des Schlafs, in die wir schon mit Wonne hineinfielen, sind wir dieser feste und saure Pfosten, den beim Spielen die Mancuspien hochklettern. Und es ist noch schlimmer, wenn man die Augen schließt. Dann schwindet der Schlaf, niemand kann mit offenen Augen schlafen, wir sterben vor Müdigkeit, doch man braucht sich nur ein wenig gehen zu lassen, um den wuseligen Schwindel zu spüren, ein Hin und Her im Schädel, so als wäre der Kopf voller lebender Dinge, die ihn umkreisen. Wie Mancuspien.

Dabei ist es wirklich lächerlich, denn es ist erwiesen, daß es den *Silica*-Kranken an Kieselerde, an Sand fehlt. Und uns hier, umgeben von Dünen, in einem kleinen Tal, das riesige Wanderdünen bedrohen, uns fehlt es an Sand, wenn wir schlafen gehen.

Obwohl es unwahrscheinlich ist, daß diese Symptome sich verstärken, haben wir es vorgezogen, lieber etwas Zeit zu verlieren und genauestens zugemessene Dosen Arznei einzunehmen; um zwölf Uhr merken wir eine günstige Reaktion und der Arbeitsnachmittag verläuft glatt, höchstens vielleicht eine leichte Unangepaßtheit der Dinge, so als blieben die Gegenstände plötzlich vor uns stehen, stolz und steif, ohne sich zu rühren; allenthalben ein Gefühl von Scharfkantigkeit. Wir fürchten eine Wendung zu *Dulcamara,* doch es ist nicht leicht, darüber Gewißheit zu erlangen.

In der Luft schwebt leis der Flaum der ausgewachsenen Mancuspien, nach der Siesta gehen wir mit Scheren und ein paar Gummibeuteln in den drahtumzäunten Korral, wo der Chango die Tiere zur Schur zusammentreibt. Schon im Februar werden die Nächte kalt, und die Mancuspien brauchen ihr Fell, weil sie ausgestreckt schlafen und ihnen der Schutz fehlt, den sich jene Tiere selber geben, die ihre Pfoten einziehen und sich zusammenkuscheln. Trotzdem verlieren sie ihr Rückenfell, haaren langsam aus, und der Wind wirbelt im Korral einen leichten Nebel von Haaren auf, die in der Nase kitzeln und uns sogar im Haus zur Pein werden. Also treiben wir die Mancuspien zusammen und stutzen ihnen das Rückenfell auf halbe Länge, immer darauf bedacht, sie nicht der Wärme zu berauben; wenn diese Haare fallen, die zu kurz sind, um in der Luft zu schweben, bilden sie ein gelbliches Pülverchen, das Leonor mit dem Gartenschlauch benetzt und jeden Tag zu einer Teigkugel formt, die in den Abfall geworfen wird.

Derweil muß einer von uns die Männchen mit den jungen Mancuspien paaren und die Kleinen wiegen, wobei der Chango laut das Gewicht des Vortags liest, muß prüfen, welche Fortschritte jede Mancuspie gemacht hat, und die im Wachstum Zurückgebliebenen aussondern, um ihnen Kraftfutter zu geben. Diese Arbeiten beschäftigen uns bis zum Abend; dann bleibt nur noch die zweite Fütterung, der Hafer, den Leonor im Nu verteilt, und die Muttertiere einsperren, wobei die Kleinen quietschen und unbedingt bei ihnen bleiben wollen. Dem Chango obliegt es, die Tiere zu trennen, wir anderen sind schon auf der Veranda und überwachen die Arbeit. Um acht werden die Türen und Fenster geschlossen; um acht bleiben wir allein im Haus.

Früher war es ein schöner Augenblick, man gedachte des Vergangenen und machte sich Hoffnungen für die Zukunft. Doch seit wir uns nicht wohl fühlen, finden wir diese Stunde etwas bedrückend. Vergebens täuschen wir uns darüber hinweg, indem wir die Hausapotheke ordnen – immer wieder wird die alphabetische Ordnung der Medikamente aus Unachtsamkeit durcheinandergebracht –: am Ende sitzen wir immer schweigend am Tisch und lesen das Handbuch von Alvarez de Toledo *(Untersuche dich selbst)* oder das von Humphreys *(Homöopathischer Ratgeber).* Einer von uns hat mit kurzen Unterbrechungen eine Phase von *Pulsatilla* gehabt, was heißt, daß er dazu neigt, wetterwendisch, weinerlich, anspruchsvoll, reizbar zu sein. Das tritt in der Abenddämmerung auf und fällt zusammen mit den Symptomen von *Petroleum,* die sich bei den anderen zeigen, ein Zustand, in dem alles – Dinge, Stimmen, Erinnerungen – über ihn hinwegrauscht, ihn steif und starr werden läßt. Daher kommt es zu keinem Zusammenstoß, es ist gerade nur ein parallel verlaufendes erträgliches Leiden. Danach kommt manchmal der Schlaf.

Wir möchten in diese Aufzeichnungen auch keine zunehmende Emphase legen, ein allmähliches Anschwellen bis zum pathetischen Ausbruch des großen Orchesters, wonach die Stimmen wieder abnehmen und eine Stille der Übersättigung eintritt. Einiges von dem, was wir hier eintragen, ist uns schon widerfahren (wie der starke Kopfschmerz *Gloninum* an dem Tag, als die Mancuspien das zweite Mal warfen), anderes tritt jetzt auf oder am Morgen. Wir halten es für notwendig, diese Phasen zu dokumentieren, damit Doktor Harbín sie unserer Krankheitsgeschichte hinzufügt, wenn wir nach Buenos Aires zurückkehren. Wir sind nicht gewandt, wir wissen, daß wir plötzlich vom Thema abkommen, doch Doktor Harbín möchte vor allem die äußeren Umstände der Krankheitsbilder erfahren. Dieses Kratzgeräusch am Badezimmerfenster, das wir nachts hören, kann von Bedeutung sein. Es kann ein Symptom von *Cannabis indica* sein; bekanntlich hat ein an Cannabis indica Erkrankter gesteigerte Empfindungen, Zeit und Entfernung nimmt er übertrieben wahr. Es kann eine Mancuspie sein, die ausgerissen ist und wie alle vom Licht angezogen wird.

Am Anfang waren wir optimistisch, und noch haben wir die Hoffnung nicht verloren, mit dem Verkauf der Jungtiere einen schönen Batzen zu verdienen. Wir stehen früh auf, wir sagen uns, daß in der Endphase die Zeit immer kostbarer wird, und anfangs berührte uns die Flucht des Chango und Leonors fast nicht. Ohne vorherige Ankündigung, ohne den Vertrag im geringsten zu erfüllen, sind uns die beiden Gauner gestern nacht weggelaufen, haben das Pferd und den Sulky mitgenommen, die Decke von einem von uns, die Karbidlampe und die letzte Nummer von *Mundo Argentino.* Wegen der Stille in den Korralen schöpften wir Verdacht, daß sie nicht da waren, man muß sich beeilen, um die Jungen zum Säugen hinauszulassen, die Bäder und den gemälzten Hafer zu bereiten. Die ganze Zeit denken wir, daß man an den Vorfall nicht denken soll, wir arbeiten, ohne uns einzugestehen, daß wir jetzt allein sind, ohne Pferd, um die sechs Meilen bis Puan zurückzulegen, mit Vorräten für nur eine Woche, und umgeben von nichtsnutzigem Gesindel, obgleich man in den anderen Ortschaften das dumme Gerücht verbreitet hat, daß wir Mancuspien züchten, und aus Angst vor Krankheiten niemand sich uns nähert. Nur wenn wir bei guter körperlicher Verfassung arbeiten, können wir eine Verschwörung aushalten, die uns gegen Mittag zusetzt, mitten beim Essen (einer von uns bereitet unwirsch eine Dose Zunge und eine andere mit Platterbsen zu, brät Schinken mit Eiern), und die den Gedanken verwirft, keine Siesta zu halten, und uns unbarmherziger als die Türen mit den Doppelriegeln in das Dunkel des Schlafzimmers einschließt. Erst jetzt erinnern wir uns deutlich an den schlechten Schlaf während der Nacht, an diesen seltsamen, durchsichtigen Schwindel, wenn es uns erlaubt ist, diesen Ausdruck zu erfinden. Beim Erwachen, wenn wir aufstehen und vor uns hin blicken, sehen wir irgendeinen Gegenstand – sagen wir den Kleiderschrank – in wechselnder Geschwindigkeit sich um sich selbst drehen und schwankend nach einer Seite (der rechten) abtreiben; und gleichzeitig sehen wir durch den Wirbel hindurch denselben Kleiderschrank, wie er fest dort steht und sich nicht bewegt. Man braucht nicht lange nachzudenken, um darin einen Fall von *Cyclamen* zu erkennen, so daß die Behandlung in wenigen Minuten wirkt und uns für den Aufbruch und die Arbeit ins Gleichgewicht bringt. Viel schlimmer ist es, mitten in der Siesta zu merken (wenn die Dinge ganz sie selbst sind, wenn die Sonne sie scharfkantig macht), daß im Korral der ausgewachsenen Mancuspien große Erregung und Geplapper herrscht, ein plötzlicher, besorgniserregender Verzicht auf ihre Mittagsruhe, die sie fett macht. Wir wollen nicht hinausgehen, die Sonne, die hoch am Himmel steht, würde Kopfschmerz bedeuten, und wie jetzt riskieren, Kopfschmerzen zu bekommen, wo alles von unserer Arbeit abhängt. Doch man wird es tun müssen, die Unruhe der Mancuspien wächst und man kann unmöglich länger im Haus bleiben, wenn aus den Korralen ein nie gehörter Lärm dringt, also stürzen wir, durch Tropenhelme geschützt, hinaus, besprechen uns eilig und trennen uns dann, eine von uns läuft zu den Käfigen der Muttertiere, während der andere die Schlösser der Hoftore und den Pegelstand des Wassers im australischen Tank prüft und sich vergewissert, daß nicht etwa ein Fuchs oder eine Wildkatze eingedrungen ist. Kaum haben wir den Eingang der Korrale erreicht, hat die Sonne uns schon blind gemacht, wie Albinos schwanken wir zwischen den weißen Lohen, wir möchten in der Arbeit fortfahren, doch es ist zu spät, die Symptome von *Belladonna* setzen uns derart zu, daß wir uns erschöpft in die dunkle Tiefe des Schuppens stürzen. Blutandrang, rotes, heißes Gesicht; geweitete Pupillen. Rasender Pulsschlag in Hirn und Halsschlagadern. Heftiges Stechen, Stiche. Kopfschmerz wie Stöße. Bei jedem Schritt ein Stoß nach unten, als wäre ein Gewicht im Hinterhaupt. Hiebe und Stiche. Ein berstender Schmerz; so als würde das Gehirn zusammengestaucht; und noch schlimmer, wenn man sich bückt, dann ist es, als fiele das Gehirn heraus, als würde es nach vorn gestoßen oder als wollten die Augen aus dem Gesicht platzen. (*So als* würde dies, *so als* würde das geschehen; nie wie es wirklich ist.) Schlimmer bei den Geräuschen, den Stößen, der Bewegung, dem Licht. Und plötzlich hört es auf, die Dunkelheit und die Frische trägt den Sieg davon, wir sind erstaunt und dankbar, möchten gehen und den Kopf schütteln, wundern uns, daß noch eine Minute vorher … Aber die Arbeit wartet, und jetzt vermuten wir, daß die Unruhe der Mancuspien auf das Fehlen von frischem Wasser zurückzuführen ist, auf die Abwesenheit von Leonor und des Chango – sie sind so sensibel, daß sie diese Abwesenheit irgendwie spüren müssen –, und auch ein wenig darauf, daß sie die Veränderung in ihrer Versorgung am Morgen, unsere Ungeschicklichkeit, unsere Hast nicht gewöhnt waren.

Da heute kein Schurtag ist, kümmert sich einer von uns um die im voraus festgesetzte Paarung und um die Gewichtskontrolle; es ist leicht zu sehen, daß sich der Zustand der Jungen von gestern auf heute rapide verschlechtert hat. Die Muttertiere fressen schlecht, schnuppern lange an dem gemälzten Hafer herum, bevor sie geruhen, in den lauen Nährteig zu beißen. Schweigend erledigen wir die letzten Arbeiten, der Anbruch der Nacht hat jetzt eine andere Bedeutung, die wir nicht näher untersuchen wollen, wir trennen uns nicht mehr wie früher in einer bestimmten, immer derselben Reihenfolge von Leonor und dem Chango und den Mancuspien in ihren Käfigen. Die Türen des Hauses schließen bedeutet, eine gesetzlose Welt sich selbst überlassen, ausgeliefert den Begebenheiten der Nacht und der Morgendämmerung. Wir gehen ängstlich und umständlich hinein, den Augenblick hinauszögernd, ohne ihn aufschieben zu können, und deshalb heimlich und verstohlen, die ganze Nacht vor uns, die lauert wie ein Auge.

Zum Glück sind wir müde, die Sonneneinwirkung und die Arbeit sind stärker als heimliche Besorgnis; über den kalten Resten, die wir mühsam kauen, Schnippel Braten und in Milch eingeweichtes Brot, werden wir einschlafen. Wieder kratzt etwas am Badezimmerfenster, auf dem Dach meint man heimliche Verschiebungen zu hören; kein Lüftchen regt sich, es ist Vollmond und die Hähne, wenn wir Hähne hätten, würden schon vor Mitternacht krähen. Wir gehen schweigend zu Bett, nehmen fast blindlings die letzte Dosis des Medikaments ein. Bei gelöschtem Licht – aber das stimmt nicht ganz, denn es gibt kein gelöschtes Licht, es fehlt einfach an Licht, im Haus herrscht tiefe Finsternis, während draußen alles im Mondschein badet – möchten wir uns etwas sagen, doch es ist gerade nur ein Sichfragen, was morgen werden soll, wie wir das Futter beschaffen, wie wir ins Dorf kommen wollen. Und wir schlafen ein. Wir schlafen eine Stunde, nicht länger, die aschgraue Schnur, mit der man das Fenster aufzieht, hat sich unmerklich zum Bett hin bewegt. Jäh setzen wir uns im Dunkeln auf, lauschen im Dunkeln, weil man besser hört. Etwas ist mit den Mancuspien los, das Geräusch ist jetzt ein wütendes oder entsetztes Gezeter, man kann das helle Heulen der Weibchen von dem rauheren Schreien der Männchen unterscheiden, plötzlich sind sie ruhig und durchs Haus geht gleichsam eine Bö von Stille, dann kommt das Gejammer erneut gegen die Nacht und die Entfernung auf. Wir denken nicht daran, hinauszugehen, es ist schon schlimm genug, es mit anzuhören, einer von uns ist sich im Zweifel, ob das Geschrei von draußen kommt oder hier ist, denn es gibt Augenblicke, da es wie von drinnen kommt, und im Laufe dieser Stunde bekommen wir die Symptome von *Aconitum,* wo alles sich vermischt, wo alles genauso ungewiß ist wie sein Gegenteil. Ja, die Kopfschmerzen treten mit solcher Heftigkeit auf, daß man sie kaum beschreiben kann. Ein Gefühl von Zerreißen, von starkem Brennen im Gehirn und in der Kopfhaut, einhergehend mit Angst, Fieber und Beklemmung. Fülle und Schwere hinter der Stirn, so als wäre dort ein Gewicht, das nach außen drückte: als würde alles durch die Stirn herausgezogen. *Aconitum* tritt plötzlich auf; wild; ist schlimmer noch bei kühlen Winden; geht einher mit Unruhe, Beklemmung, Angst. Die Mancuspien streichen ums Haus herum; zwecklos, uns wieder und wieder zu sagen, daß sie in den Korralen sind, daß die Vorhängeschlösser jedem Versuch, sie aufzubrechen, standhalten.

Wir merken nicht, wie es tagt, gegen fünf überkommt uns ein Schlaf ohne Erholung, aus dem pünktlich unsere Hände auftauchen, um die Pillen zum Munde zu führen. Schon seit einer Weile wird an der Wohnzimmertür geklopft, das Klopfen wird immer wütender, bis einer von uns schließlich mit den Füßen nach seinen Pantoffeln angelt und zur Tür schlurft. Es ist die Polizei mit der Nachricht von der Verhaftung des Chango; sie bringen uns den Sulky zurück, der ihnen die Vermutung des Raubs und der Flucht nahelegte. Man muß eine Erklärung unterschreiben, alles ist in Ordnung, die Sonne ist aufgegangen und in den Korralen herrscht große Stille. Die Polizisten blicken zu den Korralen hinüber, einer von ihnen hält sich ein Taschentuch vor die Nase, er tut so, als huste er. Wir beantworten bereitwillig ihre Fragen, unterschreiben, und sie gehen wieder, fast im Laufschritt, machen einen großen Bogen um die Korrale, blicken zu ihnen hinüber, auch uns haben sie gemustert, haben gewagt, einen Blick ins Innere zu werfen (abgestandene Luft kam durch die Tür), und sind wieder gegangen, fast im Laufschritt. Es ist höchst seltsam, daß diese groben Kerle nicht mehr ausspionieren wollen, sie fliehen wie vor der Pest, jetzt hasten sie schon über den Seitenweg.

Eine von uns scheint persönlich zu entscheiden, daß der andere sofort gehen soll, um während der Morgenarbeit mit dem

Sulky Futter zu holen. Wir besteigen widerwillig den Wagen, das Pferd ist müde, weil sie es abgehetzt haben, wir fahren langsam weg und schauen uns um. Alles ist in Ordnung, also waren es nicht die Mancuspien, die im Haus Lärm gemacht haben, man muß die Ratten im Gebälk ausräuchern, erstaunlich, wieviel Lärm eine einzige Ratte nachts machen kann. Wir öffnen die Korrale, lassen die Muttertiere zusammenkommen, doch es ist kaum noch gemälzter Hafer da und die Mancuspien kämpfen wild darum, reißen sich vom Rücken und vom Hals ganze Büschel Fell aus, Blut quillt hervor und man muß sie mit der Peitsche und lautem Schreien auseinandertreiben. Danach ist das Säugen der Jungen mühsam und ungenügend, man sieht, daß die Kleinen hungrig sind, einige schwanken beim Laufen oder lehnen sich an den Drahtzaun. Ein totes Männchen liegt vor der Tür seines Käfigs, wir können es uns nicht erklären. Und das Pferd weigert sich zu traben, jetzt sind wir schon drei Meilen vom Haus entfernt und es geht immer noch im Schritt, mit hängendem Kopf und keuchend. Entmutigt drehen wir um, und als wir zurückkommen, sehen wir, wie in einem erneuten Kampfgetümmel die letzten Futterreste verlorengehen.

Ohne einzugreifen, kehren wir auf die Veranda zurück. Auf der ersten Stufe liegt ein sterbendes Mancuspienjunges, wir heben es auf, betten es in einen Korb mit Stroh, möchten wissen, was es hat, aber es stirbt den dunklen Tod der Tiere. Dabei waren die Vorhängeschlösser unberührt, keiner weiß, wie dieses Mancuspienjunge weglaufen konnte, ob es starb, weil es weglief, oder ob es weglief, weil es sterben sollte. Wir stecken ihm zehn Pillen *Nux Vomica* in die Schnauze, sie bleiben da liegen wie kleine Perlen, es kann nicht mehr schlucken. Von unserem Platz aus sieht man ein Männchen, das auf die Vorderläufe gesunken ist; es versucht, mit einem Ruck sich zu erheben, aber es knickt erneut zusammen, so als bete es.

Wir meinen Schreie zu hören, so nah, daß wir sogar unter den Korbstühlen auf der Veranda nachsehen; Doktor Harbín hat uns vor den tierischen Reaktionen, die sich morgens bemerkbar machen, gewarnt, wir hatten nicht gedacht, daß Kopfschmerz so sein kann. Hinterhauptschmerzen, von Zeit zu Zeit ein Schrei: die Symptome von *Apis,* Schmerzen wie Wespenstiche. Wir biegen den Kopf nach hinten oder senken ihn ins Kopfkissen (irgendwann haben wir das Bett erreicht). Kein Durst, aber voll

Schweiß; kaum Urin, durchdringende Schreie. Wie zerquetscht, empfindlich gegen jede Berührung; einmal haben wir uns die Hand gegeben und es war furchtbar. Bis es allmählich nachläßt, während wir eine Wiederholung mit tierischer Variante befürchten, wie schon einmal: nach der Wespe die Schlange. Es ist halb drei.

Wir wollen diese Berichte lieber ergänzen, solange es hell ist und wir uns wohl fühlen. Einer von uns sollte jetzt ins Dorf gehen, nach der Siesta würde es mit der Rückkunft sehr spät für uns, und wir blieben die ganze Nacht allein im Haus, womöglich ohne uns mit Medikamenten behandeln zu können ... Während der Siesta ist stockende Stille, es ist heiß in den Räumen, und wenn wir auf die Veranda treten, prallen wir ob des Gleißens der Erde, der Schuppen und der Dächer zurück. Es sind weitere Mancuspien gestorben, doch die übrigen verhalten sich still, nur aus der Nähe würde man sie keuchen hören. Einer von uns meint, daß es uns gelingen werde, sie zu verkaufen, daß wir ins Dorf gehen sollten. Der andere macht diese Aufzeichnungen und glaubt nicht mehr an viel. Möge doch die Hitze vorübergehen, möge es schon Abend sein. Kurz vor sieben gehen wir hinaus, es gibt noch ein paar Handvoll Futter im Schuppen, und als wir die Tüten ausschütteln, rieselt etwas Haferstaub, den wir wie etwas Kostbares einsammeln. Sie wittern ihn und die Unruhe in den Käfigen ist gewaltig. Wir wagen es nicht, sie herauszulassen, es ist besser, in jeden Käfig einen Eßlöffel Nährteig zu tun, sie werden dann eher zufrieden sein, auch wäre es gerechter. Wir holen nicht einmal die toten Mancuspien heraus, wir können es uns nicht erklären, wie es kommt, daß zehn Käfige leer sind und daß ein Teil der Jungen mit den Männchen zusammen im Korral sind. Man kann kaum etwas sehen, die Nacht bricht jetzt ganz plötzlich herein, und der Chango hat uns die Karbidlampe gestohlen.

Auf dem Weg am Berg mit den Weiden scheinen Leute zu sein. Man sollte jetzt rufen, damit jemand ins Dorf geht; noch ist Zeit. Manchmal denken wir, ob sie uns nicht bespitzeln, die Leute sind ja so dumm und mißtrauen uns. Wir wollen lieber nicht denken, wir schließen mit Behagen die Tür, ziehen uns ins Haus zurück, wo alles uns mehr anheimelt. Wir möchten in den Handbüchern nachschlagen, um uns gegen eine neue *Apis* zu schützen oder gegen ein anderes, noch schlimmeres Tier; wir lassen das Essen stehen und lesen laut, fast ohne zuzuhören. Manche

Sätze übertönen andere, und draußen ist es genauso, manche Mancuspien heulen lauter als die anderen, halten den Ton lange und brechen dann erneut in ein herzzerreißendes Geheul aus. »Ein an *Crotalus cascabella* Erkrankter hat besondere Halluzinationen ...« Einer von uns wiederholt die Bemerkung, es freut uns, das Lateinische so gut zu verstehen, Crotalus cascabella, doch das ist zweifach ausgedrückt, denn cascabella bedeutet dasselbe wie crotalus: Klapperschlange. Vielleicht will das Handbuch die gewöhnlichen Kranken mit der direkten Erwähnung des Tiers nicht erschrecken. Und trotzdem nennt es sie, diese schreckliche Schlange ... »deren Gift eine ungeheuer starke Wirkung hat«. Wir müssen unsere Stimme überanstrengen, um uns bei dem Lärm der Mancuspien zu verstehen, wieder vermeinen wir sie nah am Haus, im Dachstuhl, an den Fenstern kratzend, an den Türstürzen. Es ist gar nicht mehr seltsam, am Nachmittag haben wir so viele Käfige offen gefunden, doch das Haus ist geschlossen und das Licht im Eßzimmer ist uns ein kalter Schutz, während wir uns mit lauter Stimme instruieren. Alles in dem Handbuch ist klar beschrieben, eine direkte Sprache für Kranke, die keine vorgefaßte Meinung haben, die Beschreibung des Krankheitsbildes: Kopfschmerz und starke Erregung, verursacht durch beginnende Schläfrigkeit. (Zum Glück sind wir nicht müde.) Der Schädel preßt das Gehirn wie ein Stahlhelm zusammen – gut gesagt. Etwas Lebendiges geht im Kopf im Kreis umher. (Dann ist das Haus unser Kopf, wir fühlen, wie es umkreist wird, jedes Fenster ist ein Ohr für das Geheul der Mancuspien dort draußen.) Kopf und Brust zusammengepreßt von einer eisernen Rüstung, ein rotglühendes, in den Scheitel getauchtes Eisen. Wir sind uns bezüglich des Scheitels nicht sicher, seit kurzem schwankt das Licht, geht langsam aus, wir haben am Nachmittag vergessen, die Mühle in Gang zu setzen. Als wir nicht mehr lesen können, zünden wir neben dem Handbuch eine Kerze an, um die letzten Einzelheiten über die Symptome zu erfahren, denn es ist besser, Bescheid zu wissen, falls später ... Stechende Schmerzen in der rechten Schläfe, diese schreckliche Schlange, deren Gift eine ungeheuer starke Wirkung hat (das haben wir schon gelesen, es ist nicht leicht, das Handbuch mit einer Kerze zu beleuchten), etwas Lebendiges geht im Kopf im Kreis herum, auch das haben wir schon gelesen, und so ist es, etwas Lebendiges geht im Kreis herum. Wir sind nicht besorgt, schlimmer ist es dort draußen, falls es ein

Draußen gibt. Über das Handbuch hinweg werfen wir uns Blicke zu, und wenn einer von uns mit einer Kopfbewegung auf das Geheul aufmerksam macht, das immer lauter wird, nehmen wir die Lektüre wieder auf, als wären wir sicher, daß all das jetzt hier geschieht, wo etwas Lebendiges im Kreis herumgeht, an den Fenstern heult, an den Ohren, das Heulen der vor Hunger sterbenden Mancuspien.

Circe

And one kiss I had of her mouth, as I took the apple from her hand. But while I bit it, my brain whirled and my foot stumbled; and I felt my crashing fall through the tangled boughs beneath her feet, and saw the dead white faces that welcomed me in the pit.

Dante Gabriel Rossetti ›The Orchard-Pit‹

Es hätte ihm schon gleichgültig sein sollen, doch diesmal schmerzte ihn das Getuschel, das unterwürfige Gesicht von Mutter Celeste, wenn sie Tante Bebé davon erzählte, und die mürrische Ungläubigkeit in der Miene seines Vaters. Zunächst war es die Frau von oben gewesen, ihre Art, wie eine Kuh langsam den Kopf zu drehen und die Worte mit dem Entzücken eines pflanzenfressenden Rindviehs wiederzukäuen. Doch auch das Mädchen in der Apotheke – »Nicht, daß ich es glaube, aber wenn es wahr wäre, wie entsetzlich« – und selbst Don Emilio, immer so diskret wie seine Bleistifte und seine in Wachstuch eingeschlagenen Kontobücher. Alle sprachen sie von Delia Mañara mit einem Rest Scham, sich gar nicht sicher, ob es wirklich stimmte, aber Mario konnte nicht verhindern, daß ihm die Wut ins Gesicht schoß. Mit einem ohnmächtigen Ausbruch von Unabhängigkeit haßte er auf einmal seine Familie. Er hatte sie nie geliebt, nur das Blut und die Angst, allein zu sein, banden ihn an seine Mutter und seine Geschwister. Zu den Nachbarn war er brüsk und ruppig, Don Emilio beschimpfte er von Kopf bis Fuß, als das Gerede von neuem anfing. Die von oben grüßte er nicht mehr, als könnte ihr das was ausmachen. Und wenn er von der Arbeit zurückkam, ging er ostentativ zu den Mañaras hinein – manchmal mit Bonbons oder einem Buch –, um dem Mädchen Guten Tag zu sagen, das ihre zwei Verlobten umgebracht hatte.

Ich kann mich an Delia nicht mehr genau erinnern, sie war schlank und blond, überaus langsam in ihren Bewegungen (ich war damals zwölf, da sind die Zeit und die Dinge langsam) und trug helle Kleider und weitschwingende Röcke. Eine Zeitlang glaubte Mario, daß Delias Anmut und ihre Kleider den Haß der Leute hervorriefen. Er sagte es Mutter Celeste: »Ihr haßt sie, weil sie nicht zu dem Pöbel gehört wie ihr und ich selbst«, und er zuckte nicht einmal mit der Wimper, als seine Mutter Anstalten machte, ihm mit dem Handtuch kreuz und quer ins Gesicht zu schlagen. Danach war der Bruch offenkundig; sie überließen ihn sich selbst, wuschen seine Wäsche wie aus Gefälligkeit, und sonntags gingen sie nach Palermo oder zum Picknick, ohne ihm etwas zu sagen. Dann stellte sich Mario unter Delias Fenster und warf ein Steinchen. Manchmal kam sie heraus, manchmal hörte er sie drinnen lachen, etwas boshaft und ohne ihm Hoffnungen zu machen.

Dann kam der Fight zwischen Firpo und Dempsey, und in jedem Haus heulte man und war zutiefst empört, worauf eine fast ländliche Melancholie der Beschämung sich breitmachte. Die Mañaras zogen vier Häuserblocks weiter, und das bedeutet viel in Almagro, so daß nun andere Nachbarn mit Delia verkehrten; die Familien in der Victoria und der Castros Barros vergaßen den Fall, und Mario besuchte Delia weiterhin zweimal in der Woche, wenn er von der Bank zurückkam. Es wurde schon Sommer und Delia wollte manchmal ausgehen, so gingen sie zusammen in die Konditoreien der Rivadavia oder setzten sich auf eine Bank der Plaza Once. Mario war gerade neunzehn geworden, Delia sah ihrem zweiundzwanzigsten Geburtstag entgegen, ohne Feier diesmal, da sie noch Schwarz trug.

Die Mañaras fanden es unangebracht, daß sie wegen eines Bräutigams Trauer trug, auch Mario hätte einen inneren, nicht zur Schau getragenen Schmerz lieber gesehen. Es griff einem ans Herz, Delias verschleiertes Lächeln zu sehen, wenn sie sich, so blond sie war, vor dem Spiegel den zur Trauerkleidung passenden Hut aufsetzte. Sie ließ sich von Mario und den Mañaras von Ferne bewundern, ließ sich spazieren führen oder beschenken und beim letzten Tageslicht nach Hause bringen. Sonntagnachmittags empfing sie Mario bei sich zu Haus. Manchmal ging sie auch allein aus, sie ging dann in das alte Viertel, wo Héctor ihr den Hof gemacht hatte. Mutter Celeste hatte sie eines Nachmittags vorbeigehen sehen und mit ostentativer Verachtung die Fensterläden geschlossen. Eine Katze folgte Delia, alle Tiere waren ihr stets gefügig, man wußte nicht, ob es Liebe war, oder ob sie eine geheime Macht über sie besaß, sie umstrichen sie, ohne daß

Delia sie beachtete. Mario hatte einmal bemerkt, daß ein Hund vor ihr zurückwich, als Delia ihn streicheln wollte. Sie hatte ihn zu sich gerufen (eines Nachmittags auf der Plaza Once) und der Hund war brav, wohl auch freudig, bis an ihre Hand gekommen. Ihre Mutter erzählte, daß Delia als kleines Mädchen mit Spinnen gespielt hatte. Alle wunderten sich darüber, selbst Mario, der kaum Angst vor ihnen hatte. Und die Schmetterlinge setzten sich ihr aufs Haar – Mario hatte eines Nachmittags in San Isidro gleich zwei gesehen –, doch mit einer leichten Bewegung des Kopfes verscheuchte Delia sie. Héctor hatte ihr ein weißes Kaninchen geschenkt, das aber bald starb, noch vor ihm selbst. Doch Héctor hatte sich an einem frühen Sonntagmorgen in Puerto Nuevo ins Hafenbecken gestürzt. Damals hatte Mario den ersten Klatsch gehört. Der Tod von Rolo Médicis hatte niemanden interessiert, denn an Herzschlag stirbt schließlich die halbe Welt. Als Héctor Selbstmord beging, sahen die Nachbarn merkwürdige Übereinstimmungen, Mario erinnerte sich an das unterwürfige Gesicht von Mutter Celeste, als sie Tante Bebé davon erzählte, und an die mürrische Ungläubigkeit in der Miene seines Vaters. Und zu alledem noch der Schädelbruch, denn Rolo war der Länge nach hingeschlagen, als er aus dem Hausflur der Mañaras kam, und wenn er auch schon tot war, der harte Aufschlag des Kopfes auf die Stufe war ein weiteres häßliches Detail. Delia war drinnen geblieben, seltsam, daß sie sich nicht an der Haustür verabschiedet hatten, doch sie war immerhin in seiner Nähe gewesen und die erste, die aufgeschrien hatte. Héctor dagegen war allein gestorben, in einer eiskalten Nacht, fünf Stunden, nachdem er Delias Haus wie jeden Samstag verlassen hatte.

Ich kann mich an Mario nicht mehr genau erinnern, aber man sagt, daß er und Delia ein hübsches Paar abgaben. Obgleich sie wegen Héctor noch Trauer trug (Rolos wegen hatte sie es, wer weiß aus welcher Laune, nie getan), war es ihr recht, daß Mario sie begleitete, um in Almagro spazieren oder ins Kino zu gehen. Bis dahin hatte Mario sich Delia fern gefühlt, nicht zu ihrem Leben gehörig, selbst in ihrem Haus ein Fremder. Er war immer nur »Besuch«, und bei uns hat das Wort eine ganz bestimmte, einschränkende Bedeutung. Wenn er sie beim Überqueren der Straße oder auf der Treppe der Metrostation Medrano am Arm nahm, sah er manchmal auf seine Hand, die die schwarze Seide ihres Kleides drückte. An diesem Weiß auf Schwarz ermaß er die

Distanz. Doch Delia würde ihm näherkommen, wenn sie wieder Grau trüge und am Sonntagmorgen ihre hellen Hüte.

Obgleich der Klatsch keine reine Erfindung war, fand Mario es abscheulich, daß man gleichgültige Vorkommnisse miteinander verband, um einen Zusammenhang herzustellen. Viele Leute sterben in Buenos Aires an einer Herzattacke oder an Asphyxie. Viele Kaninchen siechen in den Häusern oder Patios dahin und verenden. Viele Hunde lassen sich streicheln oder weichen zurück. Die paar Zeilen, die Héctor seiner Mutter hinterlassen hatte, das Schluchzen, das die Frau von oben im Hausflur der Mañara in der Nacht, als Rolo starb (doch vor dem Aufschlag), gehört haben will, das Gesicht, das Delia die ersten Tage machte ... Die Leute messen diesen Dingen viel zuviel Bedeutung bei, und da aus vielen Knoten sich am Ende ein Stück Teppich ergibt, sollte Mario mit Ekel und Entsetzen diesen Teppich manchmal vor sich sehen, wenn die Schlaflosigkeit sich in sein kleines Zimmer schlich und ihm die Nacht raubte.

»Verzeih mir meinen Tod, Du kannst ihn unmöglich begreifen, doch verzeih mir, Mama.« Ein kleines Stück Papier vom Rand der *Crítica* abgerissen, mit einem Stein beschwert, neben der Jacke, die dort lag, wie um dem ersten Matrosen am frühen Morgen den Weg zu weisen. Bis zu jener Nacht war er so glücklich gewesen, wenn man ihn die letzten Wochen auch ein wenig sonderbar gefunden hatte; nicht sonderbar, eher zerstreut, in die Luft schauend, als sähe er dort etwas. Geradeso, als versuchte er etwas in die Luft zu schreiben, ein Rätsel zu entziffern. Alle Jungens im Café *Rubí* waren sich darin einig. Doch bei Rolo war es anders gewesen, sein Herz hatte plötzlich ausgesetzt, Rolo war ein einsamer und stiller Junge gewesen, mit Geld und einem Chevrolet-Kabrio, weshalb ihn wenige in der letzten Zeit zu Gesicht bekommen hatten. In den Korridoren hallen die Geräusche stark nach, die Frau von oben hatte immer wieder behauptet, daß Rolos Klagen wie ein unterdrücktes Brüllen gewesen sei, ein Schrei zwischen Händen hindurch, die ihn würgen wollen. Und fast gleich darauf der furchtbare Aufschlag des Kopfes auf der Schwelle, das Herbeirennen der schreienden Delia, der schon unnütze Aufruhr.

Ohne sich dessen bewußt zu sein, verband Mario Teile der Episoden miteinander und es überraschte ihn, Erklärungen zu finden, die mit den Anschuldigungen der Nachbarn übereinstimmten. Nie fragte er Delia danach, in der vagen Erwartung, daß sie von sich aus etwas sagen würde. Manchmal meinte er, daß Delia genau wisse, was gemunkelt wurde. Merkwürdig waren auch die Mañaras, ihre Art, wie sie auf Rolo und Héctor anspielten, so ungezwungen, als wären sie auf Reisen. Delia, geschützt durch diesen behutsamen und bedingungslosen Pakt, schwieg. Als Mario sich ihnen anschloß, diskret wie sie, deckten sie alle drei Delia mit einem feinen, beständigen Schatten, der an den Dienstagen und Donnerstagen fast durchsichtig war, greifbarer und dichter von samstags bis montags. Delia zeigte jetzt von Zeit zu Zeit wieder etwas Lebensfreude, einmal spielte sie Klavier, ein andermal Ludo*; zu Mario wurde sie netter, sie bat ihn, sich ans Fenster im Wohnzimmer zu setzen und erzählte ihm, was sie sich nähen oder stricken wollte. Nie sprach sie ihm von den Desserts oder den Pralinen, Mario wunderte sich darüber, doch er schrieb es ihrem Zartgefühl zu, der Furcht, ihn damit zu langweilen. Die Mañaras lobten Delias Liköre; eines Abends wollten sie ihm ein Gläschen servieren, aber Delia sagte barsch, daß es Damenliköre wären und daß fast alle Flaschen leer seien. »Héctor ...« begann klagend ihre Mutter, doch sagte sie weiter nichts, um Mario nicht weh zu tun. Später merkten sie, daß es Mario nicht störte, wenn von den früheren Verlobten die Rede war. Sie sprachen nicht mehr über Liköre, bis Delia wieder munterer Laune war und neue Rezepte ausprobieren wollte. Mario erinnerte sich an diesen Nachmittag, weil man ihn gerade befördert hatte, und das erste, was er tat, war, für Delia Pralinen zu kaufen. Die Mañaras drehten geduldig am Knopf des kleinen Detektorempfängers mit Kopfhörern und baten ihn, doch etwas im Eßzimmer zu bleiben, um Rosita Quiroga singen zu hören. Danach erzählte er ihnen von der Beförderung und daß er Delia Pralinen mitgebracht habe.

»Das hättest du nicht tun sollen, aber geh jetzt und bring sie ihr, sie ist im Wohnzimmer.« Und sie blickten ihm nach und sahen einander an, bis Vater Mañara sich die Kopfhörer absetzte, so als nähme er sich einen Lorbeerkranz vom Haupt. Seine Frau seufzte und wich seinem Blick aus. Auf einmal schienen die beiden unglücklich, verloren. Mit zerstreuter Geste schaltete Vater Mañara den Apparat aus.

* Ein Brettspiel. *A.d.Ü.*

Delia betrachtete sich die Schachtel und machte von den Pralinen nicht viel Aufhebens, doch als sie die zweite aß, Pfefferminz mit einem Nußkrönchen, sagte sie Mario, daß auch sie Pralinen machen könne. Sie schien sich dafür zu entschuldigen, daß sie ihm all dies nicht früher anvertraut hatte, und begann, ihm lebhaft zu beschreiben, wie sie die Pralinen machte, die Füllung und den Schokolade- oder Mokkaüberzug. Ihr bestes Rezept waren Pralinen mit Orangen- und Likörfüllung, mit einer Nadel stach sie in eine von denen, die Mario ihr gebracht hatte, um ihm zu zeigen, wie man dabei verfuhr; Mario sah, wie sich ihre Finger übermäßig weiß von der Praline abhoben; Delia kam ihm bei ihren Erläuterungen vor wie ein Chirurg, der zögernd einen heiklen Eingriff vornimmt. Die Praline sah aus wie eine winzige Maus zwischen Delias Fingern, ein kleines, aber lebendiges Ding, das die Nadel verletzte. Mario empfand seltsames Unbehagen, eine Süße von entsetzlicher Widerwärtigkeit. ›Werfen Sie diese Praline weg‹, hätte er ihr am liebsten gesagt. ›Werfen Sie sie weit weg, führen Sie sie nicht an den Mund, sie ist lebendig, es ist eine lebendige Maus.‹ Dann kehrte die Freude über seine Beförderung zurück, er hörte Delia die Rezepte wiederholen, das des Teelikörs, des Rosenlikörs ... Er griff in die Schachtel und aß zwei, drei Pralinen nacheinander. Delia lächelte, als machte sie sich über ihn lustig. Er stellte sich alles mögliche vor und war in einer bangen Weise glücklich. ›Der dritte Bräutigam‹, dachte er seltsamerweise. ›Besser gesagt: ihr dritter Bräutigam, aber lebendig.‹

Jetzt wird es schon schwieriger, davon zu erzählen, es ist vermischt mit anderen Geschichten, die man, weil einige Umstände in Vergessenheit geraten sind, hinzuerfindet, winzige Unwahrheiten, die sich hinter den Erinnerungen fortspinnen. Es scheint, daß er jetzt öfters zu den Mañaras ging, mit der Rückkehr zum Leben schloß Delia auch ihn in ihre Neigungen und Launen mit ein, und sogar die Mañaras baten ihn ein wenig zögernd, Delia aufzumuntern. Und er kaufte das Nötige für die Liköre, die Filter und Trichter, die sie tief befriedigt annahm, worin Mario ein wenig Liebe zu erblicken meinte, zumindest eine innere Abkehr von den Toten.

Sonntags blieb er nach Tisch bei seiner Familie, und Mutter Celeste dankte es ihm, ohne zu lächeln, doch sie gab ihm das Beste von der Nachspeise und den heißesten Kaffee. Endlich hatte das Gerede aufgehört, wenigstens sprach man von Delia nicht in seiner Gegenwart. Vielleicht hatten die Ohrfeigen, die der Jüngste der Camilettis bekommen hatte, und das heftige Aufbrausen vor Mutter Celeste das ihre getan; Mario meinte schließlich, daß sie sich die Sache hatten durch den Kopf gehen lassen, daß sie Delia von aller Schuld freisprachen und sie sogar wieder achteten. Nie erzählte er bei den Mañaras von zu Haus, noch erwähnte er sonntags bei der Unterhaltung nach Tisch seine Freundin. Er begann zu glauben, daß dieses doppelte Leben, eines vom anderen vier Häuserblocks entfernt, möglich sei; die Ecke Rivadavia und Castro Barros war die notwendige und entscheidende Brücke. Er hatte sogar die Hoffnung, die Zukunft werde die beiden Häuser und deren Menschen einander näherbringen, und war taub gegenüber dem unverständlichen Schritt, den er manchmal, wenn er allein war, als zuinnerst fremd und dunkel empfand.

Andere Leute besuchten die Mañaras nicht. Ein wenig wunderte ihn dieses Fehlen von Verwandten und Freunden. Mario brauchte kein besonderes Klingelzeichen für sich zu erfinden, alle wußten, daß er es war. Im Dezember, bei angenehm feuchter Hitze, war Delia der konzentrierte Orangenlikör gelungen, erfreut tranken sie ihn an einem Gewitterabend. Die Mañaras wollten ihn nicht kosten, sie waren sicher, daß er ihnen nicht bekommen würde. Delia war nicht gekränkt, doch sie war wie verklärt, als Mario anerkennend den kleinen violetten Fingerhut voll orangefarbigem Licht schlürfte. »Der wird mich umbringen, so brennt der, aber er ist köstlich«, sagte er ein- oder zweimal. Delia, die wenig sprach, wenn sie zufrieden war, bemerkte: »Ich hab ihn für dich gemacht.« Die Mañaras sahen sie an, als wollten sie in ihrem Gesicht das Rezept dieser minuziösen Alchimie lesen, die Delia vierzehn Tage Arbeit gekostet hatte.

Rolo hatte Delias Liköre geschätzt, Mario entnahm das einer Bemerkung, die Vater Mañara so nebenbei gemacht hatte, als Delia nicht anwesend war. »Sie hat ihm viele Getränke gemacht. Aber Rolo war ein wenig ängstlich wegen seines Herzens. Alkohol ist nicht gut fürs Herz.« So einen schwächlichen Bräutigam zu haben! Mario verstand jetzt die Befreiung, die sich in Delias Verhalten zeigte, in der Art, wie sie Klavier spielte. Er wollte die Mañaras schon fragen, was Héctor gern gemocht hatte, ob Delia auch für ihn Liköre oder Süßigkeiten gemacht habe. Er mußte an die Pralinen denken, die Delia jetzt wieder ausprobierte, und die zum Trocknen aufgereiht auf einem Bord in der Vorküche lagen.

Etwas sagte ihm, daß Delia mit den Pralinen Wunder vollbrachte. Nachdem er sie lange gedrängt hatte, gab sie ihm schließlich eine zu kosten. Er war schon im Begriff zu gehen, als Delia ihm auf einem Alpakatellerchen eine weiße und appetitliche Kostprobe brachte. Während er sie kostete – leicht bitter, mit einer Spur von Pfefferminz und Muskat, die eine seltsame Verbindung eingingen –, hielt Delia die Augen gesenkt und war ganz Bescheidenheit. Sie wollte nicht gelobt werden, es war nur ein Versuch und noch längst nicht das, was ihr vorschwebte. Doch beim nächsten Besuch – ebenfalls am Abend, schon im Abschiedsdunkel neben dem Klavier – erlaubte sie ihm, einen weiteren Versuch zu kosten. Er sollte die Augen schließen und den Geschmack erraten, und Mario schloß gehorsam die Augen und erriet einen sehr zarten Geschmack nach Mandarine, der ganz tief aus der Schokolade kam. Mit den Zähnen zerkleinerte er knusprige kleine Stückchen, doch deren Geschmack vermochte er nicht zu definieren, es war lediglich das angenehme Gefühl, in dieser süßen und wegglitschenden Masse einen Halt zu finden.

Delia war mit dem Resultat zufrieden, sie sagte Mario, daß seine Beschreibung des Geschmacks dem, was sie sich erhofft hatte, schon näher kam. Es bedurfte noch weiterer Versuche, Feinheiten mußten aufeinander abgestimmt werden. Die Mañaras erzählten Mario, daß Delia sich nicht wieder ans Klavier gesetzt hatte, daß sie ihre ganze Zeit damit verbringe, Liköre und Pralinen zu bereiten. Sie sagten es nicht vorwurfsvoll, aber sie waren auch nicht glücklich darüber; Mario vermutete, daß Delias Ausgaben sie bekümmerten. Da bat er Delia insgeheim um eine Liste der Essenzen und aller Zutaten, die sie benötigte. Sie tat darauf etwas, das sie nie zuvor getan hatte, sie legte die Arme um seinen Hals und küßte ihn auf die Wange. Ihr Mund roch ganz sacht nach Pfefferminz. Mario schloß die Augen, von dem Bedürfnis getrieben, ihr Parfüm und ihren Geruch im Dunkel der geschlossenen Lider zu spüren. Und sie küßte ihn noch einmal, jetzt fester, und sie seufzte dabei.

Er wußte nicht, ob er ihren Kuß erwidert hatte, wahrscheinlich hatte er, der Geschmacksprüfer Delias im Halbdunkel des Wohnzimmers, sich ruhig und passiv verhalten. Sie spielte jetzt Klavier wie kaum je zuvor, und sie bat ihn, am nächsten Tag wiederzukommen. Nie hatten sie mit dieser Stimme gesprochen, nie hatten sie auf diese Art geschwiegen. Die Mañaras argwöhnten etwas, denn sie kamen Zeitungen schwenkend mit der Nachricht herein, daß über dem Atlantik ein Flugzeug verschollen sei. Zu jener Zeit gingen viele Flugzeuge mitten über dem Atlantik verloren. Jemand schaltete das Licht an und Delia zog sich verärgert vom Klavier zurück, Mario kam es einen Augenblick so vor, als hätte ihre Reaktion auf das Licht etwas von der blinden Flucht eines Tausendfüßlers, von einem verrückten Die-Wände-hoch-Rennen. Im Türrahmen stehend, rang sie die Hände und kam dann wie beschämt zurück, verstohlen die Mañaras ansehend; sie sah sie verstohlen an und lächelte.

An diesem Abend ermaß Mario, ohne daß es ihn überraschte, es war eher eine Bestätigung, wie zerbrechlich Delias Frieden war, wie sehr der doppelte Tod noch auf ihr lastete. Der von Rolo mochte noch angehen; der Héctors aber war schon zuviel, ein Riß, der einen Spiegel freilegte. Delia blieben ihre heiklen Manien, der Umgang mit Essenzen und Tieren, ihr Kontakt mit einfachen und dunklen Dingen, die Nähe der Schmetterlinge und Katzen, der Hauch ihres Atems, der halb aus dem Tode kam. Er gelobte sich grenzenlose Fürsorge, eine Heilung über Jahre hinaus in hellen Zimmern und Parks fern den Orten der Erinnerung; vielleicht ohne Delia zu heiraten, nur indem er in dieser stillen Liebe fortführe, bis sie nicht mehr einen dritten Tod an ihrer Seite sähe, einen weiteren Bräutigam, der sterben muß.

Er hatte angenommen, die Mañaras würden sich freuen, als er begann, Delia die Extrakte zu bringen; statt dessen wurden sie mürrisch und abweisend, sagten kein Wort, wurden schließlich aber versöhnlicher und zogen sich zurück, zumal wenn die Stunde der Kostproben kam, immer im Wohnzimmer und spät abends, und er die Augen schließen und den Geschmack definieren mußte – wegen der Feinheit der Substanz manchmal lange schwankend –, den Geschmack der zarten Masse eines Pröbchens, eines kleinen Wunderwerks auf dem Alpakateller.

Als Dank für diese Gefälligkeiten nahm Mario Delia das Versprechen ab, zusammen ins Kino oder nach Palermo zu gehen. Er spürte, daß die Mañaras ihm dankbar waren und ihm stumm beipflichteten, wenn er samstagnachmittags oder sonntagmorgens kam, um sie abzuholen. Es schien, als zögen sie es vor, allein zu Hause zu bleiben, um Radio zu hören oder Karten zu spielen. Aber er spürte auch einen Widerwillen seitens Delia, aus dem Haus zu gehen, wenn die Alten daheim blieben. Wenn sie in Marios Beisein auch nicht traurig war, so war sie die wenigen Male, die sie zusammen mit den Mañaras ausgegangen waren, doch fröhlicher gewesen, da hatte sie sich auf der Landwirtschaftsausstellung richtig amüsiert, wollte Schokoladeplätzchen haben und ließ sich Spielsachen schenken, die sie auf dem Heimweg unentwegt ansah, sich genauestens betrachtete, bis sie müde wurde. Die frische Luft tat ihr gut, Mario sah, daß sie eine gesündere Gesichtsfarbe hatte und einen entschlossenen Gang. Wie bedauerlich, diese abendliche Rückkehr ins Labor, dieses endlose Grübeln vor der Waage und den kleinen Zangen. Jetzt beschäftigten sie die Pralinen so sehr, daß sie die Liköre darüber vernachlässigte; jetzt gab sie ihm ihre Neuschöpfungen nur noch selten zu kosten. Den Mañaras nie; Mario vermutete, ohne dafür Gründe zu haben, daß die Mañaras es abgelehnt hatten, neue Rezepte zu probieren; sie mochten lieber die gewöhnlichen Pralinen, und wenn Delia einmal eine Schachtel auf dem Tisch liegen ließ, ohne die Mañaras ausdrücklich aufzufordern, zuzulangen, es aber gleichsam doch tuend, wählten sie die einfachen, die gewohnten Formen, und sie schnitten die Pralinen sogar durch, um sich die Füllung anzusehen. Mario amüsierte das stumme Mißvergnügen Delias neben dem Klavier, ihre gespielte Zerstreutheit. Die neuen Sorten hatte sie ihm zugedacht, im letzten Augenblick kam sie mit dem Alpakatellerchen aus der Küche; einmal wurde es spät, sie hatte zu lange Klavier gespielt, weshalb sie ihm erlaubte, sie in die Küche zu begleiten, um sich ein paar neue Pralinen zu holen. Als sie das Licht anknipste, sah Mario die Katze, die in der Ecke schlief, und die Kakerlaken, die über die Steinfliesen flüchteten. Er mußte an die Küche bei ihm zu Haus denken, Mutter Celeste streute immer gelbes Pulver in die Ritzen zwischen Boden und Wand. An diesem Abend schmeckten die Pralinen nach Mokka und hatten einen seltsam salzigen Nachgeschmack (von ganz weit her), so als verstecke sich hinter dem Aroma eine Träne; es war idiotisch, daran zu denken, an den letzten Rest der geweinten Tränen an jenem Abend, als Rolo im Hausflur starb.

»Der Fisch ist so traurig«, sagte Delia und zeigte ihm das Glas mit den Steinchen und den künstlichen Pflanzen. Dort duselte ein durchsichtiges rosa Fischlein, das in gleichmäßigem Rhythmus das Maul öffnete. Sein kaltes Auge sah Mario an wie eine lebendige Perle. Mario mußte bei diesem salzigen Auge an eine Träne denken, die einem beim Kauen entglitscht.

»Man muß ihm das Wasser öfter erneuern«, schlug er vor.

»Das ist nicht nötig, er ist alt und krank. Morgen wird er sterben.«

Ihm klang diese Vorhersage wie eine Rückkehr zum Schlimmsten, zu der von Trauer gequälten Delia der ersten Zeit. Alldem noch so nah, der Treppenstufe und der Mole, und zwischen Strümpfen und Sommerunterröcken kamen plötzlich Photos von Héctor zum Vorschein. Hinter einem Heiligenbild an der Kleiderschranktür steckte eine getrocknete Blume von Rolos Totenwache.

Bevor er ging, bat er sie, ihn im Herbst zu heiraten. Delia sagte nichts, blickte auf den Boden, als suche sie dort eine Ameise. Nie hatten sie darüber gesprochen, Delia schien sich an den Gedanken gewöhnen zu müssen und erst überlegen zu wollen, bevor sie antwortete. Dann hob sie plötzlich ihren Kopf und sah ihn strahlend an. Sie war hübsch, ihre Lippen zitterten ein wenig. Sie machte eine Handbewegung, als wollte sie in der Luft ein Türchen öffnen, eine fast magische Gebärde.

»Dann bist du also mein Bräutigam«, sagte sie. »Du erscheinst mir jetzt ganz anders, ganz verändert.«

Mutter Celeste nahm die Nachricht schweigend auf, sie stellte das Bügeleisen beiseite und verließ den ganzen Tag nicht ihr Zimmer, in das Marios Geschwister einer nach dem andern hineingingen, um mit langen Gesichtern und einem Gläschen Hesperidina wieder herauszukommen. Mario ging zum Fußball und am Abend brachte er Delia Rosen. Die Mañaras erwarteten ihn im Wohnzimmer, umarmten ihn und sagten ihm das in solchem Fall Übliche, es mußte eine Flasche Portwein entkorkt werden und es gab feinstes Gebäck. Jetzt behandelte man ihn als zur Familie gehörig und zugleich distanzierter. Sie verloren die Unbefangenheit von Freunden und sahen einander mit den Augen von Verwandten, die von früher Kindheit an alles über einen wissen. Mario küßte Delia, küßte Mama Mañara, und als er seinen künftigen Schwiegervater fest umarmte, hätte er ihm gerne gesagt, daß sie zu ihm, dem neuen Pfeiler des Hauses, Vertrauen haben möchten, doch die Worte blieben ihm im Halse stecken. Man spürte, daß auch die Mañaras ihm gerne etwas gesagt hätten, aber nicht den Mut dazu aufbrachten. Die Zeitungen schwenkend, gingen sie wieder in ihr Zimmer, und Mario blieb mit Delia und dem Klavier zurück, mit Delia und dem »Liebestraum«.

Ein- oder zweimal während dieser Wochen der Verlobungszeit war er nahe daran, sich mit Papa Mañara außerhalb des Hauses zu treffen, um mit ihm über die anonymen Briefe zu sprechen. Er fand es dann aber doch unnötig grausam, weil gegen diese elenden Kerle, die ihn belästigten, nichts unternommen werden konnte. Der schlimmste Brief kam an einem Samstagnachmittag in einem blauen Umschlag, Mario betrachtete lange das Bild von Héctor in der *Ultima Hora* und die mit blauer Tinte unterstrichenen Sätze. »Nur tiefste Verzweiflung konnte ihn in den Tod getrieben haben, wie seine Angehörigen erklärten.« Er hatte selten darüber nachgedacht, warum Héctors Angehörige sich bei den Mañaras nicht mehr blicken ließen. Vielleicht waren sie in der ersten Zeit ein paarmal bei ihnen gewesen. Er erinnerte sich jetzt an den Zierfisch, die Mañaras hatten gesagt, er sei ein Geschenk von Héctors Mutter. Das Fischlein war an dem von Delia vorausgesagten Tag gestorben. Nur tiefste Verzweiflung konnte ihn dazu getrieben haben. Er verbrannte den Umschlag mit dem Zeitungsausschnitt, zählte die Verdächtigungen zusammen und nahm sich vor, sich mit Delia auszusprechen, sie vor dem Gegeifer, dem Durchsickern dieser Gerüchte zu bewahren. Fünf Tage später (er hatte weder mit Delia noch mit den Mañaras gesprochen) kam der zweite Brief. Auf dem himmelblauen feinen Karton war oben ein Sternchen gemalt (man wußte nicht, warum) und darunter stand: »Wenn ich Sie wäre, würde ich mich vor der Schwelle des Hauses in acht nehmen.« Aus dem Umschlag kam ein vager Duft von Mandelseife. Mario überlegte, ob die Frau von oben vielleicht Mandelseife benutzte, er besaß sogar die Unverschämtheit, die Kommodenschubladen von Mutter Celeste und seiner Schwester zu durchsuchen. Auch diesen anonymen Brief verbrannte er, und Delia sagte er wieder nichts. Das war im Dezember, und die Dezembertage der zwanziger Jahre waren sehr heiß, weshalb sie sich, wenn er nach dem Abendessen zu Delia ging, in dem Gärtchen hinter dem Haus aufhielten oder ums Karree gingen. Bei der Hitze aßen sie weniger Pralinen, nicht daß Delia ihre Versuche aufgegeben hätte, doch sie brachte selten Proben ins Wohnzimmer, verwahrte sie lieber in alten Schachteln, wo sie geschützt in kleinen Mulden lagen, ein feiner Rasen aus hellgrünem Papier darüber. Mario merkte, daß sie unruhig war, wie auf dem Quivive. Manchmal drehte sie sich an den Straßenecken um, und an dem Abend, als sie zum Briefkasten Ecke Medrano und Rivadavia kamen, und Delia eine abwehrende Gebärde machte, begriff Mario, daß man auch sie aus der Ferne drangsalierte; daß sie beide, ohne es einander zu sagen, unter denselben Belästigungen zu leiden hatten.

Er traf sich mit Papa Mañara im *Munich*, Ecke Cangallo und Pueyrredón, und bewirtete ihn reichlich mit Bier und Kartoffelchips. Doch so, als mißtraue er der Verabredung, ließ Papa Mañara sich nicht aus seiner wachsamen Benommenheit reißen. Mario sagte lachend, daß er ihn nicht anpumpen wolle und sprach ohne Umschweife von den anonymen Briefen, von Delias Nervosität, von dem Briefkasten an der Ecke der Medrano und Rivadavia.

»Ich bin sicher, daß diese Schändlichkeiten, wenn wir erst geheiratet haben, aufhören werden. Doch es ist nötig, daß ihr mir helft, daß ihr sie beschützt. So etwas kann ihr schaden. Sie ist so zart, so sensibel.«

»Du willst damit sagen, daß sie verrückt werden kann, stimmt's?«

»Nun, nicht gerade das. Aber wenn sie wie ich anonyme Briefe erhält und nicht darüber spricht und sich das bei ihr ansammelt...«

»Da kennst du Delia schlecht. Die anonymen Briefe machen ihr gar nichts aus... Ich will damit sagen, daß sie keinen Eindruck auf sie machen. Sie ist stärker als du denkst.«

»Aber sehen Sie denn nicht, sie ist wie verschreckt, etwas quält sie«, stammelte Mario hilflos.

»Das kommt nicht davon, glaub mir.« Er trank sein Bier, wie um Mario zum Schweigen zu bringen. »Vorher war sie genauso, ich kenne sie gut.«

»Was meinen Sie mit vorher?«

»Bevor sie ihr starben, du Tropf. Zahl, ich hab's eilig.«

Er wollte protestieren, aber Papa Mañara strebte schon der Tür zu. Er machte noch eine vage Geste des Abschieds und ging mit gesenktem Kopf in Richtung Plaza Once. Mario hatte keine Lust, hinter ihm herzulaufen, noch weniger, lange darüber nachzudenken, was er da gerade gehört hatte. Jetzt war er wieder allein, wie zu Anfang, allein gegenüber Mutter Celeste, der Frau von oben und den Mañaras. Ja, selbst den Mañaras gegenüber.

Delia schien etwas zu ahnen, denn sie empfing ihn ganz anders, war geradezu geschwätzig und fragte ihn listig aus. Vielleicht hatten die Mañaras ihr von dem Treffen im *Munich* erzählt, Mario wartete darauf, daß sie das Thema berühre, um ihr aus diesem Schweigen herauszuhelfen, aber sie zog es vor, *Rose Marie* und ein wenig Schumann zu spielen, die Tangos von Pacho mit scharfem, eindringlichem Rhythmus, bis die Mañaras mit Keksen und Malaga hereinkamen und alle Lichter anknipsten. Man sprach von Pola Negri, von einem Verbrechen in Liniers, von der partiellen Sonnenfinsternis und der Unsauberkeit der Katze. Delia meinte, die Katze habe zuviel Haare geschluckt, und war für eine Behandlung mit Rizinusöl. Die Mañaras, ohne eigene Meinung, gaben ihr recht, schienen indes nicht sehr überzeugt. Sie erinnerten sich eines befreundeten Tierarztes und irgendwelcher bitterer Kräuter. Sie kamen zu dem Entschluß, die Katze in dem kleinen Garten allein zu lassen, damit sie sich die Heilkräuter selber suche. Doch Delia sagte, daß die Katze sterben würde, das Rizinusöl könnte ihr Leben vielleicht etwas verlängern. Sie hörten an der Ecke einen Zeitungsverkäufer und die Mañaras liefen zusammen hinaus, um die *Ultima Hora* zu kaufen. Auf den fragenden Blick Delias hin löschte Mario im Wohnzimmer alle Lichter. Nur die Lampe auf dem Tisch in der Ecke blieb an und warf auf das Tischtuch mit den futuristischen Stickereien ein schmutzig gelbes Licht. Das Klavier stand im Dämmer.

Mario fragte nach Delias Aussteuer, ob sie an ihrer Wäsche nähe, ob März nicht ein besserer Monat für die Hochzeit sei als Mai. Er wartete auf einen Augenblick des Muts, um die anonymen Briefe zu erwähnen, doch ein Rest von Angst, mißverstanden zu werden, ließ ihn immer wieder zögern. Delia saß neben ihm auf dem dunkelgrünen Sofa, ihr himmelblaues Kleid hob sich gegen das Halbdunkel leicht ab. Als er sie küssen wollte, spürte er, wie sie sich langsam zusammenzog.

»Mama wird noch einmal kommen, um sich zu verabschieden, warte, bis sie ins Bett gehen ...«

Draußen hörte man die Mañaras, das Rascheln der Zeitung, ihr ununterbrochenes Reden. Sie waren diesen Abend nicht müde, es war schon halb zwölf und sie schwatzten immer noch. Delia setzte sich wieder ans Klavier und spielte wie aus Trotz lange kreolische Walzer, einmal mit da capo al fine und ein anderes Mal mit Läufen und Schnörkeln, die, obgleich ein wenig abgeschmackt, Mario bezauberten, und sie spielte so lange, bis die Mañaras kamen, um ihnen Gute Nacht zu sagen, und sie sollten nicht so lange machen, jetzt, wo er zur Familie gehörte, müßte er mehr denn je auf Delia achten und dafür sorgen, daß sie sich nicht die Nacht um die Ohren schlage. Als sie gingen, etwas widerwillig zwar, aber todmüde, drang in Stößen die Hitze durch die Flurtür und das Wohnzimmerfenster. Mario wollte ein Glas frisches Wasser und ging in die Küche, obgleich Delia es ihm holen wollte und deswegen ein wenig gekränkt war. Als er zurückkam, sah er Delia am Fenster stehen und auf die leere Straße blicken, auf die früher, an Abenden wie diesem, Rolo und Héctor hinausgegangen waren. Etwas Mondlicht beschien schon den Boden neben Delia und auch den Alpakateller, den sie in der Hand hielt und der aussah wie ein anderer kleiner Mond. Sie hatte Mario in Gegenwart der Maiñaras nicht bitten wollen zu kosten, er müsse verstehen, wie sehr deren Vorwürfe sie verdrossen, immer fanden sie, daß sie Marios Gutmütigkeit ausnütze, wenn sie ihn bitte, ihre neuen Pralinen zu probieren. Natürlich, wenn er keine Lust dazu habe, doch zu niemandem habe sie soviel Vertrauen wie zu ihm, die Mañaras seien unfähig, einen neuen Geschmack zu beurteilen. Sie bot ihm die Praline an, ihn fast flehentlich bittend, aber Mario begriff das Verlangen, das ihre Stimme erfüllte, er begriff es jetzt mit einer Klarheit, die nicht vom Mond kam, nicht einmal von Delia. Er stellte das Glas Wasser auf das Klavier (er hatte es nicht in der Küche getrunken) und nahm mit zwei Fingern die Praline. Delia stand neben ihm und wartete auf das Urteil, ihr Atem ging schwer, so als wenn alles davon abhinge, sie sagte nichts, doch drängte ihn mit Gesten, die Augen weit aufgerissen, die Pupillen geweitet – oder war es wegen der Dunkelheit im Zimmer –, während ihr Körper beim Keuchen ein ganz klein wenig schwankte, denn jetzt war es fast ein Keuchen, als Mario die Praline zum Mund führte, sie anbeißen wollte, doch die Hand wieder senkte und Delia aufstöhnte, als fühlte sie sich mitten in einem unendlichen Genuß jäh getäuscht. Mit der anderen Hand drückte er die Praline leicht zusammen, doch er sah nicht hin, er hielt den Blick auf Delia gerichtet, auf ihr gipsfarbenes Gesicht, ein abstoßender Pierrot in dem Halbdunkel. Die Finger spreizten sich und zerteilten die Praline. Der Mond schien geradewegs auf die weißliche Masse des Kakerlaken, der Leib seines ledernen Panzers entkleidet, und ringsherum, mit Pfefferminz und Marzipan vermischt, die Stückchen von Beinchen und Flügeln, das Pulver der zermahlenen Deckflügel.

Als er ihr die Stücke ins Gesicht warf, bedeckte Delia sich die Augen und begann zu schluchzen. Sie keuchte unter einem sie würgenden Schlucksen, und das Weinen wurde immer lauter, wie in der Nacht mit Rolo. Da schlossen sich Marios Finger um ihren Hals, wie um sie vor diesem Entsetzen, das aus ihrer Brust aufstieg, zu bewahren, ein Kollern des Weinens und Klagens, unterbrochen von Lachen, doch er wollte nur, daß sie schwiege, preßte ihren Hals nur, damit sie still sei, die Frau von oben lauschte sicher schon, schauernd vor Furcht und Wonne, weshalb er Delia unbedingt zum Schweigen bringen mußte. In seinem Rücken, von der Küche her, wo er die Katze mit den Splittern in den Augen gesehen hatte, die sich immer noch herumschleppte, um im Haus zu sterben, hörte er den Atem der Mañaras, die aufgestanden waren und sich im Eßzimmer verbargen, um sie zu belauschen, er war sicher, daß die Mañaras alles mit angehört hatten und dort an der Tür standen, im Dunkel des Eßzimmers, und hörten, wie er Delia zum Schweigen brachte. Er lockerte den Druck, und sie torkelte bis zum Sofa, unter Krämpfen zuckend und schwarz im Gesicht, aber lebend. Er hörte die Mañaras keuchen, sie taten ihm wegen so vielem leid, auch wegen Delia, die er ihnen erneut und lebend zurückließ. So wie Héctor und Rolo ging er und ließ sie ihnen zurück. Sie taten ihm wirklich sehr leid, die Mañaras, die dort darauf gelauert hatten, daß er – daß endlich einer – Delia, die weinte, zum Schweigen bringe, dem Klagen Delias ein Ende mache.

Die Pforten des Himmels

Um acht kam José María mit der Nachricht, fast ohne Umschweife sagte er mir, daß Celina gerade gestorben sei. Ich erinnere mich, daß ich an den Worten, Celina gerade gestorben, sofort Anstoß nahm, es klang ein wenig so, als habe sie selbst den Augenblick bestimmt, an dem es mit ihr zu Ende gehen sollte. Es war schon spät, und José María zitterten die Lippen, als er es mir sagte.

»Mauro ist es sehr nahegegangen, er war wie von Sinnen, als ich ihn verließ. Besser, wir gehen.«

Ich mußte noch ein paar Aufzeichnungen beenden, zudem hatte ich einer Freundin versprochen, mit ihr essen zu gehen. Ich telephonierte kurz und ging mit José María weg, um ein Taxi zu suchen. Mauro und Celina wohnten in Cánning y Santa Fe, wir schätzten, daß wir für die Fahrt zehn Minuten brauchen würden. Schon als wir uns dem Haus näherten, sahen wir Leute, die mit betroffener, verlegener Miene in der Vorhalle standen; unterwegs hatte ich erfahren, daß Celina um sechs angefangen hatte, Blut zu spucken, daß Mauro den Arzt geholt hatte und daß ihre Mutter bei ihnen war. Wie es schien, war der Arzt gerade dabei gewesen, ein langes Rezept zu schreiben, als Celina die Augen öffnete und unter Husten, der eher ein Pfeifen war, starb.

»Ich habe Mauro festgehalten, der Arzt mußte sich davonmachen, weil Mauro sich auf ihn stürzen wollte. Sie wissen ja, wie er ist, wenn ihn die Wut packt.«

Ich mußte an Celina denken, an Celinas Gesicht, als sie uns das letzte Mal bei sich zu Haus erwartete. Das laute Klagen der alten Frauen und das Hin und Her im Patio hörte ich fast nicht, dagegen erinnere ich mich, daß das Taxi zweisechzig kostete und daß der Chauffeur eine glanzseidene Mütze trug. Ich sah zwei oder drei von Mauros Freundeskreis, die an der Tür *La Razón* lasen; ein kleines Mädchen im blauen Kleid hielt eine braungescheckte Katze in den Armen und strich ihr mit Akkuratesse die Schnurrhaare. Weiter innen begann das Gejammer, auch roch es muffig.

»Geh schnell zu Mauro«, sagte ich zu José María. »Du weißt, daß man ihm ordentlich Schnaps geben muß.«

In der Küche war man schon dabei, den Mate zu bereiten. Die

Totenwache kam ganz von selbst zustande: durch die Mienen, die Getränke, die Hitze. Obgleich Celina gerade gestorben war, ist es doch unglaublich, daß die Leute eines Viertels alles liegen und stehen lassen, sich selbst die Quizsendung im Radio entgehen lassen, um sich geschlossen am Ort des Geschehens einzufinden. Laut summte eine Glühbirne, als ich an der Küche vorbeiging und mich im Sterbezimmer blicken ließ. Misia Martita und eine andere Frau sahen mich aus der dunklen Tiefe des Zimmers an, wo das Bett in Quittengelee zu schwimmen schien. An ihrer überlegenen Miene sah ich, daß sie Celina gerade gewaschen und eingekleidet hatten; es roch sogar leicht nach Essig.

»Die arme kleine Tote«, sagte Misia Martita. »Kommen Sie herein, Doktor, kommen Sie und sehen Sie sie sich an. Sie sieht aus, als schliefe sie nur.«

An mich haltend, um nicht zu fluchen, tauchte ich in die warme Suppe des Zimmers ein. Seit einer Weile schon hatte ich Celina vor Augen, ohne sie zu sehen, und jetzt ging ich zu ihr hin, sah das schwarze, schlaffe Haar über einer niedrigen Stirn, die glänzte wie Perlmutt einer Gitarre, und die kalkweiße, flache Scheibe ihres hoffnungslosen Gesichts. Ich merkte, daß ich hier nichts zu suchen hatte, daß dieses Zimmer jetzt den Frauen gehörte, den in der Nacht kommenden Klageweibern. Nicht einmal Mauro könnte hereinkommen und sich ruhig neben Celina setzen, es war auch nicht Celina, die dort wartete, dieses schwarzweiße Etwas hatte sich auf die Seite der klagenden Weiber geschlagen, favorisierte sie durch sein sich ständig gleichbleibendes Thema. Besser Mauro suchen gehen, der auf unserer Seite geblieben war.

Vom Schlafzimmer bis zum Eßzimmer standen stille Wachen, die in dem Gang ohne Licht rauchten. Peña, der verrückte Bazán, die beiden jüngeren Brüder Mauros und ein geheimnisvoller Alter grüßten mich respektvoll.

»Dank, daß Sie gekommen sind, Doktor«, sagte einer zu mir. »Sie sind dem armen Mauro stets ein guter Freund gewesen.«

»In solchen Augenblicken zeigt sich, was ein Freund ist«, sagte der Alte, mir eine Hand gebend, die sich anfühlte wie eine lebendige Sardine.

All das geschah, doch ich war wieder mit Celina und Mauro im Luna Park, wo wir zweiundvierzig auf dem Karneval tanzten, Celina in Himmelblau, was zu ihrer gelbrötlichen Gesichtsfarbe überhaupt nicht paßte, Mauro als Palm-Beach-boy und ich mit sechs Whiskys und einem ausgewachsenen Rausch. Es machte Spaß, mit Mauro und Celina auszugehen und an ihrer Seite ihr rauhes und hitziges Glück zu erleben. Je öfter man mir diese Freundschaft vorwarf, desto enger schloß ich mich ihnen an (in meinen freien Tagen und Stunden), um an ihrem Leben, von dem sie selbst nichts wußten, teilzuhaben.

Ich riß mich von dem Ball los, Klagegeschrei kam aus dem Schlafzimmer, drang durch die Türen.

»Das muß die Mutter sein«, sagte der verrückte Bazán fast mit Genugtuung.

›Der vollkommen logische Schluß des einfachen Mannes‹, dachte ich. ›Celina tot, Mutter kommt, Muttergeschrei.‹ Es ekelte mich, so zu denken, warum mußte ich immer alles denken, was den anderen genügt zu fühlen. Mauro und Celina waren nicht meine Meerschweinchen gewesen, nein. Ich mochte sie, ich mag sie immer noch sehr. Nur konnte ich nie ihre Unkompliziertheit mit ihnen teilen, ich sah mich gezwungen, vom Abglanz ihres Blutes mich zu nähren; ich bin Doktor Hardoy, ein Rechtsanwalt, der sich nicht mit dem Buenos Aires der Jurisprudenz, der Theater oder des Pferdesports begnügt und sich so gut er kann in anderen Kreisen bewegt. Ich bin mir bewußt, daß Neugier dahintersteckt, die Aufzeichnungen, die langsam meinen Zettelkasten füllen. Doch nicht bei Celina und Mauro, nicht bei Celina und Mauro.

»Wer hätte das gedacht«, hörte ich Peña sagen. »So plötzlich ...«

»Nun, du weißt, daß sie sehr lungenkrank war.«

»Ja, aber trotzdem ...«

Sie wehrten sich gegen das offene Grab. Sehr lungenkrank, aber immerhin ... Auch Celina mußte ihren Tod nicht erwartet haben, für sie und Mauro war die Tuberkulose »Schwäche«. Wieder sah ich sie begeistert in Mauros Armen sich drehen, das Orchester von Canaro dort oben und ein Geruch nach billigem Puder. Danach tanzte sie mit mir eine Machicha, auf der Tanzfläche drängten sich die Paare in fürchterlichem Dunst. »Wie gut Sie tanzen, Marcelo«, als wäre sie verwundert, daß ein Rechtsanwalt fähig ist, eine Machicha hinzulegen. Weder sie noch Mauro haben mich je geduzt, ich sagte zu Mauro du, doch Celina siezte ich, wie sie mich. Celina fiel es schwer, den »Doktor« wegzulassen, vielleicht machte es sie stolz, mir vor anderen den Titel zu geben, mein Freund der Doktor. Ich bat Mauro, es ihr nahezulegen, daraufhin fing das »Marcelo« an. So kamen sie mir ein wenig näher, doch mir blieben sie so fremd wie vorher. Daran änderte auch nichts, daß wir zusammen auf Volksfeste, zu Pferderennen, sogar zum Fußball (Mauro spielte vor Jahren im Rácing) gingen oder in der Küche bis spät in die Nacht hinein Mate tranken. Als der Prozeß zu Ende war und ich Mauro so zu fünftausend Pesos verholfen hatte, war Celina die erste, die mich bat, sie doch weiterhin besuchen zu kommen. Es ging ihr schon damals nicht gut, ihre Stimme, die immer schon etwas heiser gewesen war, wurde von Tag zu Tag matter. Sie hustete abends, Mauro kaufte ihr Neurofosfato Escay, was eine Idiotie war, und auch Hierro Quina Bisleri, Dinge, die man in den Illustrierten liest und denen man rückhaltlos vertraut.

Wir gingen zusammen tanzen und ich sah sie leben.

»Es wäre gut, wenn Sie mit Mauro sprächen«, sagte José María, der sich plötzlich neben mir aufpflanzte. »Es wird ihm guttun.«

Ich ging, doch die ganze Zeit mußte ich an Celina denken. Es war häßlich, mir das eingestehen zu müssen, denn in Wirklichkeit sammelte und ordnete ich nur meine Zettel über Celina, nie geschrieben zwar, doch mir sehr wohl zur Hand. Mauro weinte mit nacktem Gesicht, ohne die geringste Scham, wie jede Kreatur, die gesund und von dieser Welt ist. Er nahm meine Hände und netzte sie mit seinem Fieberschweiß. Als José María ihn nötigte, einen Gin zu trinken, schluckte er ihn zwischen zwei Schluchzern mit einem seltsamen Geräusch hinunter. Und dieses Gerede, dieses Gebrabbel von Stupiditäten mit seinem ganzen Leben darin, das dunkle Bewußtsein von dem Unwiderruflichen, das Celina widerfahren war, doch das nur er empfand und anklagte. Der große Narzißmus war schließlich entschuldigt, durfte sich offen zur Schau stellen. Mich ekelte vor Mauro, doch noch viel mehr vor mir selbst. Ich fing an, billigen Cognac zu trinken, ohne ihn zu genießen, er dörrte mir nur den Mund aus. Die Totenwache war schon voll im Gange, funktionierte wie am Schnürchen, von Mauro abwärts waren alle vortrefflich, und die Nacht tat das ihre, war gleichmäßig linde, schön, erlaubte, sich im Patio aufzuhalten und über die arme Verstorbene zu sprechen, den Morgen heraufziehen zu lassen, der Celina die Tücher der Nacht entreißen würde.

Das war an einem Montag, danach mußte ich nach Rosario zu einem Anwaltskongreß fahren, auf dem man nichts anderes tat, als sich gegenseitig zu applaudieren und wie verrückt zu trinken, und am Wochenende kehrte ich zurück. Im Zug waren zwei Tänzerinnen des *Moulin Rouge,* die jüngere der beiden, die die Gelangweilte spielte, erkannte ich wieder. Diesen ganzen Morgen hatte ich an Celina denken müssen, nicht daß mir ihr Tod besonders nahegegangen wäre, es war eher die Suspendierung einer Ordnung, einer notwendigen Gewohnheit. Als ich die Mädchen sah, mußte ich an Celinas Beruf denken und an Mauros Großmut, sie aus der Milonga* des Griechen Kasidis heraus und zu sich zu holen. Man mußte Mut haben, um von dieser Frau etwas zu erwarten, und zu der Zeit hatte ich ihn kennengelernt, als er zu mir kam, um mich wegen des Prozesses seiner Alten, bei dem es um ein paar Ländereien in Sanagasta ging, zu Rate zu ziehen. Das zweite Mal begleitete ihn Celina, noch mit einem fast professionellen Make-up, immerzu die Hüften schwenkend, doch an seinen Arm sich klammernd. Es fiel mir nicht schwer, sie richtig einzuschätzen, und ich ergötzte mich an Mauros herausfordernd unkompliziertem Wesen und seiner uneingestandenen Bemühung, sich Celinas ganz zu bemächtigen. Als ich mit ihnen zu verkehren begann, schien mir, daß er dies erreicht hatte, zumindest äußerlich und im täglichen Umgang. Später sah ich klarer, Celina entschlüpfte ihm ein wenig, und zwar durch ihre Kapricen, ihre Sehnsucht nach dem Tanzen, ihre langen Träumereien vor dem Radio, eine Flick- oder Strickarbeit in den Händen. Wie ich sie singen hörte, eines Abends, als der Nebelio den Rácing vier zu eins geschlagen hatte, wußte ich, daß sie noch bei Kasidis war, fern von einem festen Zuhause und von Mauro, dem Pächter des Albasto. Um Celina besser kennenzulernen, leistete ich ihren billigen Wünschen Vorschub, wir gingen zu dritt in so manches Lokal mit ohrenbetäubenden Lautsprechern, mit glühend heißer Pizza und mit fettigem Papier auf dem Boden. Mauro jedoch zog den Patio vor, die Plauderstunden mit Nachbarn und den Mate. Er schickte sich aber drein, fügte sich, ohne ganz zu kapitulieren. Dann gab Celina vor, der gleichen Meinung zu sein, vielleicht hatte sie sich schon damit abgefunden, weniger auszugehen und häuslicher zu werden. Ich war es, der Mauro

* Tanzlokal

dazu brachte, tanzen zu gehen, und ich weiß, daß er mir dafür von Anfang an dankbar war. Sie liebten sich, und Celinas Freude griff auf ihn über, manchmal auch auf mich.

Ich hielt es für angebracht, ein Bad zu nehmen, Nilda anzurufen, um ihr zu sagen, daß ich sie am Sonntag auf dem Weg zum Hippodrom abholen werde, und dann sofort Mauro aufzusuchen. Er war im Patio, saß vor seinem Mate und rauchte. Mich rührten die zwei oder drei kleinen Löcher in seinem Hemd, und ich schlug ihm zur Begrüßung auf die Schulter. Er machte das gleiche Gesicht wie das letzte Mal, als er eine Handvoll Erde ins offene Grab warf und wie geblendet zurückwich. Doch ich bemerkte ein Leuchten in seinen Augen, und er drückte mir fest die Hand.

»Dank, daß Sie mich besuchen kommen, Marcelo. Die Zeit wird einem lang.«

»Mußt du zum Abasto gehen, oder vertritt dich jemand?«

»Ich hab meinen kleinen Bruder, den Drückeberger, hingeschickt. Hab keine Lust, hinzugehen, obgleich mir der Tag ewig lang wird.«

»Klar, du brauchst Zerstreuung. Zieh dich um, wir machen einen Bummel durch Palermo.«

»Gut, meinetwegen.«

Er zog sich einen blauen Anzug an, steckte sich ein besticktes Taschentuch in die Brusttasche, und ich sah, wie er sich aus einem Flakon, das Celina gehört hatte, Parfüm aufs Haar goß. Mir gefiel seine Art, sich den Hut zurechtzudrücken, die Krempe hochzuschlagen, sowie sein beschwingter, lautloser Gang, halb Ganove, halb Filou. Ich begnügte mich damit, zuzuhören – »In solchen Augenblicken zeigt sich, was ein Freund ist« –, und bei der zweiten Flasche Quilmes Cristal kam er mit allem, was ihn bedrückte, heraus. Wir saßen an einem Tisch hinten im Café, fast allein; ich ließ ihn reden, und von Zeit zu Zeit schenkte ich ihm Bier ein. Ich kann mich an all das, was er mir sagte, kaum mehr erinnern, ich glaube, es war immer dasselbe. Ein Wort ist mir im Gedächtnis geblieben: »Ich habe sie hier«, und die Gebärde, wie er den Zeigefinger mitten auf die Brust richtete, als zeigte er auf eine schmerzende Stelle oder auf eine Medaille.

»Ich will vergessen«, sagte er auch. »Gleich was, mich besaufen, in die Milonga gehen, mit irgendeinem Weib schlafen. Sie verstehen mich, Marcelo, Sie ...« Der Zeigefinger ging in die Höhe, rätselhaft, knickte plötzlich ein wie ein Taschenmesser. So wie es um ihn stand, war er bereit, jeden Vorschlag anzunehmen, und als ich wie beiläufig den *Santa Fe Palace* erwähnte, war es für ihn eine beschlossene Sache, daß wir tanzen gingen, und er war der erste, der aufstand und auf die Uhr sah. Wir wanderten durch die Straßen, ohne zu sprechen, halbtot vor Hitze, und die ganze Zeit hatte ich den Verdacht, daß Mauro Erinnerungen nachhing, daß er sich immer wieder wunderte, an seinem Arm nicht die lebhafte Freude Celinas auf dem Weg zum Tanzen zu spüren.

»Ich habe sie nie in diesen *Palace* mitgenommen«, sagte er plötzlich. »Ich war einmal dort, bevor ich sie kennenlernte, er war als Milonga sehr verrufen. Gehen Sie oft hin?«

In meinem Zettelkasten habe ich eine gute Beschreibung des *Santa Fe Palace,* der nicht Santa Fe heißt, noch in dieser Straße ist, obgleich nicht weit davon. Schade, daß nichts davon wirklichkeitsgetreu beschrieben werden kann, auch nicht die schlichte Fassade mit ihren verheißungsvollen Plakaten und dem schmutzigen Billetschalter, noch weniger die Typen, die sich am Eingang herumdrücken und einen von oben bis unten mustern. Was dann kommt, ist schlimmer, was nicht heißt, daß es schlecht wäre, denn dort ist nichts eindeutig; das reine Chaos, ein Wirrwarr, der jede Ordnung verkehrt: die Hölle und ihre Kreise. Die Hölle eines japanischen Lustgartens zum Eintrittspreis von zweifünfzig, Damen nullfünfzig. Schlecht isolierte Kabinette, eine Art von überdachten Patios, einer hinter dem andern, und in dem ersten eine »Typische«, im zweiten eine »Charakteristische«, im dritten eine Nordländerin mit Sängern und Malambo. Durch einen Mittelgang gehend (ich machte den Vergil), hörten wir die drei Musikkapellen und sahen die drei Kreise tanzen; dann wählte man den, der einem am besten gefiel, oder ging von Tanz zu Tanz und trank auf der Suche nach einem Tisch und Frauen mal hier einen Gin, mal dort einen Gin.

»Nicht übel«, sagte Mauro mit trister Miene. »Nur ist es viel zu heiß. Die sollten Klimaanlage haben.«

(Für den Zettelkasten: gleich Ortega die Berührung des kleinen Mannes mit der Technik studieren. Wo man meinen möchte, es käme zu einem Schock, kommt es im Gegenteil zu ungestümer Anpassung und Nutzung; Mauro sprach von Kühlaggregaten oder von Superheterodynen mit der Selbstgefälligkeit des Einwohners von Buenos Aires, der glaubt, daß alles ihm zukomme.) Ich packte ihn am Arm und bugsierte ihn zu einem Tisch, denn er war mit seinen Gedanken immer noch woanders und betrachtete sich die Bühne der »Typischen«, den Sänger, der mit beiden Händen das Mikrophon hielt und es ganz langsam hin und her schwenkte. Vor zwei trockenen Zuckerrohrschnäpsen stützten wir zufrieden die Ellbogen auf, und Mauro trank sein Glas in einem Zuge aus.

»Der glättet die Wogen des Biers. Mann, was hat die Milonga für einen Zulauf!«

Ich bestellte noch einen Schnaps, der mir die Ruhe und Unbekümmertheit gab, um einfach nur umherzuschauen. Der Tisch stand hart an der Tanzfläche, und vor der Wand auf der anderen Seite war eine lange Reihe Stühle, wo viele Frauen sich gerade zurechtmachten, mit dieser abwesenden Miene der Animiermädchen, wenn sie arbeiten oder sich vergnügen. Es wurde nicht viel gesprochen, wir konnten die »Typische« sehr gut hören. Der Sänger legte Nachdruck auf die Nostalgie, wunderbar, wie er einem eher schnellen und rastlosen Rhythmus Dramatik gab. *Die Zöpfe meiner Geliebten trag ich im Koffer stets bei mir* ... Er klammerte sich an das Mikrophon wie an die Stangen eines Vomitoriums, mit einer Art müder Geilheit, einem organischen Bedürfnis. Für Augenblicke legte er die Lippen dicht an das Membrangitter, und aus den Lautsprechern kam eine klebrige Stimme – »Ich bin ein anständiger Mann ...« –; ich mußte denken, daß eine Gummipuppe mit einem darin versteckten Mikrophon eine gute Sache wäre, der Sänger könnte sie in den Armen halten und, sie ansingend, sich schön an ihr aufgeilen. Doch für die Tangos würde sie nicht taugen, da tut es besser der verchromte Stab mit dem kleinen glänzenden Totenkopf und dem tetanischen Lächeln des Gitters.

Ich möchte hier einfügen, daß ich in diese Milonga wegen der Monstren ging, ich kenne keine zweite, wo so viele zusammenkommen. Sie erscheinen um elf Uhr nachts, kommen aus obskuren Gegenden der Stadt, ruhig und selbstsicher, allein oder zu zweit, die Frauen fast Zwerge und von gelbrötlicher Gesichtsfarbe, die Macker wie Javaner oder Mocovies, in engsitzenden karierten oder schwarzen Anzügen, das kräftige Haar mit viel Fleiß gebändigt, Tröpfchen von Brillantine, die im Licht blau und rosa schillern, die Frauen mit enormen Hochfrisuren, die sie noch zwergenhafter machen, schwierige, komplizierte Frisuren, und daher ihre Müdigkeit und ihr Stolz. Den Männern gefällt es dagegen, sich das Haar aufzukämmen und oben zusammenzubinden, riesige weibische Pferdeschwänze, die überhaupt nicht zu dem brutalen Gesicht darunter passen, dem nur auf die Gelegenheit wartenden aggressiven Gebaren, dem imponierenden Brustkasten über schlanker Taille. Sie sind sich ihrer Stärke bewußt und bewundern sich im stillen, ohne es sich anmerken zu lassen, es ist ihr Tanzsaal und ihr Treffpunkt, die Nacht der Farbigen. (Für den Zettelkasten: woher kommen sie, welche Tätigkeiten üben sie aus, daß man sie tagsüber nicht sieht, welche obskuren Frondienste isolieren sie und halten sie im Verborgenen.) Sie kommen um diese Zeit, die Monstren treten mit feierlicher Hochachtung aufeinander zu, Raum um Raum drehen sie sich langsam im Kreise, ohne zu sprechen, viele mit geschlossenen Augen, endlich die Gleichheit, die Ergänzung genießend. In den Pausen erholen sie sich, an den Tischen prahlen sie und die Frauen unterhalten sich kreischend, damit man sie beachte, dann blicken die Macker noch finsterer, ich habe schon eine Ohrfeige sausen sehen, die einer schielenden Mestizin in Weiß, die gerade Anislikör trank, das Gesicht verdrehte und die halbe Frisur ramponierte. Und dann dieser Geruch, die Monstren sind unvorstellbar ohne diesen Geruch nach feuchtem Talkumpuder, nach faulem Obst, man vermutet, daß sie sich nur flüchtig waschen, einmal kurz mit dem nassen Lappen übers Gesicht und unter die Achseln, danach das Wichtigste, Gesichtswasser, Wimperntusche, der Puder auf dem Gesicht all dieser Frauen, eine weißliche Kruste, durch die braune Placken durchscheinen. Auch bleichen sie ihr Haar mit Wasserstoffsuperoxyd, es gibt schwarze Frauen, die starre Maiskolben auf der fettigen Erde ihres Gesichts tragen, sie imitieren sogar den Habitus einer Blondine, tragen grüne Kleider, sind von ihrer Verwandlung überzeugt und blicken herablassend auf die anderen, die sich zu ihrer Hautfarbe bekennen. Aus den Augenwinkeln betrachtete ich mir Mauro, im Unterschied zu ihnen hatte er mit seinen italienischen Zügen das Gesicht des Vorstadtbewohners von Buenos Aires ohne schwarzen oder provinziellen Einschlag, und ich erinnerte mich plötzlich an Celina, die den Monstren schon eher ähnelte, viel mehr als Mauro und ich. Ich glaube, daß Kasidis sie genommen hatte, um den Mestizen unter seinen Kunden entgegenzukommen, den wenigen, die sich damals in sein Kabarett getrauten. Nie war ich zu Celinas Zeiten bei Kasidis gewesen, doch später ging ich eines Abends hin (um den Ort kennenzulernen, wo sie gearbeitet hatte, bevor Mauro sie da herausholte) und ich sah dort nur weiße Frauen, blond- oder dunkelhaarige, aber weiße.

»Ich kriege Lust, einen Tango zu tanzen«, sagte Mauro wehleidig. Er war schon etwas betrunken, als er sich das vierte Glas zu Gemüte führte. Ich mußte an Celina denken, sie war hier ganz zu Hause, gerade hier, wohin Mauro sie nie mitgenommen hatte. Als jetzt Anita Lozano von der Bühne herab das Publikum begrüßte, erhielt sie brausenden Applaus, ich hatte sie im *Novelty* singen hören, als sie noch hoch im Kurs stand, jetzt war sie alt und klapprig, doch für Tangos war sie noch voll bei Stimme. Sie war sogar noch besser, denn ihr Stil war der einer Kanaille, und für diese Lieder voller Invektiven bedarf es einer etwas heiseren und unreinen Stimme. Celina besaß diese Stimme, wenn sie getrunken hatte, und plötzlich wurde mir bewußt, wie sehr der *Santa Fe* Celina war, sie war hier fast unerträglich gegenwärtig.

Mit Mauro zu gehen, war ein Fehler gewesen. Sie hielt durch, weil sie ihn liebte und er sie aus Kasidis' Schmiere herausgeholt hatte. Mit der Promiskuität und den Gläschen Zuckerwasser zwischen den ersten Stößen gegen das Knie und dem aufdringlichen schwülen Atem der Kunden an ihrem Gesicht war es vorbei, doch wenn sie in den Milongas nicht hätte arbeiten müssen, wäre Celina gern geblieben. Man sah es an ihren Hüften und am Mund, sie besaß alles, was man für den Tango braucht, sie war von Kopf bis Fuß für das Tingeltangel geschaffen. Deshalb mußte Mauro mit ihr zum Tanzen gehen, ich hatte gesehen, wie verklärt sie wurde, sobald sie die warme Luft der Akkordeons atmete. Zu dieser Stunde, still im *Santa Fe* sitzend, ermaß ich Celinas Größe, ihre Entschlossenheit, es Mauro mit ein paar Jahren am Herd und süßem Mate im Patio zu lohnen. Sie hatte auf ihre Milongaseligkeit und ihre glühende Vorliebe für Anislikör und kreolische Walzer verzichtet. Sich gleichsam bewußt verurteilend, Mauro und Mauros Leben zuliebe, nur leis auf ihn einwirkend, daß er sie manchmal zu einem Tanzvergnügen mitnehme.

Schon hielt Mauro eine junge Schwarze in den Armen, die größer war als die anderen, schlank wie wenige und gar nicht häßlich. Ich mußte über seine instinktive und zugleich überlegte Wahl lachen, dieses kleine Dienstmädchen sah den Monstren am wenigsten ähnlich. Nun mußte ich wieder daran denken, daß

Celina in gewisser Hinsicht ein Monstrum wie die anderen gewesen war, nur daß es einem draußen und bei Tage nicht so auffiel wie hier. Ich fragte mich, ob Mauro sich dessen vielleicht bewußt war, ich fürchtete ein wenig, er könnte mir einen Vorwurf daraus machen, daß ich ihn an einen Ort gebracht hatte, wo aus allem die Erinnerung sproß wie Haare am Arm.

Diesmal gab es keinen Applaus und er kam mit dem Mädchen an den Tisch. Es sah auf einmal ganz blöde aus, sperrte den Mund auf, als müßte sie außerhalb des Tangos nach Luft schnappen.

»Ich möchte Ihnen einen Freund vorstellen.«

Wir sagten uns das »angenehm«, wie es sich für Leute aus Buenos Aires geziemt, und gaben ihr sofort etwas zu trinken. Es freute mich zu sehen, wie Mauro den Abend zu genießen begann, und ich wechselte sogar ein paar Worte mit der Frau, die Emma hieß, ein Name, der zu hageren Frauen nicht recht passen will. Mauro schien ziemlich aufgekratzt und sprach knapp und sentenziös, was ich an ihm bewundere, von Orchestern. Emma schwelgte in Namen von Sängern, in Erinnerungen an Villa Crespo und El Talar. Dann kündigte Anita Lozano einen alten Tango an und es gab Geschrei und Applaus bei den Monstern, vor allem bei den Tapes*, die sie vorbehaltlos favorisierten. Mauro war nicht so weit geheilt, um sich ganz zu vergessen, als das Orchester einsetzte mit dem Sichdahinwinden der Bandoneons, sah er mich plötzlich an, gespannt und starr, wie sich erinnernd. Auch ich sah mich im Rácing, sah Mauro und Celina eng umschlungen diesen Tango tanzen, den sie dann den ganzen Abend und auf der Heimfahrt im Taxi vor sich hin summte.

»Tanzen wir den?« fragte Emma, die geräuschvoll ihre Grenadine hinunterspülte.

Mauro blickte sie nicht einmal an. Mir scheint, in diesem Augenblick trafen wir uns beide in der größten Tiefe. Jetzt (jetzt, da ich dies schreibe) sehe ich immer nur das Bild meiner zwanzig Jahre im Sportivo Barracas, wie ich mich ins Bassin stürze und tief unten einem anderen Schwimmer begegne, wie wir gleichzeitig den Grund berühren und uns im grünen, in den Augen beißenden Wasser undeutlich sehen. Mauro rückte den Stuhl zur Seite und stützte sich mit einem Ellbogen auf den Tisch. Er blickte auf die Tanzfläche, genau wie ich, und Emma saß verloren zwischen

* Spitzname der Guaraní.

uns beiden, war gekränkt, doch verbarg es, indem sie Kartoffelchips aß. Jetzt begann Anita mit brüchiger Stimme zu singen, die Paare tanzten fast ohne sich von der Stelle zu bewegen, und man sah ihnen an, daß sie dem Text lauschten, sehnsüchtig und unglücklich, mit all der eitlen Lust am Tingeltangel. Die Gesichter suchten die Bühne, und selbst wenn sie sich von ihr abwandten, war ihnen anzusehen, daß sie der gebeugten, treuen Anita am Mikrophon folgten. Einige bewegten die Lippen, wiederholten die Worte, andere lächelten blöde, wie hinter sich selbst hervor, und als sie ihr *So sehr, so sehr warst du mein, und heute suche ich dich und finde dich nicht* beendete, antwortete auf den vollen Einsatz der Akkordeons die erneute Gewalt des Tanzes, die seitlichen Schritte und die verworrenen Achter in der Mitte der Tanzfläche. Viele schwitzten, eine Mestizin, die mir fast den zweiten Knopf von der Jacke abgerissen hätte, kam dicht am Tisch vorbei und ich sah, wie ihr das Wasser vom Haaransatz troff und den Nacken hinunter in die Speckfalten lief. Es drang Rauch aus dem Salon nebenan, wo man Rostbraten aß und Rancheras tanzte, die Dünste von gebratenem Fleisch und der Zigarettenqualm bildeten eine niedrige Wolke, die die Gesichter und die billigen Malereien an der gegenüberliegenden Wand entstellten. Ich glaube, daß ich von innen mit meinen vier Gläsern dazu beitrug, und Mauro hatte das Kinn auf den Handrücken gestützt und sah starr geradeaus. Es war uns ziemlich gleichgültig, daß der Tango dort oben weiter- und weiterging, ein- oder zweimal sah ich Mauro einen Blick auf die Bühne werfen, wo Anita so tat, als hantiere sie mit einem Taktstock, doch dann starrte er wieder auf die Paare. Ich weiß nicht, wie ich es sagen soll, ich glaube, daß ich seinem Blick folgte und zugleich dessen Richtung bestimmte; ohne uns anzusehen, wußten wir (ich glaube, daß Mauro wußte) um die Übereinstimmung dieses Blickens, wir sahen dieselben Paare, dieselben Haare und dieselben Hosen. Ich hörte, daß Emma etwas sagte, sich entschuldigte, und der Raum zwischen Mauro und mir wurde lichter, obgleich wir uns nicht ansahen. Über die Tanzenden schien ein Augenblick unermeßlicher Glückseligkeit gekommen zu sein, ich atmete tief, wie daran teilnehmend, und ich glaube gehört zu haben, daß Mauro das gleiche tat. Der Rauch war so dicht, daß die Gesichter auf der Mitte der Tanzfläche verschwammen, so daß der Bereich der Stühle für die Animiermädchen zwischen den Körpern und durch den Dunst hindurch nicht zu sehen war. *So sehr warst du mein,* merkwürdig das Rasseln, das der Lautsprecher Anitas Stimme gab, wieder hielten die Tanzenden inne (sich immer noch bewegend), und auf der rechten Seite, aus dem Rauch hervorkommend und auf den leichten Druck ihres Begleiters hin sich drehend, stand Celina einen Moment im Profil zu mir, dann mit dem Rücken, mit dem anderen Profil, und hob das Gesicht, um der Musik zu lauschen. Ich sage: Celina; aber damals war es eher ein Wissen ohne Begreifen, Celina war dort, ohne dort zu sein, natürlich, wie das in dem Augenblick begreifen. Der Tisch zitterte plötzlich, ich wußte, daß es Mauros Arm war, der zitterte, oder der meine, aber wir hatten keine Angst, eher war es Schrecken oder Freude oder der Magen. In Wirklichkeit war es albern, ein Gefühl von etwas Absonderlichem, das uns nicht losließ, von dem wir uns nicht erholten. Celina stand immer noch dort, ohne uns zu sehen, und sog den Tango mit ihrem ganzen Gesicht ein, das ein von Rauch gelbes Licht entstellte und veränderte. Jede der Schwarzen könnte mehr Ähnlichkeit mit Celina gehabt haben, als sie selbst in diesem Augenblick, das Glück verwandelte sie in entsetzlicher Weise, ich hätte Celina nicht ertragen können, so wie ich sie in diesem Moment und bei diesem Tango sah. Ich war soweit bei Verstand, um die Verheerung ihres Glücks zu ermessen, ihr verzücktes und blödes Gesicht in dem endlich erlangten Paradies; so mochte es sein, daß bei Kasidis Arbeit und Kunden für sie nicht existierten. Nichts Hemmendes gab es jetzt für sie in ihrem ihr allein gehörenden Himmel, sie überließ sich mit Leib und Seele dem Glück und trat wieder in die Sphäre ein, wohin Mauro ihr nicht folgen konnte. Es war ihr hart errungener Himmel, wieder spielte ihr Tango nur für sie und für ihresgleichen, bis zum donnernden Applaus, der den Refrain Anitas beschloß, Celina von hinten, Celina im Profil, andere Paare um sie herum, und Rauch.

Ich wollte Mauro nicht ansehen, ich erholte mich jetzt, und mein notorischer Zynismus legte mir sogleich alle möglichen Verhaltensweisen nahe. Alles hing davon ab, wie er reagieren würde, weshalb ich mein Verhalten nicht änderte und mir die sich langsam leerende Tanzfläche betrachtete.

»Hast du gesehen?« sagte Mauro.

»Ja.«

»Hast du gesehen, wie sehr sie ihr ähnelte?«

Ich antwortete ihm nicht, die Erleichterung überwog das Mitleid. Er war auf dieser Seite, der Arme war auf dieser Seite und er konnte schon nicht mehr glauben, was wir zusammen erlebt hatten. Ich sah ihn aufstehen und wie ein Betrunkener auf der Tanzfläche herumgehen, die Frau suchend, die Celina ähnelte. Ich blieb ruhig sitzen, rauchte gemächlich eine Blonde und sah ihn hin und her gehen, wissend, daß es umsonst war, daß er bedrückt und durstig zurückkommen würde, ohne bei dem Rauch und den vielen Leuten die Pforten des Himmels gefunden zu haben.

Bestiarium

Zwischen dem letzten Löffel Milchreis – zu wenig Zimt, schade – und den Küssen vor dem Zubettgehen klingelte im Zimmer nebenan das Telefon und Isabel drückte sich herum, bis Inés zurückkam und ihrer Mutter etwas ins Ohr sagte. Sie blickten einander an und sahen dann beide Isabel an, die an den zerbrochenen Käfig und an die Divisionsaufgaben dachte und auch ein wenig an die Wut der Señora Lucera, weil sie auf dem Heimweg von der Schule ihre Klingel gedrückt hatte. Sie war nicht sehr beunruhigt, ihre Mutter und Inés sahen gleichsam über sie hinweg, nahmen sie fast nur zum Vorwand; doch sie sahen sie an.

»Mir, weißt du, gefällt es gar nicht, daß sie hinfährt«, sagte Inés. »Nicht so sehr wegen des Tigers, was das betrifft, sind sie ja wirklich sehr vorsichtig. Aber das Haus, es ist so traurig, und dann nur dieser eine Junge, mit dem sie spielen kann ...«

»Auch mir gefällt die Idee nicht«, sagte die Mutter, und Isabel wußte auf einmal, es war wie eine Rutschpartie, daß man sie den Sommer über zu den Funes schicken würde. Sie stürzte sich in diese Neuigkeit wie in eine riesige grüne Woge, zu den Funes, zu den Funes, natürlich würden sie sie hinschicken. Die Idee gefiel ihnen nicht, aber es war ratsam. Leicht angegriffene Bronchien, Mar del Plata irrsinnig teuer, die Schwierigkeit, mit einem verwöhnten, dummen Kind zurechtzukommen, im Betragen nur eine drei, wo doch die Señorita Tania die Güte selbst ist, unruhiger Schlaf, überall liegen Spielsachen herum, und dann das Gefrage, die abgerissenen Knöpfe, die ewig schmutzigen Knie. Sie verspürte Angst und Wonne, ein Duft von Weidenbäumen und das »u« in Funes vermischten sich mit Milchreis, so spät schon, jetzt aber schlafen gehen, ab mit dir ins Bett.

Da lag sie nun, im Dunkeln, voller Küsse und trauriger Blicke von Inés und ihrer Mutter, die sich nicht recht entschließen konnten und doch schon fest entschlossen waren, sie hinzuschikken. Sie erlebte die Ankunft im *Break* voraus, das erste Frühstück, die Freude Ninos, des Kakerlakenjägers, Nino Frosch, Nino Fisch (eine Erinnerung an vor drei Jahren, als Nino ihr ein paar Bildchen zeigte, die er in ein Album gekleistert hatte, und mit ernster Stimme erklärte: »Das ist ein Frosch und das ist ein Fisch-

Fisch«). Jetzt sah sie Nino mit seinem Schmetterlingsnetz im Park auf sie warten, und auch die zarten Hände Remas – sie sah sie in der Dunkelheit auftauchen –, sie lag da mit offenen Augen, und anstelle von Ninos Gesicht erschienen schwupps die Hände Remas, der Jüngsten der Funes. »Tante Rema hat mich so lieb«, und Ninos Augen wurden groß und feucht, wieder sah sie Nino losstürmen und in der dunklen Luft des Schlafzimmers schweben, sie zufrieden ansehend. Nino Fisch. Sie schlief ein mit dem Wunsch, die Woche möge in derselben Nacht vorübergehen, und das Abschiednehmen, die Fahrt mit dem Zug, die Meile im *Break,* das Parktor, die Eukalyptusbäume längs der Auffahrt. Bevor sie einschlief, fuhr sie entsetzt zusammen, als sie dachte, daß sie alles vielleicht nur träume. Mit einem Ruck sich ausstreckend, stieß sie mit den Füßen gegen die Bettstangen aus Messing, die ihr durch die Bettdecken hindurch weh taten, und im großen Eßzimmer hörte sie ihre Mutter und Inés reden, das Reisegepäck, wegen des Ausschlags zum Arzt gehen, Lebertran und Hamamelis virginiana. Es war kein Traum, es war kein Traum.

Nein, es war kein Traum. An einem windigen Morgen brachte man sie zum Bahnhof Constitución, Fähnchen auf den Verkaufsständen des Platzes, Kuchen im *Tren Mixto* und großer Auftritt auf Bahnsteig vierzehn. Inés und ihre Mutter küßten sie so oft, daß ihr war, als wäre man auf ihrem Gesicht herumgelaufen, es war ganz weich und roch nach Rouge und Rachel de Coty-Puder, und um den Mund war es feucht, ein widerliches Gefühl, von dem der Wind sie schlagartig befreite. Sie hatte keine Angst, allein zu reisen, denn sie war ja ein großes Mädchen mit nicht weniger als zwanzig Pesos im Handtäschchen, durch das Abteilfenster drang der süßliche Geruch der »Compañía Sansinena de Carnes Congeladas«, das Wasser des Riachuelo war gelb und Isabel hatte sich von dem gezwungenen Weinen wieder erholt, war zufrieden, verging vor Angst, voll beschäftigt mit ihrem Sitzplatz, ihrem Fenster, fast die einzige Reisende in diesem Teil des Zuges, wo sie alle Plätze ausprobieren und sich in den kleinen Spiegeln betrachten konnte. Ein- oder zweimal mußte sie an ihre Mutter und an Inés denken – sie würden bereits im 97er sitzen und von Constitución abfahren –, sie las Rauchen verboten, Es ist verboten, auf den Boden zu spucken, 42 Sitzplätze, sie fuhren mit höchster Geschwindigkeit durch den Bahnhof von Banfield, wuuum! Felder um Felder um Felder, dazu der Geschmack von

Milkibar und Pfefferminzbonbons. Inés hatte ihr geraten, an dem grünen Wollbettjäckchen weiterzustricken, und Isabel hatte es auch dabei, doch es lag ganz unten im Koffer, die arme Inés, was war das wieder für eine dumme Idee.

An der Station beschlich sie ein bißchen Angst, denn wenn der *Break* ... Aber da war er, und don Nicanor mit Blumen und ganz Respekt, gnädiges Fräulein vorne und gnädiges Fräulein hinten, ob die Reise gut, ob Doña Elisa immer noch so hübsch, ja natürlich, es hat geregnet. Oh, die wiegende Bewegung des *Break,* sie brachte ihr das ganze Aquarium ihres früheren Aufenthalts in Los Horneros wieder in Erinnerung. Alles kleiner, gläserner, rosiger, und ohne den Tiger damals, Don Nicolas noch nicht so grauhaarig vor knapp drei Jahren, Nino ein Frosch, Nino ein Fisch, und die Hände Remas, die einem Lust machten, zu weinen und sie ewig an seinem Kopf zu spüren, in fast tödlicher Liebkosung, und Vanilleeis mit Sahne, die beiden schönsten Dinge im Leben.

Man gab ihr ein Zimmer im Obergeschoß, für sie ganz allein, sehr hübsch. Ein Zimmer für Erwachsene (eine Idee von Nino, nichts als schwarze Locken und Augen, hübsch in seinem blauen Overall; natürlich ließ Luis ihn nachmittags immer sehr gut anziehen, schiefergrau mit roter Krawatte) und darin ein weiteres Zimmer, ein ganz kleines, mit einem riesigen wilden Kardinalsfinken. Das Bad war zwei Türen weiter (von innen zu erreichen, so daß man nicht erst ausfindig machen mußte, wo der Tiger gerade ist), voller Wasserhähne und blinkender Dinge, doch ließ sich Isabel so leicht nichts vormachen, schon am Bad merkte man, daß man auf dem Lande war, es war nicht alles so perfekt wie in einem Bad in der Stadt. Es roch alt, am zweiten Morgen sah sie, wie im Waschbecken ein Tausendfüßler herumspazierte. Kaum hatte sie ihn berührt, wurde er ein verängstigtes Kügelchen, verlor seinen Halt und verschwand durch das glucksende Loch.

Liebe Mama, ich greife zur Feder, um ... Sie aßen im Kristall-Eßzimmer, wo es kühler war. Der Nene beklagte sich dauernd über die Hitze, Luis sagte nichts, doch man konnte sehen, wie ihm das Wasser auf die Stirn trat und in seinem Bart sich perlte. Nur Rema war gelassen, sie reichte in aller Ruhe die Teller an, es war immer so, als wäre es ein Geburtstagsmahl, ein wenig feierlich und bewegend. (Von ihr lernte Isabel insgeheim, wie man das Fleisch tranchiert und die Dienstmädchen anweist.) Luis las fast immer, die Fäuste an den Schläfen und das Buch gegen eine Siphonflasche gelehnt. Rema berührte ihn immer erst am Arm, bevor sie ihm einen Teller reichte, und manchmal unterbrach der Nene ihn beim Lesen und nannte ihn einen Philosophen. Isabel tat es weh, daß Luis ein Philosoph sein sollte, nicht daß Philosophen ihr leid taten, aber der Nene hatte dann einen Grund, sich über ihn lustig zu machen.

Die Tischordnung war so: Luis am Kopfende, Rema und Nino an der einen Seite, der Nene und Isabel an der anderen, so daß ein Erwachsener an der Schmalseite saß und an beiden Seiten je ein Kind und ein Erwachsener. Wenn Nino ihr etwas Wichtiges sagen wollte, trat er ihr immer erst gegen das Schienbein. Einmal schrie Isabel auf und der Nene wurde wütend und nannte sie ein ungezogenes Kind. Rema schaute sie an, und Isabel fand Trost in ihrem Blick und in der Juliennesuppe.

Mutti, bevor man zum Essen geht, und auch sonst, muß man aufpassen, daß ... Fast immer war es Rema, die sich vergewisserte, ob man in das Kristall-Eßzimmer gehen konnte. Am zweiten Tag kam sie in das große Wohnzimmer und sagte ihnen, sie sollten warten. Es dauerte ziemlich lange, bis ein Knecht ihnen mitteilte, daß der Tiger im Kleegarten sei, da nahm Rema die Kinder an der Hand und alle gingen zum Essen. An diesem Mittag waren die Kartoffeln völlig trocken, auch wenn nur der Nene und Nino protestierten.

Du hast mir gesagt, ich dürfe nicht ... Denn Rema schien mit ihrer Nettigkeit jeder Frage zuvorzukommen. Sie fühlten sich so sicher, daß sie sich wegen der Zimmer nicht zu sorgen brauchten. Das Haus war riesengroß, und im schlimmsten Fall durfte man ein Zimmer eben nicht betreten; nie mehr als eines nicht, und das machte ja nichts. Nach zwei Tagen hatte sich Isabel geradeso daran gewöhnt wie Nino. Sie spielten von morgens bis abends im Weidenwald, und wenn man nicht in den Weidenwald konnte, blieb ihnen der Kleegarten, der Park mit den Schaukelstühlen und das Bachufer. Und im Haus war es genauso, sie hatten außer ihren Schlafzimmern den Flur im Zwischengeschoß, unten die Bibliothek (außer an Donnerstagen, wenn man sie nicht betreten durfte) und das Kristall-Eßzimmer. Luis' Arbeitszimmer betraten sie nicht, weil Luis immer las, doch manchmal rief er seinen Sohn herein und gab ihm Bücher mit Bildern; aber Nino brachte sie mit heraus, und um sie sich anzuschauen, gingen sie ins Wohnzimmer oder in den Vorgarten. Nie betraten sie das Arbeitszimmer des Nene, denn sie hatten Angst vor seinen Wutausbrüchen. Rema sagte ihnen, daß es so besser sei, und sie sagte das, als wollte sie sie warnen; sie verstanden aber auch schon in ihrem Schweigen zu lesen.

Im Grunde war es ein trauriges Leben. Isabel fragte sich eines Abends, warum die Funes sie eigentlich eingeladen hatten, bei ihnen den Sommer zu verbringen. Sie war noch nicht alt genug, um zu begreifen, daß man sie nicht ihretwegen eingeladen hatte, sondern wegen Nino, ein Sommerspielzeug, um Nino zu erfreuen. Es fiel ihr nur auf, daß das Haus traurig war, daß Rema irgendwie müde war, daß alles, obgleich es kaum je regnete, etwas Feuchtes und Verlassenes hatte. Nach einigen Tagen hatte sie sich an die Hausordnung, an die nicht schwer einzuhaltende Disziplin dieses Sommers in Los Horneros gewöhnt. Nino begann mit dem Mikroskop umzugehen, das Luis ihm geschenkt hatte, und sie verbrachten eine herrliche Woche damit, in einem Trog mit abgestandenem Wasser und Kallablättern Tierchen zu züchten, ein bißchen von dem Wasser auf eine Glasplatte zu träufeln und die Mikroben zu beobachten. »Das sind Moskitolarven, mit diesem Mikroskop könnt ihr keine Mikroben sehen«, sagte ihnen Luis mit seinem etwas gequälten und abwesenden Lächeln. Sie konnten nicht glauben, daß dieses entsetzliche Gewimmel keine Mikroben sein sollten. Rema brachte ihnen ein Kaleidoskop, das sie in ihrem Schrank verwahrte, doch es machte ihnen mehr Vergnügen, Mikroben zu entdecken und ihre Beinchen zu zählen. Isabel hatte ein Heft, in das sie die Daten der Experimente eintrug, es verband die Biologie mit der Chemie und gab so den Anstoß zu einer Hausapotheke. Die Hausapotheke richteten sie in Ninos Zimmer ein, nachdem sie das ganze Haus durchsucht hatten, um sich mit allen möglichen Dingen zu versorgen. Isabel sagte zu Luis: »Wir brauchen von allem etwas.« Luis gab ihnen Salmiakpastillen, rosa Watte, ein Reagenzglas. Der Nene steuerte eine Wärmflasche bei und ein Fläschchen mit abgeschabtem Etikett voll grüner Pillen. Rema kam sich die Apotheke anschauen, las im Heft das Inventar und sagte ihnen, daß sie da sehr nützliche Dinge lernten. Isabel oder Nino (der immer in Erregung geriet und sich vor Rema stets hervortun wollte) kam auf die Idee, ein

Herbarium einzurichten. Da man an diesem Morgen in den Kleegarten gehen konnte, holten sie sich dort von allen Pflanzen ein Exemplar, und am Abend war der Fußboden ihrer Zimmer voller Blätter und Blumen, schön auf Papier ausgebreitet, man konnte kaum noch treten. Bevor sie schlafen ging, notierte Isabel: »Blatt Nr. 74: grün, herzförmig, braune Tüpfelchen.« Es ärgerte sie ein wenig, daß fast alle Blätter grün waren, fast alle einfarbig, fast alle lanzettförmig.

An dem Tag, als sie auf Ameisenjagd gingen, sah sie die Landarbeiter der Estancia. Den Aufseher und den Verwalter kannte sie schon, weil sie mit den Nachrichten ins Haus kamen. Doch diese anderen Arbeiter, alle jünger, saßen vor ihren Hütten und schienen Siesta zu halten, sie gähnten und sahen den Kindern beim Spielen zu. Einer sagte zu Nino: »Was sammelste bloß all das Krabbelzeug«, und fuhr ihm mit zwei Fingern durch die Locken. Isabel hätte gerne gesehen, daß Nino böse geworden wäre, daß er sich als Sohn des Besitzers gezeigt hätte. Sie hatten die Flasche schon voll wimmelnder Ameisen, als sie am Bachufer einen riesigen Käfer fanden, den sie auch noch hineinsteckten, um zu sehen, was würde. Die Idee des Formikariums hatten sie aus dem »Schatz der Jugend«, und Luis lieh ihnen einen langen und tiefen Behälter aus Glas. Als sie ihn zusammen wegtrugen, hörte Isabel Rema sagen: »Besser, wenn sie ruhig im Haus spielen.« Auch meinte sie gehört zu haben, daß Rema seufzte. Bevor sie einschlief, sah sie die Gesichter in der Dunkelheit noch einmal vor sich, sah den Nene, wie er hinausging, um im Laubengang zu rauchen, schlank und vor sich hinsummend, sah Rema, wie sie ihm den Kaffee brachte und wie er, als er ihr die Tasse abnehmen wollte, sich so ungeschickt anstellte, daß er ihr die Finger quetschte, Isabel hatte vom Eßzimmer aus gesehen, wie Rema ihre Hand zurückzog und der Nene die Tasse beinahe hätte fallen lassen und wie er verlegen lachte. Besser schwarze Ameisen als rote: je größer, desto wilder. Dann eine ganze Rotte rote auf sie losgehen lassen und den Krieg hinter dem Glas beobachten, schön in Sicherheit. Was aber, wenn sie nicht miteinander kämpften. Dann gab es in einander gegenüberliegenden Ecken des Glaskastens zwei Ameisenhaufen. Sie würden sich damit trösten, die verschiedenen Gewohnheiten zu studieren und für jede Ameisenart ein eigenes Heft anlegen. Aber sie waren fast sicher, daß sie miteinander kämpfen würden, ein Krieg *auf Leben und Tod,* den man durch das Glas beobachten konnte, auch bräuchte man dann nur ein Heft.

Rema mochte ihnen nicht nachspionieren, doch manchmal ging sie an ihren Schlafzimmern vorbei und sah sie mit ihrem Formikarium am Fenster, begeistert und sich wichtig tuend. Nino zeichnete sich darin aus, daß er neue Stollen sofort ausfindig machte, und Isabel erweiterte dann den mit Tinte auf einer Doppelseite gezeichneten Plan. Auf Luis' Rat hin sammelten sie nur noch schwarze Ameisen, das Formikarium war schon stark bevölkert, die Ameisen schienen sehr aufgeregt und arbeiteten bis in die Nacht, gruben Gänge und räumten Hindernisse aus dem Weg, hatten tausend Order, führten tausend Manöver aus, rieben sich Fühler und Beinchen, wurden ungestüm und hatten jähe Anwandlungen von Raserei, es kam zu Truppenansammlungen und zu wilden Fluchten, all dies ohne ersichtlichen Grund. Isabel wußte schon nicht mehr, was sie noch notieren sollte, sie machte immer seltener Aufzeichnungen, und die beiden verbrachten Stunden damit, die Ameisen nur zu beobachten, worüber sie ihre Entdeckungen vergaßen. Nino wollte jetzt auch wieder in den Garten, er sprach von den Schaukelstühlen und den Ponys. Isabel verachtete ihn deswegen ein wenig. Das Formikarium bedeutete ihr mehr als ganz Los Horneros, und sie fand es wunderbar, daß die Ameisen sich frei bewegen konnten, ohne vor einem Tiger Angst haben zu müssen, und manchmal stellte sie sich ein Tigerlein vor, so klein wie ein Radiergummi, das durch die Gänge des Formikariums schlich; daher vielleicht die wilden Fluchten und Truppenkonzentrationen. Und es machte ihr Spaß, die große Welt in der des Glasbehälters zu sehen, jetzt wo sie sich ein bißchen als Gefangene fühlte, wo es verboten war, ins Eßzimmer hinunterzugehen, bevor Rema ihnen Bescheid gab.

Sie drückte die Nase gegen eine der Glaswände und verharrte so ganz ruhig, weil sie wollte, daß die Ameisen sie bemerkten; da hörte sie, wie Rema an der Tür stehenblieb und sie schweigend beobachtete. Sie wußte immer ganz genau, wenn es Rema war.

»Warum so allein?«

»Nino ist zu den Schaukelstühlen gegangen. Schau mal, ich glaube, das muß eine Königin sein, die ist riesig.«

Im Glas spiegelte sich Remas Schürze. Isabel sah ihre leicht erhobene Hand, und wie sie sich so im Glas spiegelte, sah es aus, als wäre sie im Formikarium, und plötzlich mußte sie daran denken, wie ebendiese Hand dem Nene die Tasse Kaffee gereicht hatte, doch jetzt waren es die Ameisen, die ihr über die Finger liefen, Ameisen statt der Tasse und der Hand des Nene, die ihr die Fingerkuppen gequetscht hatte.

»Nehmen Sie die Hand fort, Rema«, bat sie.

»Die Hand?«

»Ja, schon gut. Der Reflex hat die Ameisen erschreckt.«

»Ach so. Man kann jetzt ins Eßzimmer gehen.«

»Später. Ist der Nene böse auf Sie, Rema?«

Die Hand glitt über das Glas wie ein Vogel an einem Fenster vorbeifliegt. Isabel schien es, daß die Ameisen wirklich erschraken, daß sie vor dem Reflex flohen. Jetzt war nichts mehr zu sehen. Rema war hinausgegangen, sie lief den Korridor entlang, als fliehe sie vor etwas. Isabel spürte Angst wegen ihrer Frage, dumpfe, sinnlose Angst, doch vielleicht nicht der Frage wegen, sondern weil sie Rema so hatte weglaufen sehen, weg von dem Glas, das jetzt wieder klar war, wo die Gänge sich wanden und endeten wie verkrampfte Finger in der Erde.

Eines Nachmittags Siesta, Wassermelone, Ball und Schläger für Schlagball an der Hauswand gegenüber dem Bach. Nino war großartig, wie er verschossene Bälle, die man schon verloren glaubte, wiederholte, an der Glyzinie hoch aufs Dach kletterte, um einen Ball herunterzuholen, der zwischen zwei Dachpfannen klemmte. Aus dem Weidenwald kam ein Bauernjunge und schloß sich ihnen an, doch er war zu tölpisch und kriegte die Bälle nicht. Isabel atmete den Duft der Aguaraibá-Blätter, und auf einmal, sie schlug mit der Rückhand gerade einen Ball zurück, den Nino, dieser Heimtücker, ganz flach geschossen hatte, spürte sie tief innen das Glück des Sommers. Zum ersten Mal begriff sie den Sinn ihres Aufenthalts in Los Horneros, wurde ihr klar, daß sie Ferien hatte, daß auch Nino Ferien hatte. Sie dachte an das Formikarium dort oben im Zimmer, es war eine tote, widerliche Sache, tausend Beinchen, die sich abzappelten, um da herauszukommen, in einer schlechten, giftigen Luft. Sie schmetterte den Ball mit Wut und Freude zurück, biß mit den Zähnen einen Sproß vom Aguaraibá ab und spuckte ihn gleich wieder aus, angeekelt und glücklich, endlich wirklich in der Sonne auf dem Lande.

Die Splitter der Fensterscheibe prasselten wie Hagel. Es war die von Nenes Arbeitszimmer. Sie sahen ihn dort oben erscheinen, in Hemdsärmeln, mit einer großen schwarzen Sonnenbrille.

»Rotznäsiges Gesindel!«

Der Bauernjunge verdrückte sich. Nino stellte sich neben Isabel, sie spürte ihn zittern wie einen Weidenbaum im Wind. »Wir haben es nicht gewollt, Onkel.«

»Wirklich, Nene, wir haben es nicht gewollt.«

Schon war er weg.

Sie hatte Rema gebeten, das Formikarium fortzuschaffen, und Rema hatte es ihr versprochen. Später, als Rema ihr half, ihre Sachen aufzuhängen und den Pyjama anzuziehen, und sie miteinander plauderten, vergaßen sie es. Isabel spürte die Nähe der Ameisen, als Rema das Licht in ihrem Zimmer ausknipste und dann über den Flur ging, um Nino Gute Nacht zu sagen, der noch ganz verweint und gekränkt war, aber sie traute sich nicht, sie noch einmal zu rufen, Rema hätte sie für ein kleines Mädchen gehalten. Sie nahm sich vor, sofort zu schlafen, und lag länger wach denn je. Als der Augenblick kam, da in der Dunkelheit die Gesichter auftauchten, sah sie ihre Mutter und Inés, die sie mit einem komplizenhaften Lächeln betrachteten und sich gelbe, phosphoreszierende Handschuhe anzogen. Sie sah Nino weinen, sah ihre Mutter und Inés mit den Handschuhen, die jetzt violette Mützen waren und sich fortwährend auf ihren Köpfen drehten, sah Nino mit riesigen Augen und Augenhöhlen – vielleicht weil er soviel geweint hatte – und sah voraus, daß sie gleich Rema und Luis sehen würde, denn sie hätte sie gern gesehen, und nicht den Nene, aber sie sah den Nene, ohne Sonnenbrille, mit demselben verkrampften Gesicht, das er machte, als er Nino zu schlagen begann und Nino zurückwich, bis er gegen die Wand stieß, wo er stehenblieb und Nene ansah, als hoffe er, daß jetzt Schluß damit wäre, und der Nene ihm noch einmal rechts und links eine Ohrfeige gab, rasch und schlapp, die ganz feucht klang, bis Rema sich vor ihn stellte und er auflachte und mit dem Gesicht fast das Remas berührte, und sie dann hörten, wie Luis zurückkam und von weitem sagte, daß sie jetzt von innen ins Eßzimmer gehen könnten. Alles ging ganz schnell, und all das, weil Nino dort war und Rema kam, um ihnen zu sagen, sie sollten sich nicht aus dem Wohnzimmer rühren, bis Luis sich vergewissert habe, in welchem Zimmer der Tiger gerade war, und sie blieb bei ihnen und schaute zu, wie sie Dame spielten. Nino gewann und Rema lobte ihn, da freute Nino sich so, daß er ihre Taille umschlang und Rema küssen wollte. Rema hatte sich lachend vorgebeugt, und Nino küßte sie auf die Augen und auf die Nase, beide lachten sie und auch Isabel lachte, sie waren so glücklich bei diesem Spiel. Sie sahen den Nene nicht kommen; als er neben ihnen stand, zog er mit einem Ruck Nino vom Stuhl, sagte etwas von dem Ball gegen die Fensterscheibe seines Zimmers und begann ihn zu schlagen, schaute Rema an, als er ihn schlug, er schien wütend auf sie zu sein, und Rema blickte ihn einen Augenblick herausfordernd an, Isabel sah mit Schrecken, wie sie ihm entgegentrat, sich vor ihn hinstellte, um Nino zu schützen. Das ganze Abendessen war eine Verstellung, eine Lüge, Luis glaubte, Nino weine, weil er sich weh getan habe, der Nene blickte Rema an, als gebiete er ihr zu schweigen, Isabel sah ihn jetzt mit einem strengen und schönen Mund, die Lippen ganz rot; in der Dunkelheit waren die Lippen fast scharlachfarben, die Zähne glänzten nur matt. Zwischen ihnen kam eine schwammige Wolke zum Vorschein, ein grünes Dreieck, Isabel blinzelte, um die Bilder auszulöschen, und wieder tauchten Inés und ihre Mutter mit den gelben Handschuhen auf, sie schaute die beiden einen Augenblick an und dachte an das Formikarium: es stand dort und war nicht zu sehen; die gelben Handschuhe dagegen gab es nicht, doch sie sah sie wie am hellichten Tag. Es kam ihr schon seltsam vor, sie konnte das Formikarium nicht erscheinen lassen, sie erlebte es nur als Gewicht, als ein Stück festen und lebendigen Raum. Sie spürte es so stark, daß sie nach den Streichhölzern und der Kerze zu suchen begann. Das Formikarium trat aus dem Nichts hervor, umwabert von Halbdunkel. Isabel näherte sich ihm mit der Kerze. Arme Ameisen, sie werden denken, die Sonne gehe auf. Als sie eine der Seiten sehen konnte, bekam sie Angst; in der Dunkelheit waren die Ameisen an der Arbeit gewesen. Sie sah sie geschäftig hin und her laufen, in einer sichtbaren, fühlbaren Stille. Sie arbeiteten da drinnen, als hätten sie die Hoffnung noch nicht aufgegeben, wieder herauszukommen.

Fast immer war es der Aufseher, der sie davon benachrichtigte, wo der Tiger sich gerade aufhielt; Luis hatte größtes Vertrauen zu ihm, und da er fast den ganzen Tag in seinem Arbeitszimmer verbrachte, verließ er nie das Haus, und jene, die aus dem Obergeschoß kamen, durften sich so lange nicht rühren, bis Don Roberto Bericht erstattet hatte. Aber jeder mußte zu jedem Vertrauen haben. Rema, mit den Hausarbeiten beschäftigt, wußte genau, was im Parterre und oben vor sich ging. Manchmal brachten auch die Kinder die Nachricht zu Luis oder dem Nene. Nicht daß sie selbst etwas gesehen hätten, doch wenn Don Roberto sie draußen traf, sagte er ihnen, wo der Tiger sich aufhielt, und sie gingen ins Haus, um zu berichten. Nino glaubte man alles, Isabel weniger, weil sie neu war und sich irren konnte. Doch da sie immer mit Nino zusammen war, der nicht von ihrer Seite wich, glaubte man ihr schließlich geradesogut. Das am Morgen und am Nachmittag; abends ging dann der Nene hinaus, um sich zu vergewissern, ob die Hunde angebunden waren oder ob es in der Nähe des Hauses nicht noch glühende Asche gab. Isabel sah, daß er den Revolver bei sich hatte, manchmal auch einen Stock mit silbernem Knauf.

Rema mochte sie nicht fragen, denn Rema schien darin etwas ganz Selbstverständliches und Notwendiges zu sehen; sie zu fragen, hätte bedeutet, für dumm gehalten zu werden, und einer anderen Frau gegenüber war sie stolz. Nino war offen, er redete und erzählte. Alles war so klar und einleuchtend, wenn er es erklärte. Nur des Nachts, wenn sie sich in Erinnerung bringen wollte, was so klar und einleuchtend war, merkte Isabel, daß die tieferen Gründe immer noch fehlten. Sie lernte rasch, worauf es wirklich ankam: sich vorher zu vergewissern, ob man aus dem Haus gehen konnte oder hinunter ins Kristall-Eßzimmer, in Luis' Arbeitszimmer, in die Bibliothek. »Man muß Don Roberto vertrauen«, hatte Rema gesagt. Auch ihr und Nino. Luis fragte sie nicht, denn er wußte selten Bescheid. Den Nene, der immer auf dem laufenden war, fragte sie nie. Und so war alles ganz einfach, das Leben gestaltete sich für Isabel mit ein paar Einschränkungen mehr, was die Bewegungsfreiheit betraf, und ein paar weniger, was die Kleidung, das Essen und die Schlafenszeit anging. Eine richtige Sommerfrische, so sollte es das ganze Jahr über sein.

... Dich bald zu sehen. Allen hier geht es gut. Nino und ich haben ein Formikarium und wir spielen zusammen und wir haben eine ganz große Pflanzensammlung. Rema schickt Dir Küsse, es geht ihr gut. Ich finde sie traurig, auch Luis, der so gut ist. Ich glaube, Luis hat irgendwas, trotzdem

studiert er viel. Rema hat mir ein paar hübsche Taschentücher geschenkt, Inés werden sie gefallen. Es ist sehr schön hier, Mama, ich vergnüge mich mit Nino und Don Roberto, was der Aufseher ist, er sagt uns immer, wann wir rausgehen können und wohin, einmal nachmittags hat er sich fast geirrt und hat uns hinunter zum Bach geschickt, aber da kam ein Arbeiter und hat gesagt, daß wir nicht hinkönnen, Du hättest sehen müssen, wie betrübt Don Roberto war und nachher Rema, sie hat Nino hochgehoben und immerfort geküßt, und mich hat sie ganz fest an sich gedrückt. Luis sagte, das Haus wäre nichts für Kinder, und Nino hat ihn gefragt, wer denn die Kinder seien, und alle haben gelacht, selbst der Nene hat gelacht. Don Roberto ist der Aufseher.

Wenn Du kämst, mich abzuholen, könntest Du ja ein paar Tage bleiben, Du könntest Rema Gesellschaft leisten und sie etwas aufheitern. Ich glaube, sie …

Aber ihrer Mutter sagen, daß Rema nachts weinte, daß sie sie hatte weinen hören, als sie zögernd den Flur entlangging, vor Ninos Tür stehenblieb und dann weiterging, die Treppe hinunter (ist sie dabei, sich die Tränen zu trocknen?) und die ferne Stimme von Luis: »Was hast du, Rema? Fehlt dir was?« dann die Stille, das ganze Haus wie ein riesiges Ohr, danach ein Murmeln und wieder die Stimme von Luis: »Ein elender Kerl, ein elender Kerl …«, fast so wie man kühl eine Tatsache konstatiert, eine Person beschreibt, vielleicht ein Schicksal.

… ist ein bißchen krank, es täte ihr bestimmt gut, wenn Du kämest und ihr Gesellschaft leisten würdest. Ich muß Dir unbedingt die Pflanzensammlung zeigen und ein paar Kiesel aus dem Bach, die mir die Arbeiter gebracht haben. Sag Inés …

Es war ein Abend, wie sie ihn mochte, mit Insekten, Feuchtigkeit, aufgebackenem Brot und Grießpudding mit Korinthen. Die ganze Zeit bellten die Hunde unten am Bach. Eine riesige Gottesanbeterin landete plötzlich auf dem Tischtuch und Nino holte die Lupe, sie stülpten ein großes Glas über das Insekt und neckten es, damit es die Farben seiner Flügel zeige.

»Wirf das Viech raus«, bat Rema. »Ich ekle mich so davor.«

»Ein Prachtexemplar«, sagte Luis anerkennend. »Seht, wie es mit den Augen meiner Hand folgt. Das einzige Insekt, das den Kopf drehen kann.«

»Was für ein mieser Abend«, sagte der Nene hinter seiner Zeitung.

Isabel hätte die Gottesanbeterin gern geköpft, schnipp mit der Schere und sehen, was wird.

»Laß sie in dem Glas«, bat sie Nino. »Morgen können wir sie ins Formikarium tun und beobachten.«

Die Hitze nahm zu, um halb elf konnte man kaum noch atmen. Die Kinder blieben mit Rema im inneren Eßzimmer, die Männer waren in ihren Arbeitszimmern. Nino war der erste, der sagte, daß er müde sei.

»Geh allein hoch, ich komme dann noch, um dir Gute Nacht zu sagen. Oben ist alles in Ordnung.« Und Rema faßte ihn um die Taille, was er so gern hatte.

»Erzählen Sie uns eine Geschichte, Tante Rema?«

»Ein andermal.«

Sie blieben allein mit der Gottesanbeterin, die sie anblickte. Dann kam Luis und sagte ihnen Gute Nacht, er brummelte etwas von schon so spät und daß Kinder ins Bett gehörten. Rema lächelte, als sie ihn küßte.

»Alter Brummbär«, sagte sie, und Isabel, über das Glas mit der Gottesanbeterin gebeugt, fiel ein, daß sie nie gesehen hatte, daß Rema den Nene küßte, und auch noch nie hatte sie eine so grüne Gottesanbeterin gesehen. Sie bewegte das Glas ein wenig und die Gottesanbeterin wurde wütend. Rema kam zu ihr und bat sie, jetzt schlafen zu gehen.

»Wirf dieses Viech raus, es ist grauslig.«

»Morgen, Rema.«

Sie bat Rema hinaufzukommen, um ihr noch Gute Nacht zu sagen. Der Nene hatte die Tür seines Arbeitszimmers angelehnt und ging dort in Hemdsärmeln und offenem Kragen auf und ab. Er zischte ihr zu, als sie vorbeikam.

»Ich geh schlafen, Nene.«

»Hör mal, sag Rema, sie möchte mir eine Limonade mit Eis machen und sie mir heraufbringen. Danach gehst du bitte in dein Zimmer.«

Natürlich würde sie in ihr Zimmer hinaufgehen, sie begriff nicht, warum er ihr das sagte. Sie ging zurück ins Eßzimmer, um es Rema auszurichten. Sie sah, wie Rema zögerte.

»Geh noch nicht. Ich mache schnell die Limonade und du bringst sie ihm.«

»Er hat gesagt daß Sie ...«

»Bitte!«

Isabel setzte sich an den Tisch. Bitte! Ganze Schwärme von Insekten kreisten unter der Karbidlampe, sie hätte stundenlang dasitzen und ins Nichts starren können, sich immer wiederholend: Bitte, bitte. Rema, Rema. Wie gern sie sie hatte, und diese traurige Stimme, bodenlos, ganz ohne Grund, die Stimme der Traurigkeit selbst. Bitte. Rema, Rema ... Eine fiebrige Hitze stieg ihr ins Gesicht, sie hatte das Verlangen, sich Rema zu Füßen zu werfen, sich von ihr auf die Arme nehmen zu lassen, ein Verlangen zu sterben und sie dabei anzusehen, und daß Rema sie bemitleide und ihr mit ihren schlanken, kühlen Fingern übers Haar und über die Lider streiche ...

Jetzt gab Rema ihr einen grünen Krug voller Zitronenscheiben und Eiswürfel.

»Bring ihm den.«

»Rema ...« Es kam ihr so vor, als ob Rema zitterte, als ob sie sich nur deshalb mit dem Rücken zum Tisch stellte, damit sie nicht ihre Augen sehe.

»Ich habe die Gottesanbeterin schon hinausgelassen, Rema.«

Man schläft nicht gut bei der klebrigen Hitze und dem Moskitogesumm. Zweimal wollte sie schon aufstehen und auf den Flur gehen oder ins Bad, um sich die Handgelenke und das Gesicht zu befeuchten. Aber sie hörte unten jemanden gehen, unten im Eßzimmer ging jemand auf und ab, ging bis zum Fuß der Treppe und kehrte wieder um ... Es waren nicht die dunklen und langen Schritte Luis' und es war auch nicht Remas Gang. Wie heiß es dem Nene diese Nacht sein mußte, in langen Zügen wird er die Limonade getrunken haben. Isabel sah ihn aus dem Krug trinken, sah ihn mit den Händen den grünen Krug mit den gelben Zitronenscheiben halten, die im Eiswasser unter der Lampe schwankten; doch zugleich war sie sicher, daß der Nene die Limonade nicht getrunken hatte, daß er immer noch auf den Krug starrte, den sie ihm auf den Tisch gestellt hatte, daß er ihn anstarrte wie etwas unendlich Ruchloses. Sie wollte nicht an sein Lächeln denken, und wie er bis zur Tür ging, als wollte er ins Eßzimmer gehen, und wie er langsam zurückkam.

»Sie sollte mir die Limonade bringen. Ich hab dir doch gesagt, du sollst in dein Zimmer gehen.«

Und ihr war nur eine ganz idiotische Antwort eingefallen: »Sie ist schön kalt, Nene.«

Und der Krug war so grün wie die Gottesanbeterin.

Nino war als erster aufgestanden und schlug ihr vor, am Bach Schnecken zu suchen. Isabel hatte wenig geschlafen, sie hatte an Salons voller Blumen denken müssen, an Glöckchen, Krankenhauskorridore, Krankenschwestern, Thermometer in enghalsigen Gefäßen mit Dichlorid, Bildchen von der ersten Kommunion, an Inés, das kaputte Fahrrad, den *Tren Mixto*, an das Kostüm, mit dem sie sich als Zigeunerin verkleidet hatte, als sie acht war. Zwischen alledem, wie ein hauchdünnes Papier zwischen Albumblättern, sah sie sich wach und dachte noch an viele andere Dinge als Blumen, Glöckchen und Krankenhauskorridore. Sie stand widerwillig auf und wusch sich tüchtig die Ohren. Nino sagte, es sei schon 10 Uhr und der Tiger sei im Musikzimmer, sie könnten also gleich zum Bach gehen. Sie gingen gemeinsam hinunter, ganz kurz Luis und den Nene grüßend, die bei offenen Türen lasen. Die Schnecken gab es bei den Weizenfeldern am Bach. Nino beklagte sich über Isabels Zerstreutheit, sagte, sie sei eine schlechte Spielgefährtin und helfe ihm nicht beim Sammeln. Sie fand ihn auf einmal so klein, ein ganz kleiner Junge mit seinen Schnecken und Blättern.

Sie kehrte als erste zurück, als man auf dem Haus die Fahne zum Zeichen des Mittagessens hißte. Don Roberto hatte gerade seinen Inspektionsgang beendet und Isabel stellte ihm dieselbe Frage wie immer. Da kam langsam auch Nino, er trug die Schachtel mit den Schnecken und die kleinen Rechen, Isabel half ihm, die Rechen in der Vorhalle abzustellen, und sie gingen gemeinsam ins Haus. Rema war da, blaß und schweigsam. Nino legte ihr eine blaue Schnecke in die Hand.

»Für dich, die schönste.«

Der Nene aß schon, die Zeitung neben sich, und Isabel blieb kaum Platz, den Arm aufzustützen. Luis kam als letzter aus seinem Zimmer, zufrieden wie mittags immer. Sie aßen, Nino sprach von Schnecken, von den Schneckeneiern im Schilf, von ihrer Sammlung, nach Größen und Farben geordnet. Er würde die Schnecken alleine töten, denn Isabel täten sie leid, und zum Trocknen würde er sie auf ein Zinkblech legen. Dann kam der Kaffee und Luis blickte wie üblich einen nach dem anderen fragend an. Isabel stand als erste auf, um Don Roberto zu suchen, obgleich Don Roberto es ihr vorher schon gesagt hatte. Sie machte eine Runde durch die Vorhalle, und als sie wieder hereinkam, sah sie Rema und Nino über die Schnecken gebeugt, ganz wie auf einem Familienphoto, nur Luis sah sie an und sie sagte: »Er ist in Nenes Arbeitszimmer.« Sie sah wie der Nene verdrossen die Achseln zuckte und wie Rema mit der Fingerspitze eine Schnecke berührte, so zart, daß auch ihr Finger etwas von einer Schnecke hatte. Dann stand Rema auf, um mehr Zucker zu holen, und Isabel lief hinter ihr her, sie schwatzten miteinander, und über einen Scherz lachend, den sie sich in der Vorküche erzählt hatten, kamen sie zurück. Da Luis seine Zigaretten vergessen hatte, schickte er Nino in sein Arbeitszimmer, aber Isabel wettete mit ihm, daß sie die Zigaretten schneller finden würde als er, und sie liefen zusammen hinaus. Nino gewann, und sich gegenseitig schubsend, rannten sie wieder hinunter und wären fast mit dem Nene zusammengestoßen, der seine Zeitung in der Bibliothek lesen wollte und sich darüber beklagte, daß er nicht sein Arbeitszimmer benutzen konnte. Isabel ging zu Rema, um die Schnekken zu betrachten, und Luis, der darauf wartete, daß Isabel ihm wie immer die Zigarette anzünde, sah, wie sie versonnen die Schnecken beobachtete, die langsam zum Vorschein kamen und sich bewegten, und wie Isabel plötzlich Rema ansah, aber sich blitzschnell wieder von ihr abwandte, von den Schnecken so fasziniert, daß sie sich beim ersten Schrei des Nene nicht rührte, alle liefen schon hinaus, doch sie stand über die Schnecken gebeugt, so als höre sie den neuerlichen erstickten Schrei des Nene nicht, weder Luis' Trommeln gegen die Tür der Bibliothek, noch Don Roberto, der mit Hunden ins Haus kam, nicht das Klagen des Nene zwischen dem wilden Gebell der Hunde, und Luis, der immer wieder sagte: »Aber er war doch in seinem Arbeitszimmer! Sie hat gesagt, er sei in seinem Arbeitszimmer!«, über die Schnekken gebeugt, die so schlank waren wie Finger, vielleicht wie Remas Finger, oder war es Remas Hand, die sie jetzt an der Schulter faßte und sie den Kopf heben ließ, um sie anzuschauen, um sie eine Ewigkeit anzuschauen, die endete mit ihrem wilden Weinen an Remas Rock, mit ihrer verstörten Freude, und Rema strich ihr mit der Hand übers Haar, besänftigte sie mit einem leichten Druck der Finger und einem Murmeln an ihrem Ohr, ein Stammeln wie von Dankbarkeit, von unsäglicher Zustimmung.

ENDE DES SPIELS

1956

(Erweiterte Fassung 1964)

Final del juego

Deutsch von Wolfgang Promies

I

Park ohne Ende

Er hatte den Roman einige Tage zuvor zu lesen begonnen. Er legte ihn dringender Geschäfte wegen aus der Hand, schlug ihn erneut auf, als er im Zug zum Landgut zurückfuhr; langsam erwärmte er sich für den Plan, für die Zeichnung der Personen. An jenem Nachmittag kehrte er, nachdem er seinem Bevollmächtigten einen Brief geschrieben und mit dem Gutsverwalter die Frage von Genossenschaften erörtert hatte, in der Friedlichkeit des Büros, das auf den Park mit den Eichen hinausschaute, zu dem Buch zurück. Er setzte sich in seinem Lieblingssessel bequem zurecht, mit dem Rücken zur Tür, die ihn wie eine aufreizende Möglichkeit zum Eindringen gestört haben würde, ließ seine linke Hand ein und das andere Mal den grünen Samt liebkosen und begann die letzten Kapitel zu lesen. Sein Gedächtnis hatte mühelos die Namen und Bilder der Hauptpersonen behalten; die Illusion des Romans nahm ihn fast sofort gefangen. Er genoß das schier perverse Vergnügen, sich von dem, was ihn umgab, Zeile für Zeile loszureißen und dabei zu spüren, daß sein Kopf behaglich auf dem Samt der hohen Rückenlehne ruhte, daß sich die Zigaretten in Reichweite seiner Hand befanden, daß jenseits der hohen Fenster die Luft der Abenddämmerung unter den Eichen tanzte. Wort für Wort wurde er, absorbiert von der niederträchtigen Trennung der Helden, den Bildern nach und nach erliegend, die sich zusammenfügten und Farbe und Bewegung erlangten, Zeuge der letzten Begegnung in der Waldhütte. Zuerst trat die Frau ein, mißtrauisch; dann kam der Liebhaber, das Gesicht vom Peitschenhieb eines Zweiges verletzt. Hingebungsvoll stillte sie das Blut mit ihren Küssen, aber er wies die Liebkosungen zurück, er war nicht gekommen, um die Zeremonien einer heimlichen, durch eine Welt von trockenen Blättern und verstohlenen Pfaden geschützten Leidenschaft zu wiederholen. Der Dolch wurde an seiner Brust warm, und darunter, sprungbereit, pochte die Freiheit. Ein inbrünstiges Zwiegespräch floß über die Seiten wie ein

Bach von Schlangen, und man spürte, daß alles schon seit eh entschieden war. Sogar jene Liebkosungen, die den Körper des Geliebten bestrickten, als ob sie ihn zurückhalten und bereden wollten, zeichneten abscheulicherweise den Umriß eines anderen Körpers, der zerstört werden mußte. Nichts war vergessen worden: Alibis, blinde Zufälle, mögliche Irrtümer. Von Stund an hatte jeder Augenblick seine ihm minuziös zugeteilte Verwendung. Die erbarmungslose zweifache Wiederholung wurde kaum einmal unterbrochen, wenn eine Hand liebkosend über eine Wange strich. Die Nacht brach an.

Ohne sich noch einmal anzusehen, fest an die Aufgabe gefesselt, die sie erwartete, trennten sie sich in der Tür der Hütte. Sie sollte den Pfad einschlagen, der nach Norden ging. Auf dem Weg, der in die andere Richtung führte, wandte er sich einen Augenblick zurück, um sie mit aufgelösten Haaren laufen zu sehen. Auch er rannte nun, sich in den Bäumen und Hecken bergend, bis er in dem malvenfarbigen Nebel der Morgendämmerung die Allee ausmachte, die zum Hause führte. Die Hunde durften nicht bellen, und sie bellten nicht. Der Gutsverwalter würde um diese Zeit nicht da sein, und er war nicht da. Er stieg die drei Stufen der Vorhalle hinauf und trat ein. Aus dem Blut, das in seinen Ohren raste, drangen die Worte der Frau an ihn heran: zuerst ein blauer Saal, danach ein Korridor, eine mit Läufern ausgelegte Treppe. Oben zwei Türen. Niemand im ersten Zimmer, niemand im zweiten. Die Tür zum Salon, und dann der Dolch in der Hand, das Licht der Fenster, die hohe Rückenlehne eines Sessels aus grünem Samt, der Kopf des Mannes in dem Sessel, einen Roman lesend.

Man beschuldige niemanden

Die Kälte kompliziert immer alles, im Sommer ist man der Welt so nah, hautnah, aber jetzt um halb sieben erwartet ihn seine Frau in einem Laden, um ein Hochzeitsgeschenk auszusuchen, es ist schon spät, und er merkt, wie frisch es draußen ist, man muß den blauen Pullover anziehen, irgendwas, das zu dem grauen Anzug paßt, Herbst ist ein einziges Pullover Anziehen und Ausziehen, ein sich Verschließen, ein sich Entfernen. Lustlos pfeift er einen Tango, während er vom offenen Fenster weggeht, er sucht im Schrank nach dem Pullover und beginnt ihn vorm Spiegel anzuziehen. Es ist nicht einfach, vielleicht liegt es am Hemd, das an der Wolle des Pullovers haften bleibt, aber er bekommt nur mit Mühe den Arm durch, er schiebt die Hand allmählich vor, bis endlich ein Finger aus dem blauen Ärmel hervorlugt, aber beim Licht der Abenddämmerung sieht der Finger wie runzelig und eingelaufen aus, mit einem schwarzen, spitz endenden Nagel. Mit einem Ruck streift er den Ärmel des Pullovers herunter und betrachtet die Hand, als gehöre sie einem anderen, aber als sie nicht mehr im Pullover steckt, sieht er, daß es die gewohnte Hand ist, und läßt sie mit dem schlappen Arm sinken und hält es für das beste, wenn er den anderen Arm in den anderen Ärmel steckt, um zu sehen, ob es so einfacher geht. Augenscheinlich ist es nicht der Fall, denn kaum hat sich die Wolle des Pullovers abermals an den Hemdstoff geklebt, erschwert die mangelnde Übung, mit dem anderen Ärmel zu beginnen, die Operation noch, und obgleich er von neuem zu pfeifen beginnt, um sich abzulenken, spürt er, daß die Hand kaum von der Stelle kommt und daß es ihm ohne ein zusätzliches Manöver niemals gelingen wird, sie ins Freie zu befördern. Besser, alles geschieht gleichzeitig: er beugt den Kopf, um ihn durch den Kragen des Pullovers zu stecken, und fährt gleichzeitig mit dem freien Arm in den anderen Ärmel, streckt ihn und zieht gleichzeitig mit beiden Armen und reckt den Hals. In dem jähen blauen Zwielicht, das ihn umgibt, erscheint es absurd, weiterhin zu pfeifen, im Gesicht wird ihm langsam warm, obgleich sein Kopf teilweise bereits außerhalb sein müßte, aber die Stirn und das ganze Gesicht sind noch immer bedeckt, und die Hände langen kaum durch die Hälfte der Ärmel:

so viel er zieht, er bringt nichts heraus, und jetzt kommt ihm der Gedanke, daß er sich in diesem gewissermaßen ironischen Zorn, mit dem er zu Werke ging, vielleicht geirrt und dummerweise den Kopf in einen der Ärmel und eine Hand in den Kragen des Pullovers gesteckt hat. Wäre es so, müßte seine Hand mit Leichtigkeit durchgehen, aber obgleich er aus Leibeskräften zieht, gelingt es ihm nicht, auch nur eine der beiden Hände vom Fleck zu bekommen, wogegen der Kopf, wie es scheint, nahe daran ist, sich Bahn zu brechen, denn die blaue Wolle preßt jetzt mit einem fast irritierenden Druck auf Nase und Mund, verursacht ihm Atemnot, wie er es nicht für möglich gehalten hätte, so daß er tief Luft holen muß, wobei die Wolle über seinem Mund immer feuchter wird – vermutlich färbt sie und überzieht sein Gesicht mit blauen Flecken. Zum Glück gelangt in diesem Augenblick seine Rechte an die frische Luft, in die Kälte draußen, so ist wenigstens eine schon draußen, wenn auch die andere weiterhin im Ärmel gefangen sitzt; vielleicht hatte er seine rechte Hand tatsächlich in den Kragen des Pullovers gesteckt, weshalb ihn das, was er für den Kragen hielt, dermaßen ins Gesicht kniff, ihn schier erstickte, während die Hand so leicht nach draußen gefunden hatte. Jedenfalls ist, um sicherzugehen, das einzige Mittel: weitermachen, bis es geschafft ist, tief durchatmen und die Luft ganz allmählich entweichen lassen, so absurd es auch sein mag, weil ihn nichts daran hindert, einwandfrei zu atmen, außer daß die Luft, die er einatmet, mit Wollfasern vom Kragen oder vom Ärmel des Pullovers durchsetzt ist, und da außerdem der Geschmack nach Pullover ist, dieser blaue Geschmack der Wolle, die ihm sicher das Gesicht befleckt, zumal die Feuchtigkeit des Atems sich mehr und mehr mit der Wolle mischt, und obgleich er es nicht sehen kann, weil seine Wimpern, wenn er die Augen öffnet, schmerzhaft auf die Wolle stoßen, ist er sicher, daß das Blau sich ihm allmählich über den feuchten Mund legt, über die Nasenlöcher, sich auf den Wangen ausbreitet, und all das erfüllt ihn langsam mit Angst, und er möchte endlich den Pullover ein für allemal und fertig anziehen, abgesehen davon, daß es spät sein muß und seine Frau schon ungeduldig in der Tür des Ladens stehen wird. Er sagt sich, das Vernünftigste ist, er konzentriert sich voll und ganz auf seine rechte Hand, denn diese Hand steht, da sie außerhalb des Pullovers ist, in Fühlung mit der kalten Luft der Wohnung, ist wie eine Verheißung, daß nicht mehr viel fehlt, und kann ihm im übrigen zu Hilfe kommen, kann am Rücken aufwärts klimmen, bis sie den unteren Rand des Pullovers mit jener klassischen Bewegung faßt, die beim Anziehen jedes beliebigen Pullovers, wenn man ihn energisch nach unten zieht, so hilfreich ist. Das Schlimme ist, daß sich, während die Hand auf der Suche nach dem Wollsaum den Rücken abtastet, der Pullover anscheinend völlig um den Hals gerollt hat, und das einzige, worauf die Hand stößt, ist das Hemd, das immer mehr zerknittert und sogar zum Teil aus der Hose gerutscht ist, und es hilft auch nicht weiter, die Hand heranzuschaffen und am Vorderteil des Pullovers ziehen zu wollen, weil auf der Brust nur das Hemd zu spüren ist, der Pullover muß kaum bis über die Schultern gegangen sein und sich dort zusammengerollt und gespannt haben, als ob seine Schultern viel zu breit für diesen Pullover wären, was kurz und gut beweist, daß er sich wirklich getäuscht und eine Hand durch den Kragen und die andere in einem Ärmel gesteckt hat, wodurch der Abstand vom Hals zu einem der Ärmel genau die Hälfte der Entfernung zwischen dem einen und dem anderen Ärmel ist, und das erklärt, warum er den Kopf etwas schief hält, nach links hinüber, auf die Seite, wo die Hand weiterhin im Ärmel gefangen sitzt, falls es der Ärmel ist, und warum seine rechte Hand, die schon draußen ist, sich völlig frei in der Luft bewegt, obgleich sie es nicht zuwege bringt, den Pullover nach unten zu ziehen, der noch immer wie eingerollt um Kopf und Schultern liegt. Ironischerweise kommt ihm der Gedanke, daß er, wenn er einen Stuhl bei der Hand hätte, ausruhen und besser atmen könnte, bis er den Pullover völlig angezogen hat, aber er hat die Orientierung verloren, nachdem er sich so oft in dieser Art euphorischer Turnübung herumgedreht hatte, die dem Anlegen eines Kleidungsstückes stets vorausgeht und etwas von einem verkappten Tanzschritt an sich hat, den niemand zum Vorwurf machen kann, weil er einem nützlichen Zweck gehorcht und nicht sträflichen Neigungen zum Ballett. Im Grunde wäre die wahre Lösung, man streifte den angezogenen Pullover, den man nicht hat anziehen können, herunter und kontrolliert, daß jede Hand ordnungsgemäß in die Ärmel und der Kopf durch den Halsausschnitt fährt, aber die rechte Hand kommt und geht weiterhin, wie sie will, als ob es lächerlich wäre, aufzugeben, wo die Dinge so weit gediehen waren, und irgendwann gehorcht sie sogar und steigt in Kopfhöhe und zieht nach oben, ohne daß er rechtzeitig begreift, daß sich der Pullover mit der feuchten Gummihaftigkeit des mit dem Blau der Wolle vermischten Atems an sein Gesicht geklebt hat, und als die Hand nach oben zieht, bereitet das Schmerzen, als ob man ihm die Ohren abrisse und die Wimpern ausrupfen möchte. Also langsamer, also muß man die Hand zu Hilfe nehmen, die in dem linken Ärmel steckt, falls es der Ärmel und nicht der Kragen ist, und dabei mit der rechten Hand der linken Hand helfen, damit sie im Ärmel vorwärts oder zurück und sich freimachen kann, auch wenn es schier unmöglich ist, die Bewegungen der beiden Hände aufeinander abzustimmen, als wäre die linke Hand eine in einem Käfig steckende Ratte, der eine andere Ratte von außen zur Flucht verhelfen möchte, wofern sie nicht, statt ihr zu helfen, sie einfach beißt, denn jählings schmerzt ihn die eingesperrte Hand, und zugleich beißt die andere Hand aus Leibeskräften in das, was seine Hand sein muß und ihn schmerzt, so sehr schmerzt, daß er darauf verzichtet, den Pullover abzustreifen, und lieber eine letzte Anstrengung unternimmt, um den Kopf aus dem Kragen und die linke Ratte aus dem Käfig zu bekommen, und er versucht es und kämpft mit dem ganzen Körper, wirft sich vor und zurück, dreht sich mitten im Zimmer, falls er sich wirklich in der Mitte befindet, denn jetzt fällt ihm ein, daß das Fenster offen geblieben und es gefährlich ist, sich weiter blindlings im Kreis zu drehen, lieber bleibt er stehen, obgleich seine rechte Hand weiter tut, was sie will, ohne sich mit dem Pullover zu beschäftigen, obgleich ihm seine linke Hand mehr und mehr weh tut, als ob ihre Finger gebissen worden oder verbrannt wären, und trotzdem gehorcht diese Hand ihm, schließt nach und nach die verletzten Finger, kriegt durch den Ärmel hindurch den Saum des auf den Schultern eingerollten Pullovers zu fassen, zieht fast kraftlos nach unten, es tut ihm zu weh, und die Rechte täte gut daran, der linken Hand zu Hilfe zu kommen, anstatt unnütz an den Beinen herauf- und herabzuklimmen, anstatt, wie sie es gerade tut, ihn in den Oberschenkel zu kneifen, ihn durch die Kleidung hindurch zu kratzen und zu zwicken, ohne daß er es verhindern könnte, denn sein ganzer Wille liegt in der Linken beschlossen, vielleicht ist er auf die Knie gesunken und hat das Gefühl, er hänge gleichsam an der linken Hand, die abermals am Pullover zerrt, und plötzlich ist die Kälte an den Augenbrauen und auf der Stirn, um die Augen, die er absurderweise nicht öffnen mag, aber er weiß, daß er ins Freie gelangt ist, dieses frostige

Element, dieses Labsal ist die frische Luft, und er mag die Augen nicht öffnen und wartet eine Sekunde, zwei Sekunden, lebt sich in eine kalte und andere, die Zeit außerhalb des Pullovers ein, liegt auf den Knien, und es ist schön, so zu knien, bis er dankbar nach und nach die Augen halb öffnet, die von dem blauen Speichel der Wolle innen befreit sind, öffnet die Augen halb und sieht die fünf schwarzen erhobenen Nägel, auf seine Augen gerichtet, in der Luft zittern, ehe sie auf seine Augen losspringen, und hat noch Zeit, die Lider zu senken, sich zurückzuwerfen und mit der linken Hand zu bedecken, die seine Hand ist, die alles ist, was ihm verbleibt, damit sie ihn aus dem Ärmel heraus verteidigt, damit sie den Kragen des Pullovers über den Kopf zieht und die blaue Spucke abermals sein Gesicht bedeckt, während er sich aufrichtet, um von hier zu fliehen, um endlich ohne Hand und ohne Pullover irgendwohin zu gelangen, wo es lediglich eine dröhnende Luft gibt, die ihn umfängt und ihn begleitet und ihn liebkost, und zwölf Stockwerke.

Der Fluß

Und doch scheint es so zu sein, daß du gegangen bist und dabei irgendwas gesagt hast, daß du dich in die Seine stürzen wolltest, etwas in dem Stil, eine dieser Redensarten mitten in der Nacht, vermengt mit Bettlaken und teigigem Mund, fast immer aus dem Dunkeln oder mit Hand oder Fuß den Körper dessen streifend, der kaum zuhört, weil ich dich längst schon kaum noch höre, wenn du solche Dinge sagst, das kommt von der anderen Seite meiner geschlossenen Augen, vom Schlaf, der mich abermals nach unten zieht. Also gut, was kümmert es mich, ob du fort bist, dich ertränkt hast oder noch auf den Kais entlanggehst und in das Wasser starrst, was außerdem nicht sicher ist, denn hier liegst du doch und schläfst stoßweise atmend, warst also gar nicht weg, als du in irgendeinem Augenblick der Nacht davongegangen bist, bevor ich mich in den Schlaf verlor, weil du im Gehen irgend etwas sagtest wie, du würdest dich in der Seine ertränken, du Angst gehabt, aufgegeben hast und plötzlich hier bist, mich beinah berührend, und dich so wellenförmig bewegst, als ob etwas in deinem Schlafe ganz sanft arbeitete, du tatsächlich träumtest, daß du hinausgegangen und zu guter Letzt zu den Kais gelangt bist und dich ins Wasser geworfen hast. So zum wiederholten Male, um danach, das Gesicht durchtränkt von einem stupiden Weinen, bis elf Uhr vormittags zu schlafen, der Stunde, wo sie die Tageszeitung mit den Nachrichten über die bringen, welche sich im Ernst ertränkt haben.

Du Ärmste bringst mich zum Lachen. Deine tragischen Entschlüsse, diese Sitte, im Hinausgehen die Türen zuzuschlagen wie eine Schauspielerin auf Provinztournee, da fragt man sich, ob du wirklich an deine Drohungen glaubst, deine ekelhaften Erpressungen, deine unerschöpflichen, pathetischen, mit Tränen und Adjektiven und Vorhaltungen gesalbten Auftritte. Du hättest jemanden verdient, der es besser als ich versteht, dir gehörig herauszugeben, dann würde man das perfekte Paar erst in voller Größe sehen, mit dem erlesenen Gestank nach Mann und Frau, die sich zerstückeln und sich dabei in die Augen sehen, um sich noch eine bestimmte Schonfrist einzuräumen, um noch zu überleben und von vorn zu beginnen und unerschöpflich ihrer verbohrt männlichen und weiblichen Wahrheit nachzujagen. Aber wie du siehst, wähle ich das Schweigen, zünde mir eine Zigarette an und höre dich reden, höre zu, wie du dich beklagst (mit Recht, aber was kann ich machen), oder, was noch besser ist, schlafe einfach weiter; von deinen vorhersehbaren Verwünschungen beinah eingewiegt, mische ich mit halbgeschlossenen Augen noch für eine Weile die ersten Windstöße der Träume mit deinen Gebärden im lachhaften Hemde unter dem Licht des Lüsters, den man uns geschenkt hat, als wir heirateten, und ich glaube, am Ende schlafe ich ein und, ich gestehe es dir fast mit Liebe, nehme das Brauchbarste an deinen Bewegungen und Bezichtigungen mit hinüber, den knallenden Laut, der dir die Lippen, fahl vor Zorn, verunstaltet. Um meine eigenen Träume zu bereichern, in denen sich noch nie jemand ertränkt hat, wie du mir glauben kannst.

Aber wenn es so ist, frage ich mich, was du in diesem Bett zu suchen hast, das du doch für das andere, weitere und flüchtigere Bett aufzugeben entschlossen warst. Jetzt stellt sich heraus, daß du schläfst, dann und wann ein Bein bewegst, das die Zeichnung des Lakens jedesmal verändert, du scheinst über irgend etwas verärgert, nicht allzusehr verärgert, es ist wie eine bittere Mattigkeit, deine Lippen verziehen sich leicht zu einer Grimasse der Verachtung, entlassen die Luft stoßweise, ziehen sie in kurzen Schlucken ein, und wäre ich nicht so erbost über deine leeren Drohungen, würde ich wahrscheinlich zugeben, daß du schön wie immer bist, als ob der Schlaf dich wieder ein wenig meiner Seite zugekehrt hätte, wo das Begehren möglich ist und sogar Wiederaussöhnung oder neue Frist, etwas weniger Trübes als dieser heraufziehende Morgen, in dem die ersten Karren zu rollen beginnen und die Hähne ihre greuliche Fron abscheulich an den Tag legen. Ich weiß nicht, es hat nicht einmal mehr Sinn, abermals zu fragen, ob du irgendwann fortgegangen bist, ob du es warst, die beim Hinausgehen die Tür in ebendem Augenblick zuschlug, in dem ich ins Vergessen hinüberglitt, und deshalb ziehe ich es vielleicht vor, dich zu berühren, nicht weil ich daran zweifle, daß du da bist, wahrscheinlich in keinem Augenblick aus dem Zimmer gegangen warst, vielleicht schloß ein Windstoß die Tür, träumte ich, daß du gegangen warst, während du, mich wach wähnend, vom Bettende aus mir deine Drohung zuschriest. Aber nicht deshalb berühre ich dich, in dem grünen Halbschatten des Morgens ist es fast lieblich, mit einer Hand über diese Schulter zu fahren, die erschauert und mich zurückstößt. Das Bettlaken bedeckt dich halb, meine Finger beginnen an der glatten Zeichnung deiner Kehle herabzusteigen, mich niederbeugend atme ich deinen Atem ein, der nach Nacht und nach Sirup riecht, ich weiß nicht, wie es kam, daß meine Arme dich umschlungen halten, ich höre einen Klagelaut, während du die Lenden, dich verweigernd, aufbäumst, aber wir kennen dieses Spiel zu gut, um daran zu glauben, du mußt mir deinen Mund überlassen, der unzusammenhängende Wörter keucht, dein Körper, schlaftrunken und überwunden, kämpft ganz vergeblich, um zu entkommen, wir sind dermaßen eins in diesem verwickelten Knäuel, in dem die weiße Wolle und die schwarze Wolle wie Spinnen in einem enghalsigen Gefäß kämpfen. An dem Laken, das dich kaum bedeckte, kann ich den jähen Windstoß ablesen, der durch die Luft schneidet, um sich im Schatten zu verlieren, und jetzt sind wir nackt, das Morgengrauen hüllt uns ein und versöhnt uns zu einer einzigen zitternden Materie, aber du versteifst dich darauf zu kämpfen, ziehst dich zusammen und schlingst die Arme um meinen Kopf, öffnest wie in einem Blitz die Schenkel, um ihre monströsen Scheren gleich wieder zu schließen, die mich von mir selbst abtrennen möchten. Ich muß dich langsam übermannen (und dies, das weißt du, habe ich immer mit einer zeremoniellen Anmut getan), ohne dir weh zu tun, biege ich das Schilf deiner Arme auseinander, widme ich mich ausschließlich deiner Lust mit gespreizten Händen, mit weit geöffneten Augen, jetzt sinkt dein Rhythmus in langsamen Bewegungen von schwerer Seide, von tiefen Blasen auf den Grund, Blasen, die bis zu meinem Gesicht aufsteigen, vage liebkose ich dein Haar, das sich über das Kissen ergießt, in dem grünen Halbschatten erblicke ich verwundert meine Hand, die trieft, und bevor ich noch an deine Seite gleite, weiß ich, daß man dich soeben aus dem Wasser gezogen hat, viel zu spät, natürlich, und daß du auf den Steinen des Kais liegst, umgeben von Stiefeln und Stimmen, auf dem Rücken liegend, nackt, mit durchtränktem Haar und die Augen weit offen.

Die Gifte

Samstag mittag kam Onkel Carlos mit der Ameisenvertilgungsmaschine. Tags zuvor hatte er bei Tisch gesagt, daß er sie mitbringen werde, und meine Schwester und ich warteten auf die Maschine und stellten sie uns wer weiß wie gewaltig und schrecklich vor. Wir kannten die Ameisen von Bánfield gut, die schwarzen Wanderameisen, die alles kahlfressen und in der Erde, in den Sokkeln oder in jenem geheimnisvollen Stück eines Hauses, an dem es sich in den Boden senkt, Ameisenhügel bauen, dort unauffällige Löcher machen, aber die schwarze Reihe nicht verbergen können, die kommt und geht und Blattwerk mit sich schleppt, und das Blattwerk waren Pflanzen aus dem Garten, weshalb sich Mama und Onkel Carlos entschlossen hatten, die Maschine zu kaufen, um den Ameisen den Garaus zu machen.

Meine Schwester, erinnere ich mich, sah Onkel Carlos durch die Rodriguez-Peña-Straße kommen, von weitem sah sie ihn in dem Tilbury vom Bahnhof kommen, sie lief durchs Seitengäßchen, kam herein und schrie, Onkel Carlos bringt die Maschine. Ich stand in den Ligusterhecken, die zwischen unserem und Lilas Garten stehen, redete mit Lila durch den Drahtzaun, erzählte ihr, daß wir am Nachmittag die Maschine ausprobieren würden, und Lila war, wenn auch nicht übermäßig, interessiert, denn für Mädchen bedeuten die Maschinen genausowenig wie die Ameisen; sie wurde nur aufmerksam, wie sie erfuhr, daß die Maschine Rauch entwickelte und daß der alle Ameisen bei uns töten würde.

Als ich meine Schwester hörte, sagte ich zu Lila, ich müsse gehen und beim Herunterheben der Maschine helfen, und lief mit dem Kriegsschrei Sitting Bulls über die Gasse, lief in einer Weise, die ich zu der Zeit erfunden hatte und die darin bestand, zu laufen, ohne die Knie anzuwinkeln, so, als ob ich einen Ball treten würde. Es machte kaum müde und war wie Fliegen, obwohl es nicht mit dem Traum vom Fliegen zu vergleichen war, den ich damals immer hatte und der darin bestand, daß ich die Beine vom Erdboden abhob und mit einer unmerklichen Hüftbewegung zwanzig Zentimeter über dem Boden dahinflog, so himmlisch, daß man es nicht erzählen kann, lange Straßen weit zu fliegen, zuweilen ein wenig steigend, ein andermal dicht über dem Boden, wobei ich die ganz klare Empfindung hatte, wach zu sein, abgesehen von dem Widerspruch, daß ich in diesem Traum stets träumte, ich wäre wach und flöge wirklich, hätte vorher geträumt, erlebte es jetzt aber leibhaftig, und wenn ich erwachte, war es, als fiele ich zu Boden, und es war traurig, draußen zu gehen oder zu laufen und dabei immer sein Gewicht zu fühlen und bei jedem Sprung nach unten zurückkehren zu müssen. Das einzige, was dem ein wenig gleichkam, war die Art zu laufen, die ich erfunden hatte, mit den kleinen spitzen Gummischuhen Marke Keds Champion erinnerte sie an den Traum – freilich konnte man es nicht vergleichen.

Mama und Großmutter standen schon unter der Tür und sprachen mit Onkel Carlos und dem Kutscher. Ich näherte mich langsam, weil es mir manchmal Spaß machte, auf mich warten zu lassen, und beschaute mit meiner Schwester das in Packpapier gewickelte und mit einer Menge Sisalbindfaden umschnürte Frachtgut, das der Kutscher und Onkel Carlos auf den Bürgersteig setzten. Zuerst dachte ich, es wäre ein Teil der Maschine, dann aber sah ich, daß es die komplette Maschine war, und sie kam mir so winzig vor, daß ich sehr enttäuscht war. Aber als ich dann Onkel Carlos half, sie hereinzutragen, merkte ich zum Glück, wie schwer die Maschine war, und das Vertrauen kehrte mir wieder. Ich selbst riß ihr die Schnüre und das Papier herunter, weil Mama und Onkel Carlos ein kleines Paket öffnen mußten, in dem sich die Dose Gift befand, und von vornherein verkündeten sie uns, daß man das nicht anfassen dürfe und daß mehr als vier Personen unter Krämpfen gestorben seien, weil sie die Dose berührt hatten. Meine Schwester ging in eine Ecke, weil sie das Interesse an allem verloren, und ein wenig auch, weil sie Angst hatte, aber ich sah Mama an, und wir lachten, und das ganze Gerede galt meiner Schwester, mich dagegen ließen sie die Maschine mit Gift und allem anfassen.

Sie war nicht hübsch, ich meine, es war keine Maschine, die nach Maschine aussah, wenigstens mit einem Rad, das sich dreht, oder einer Pfeife versehen, die einen Strahl Dampf ausstößt. Sie glich einem schwarzen eisernen Ofen auf drei gebogenen Füßen, mit einer Tür für das Feuer, einer für das Gift, und oben kam eine Röhre aus biegsamem Metall (wie der Körper der Würmer) heraus, an die sich dann ein Gummischlauch mit einem Schnabel anschloß. Zur Mittagszeit las Mama uns die Gebrauchsanweisung vor, und jedesmal, wenn sie an die Stellen mit dem Gift kam, sahen wir alle meine Schwester an, und Großmutter sagte ihr wiederum, daß in Flores drei Kinder gestorben waren, weil sie eine Büchse angefaßt hatten. Wir hatten bereits einen Totenkopf auf dem Deckel gesehen, und Onkel Carlos suchte einen alten Löffel und sagte, der wäre für das Gift, und daß sie das Zubehör der Maschine obenauf in dem Regal in der Werkzeugkammer aufbewahren würden. Draußen war es heiß, denn es war Anfang Januar, und die Wassermelone mit den schwarzen Samenkörnern, die mich an Ameisen denken ließen, war eisig.

Nach der Mittagsruhe – der Erwachsenen: denn meine Schwester las das »Billiken«, und ich ordnete im Hof Briefmarken ein – gingen wir in den Garten, und Onkel Carlos stellte die Maschine in dem Rondell mit den Hängematten auf, wo sich immer Ameisenhaufen bildeten. Großmutter schürte Kohlenglut, um den kleinen Ofen zu füllen, und ich machte in einem alten Bottich einen sehr schönen Modder an, den ich mit der Maurerkelle umrührte. Mama und meine Schwester setzten sich in die Korbstühle und schauten zu, und Lila lugte durch die Ligusterhecke, bis wir ihr zuriefen, sie möge herüberkommen, und sie sagte, die Mutter lasse sie nicht, aber sie sähe auch so. Auf der anderen Gartenseite zeigten sich schon die Negri-Mädchen, die ein Fall für sich waren, und deswegen verkehrten wir nicht miteinander. Sie hießen Chola, Ela und Cufina, arme Dinger. Sie waren gut, aber dumme Puten, und man konnte nicht mit ihnen spielen. Großmutter taten sie leid, aber Mama lud sie nie zu uns ein, weil sie mit meiner Schwester und mir Streit anfingen. Die drei wollten immer den Ton angeben, dabei konnten sie weder Himmel und Hölle noch Murmel noch Räuber und Gendarm noch Bäumchen-wechsle-dich; das einzige, was sie konnten, war: sie lachten wie blöd und redeten von Dingen, die keinen Menschen interessieren konnten. Ihr Vater war Stadtrat, und sie hatten falbe Orpington. Wir dagegen züchteten Rhode Island, die eine bessere Leghenne ist.

Die schwarze Farbe, die man zwischen dem Grün des Gartens und der Obstbäume hindurch sah, ließ die Maschine größer wirken. Onkel Carlos füllte sie mit Glut, und während sie warm wurde, wählte er einen Ameisenhügel und steckte den Schnabel der Röhre hinein; ich warf Schlamm drumherum und trat ihn fest, aber nicht sehr kräftig, um, wie die Gebrauchsanweisung sagte, zu vermeiden, daß die Ameisengänge einstürzten. Danach öffnete mein Onkel die Klappe für das Gift und holte die Dose und den Löffel. Das Gift war violett, eine herrliche Farbe, und man mußte einen großen Löffel voll hineinwerfen und sogleich die Tür schließen. Kaum hatten wir es hineingetan, hörte man so etwas wie ein Schnauben, und die Maschine begann zu arbeiten. Es war kolossal, rings um den Schnabel stieg ein weißer Rauch auf, und ich mußte mehr Schlamm darauf tun und ihn mit den Händen plattklopfen. »Sie werden alle sterben«, sagte mein Onkel, der mit der Arbeit der Maschine sehr zufrieden war, und ich trat an seine Seite, die Hände bis herauf zu den Ellenbogen voller Schlamm, und man sah, daß es eine Arbeit so recht für Männer war.

»Wie lange muß jeder Ameisenhaufen ausgeräuchert werden«, fragte Mama.

»Mindestens eine halbe Stunde«, sagte Onkel Carlos. »Einige sind sehr groß, größer als man denkt.«

Ich begriff, daß er zwei oder drei Meter meinte, denn es gab bei uns so viele Ameisenhügel, daß sie unmöglich allzu groß sein konnten. Aber in diesem Augenblick hörten wir, wie Cufina zu kreischen begann, mit einer Stimme, die man bis zum Bahnhof hören mußte, und die ganze Familie Negri kam in den Garten und sagte, von einem Salatbeet steige Rauch auf. Zunächst wollte ich es nicht glauben, aber es stimmte schon, denn im gleichen Augenblick teilte mir Lila von der Ligusterhecke her mit, daß auch bei ihnen neben einem Pfirsichbaum Rauch aufstieg, und Onkel Carlos stand und dachte nach und ging dann an den Drahtzaun der Negris und bat die Chola, die noch am anstelligsten war, sie solle Schlamm auf die Stelle werfen, wo der Rauch aufstieg, und ich sprang zu Lila hinüber und verstopfte den Ameisenhügel. Jetzt stieg Rauch an anderen Teilen des Grundstücks auf, im Hühnerstall, hinter der weißen Tür und unten an der Seitenwand. Mama und meine Schwester halfen, Schlamm aufzulegen; es war sagenhaft, wenn man dachte, daß unter der Erde so viel Rauch den Ausgang suchte und daß in diesem Rauch die Ameisen tobten und sich in Krämpfen wanden wie die drei Kinder aus Flores.

An diesem Nachmittag arbeiteten wir bis in die Nacht, und meine Schwester wurde beauftragt, in den Häusern der anderen

Nachbarn herumzufragen, ob es bei ihnen raucht. Als es dunkelte, erlosch die Maschine; und als ich den Schnabel aus dem Ameisenhügel zog, grub ich ein wenig mit der Maurerkelle nach, und die ganze Höhle war voller toter Ameisen und hatte eine violette Farbe, die nach Schwefel roch. Ich warf Schlamm darauf wie bei Beerdigungen, und schätzte, daß mindestens einige fünftausend Ameisen tot sein mußten. Schon waren alle hineingegangen, weil es Zeit war, zu duschen und den Tisch zu decken, aber Onkel Carlos und ich blieben noch, um die Maschine zu überprüfen und zu warten. Ich fragte ihn, ob ich die Sachen in die Werkzeugkammer schaffen dürfe, und er sagte ja. Für alle Fälle wusch ich mir die Hände, nachdem ich die Dose und den Löffel angefaßt hatte, dabei hatten wir vorher den Löffel gesäubert.

Anderntags war Sonntag, und Tante Rosa kam mit meinen Vettern, und an dem Tag spielten wir die ganze Zeit Räuber und Gendarm mit meiner Schwester und Lila, der es ihre Mutter erlaubt hatte. Gegen Abend sagte Tante Rosa zu Mama, ob mein Vetter Hugo die ganze Woche in Bánfield verbringen dürfe, denn er hatte eine Brustfellentzündung hinter sich und war noch ein bißchen schwach und brauchte Sonne. Mama sagte ja, und wir alle freuten uns. Hugo schlief in meinem Zimmer, und am Montag brachte das Dienstmädchen seine Wäsche für die Woche. Wir duschten zusammen, und Hugo kannte mehr Geschichten als ich, aber dafür sprang er nicht so weit. Man sah, daß er aus Buenos Aires kam, mit der Wäsche kamen zwei Bücher von Salgari und eins über Botanik, denn er mußte sich auf die Höhere Schule vorbereiten. In dem Buch steckte eine Pfauenfeder, die erste, die ich in meinem Leben sah, und er benutzte sie als Lesezeichen. Sie war grün mit einem blauvioletten Auge, ganz von Gold gesprenkelt. Meine Schwester erbat sie sich von ihm, aber Hugo schlug es ihr ab, weil seine Mutter sie ihm geschenkt hatte. Er ließ sie sie nicht einmal anfassen, mich aber schon, weil er mir vertraute und ich sie am Rohr anfaßte.

In den nächsten Tagen steckten wir, da Onkel Carlos im Büro arbeitete, die Maschine nicht wieder an, obwohl ich Mama gesagt hatte, wenn sie möchte, könnte ich sie laufen lassen. Mama sagte, daß wir besser bis Samstag warteten, daß es diese Woche eigentlich nicht so viele Beete mit jungen Pflanzen gebe und man nicht mehr so viele Ameisen sähe wie zuvor.

»Es gibt an die fünftausend weniger«, sagte ich ihr, und sie lachte, aber gab mir recht. Fast war es besser, daß sie mich die Maschine nicht hatte unter Feuer setzen lassen, denn auf diese Weise konnte Hugo sich nicht einmischen, der zu den Leuten gehörte, die alles besser wissen und die Türen öffnen, um zu sehen, was darin ist. Vor allem wegen des Gifts war es besser, wenn er mir nicht half.

Über Mittag befahl man uns, ruhig zu sein, denn sie hatten Angst, wir kriegen einen Sonnenbrand. Meine Schwester war, seit Hugo mit mir spielte, ständig bei uns, und immer wollte sie auf Hugos Seite spielen. Beim Murmelspiel besiegte ich sie alle beide, aber beim Spiel mit dem Kugelfänger konnte Hugo, ich weiß nicht wie, alles und besiegte mich. Meine Schwester lobte ihn die ganze Zeit, und mir wurde klar, daß sie es auf ihn abgesehen hatte, was ich eigentlich Mama sagen mußte, damit sie ihr ein paar hinter die Ohren gab, nur wußte ich nicht recht, wie ich es Mama sagen sollte, da sie eigentlich nichts Böses taten. Hugo lachte – wenngleich heimlich – über sie, und ich hätte ihn in solchem Augenblick umarmen mögen, aber es passierte immer, wenn wir gerade spielten, und dann hieß es gewinnen oder verlieren, an Umarmungen war da nicht zu denken.

Die Siesta dauerte von zwei bis fünf, und es war die beste Zeit, um in Ruhe zu tun, was man gern wollte. Hugo und ich sahen die Briefmarken durch, und ich gab ihm die Dubletten, brachte ihm bei, sie nach Ländern zu ordnen, und er wollte im nächsten Jahr eine Sammlung wie die meine haben, aber bloß von Amerika. Es entgingen einem dabei zwar die Marken von Kamerun, auf denen Tiere sind, aber er sagte, daß solche Sammlungen mehr Wert haben. Meine Schwester gab ihm recht, dabei wußte sie nicht, ob eine Briefmarke richtig oder verkehrt lag, sie tat es nur, um mir zu widersprechen. Dagegen stand Lila, die gegen drei durch den Liguster zu uns herübergesprungen kam, auf meiner Seite, und ihr gefielen die Marken aus Europa. Einmal hatte ich Lila einen Umschlag mit ganz verschiedenen Marken gegeben, und sie erinnerte mich immer daran und sagte, daß der Vater ihr bei der Sammlung helfen wollte, aber daß die Mutter dachte, das wären Bazillenträger und nichts für kleine Mädchen, und der Umschlag wurde im Küchentisch aufbewahrt.

Damit sie sich im Haus nicht über den Lärm beschwerten, gingen wir, als Lila kam, bis ans Ende des Gartens und legten uns unter die Obstbäume. Die Negri-Mädchen gingen ebenfalls durch ihren Garten, und ich wußte, daß die drei in Hugo verschossen waren; sie kreischten, wenn sie miteinander redeten, und sprachen immer durch die Nase, und die Cufina tat sich besonders hervor und fragte: »Und wo ist das Nähkästchen mit dem Garn?«, und die Ela antwortete ihr ich weiß nicht was, danach balgten sie sich herum, aber absichtlich, weil sie die Aufmerksamkeit auf sich lenken wollten, und es war gar nicht schlecht, daß die Ligusterhecken hier so dicht standen und man nicht viel sah. Lila, Hugo und ich starben vor Lachen, als wir sie hörten, und Hugo hielt sich die Nase zu sagte: »Und wo ist das Teekesselchen für den Mate?« Darauf sagte Chola, die Älteste: »Habt ihr gesehen, was es dieses Jahr für Grobiane gibt?«, und wir steckten uns Gras in den Mund, um nicht laut zu lachen, denn das Gute war, sie zu reizen und nichts weiter auf sie zu geben, auf diese Weise waren sie dann, als sie uns Fangen spielen hörten, noch viel wütender und prügelten sich schließlich untereinander, bis die Tante heraustrat und sie bei den Schöpfen packte und die drei weinend hineingingen.

Es machte mir Spaß, daß Lila bei unseren Spielen auf meiner Seite spielte, denn unter Geschwistern zu spielen macht keinen Spaß, wenn andere da sind, und meine Schwester suchte sich sogleich Hugo zum Spielgefährten. Lila und ich gewannen beim Kugelfängerspiel, aber Hugo machte Räuber und Gendarm und Verstecken mehr Spaß, immer mußte man auf ihn Rücksicht nehmen und Verstecken spielen, aber das war auch prima, nur daß wir nicht schreien konnten, und was sind Spiele, wo es nichts zu schreien gibt. Beim Versteckspiel kam die Reihe fast immer an mich, zu zählen, ich weiß nicht, weshalb sie mich bei jeder Runde beschummelten und sich einer nach dem anderen freischlagen konnte. Um fünf kam Großmutter heraus und zankte uns aus, weil wir schwitzten und zuviel Sonne abbekommen hatten, aber wir brachten sie zum Lachen und küßten sie ab, sogar Hugo und Lila, die nicht zum Haus gehörten. Ich merkte in diesen Tagen, daß Großmutter ständig den Werkzeugschrank nachsehen ging, und mir wurde klar, daß sie Angst hatte, wir könnten uns an der Maschine zu schaffen machen. Aber niemand verfiel auf eine derartige Albernheit, wo das mit den drei Kindern aus Flores passiert war und wir eine Tracht Prügel bezogen hätten.

Ab und zu war ich gern für mich allein, und in solchen Augenblicken paßte mir nicht einmal Lilas Gegenwart. Vor allem, wenn der Abend hereinbrach, kurze Zeit, bevor Großmutter in ihrem weißen Morgenrock heraustrat und sich anschickte, den Garten zu gießen. Zu dieser Stunde war die Erde nicht mehr so heiß, aber das Geißblatt duftete stark und auch die Tomatenbeete, auf denen es Rinnen für das Wasser und kleines Viehzeug gab, das anders aussah als anderswo. Ich warf mich gern auf den Bauch, um die Erde zu riechen, sie unter mir zu spüren, heiße, nach Sommer riechende Erde, die ganz anders roch als sonst. Ich dachte an vielerlei Dinge, vor allem aber an die Ameisen; jetzt, da ich gesehen hatte, wie die Ameisenhügel waren, dachte ich dauernd an die Gänge, die kreuz und quer liefen und die niemand sah. Wie die Adern in meinen Beinen, die unter der Haut kaum zu erkennen waren, aber voller Ameisen und Geheimnisse, die kamen und gingen. Wenn einer ein wenig von dem Gift aß, hätte das die gleiche Wirkung wie der Rauch der Maschine, das Gift wanderte durch die Adern des Körpers gleich dem Rauch in der Erde, der Unterschied war nicht groß.

Nach einer Weile war ich es leid, allein zu sein und das Ungeziefer in den Tomaten zu studieren. Ich ging an die weiße Pforte, nahm Anlauf und stürmte wie Buffalo Bill los, und als ich an das Salatbeet kam, sprang ich einwandfrei hinüber und berührte den Grasrand nicht. Zusammen mit Hugo schossen wir mit dem Luftgewehr auf die Scheibe oder spielten in den Hängematten, wenn meine Schwester oder zuweilen Lila sich duschen gingen und in frischer Wäsche zu den Hängematten zurückkamen. Auch Hugo und ich gingen uns duschen, und schließlich traten wir alle auf den Bürgersteig hinaus oder meine Schwester spielte im Wohnzimmer Klavier, und wir setzten uns auf die Balustrade und sahen, wie die Leute von der Arbeit heimkehrten, bis Onkel Carlos kam und wir ihn alle begrüßen gingen und nebenbei nachsahen, ob er ein Paket mit rosa Faden oder den »Billiken« mitbrachte. Ausgerechnet dabei passierte es einmal, daß Lila, wie wir zur Tür liefen, über einen Stein stolperte und sich das Knie aufschlug. Arme Lila, sie wollte nicht weinen, aber die Tränen schossen ihr in die Augen, und ich dachte an die Mutter, die so streng war und sie Mannweib und so nennen würde, wenn sie das blutige Knie sah. Hugo und ich machten einen Armsitz und trugen sie neben die weiße Pforte, während meine Schwester heimlich einen Lappen und Alkohol holte. Hugo spielte den Kavalier und wollte Lila pflegen, dasselbe wollte meine Schwester, um Hugo nahe zu sein, aber ich schubste sie beiseite und sagte zu Lila, daß sie die Zähne nur eine Sekunde zusammenbeißen müsse und ob sie die Augen schließen wolle. Sie wollte aber nicht und blickte, während ich sie mit Alkohol behandelte, Hugo starr an, als ob sie ihm zeigen wollte, wie tapfer sie war. Ich blies kräftig über die Wunde, und mit dem Verband ging es sehr gut, und es tat ihr nicht weh.

»Am besten, du gehst sofort nach Hause«, sagte meine Schwester zu ihr, »damit deine Mutter nicht meckert.«

Nachdem Lila fort war, begannen mich Hugo und meine Schwester zu langweilen, die über Lieblingsorchester redeten, und Hugo hatte De Caro in einem Kino gesehen und pfiff Tangos, die meine Schwester auf dem Klavier spielen sollte. Ich ging auf mein Zimmer und suchte das Briefmarkenalbum hervor, und die ganze Zeit dachte ich daran, daß Lila von der Mutter Schimpfe bekam und daß sie womöglich weinte oder daß die Wunde sich entzünden würde, wie es oft vorkommt. Es war unglaublich, wie tapfer Lila bei dem Alkohol gewesen war und wie sie Hugo anschaute, ohne zu weinen oder die Augen niederzuschlagen.

Auf dem Tisch mit der Stehlampe lag Hugos Botanikbuch, und das Rohr der Pfauenfeder schaute heraus. Da er mir gestattete, sie anzusehen, zog ich sie sorgsam heraus und stellte mich neben die Lampe, um besser sehen zu können. Ich glaube, eine schönere Feder als sie gab es nicht. Sie ähnelte den Flecken, die sich auf dem Wasser in den Pfützen bilden, aber man konnte sie nicht damit vergleichen, sie war viel schöner, von einem strahlenden Grün, wie jene Würmer, die in den Aprikosen leben und zwei lange Fühler mit einem behaarten Kügelchen an jeder Spitze haben. Mitten in dem breitesten und grünsten Teil öffnete sich ein blauviolettes Auge, das von Gold ganz übersprenkelt war, wie man es noch nie gesehen hat. Plötzlich verstand ich, warum der Pfau Pfau hieß, und je mehr ich sie betrachtete, je mehr geriet ich auf ulkige Gedanken wie in den Romanen, und am Ende mußte ich sie aus der Hand legen, weil ich sie sonst Hugo gestohlen hätte, und das ging nicht. Vielleicht dachte Lila gerade an uns, allein in ihrem Haus (das düster war und mit ihren schrecklich strengen Eltern), während ich mich mit der Feder und den Briefmarken beschäftigte. Besser, ich legte alles beiseite und dachte an die arme Lila, die so tapfer war.

In der Nacht hatte ich Mühe zu schlafen, ich weiß nicht warum. Ich hatte mir in den Kopf gesetzt, daß es Lila nicht gut ging und daß sie Fieber hatte. Am liebsten hätte ich Mama gebeten, ihre Mutter zu fragen, aber das war unmöglich, erstens wegen Hugo, der bestimmt lachen würde, und dann, weil Mama böse würde, wenn sie von der Verletzung erfuhr, von der wir ihr nichts gesagt hatten. Sooft ich einschlafen wollte, es ging nicht, und zuletzt dachte ich, es wäre am besten, wenn ich am Morgen zu Lila gehen und sehen würde, wie es ihr ging, oder durch die Ligusterhecke rief. Zu guter Letzt schlief ich in Gedanken an Lila und Buffalo Bill und auch an die Ameisenvertilgungsmaschine, vor allem aber an Lila, ein.

Anderntags stand ich vor allen anderen auf und ging in meinen Garten, der in der Nähe der Glycinien lag. Mein Garten war ein Beet, das mir allein gehörte. Großmutter hatte es mir gegeben, und ich konnte damit machen, was ich wollte. Einmal pflanzte ich Kanariengras, danach Süßkartoffeln, zur Zeit aber gefielen mir die Blumen und vor allem mein Jasmin, der besonders nachts so unerhört stark riecht, und Mama sagt immer, mein Jasmin wäre der schönste im ganzen Haus. Mit dem Spaten grub ich um den Jasmin herum, der das Beste war, was ich besaß, und zog ihn schließlich mitsamt der Erde, die an der Wurzel klebte, heraus. So ging ich und rief nach Lila, die auch schon aufgestanden war und fast nichts am Knie hatte.

»Hugo fährt morgen fort?« fragte sie mich, und ich sagte ja, denn er mußte in Buenos Aires weiter für die Aufnahme in die Höhere Schule pauken. Ich sagte Lila, ich hätte ihr etwas mitgebracht, und sie fragte mich, was es wäre, und dann zeigte ich ihr durch den Liguster hindurch meinen Jasmin und sagte ihr, daß ich ihn ihr schenke und, wenn sie wolle, ihr auch helfen würde, einen Garten ganz für sie allein anzulegen. Lila sagte, der Jasmin wäre sehr schön, sie fragte ihre Mutter um Erlaubnis, und ich sprang über den Liguster und half ihr, ihn einzupflanzen. Wir wählten ein kleines Beet, rissen ein paar halb vertrocknete Chrysanthemen aus, die darauf standen, und ich fing an, die Erde abzustecken, dem Beet eine andere Gestalt zu geben, und danach sagte mir Lila, wohin sie den Jasmin gern hätte, und es war genau in der Mitte. Ich pflanzte ihn ein, wir begossen ihn mit der

Gießkanne, und der Garten machte sich sehr gut. Jetzt brauchte ich noch ein wenig Gras, aber das eilte nicht. Lila war sehr vergnügt, und ihr Knie tat kein bißchen mehr weh. Sie wünschte, Hugo und meine Schwester sollten sogleich sehen, was wir gemacht hatten, und ich wollte sie gerade holen, als Mama mich zum Frühstück rief. Die Negri-Mädchen gingen im Garten spazieren und zankten sich, und die Cufina kreischte wie immer. Ich weiß nicht, wie sie sich an einem so schönen Morgen zanken konnten.

Am Samstagnachmittag mußte Hugo nach Buenos Aires zurückfahren, und ich freute mich trotz allem, weil Onkel Carlos die Maschine an diesem Tag nicht anheizen wollte und es für Sonntag aufhob. Besser, er und ich waren allein, denn was wäre gewesen, wenn Hugo sich dabei vergiftete oder so. An diesem Nachmittag vermißte ich ihn ein wenig, da ich mich daran gewöhnt hatte, ihn in meinem Zimmer zu haben, und er so viele Geschichten und Abenteuer auswendig wußte. Aber schlimmer stand es um meine Schwester, die wie schlafwandlerisch durch das ganze Haus wanderte, und wenn Mama fragte, was mit ihr los sei, ›nichts‹ sagte, aber ein Gesicht machte, daß Mama sie lange ansah und schließlich mit den Worten davonging, da halte sich jemand wohl für größer, als er wäre, und könnte sich dabei noch nicht einmal allein die Nase putzen. Ich fand, meine Schwester benahm sich wie ein Blöde, vor allem, als ich sah, daß sie mit Farbkreide auf die große Schiefertafel im Hof Hugos Namen schrieb, ihn auslöschte und von neuem schrieb, immer mit anderen Farben und anderen Buchstaben, wobei sie mich verstohlen ansah, und dann machte sie ein Herz mit einem Pfeil, und ich ging davon, um ihr nicht ein paar Ohrfeigen zu geben oder Mama etwas zu erzählen. Zu allem Überfluß war Lila diesen Nachmittag früh nach Hause gegangen und hatte gesagt, ihre Mutter erlaube ihr nicht, zu bleiben, und zwar wegen der Verletzung. Hugo sagte ihr, daß sie ihn gegen fünf von Buenos Aires holen kämen und warum sie nicht bliebe, bis er weggefahren sei, aber Lila sagte, es ginge nicht, und lief ohne Gruß fort. Daher mußte Hugo, als sie ihn abholten, hingehen und sich von Lila und ihrer Mutter verabschieden, und danach verabschiedete er sich von uns und fuhr sehr vergnügt davon, mit den Worten, daß er Ende nächster Woche wiederkäme. In dieser Nacht fühlte ich mich in meinem Zimmer ein bißchen einsam, aber auf der anderen Seite war es ein Vorteil, daß alles wieder mir gehörte und daß ich das Licht ausmachen konnte, wann ich wollte.

Am Sonntag hörte ich beim Aufstehen, daß Mama über den Drahtzaun hinweg mit Herrn Negri sprach. Ich trat näher, um guten Tag zu sagen, und Herr Negri sagte gerade zu Mama, daß in dem Salatbeet, von dem an dem Tag, als wir die Maschine ausprobierten, Rauch aufgestiegen war, alle Salatköpfe zu welken begannen. Mama erwiderte, das wäre sehr seltsam, denn in dem Prospekt der Maschine stand, der Rauch schade den Pflanzen nicht, und Herr Negri antwortete, daß man Prospekten nicht trauen darf und daß es damit wie mit den Heilmitteln sei, die einen laut Prospekt von allem kurieren, und am Ende liegt man womöglich zwischen vier Kerzen. Mama sagte ihm, möglicherweise hat eins der Mädchen unabsichtlich Seifenlauge auf das Beet gegossen (aber mir war klar, daß Mama sagen wollte, mit Absicht, hinterfotzig wie sie waren, und weil sie Streit suchten), und dann sagte Herr Negri, er werde es untersuchen, aber wenn die Maschine die Pflanzen abtötete, sähe er wirklich nicht ein, warum man sich soviel Arbeit aufhalste. Mama sagte, daß ein paar elende Salatköpfe nichts im Vergleich zu der Verwüstung wären, die die Ameisen in den Gärten anrichteten, und daß wir die Maschine am Nachmittag in Betrieb setzen wollten, und wenn sie Rauch sähen, sollten sie es sagen, wir würden dann die Ameisenhügel zustopfen, um sie nicht zu behelligen. Großmutter rief mich zum Kaffeetrinken, und ich weiß nicht, was sie sich noch sagten, aber ich war begeistert, wenn ich daran dachte, daß wir abermals Ameisen bekämpfen würden, und verbrachte den Vormittag, indem ich »Raffles« las, obwohl mir das nicht so gut gefiel wie »Buffalo Bill« oder andere Romane.

Bei meiner Schwester war der Tick verflogen; sie ging jetzt singend durch das ganze Haus, und dann verfiel sie darauf, mit Farbstiften zu malen, und kam zu mir, und bevor ich es überhaupt merkte, hatte sie die Nase schon in das gesteckt, was ich tat, und wie's der Zufall will, hatte ich gerade meinen Namen, den ich gern überall hinschrieb, und den Namen Lilas geschrieben, den ich aus purem Zufall neben meinen gesetzt hatte. Ich schloß das Buch, aber sie hatte bereits gelesen und fing schallend an zu lachen und sah mich wie mitleidig an, und ich ging auf sie los, sie aber kreischte, und ich hörte, daß Mama sich näherte, also rannte ich voller Wut in den Garten. Beim Mittagessen sah sie mich die ganze Zeit spöttisch an, und ich wäre selig gewesen, wenn ich ihr unter dem Tisch einen Fußtritt hätte versetzen können, aber sie war imstande und fing an zu schreien, und am Nachmittag wollten wir die Maschine anheizen, darum beherrschte ich mich und sagte nichts. In der Siestazeit kletterte ich auf die Weide, um zu lesen und nachzudenken, und als um halb fünf Onkel Carlos ausgeschlafen hatte, gossen wir Mate auf, richteten dann die Maschine her, und ich setzte zwei Wannen Schlamm an. Die Frauen blieben drinnen, und es war heiß, besonders neben der Maschine, was von der Kohle kam, aber der Mate ist dagegen gut, wenn man ihn bitter und sehr heiß trinkt.

Wir hatten den hintersten Teil des Gartens in der Nähe der Hühnerställe gewählt, weil die Ameisen sich anscheinend in diesen Teil geflüchtet hatten und in den Gemüsebeeten große Verwüstungen anrichteten. Kaum hatten wir den Schnabel in den größten Ameisenbau gesteckt, als an allen Seiten Rauch aufzusteigen begann, sogar zwischen den Ziegeln des Fußbodens im Hühnerstall quoll er hervor. Ich ging von einer Seite zur anderen und verstopfte die Erde, und es machte mir Spaß, Schlamm darauf zu werfen und ihn mit den Händen breitzuklopfen, bis es aufhörte zu rauchen. Onkel Carlos stellte sich an Negris Drahtzaun und fragte die Chola, die noch am verständigsten war, ob in ihrem Garten Rauch aufsteige, und die Cufina tat ganz aufgeregt und rannte in alle Richtungen und schaute nach, weil sie vor Onkel Carlos großen Respekt hatten, aber bei ihnen rauchte es nicht. Dafür hörte ich, wie Lila nach mir rief, und ich rannte zur Ligusterhecke und sah sie dort in dem Kleid mit den orangegelben Tupfen, das mir am besten gefiel, und mit verbundenem Knie stehen. Sie rief mir zu, daß aus ihrem Garten, aus ihrem eigenen Garten, Rauch aufstieg, und schon setzte ich mit einem der Schlammbecken über den Zaun, während Lila mir betrübt sagte, sie habe nach ihrem Garten geschaut und dabei gehört, daß wir mit den Negri-Mädchen redeten, und mit einemmal sei dann genau neben der Stelle, wo wir den Jasmin gepflanzt hatten, Rauch aufgestiegen. Ich war niedergekniet und warf aus Leibeskräften Schlamm. Es war für den Jasmin, frisch umgesetzt und jetzt dem Gift so nah, sehr gefährlich, auch wenn es die Gebrauchsanweisung bestritt. Ich überlegte, ob ich nicht den Ameisengang einige Meter vor dem Beet unterbrechen könnte, aber ehe ich gar nichts tat, warf ich den Schlamm und verstopfte den Ausgang so gut ich konnte. Lila hatte sich mit einem Buch in den Schatten gesetzt und sah mir bei der Arbeit zu. Ich hatte es gern, daß sie mich ansah, und legte so viel Schlamm auf, daß mit Sicherheit dort kein Rauch mehr aufsteigen würde. Danach trat ich zu ihr und fragte sie, wo es einen Spaten gäbe, weil ich sehen wollte, ob ich den Gang durchstechen könnte, bevor all das Gift den Jasmin erreichte. Lila stand auf und ging den Spaten holen, und da sie länger brauchte, schaute ich das Buch an, das Geschichten mit Illustrationen enthielt, und war starr vor Staunen, als ich sah, daß auch in Lilas Buch eine herrliche Pfauenfeder steckte, von der sie mir nie etwas gesagt hatte. Onkel Carlos rief, ich solle andere Löcher verstopfen, aber ich stand starr und blickte nur immer die Feder an, die nicht Hugos Feder sein konnte, aber ihr so ähnlich war, daß sie vom gleichen Pfau zu stammen schien, grün mit blauviolettem Auge und den Goldtupfern. Als Lila mit dem Spaten kam, fragte ich sie, woher sie die Feder habe, und wollte ihr schon erzählen, daß Hugo genau so eine Feder besitzt. Ich kriegte erst gar nicht ganz mit, was sie mir sagte, als sie sehr rot wurde und antwortete, Hugo habe sie ihr zum Abschied geschenkt.

»Er sagte mir, bei ihm zu Hause gebe es viele davon«, fügte sie wie entschuldigend hinzu, aber sie sah mich dabei nicht an, und Onkel Carlos rief lauter nach mir auf der anderen Seite der Ligusterhecke, und ich warf den Spaten hin, den mir Lila gegeben hatte, und kehrte zum Zaun zurück, obwohl Lila mich rief und mir sagte, daß schon wieder Rauch in ihrem Garten aufsteige. Ich sprang über den Zaun, und vom Haus her sah ich durch den Liguster hindurch zu Lila hinüber, die weinend dastand, in der Hand das Buch, aus dem die Feder kaum herausschaute, und ich sah, daß jetzt der Rauch genau neben dem Jasmin hervorkam und das ganze Gift sich mit den Wurzeln mischte. Ich rannte zur Maschine, ein Glück, daß Onkel Carlos wieder mit den Negri-Mädchen redete, öffnete die Dose Gift, warf zwei, drei Löffelvoll in die Maschine und verschloß sie; auf diese Weise drang der Rauch wohl in die Ameisenhügel und tötete alle Ameisen, ließ nicht eine Ameise im Hausgarten am Leben.

Die verstellte Tür

Petrone gefiel das Hotel Cervantes aus Gründen, die anderen mißfallen hätten. Es war ein düsteres, ruhiges, beinah ödes Hotel. Ein Zufallsbekannter hatte es ihm, als er den Fluß im Dampfschiff überquerte, mit den Worten empfohlen, daß es im Zentrum von Montevideo läge. Petrone nahm ein Zimmer mit Bad im zweiten Stock, das direkt auf die Empfangshalle hinausging. Dem Schlüsselbrett in der Portiersloge entnahm er, daß in dem Hotel nur wenig Gäste waren; die Schlüssel hingen an schweren Bronzescheiben mit der Nummer des Zimmers, unschuldiges Mittel der Geschäftsführung, zu verhindern, daß die Gäste sie in die Tasche steckten.

Der Fahrstuhl befand sich gegenüber der Rezeption, wo auf einem Tisch die Tageszeitungen auslagen und das Telefon stand. Er brauchte nur ein paar Meter zu gehen, um zu seinem Zimmer zu gelangen. Das Wasser kam kochend heiß aus der Leitung, und dies glich den Mangel an Sonne und Luft aus. In dem Zimmer war ein kleines Fenster, das auf das Flachdach des Kinos nebenan blickte; zuweilen spazierte eine Taube daran vorbei. Das Badezimmer hatte ein größeres Fenster, das sich traurig nach einer Mauer hin und, fast unnütz, zu einem fernen Stück Himmel öffnete. Die Möbel waren gut, es gab Schubläden und Regale in Hülle und Fülle. Und viele Kleiderbügel, etwas Seltenes.

Der Empfangschef erwies sich als ein großer, magerer, vollständig kahlköpfiger Mensch. Er trug eine Brille mit Goldrand und sprach mit der kräftigen und sonoren Stimme der Uruguayer. Er sagte zu Petrone, daß der zweite Stock sehr ruhig sei und nur in dem Zimmer neben ihm eine alleinstehende Dame wohne, die irgendwo als Angestellte arbeite und mit Einbruch der Nacht ins Hotel zurückzukehren pflege. Petrone begegnete ihr am folgenden Tag im Fahrstuhl. Daß sie es war, sagte ihm die Nummer des Schlüssels, den sie auf der Handfläche hielt, als wolle sie eine riesige Goldmünze anbieten. Der Portier nahm den Schlüssel und auch den von Petrone, um sie ans Brett zu hängen, und unterhielt sich dabei mit der Frau über einige Briefe. Petrone hatte Zeit zu bemerken, daß sie noch jung war, nach nichts aussah und sich schlecht anzog wie alle Frauen in Uruguay.

Der Vertrag mit dem Fliesenfabrikanten würde ungefähr eine Woche in Anspruch nehmen. Am Nachmittag räumte Petrone die Kleidung in den Schrank, ordnete seine Papiere auf dem Tisch, und nachdem er gebadet hatte, machte er einen Bummel durch die Innenstadt, bis es Zeit wurde, zum Büro der Teilhaber zu gehen. Der Tag verstrich in Gesprächen, unterbrochen von einem Gläschen im Pocitos und einem Essen im Hause des Hauptgesellschafters. Als sie ihn am Hotel absetzten, war es weit nach eins. Todmüde legte er sich hin und schlief auf der Stelle ein. Als er aufwachte, war es fast neun, und in diesen ersten Minuten, an denen noch die Überreste der Nacht und des Traumes haften, dachte er, daß ihn in irgendeinem Augenblick das Weinen eines kleinen Kindes behelligt hatte.

Bevor er außer Haus ging, plauderte er mit dem Angestellten, der die Rezeption besetzte und mit deutschem Akzent sprach. Während er sich über Buslinien und Straßennamen informierte, betrachtete er zerstreut den großen Saal, an dessen äußerstem Ende die Türen zu seinem Zimmer und dem der alleinstehenden Dame waren. Zwischen den beiden Türen befand sich ein Säulenfuß mit einer heillosen Kopie der Venus von Milo. Eine andere Tür, in der Seitenwand, führte zu einem kleinen Saal mit den unvermeidlichen Sesseln und Zeitschriften. Als der Angestellte und Petrone schwiegen, schien die Stille des Hotels zu gerinnen, wie Asche auf die Möbel und Fliesen herab zu fallen. Der Fahrstuhl wirkte nun fast lärmend und ebenso das Geräusch von Zeitungsblättern oder das Reiben eines Streichholzes.

Die Besprechungen endeten mit Einbruch der Nacht, und Petrone flanierte über die Straße des 18. Juli, ehe er eine der Bodegas an der Plaza Independencia betrat, um zu Abend zu essen. Alles lief gut, und vielleicht konnte er eher als gedacht nach Buenos Aires zurückkehren. Er kaufte eine argentinische Tageszeitung, eine Packung schwarzer Zigaretten und ging langsam zum Hotel. Im Kino nebenan liefen zwei Filme, die er schon kannte, und in Wirklichkeit hatte er auch gar keine Lust, irgendwo hinzugehen. Der Empfangschef begrüßte ihn, als er an ihm vorbeiging, und fragte ihn, ob er mehr Bettwäsche benötige. Sie plauderten einen Augenblick, rauchten eine zusammen und verabschiedeten sich.

Bevor er sich hinlegte, brachte Petrone die Papiere in Ordnung, die er während des Tages gebraucht hatte, und las ohne großes Interesse die Zeitung. Die Stille des Hotels war beinahe übermächtig, und das Geräusch der einen und anderen Straßenbahn, die die Soriano-Straße hinunterfuhr, unterbrach sie nur vorübergehend, verstärkte sie eher für einen neuen Zeitraum. Nicht unruhig, aber mit einer gewissen Ungeduld warf er die Zeitung in den Papierkorb und legte, während er zerstreut in den Schrankspiegel schaute, seine Kleidung ab. Es war ein schon alter Schrank; und man hatte ihn vor eine Tür gestellt, die in das Nachbarzimmer führte. Petrone war überrascht, die Tür zu entdecken, die ihm bei einer ersten Besichtigung des Zimmers entgangen war. Anfangs hatte er vermutet, daß das Gebäude als Hotel vorgesehen war, aber jetzt wurde ihm klar, daß es hier genauso war wie in vielen mittelmäßigen Hotels, die in alten Büro- oder Wohnhäusern eingerichtet werden. Wenn er es recht bedachte, besaßen die Zimmer in fast allen Hotels, die er in seinem Leben kennengelernt hatte – und es waren viele – eine verstellte Tür, bisweilen sichtbar, aber fast immer mit einem Wäscheschrank, einem Tisch oder einem Kleiderständer davor, was ihnen wie hier eine gewisse Zweideutigkeit, ein verschämtes Verlangen gab, ihre Existenz zu verbergen wie eine Frau, die sich zu verhüllen glaubt, indem sie die Hände auf den Leib oder um die Brüste legt. Die Tür hier war auf alle Fälle höher als der Schrank. Vormals waren die Leute durch sie eingetreten und hinausgegangen; hatten sie zugeschlagen, hatten sie halb geöffnet, ihr ein Leben gegeben, das noch in ihrem gegen die Wände abstechenden Holz gegenwärtig war. Petrone stellte sich vor, daß auf der anderen Seite auch ein Wäscheschrank stand und die Bewohnerin des Zimmers dasselbe über die Tür dachte.

Er war nicht müde, aber er schlief mit Behagen ein. Es mochten drei oder vier Stunden vergangen sein, als ihn ein Gefühl des Unbehagens weckte, wie wenn schon etwas geschehen wäre, etwas Lästiges und Irritierendes. Er knipste die Nachttischlampe an, sah, daß es zwei Uhr dreißig war, und löschte sie abermals. Da hörte er im Zimmer nebenan das Weinen eines Kindes.

Im ersten Augenblick kam ihm das gar nicht richtig zu Bewußtsein. Seine erste Regung war Genugtuung, denn nun war er sicher, daß ihn die Nacht zuvor ein Kind nicht hatte schlafen lassen. Da alles seine Erklärung gefunden hatte, fiel es leichter, wieder einzuschlafen. Aber danach dachte er an das andere, und er setzte sich langsam im Bett auf, ohne Licht zu machen, und horchte. Er täuschte sich nicht, das Weinen kam aus dem Zimmer nebenan. Der Laut drang durch die zugestellte Tür, ließ sich in jenem Teil des Zimmers lokalisieren, wo die Füße des Bettes standen. Aber es konnte nicht sein, daß sich in dem Zimmer nebenan ein Kind befand; der Empfangschef hatte klipp und klar gesagt, die Dame wohne für sich allein, sie bringe fast den ganzen Tag bei ihrer Arbeit zu. Sekundenlang ging Petrone durch den Sinn, daß sie vielleicht für diese Nacht das Kind einer Verwandten oder Freundin in Obhut genommen haben könnte. Er dachte an die vorige Nacht. Jetzt war er sicher, daß er das Weinen *schon* gehört hatte, denn es war kein leicht zu verwechselndes Weinen, vielmehr eine unregelmäßige Serie von sehr schwachen Seufzern, von kläglichen Schluchzern, gefolgt von einem kurzen Gewimmer, alles dies in Abständen, sehr schwach, als ob das Kind sehr krank wäre. Es konnte nur wenige Monate alt sein, obgleich es nicht so schrill und mit den plötzlichen Glucksern und erstickten Schreien eines Neugeborenen weinte. Petrone stellte sich ein Kind vor – einen Buben, warum wußte er nicht – schwach und krank, mit ausgezehrtem Gesicht und erloschenen Bewegungen. *Das* wimmerte in der Nacht, weinte schamhaft, ohne allzusehr auffallen zu wollen. Wäre da nicht die verstellte Tür, das Weinen hätte die dicken Mauerwälle nicht bezwungen, kein Mensch hätte gewußt, daß in dem Zimmer nebenan ein Kind war und weinte.

Am Morgen dachte Petrone eine Weile darüber nach, während er das Frühstück einnahm und eine Zigarette rauchte. Schlechter Schlaf war seiner Arbeit am Tage abträglich. Zweimal war er mitten in der Nacht wach geworden, und beide Male wegen des Weinens. Das zweite Mal war schlimmer, weil man außer dem Weinen auch die Stimme der Frau hörte, die das Kind zu beruhigen suchte. Die Stimme war sehr leise, aber sie hatte einen inständigen Ton, der ihr etwas Theatralisches verlieh, ein Geflüster, das die Tür mit einer Kraft durchdrang, als wenn sie laut gesprochen hätte. Für kurze Zeit gab das Kind dem Einwiegen, den inständigen Bitten nach, doch dann begann es wieder mit einem leichten, halb erstickten Jammern, einem untröstlichen Kummer. Und von neuem murmelte die Frau unverständliche Worte, den Zauberspruch der Mutter, um das von seinem Leib oder seiner Seele gemarterte Kind zum Schweigen zu bringen, gemartert, weil es lebte oder vom Tode bedroht war.

›Alles schön und gut, aber der Empfangschef hat mich angeschwindelt‹, dachte Petrone, als er sein Zimmer verließ. Die Lüge verdroß ihn, und er machte keinen Hehl daraus. Der Empfangschef sah ihn an.

»Ein Kind? Sie müssen sich geirrt haben. Auf dieser Etage gibt es keine kleinen Kinder. Neben Ihnen wohnt eine alleinstehende Dame, ich glaube, ich sagte es Ihnen bereits.«

Petrone zögerte, bevor er sprach. Entweder log der andere dümmlich genug oder die Akustik im Hotel spielte ihm einen bösen Streich. Der Empfangschef blickte ihn ein wenig schief an, als ob ihn die Beschwerde seinerseits ärgerte. ›Womöglich denkt er, ich bin schüchtern und suche einen Vorwand, um ausziehen zu können‹, dachte er. Es war schwierig, irgendwie absurd, angesichts einer derart glatten Verneinung darauf bestehen zu wollen. Er zuckte die Achseln und verlangte die Zeitung.

»Ich werde wohl geträumt haben«, sagte er, verdrießlich, dieses oder irgend etwas anderes sagen zu müssen.

Das Cabaret war von tödlicher Langeweile, und seine beiden Gastgeber schienen auch nicht hell begeistert, so daß es Petrone leichtfiel, die Anstrengungen des Tages vorzuschieben und sich zum Hotel bringen zu lassen. Sie vereinbarten, am Nachmittag des nächsten Tages die Verträge zu unterzeichnen, das Geschäft war praktisch abgeschlossen.

Die Stille in der Rezeption des Hotels war so groß, daß Petrone sich selbst dabei ertappte, wie er auf Fußspitzen ging. Man hatte eine Abendzeitung neben sein Bett gelegt, auch fand er einen Brief aus Buenos Aires vor. Er erkannte die Schriftzüge seiner Frau.

Ehe er sich zur Ruhe legte, besah er sich den Schrank und den darüber hinausragenden Teil der Tür. Vielleicht würden, wenn er seine beiden Koffer auf den Schrank legte und damit die Tür blockierte, die Geräusche aus dem Zimmer nebenan schwächer werden. Wie immer um diese Zeit war nichts zu hören. Das Hotel schlief, die Dinge und die Leute schliefen. Aber Petrone, ohnehin schon schlecht gelaunt, kam es vor, als wäre es umgekehrt und alles wach, inbrünstig wach inmitten der Stille. Seine uneingestandene Beklemmung mußte sich dem Hause, den Leuten in dem Hause mitteilen und ihnen etwas Lauerndes, eine verstohlene Wachsamkeit verleihen. Possen über Possen.

Fast nahm er es nicht ernst, als das Weinen des Kindes um drei Uhr morgens wieder an sein Ohr drang. Er setzte sich im Bett auf und fragte sich, ob es nicht das beste wäre, er riefe den Nachtportier, um einen Zeugen dafür zu haben, daß man in diesem Zimmer nicht schlafen könne. Das Kind weinte so schwach, daß man es bisweilen gar nicht hörte, obgleich Petrone spürte, daß das Weinen da war, unablässig, und bald wieder anschwellen würde. Es vergingen zehn oder zwanzig sehr sehr langsame Sekunden; dann erfolgte ein kurzes Aufschluchzen, ein kaum wahrnehmbares Wimmern, das sich leise fortsetzte, bis es in das eigentliche Weinen überging.

Er zündete eine Zigarette an und fragte sich, ob er nicht diskret ein paarmal gegen die Wand klopfen sollte, damit die Frau das Kind zum Schweigen brächte. Erneut wurde ihm, als er an die beiden, an die Frau und an das Kind, dachte, bewußt, daß er nicht an sie glaubte, daß er absurderweise nicht glaubte, der Empfangschef habe ihn belogen. Jetzt hörte man die Stimme der Frau, die das Weinen des Kindes mit ihren ungestümen – wenngleich so diskreten – Trostworten völlig übertönte. Die Frau wiegte das Kind ein, besänftigte es, und Petrone stellte sie sich vor, wie sie am Fuße des Bettes saß, die Wiege des Kindes bewegte oder es in Armen hielt. Aber er konnte, je mehr er es auch wünschte, sich das Kind einfach nicht vorstellen, als ob die Aussage des Empfangschefs verläßlicher war als diese Realität, die er mit anhörte. Nach und nach und in dem Maße, wie die Zeit verging und die schwachen Klagelaute unter dem gemurmelten Zuspruch zu- oder abnahmen, begann Petrone zu argwöhnen, daß alles eine Posse war, ein lächerliches, monströses Spiel, das er sich nicht zu erklären vermochte. Er dachte an alte Erzählungen von Frauen ohne Kinder, die insgeheim einen Kult mit Puppen treiben, eine eingebildete Mutterschaft im Verborgenen, tausendmal schlimmer als die Verhätschelung von Hunden oder Katzen oder Neffen. Die Frau dort ahmte das Weinen des ihr versagt gebliebenen Sohnes nach, die Luft zwischen ihren leeren Händen tröstend, vielleicht das Gesicht feucht von Tränen, weil das Weinen, das sie vortäuschte, zugleich ihr echtes Weinen war, ihr grotesker Schmerz in der Einsamkeit eines durch die Gleichgültigkeit und den frühen Morgen geschützten Hotelzimmers.

Petrone, außerstande wieder einzuschlafen, machte Licht und fragte sich, was er tun sollte. Seine schlechte Laune war bösartig, steckte sich an dieser Umgebung an, in der ihm plötzlich alles gezinkt, hohl, falsch vorkam: die Stille, das Weinen, das Einlullen, das einzig Wirkliche dieser Stunde zwischen Tag und Nacht betrog ihn mit seiner unerträglichen Lüge. Gegen die Wand zu pochen, erschien ihm noch zu wenig. Er war nicht völlig wach, obwohl es ihm unmöglich gewesen wäre, einzuschlafen; ohne recht zu wissen, wie es kam, sah er sich nach und nach den Schrank bewegen, bis verstaubt und schmutzig die Tür frei lag. Im Pyjama und barfuß preßte er sich wie ein Tausendfüßler gegen sie, und indem er seinen Mund den Kiefernholzbrettern näherte, begann er mit Falsettstimme, unmerklich, ein Wimmern nachzuahmen, ähnlich dem, das von der anderen Seite kam. Er stieg im Ton, seufzte, schluchzte. Auf der anderen Seite machte sich ein Schweigen breit, das die ganze Nacht über anhielt; aber in dem Augenblick, der diesem vorausging, konnte Petrone hören, wie die Frau mit klatschenden Pantoffeln durch das Zimmer lief, einen kurzen, trockenen Schrei ausstoßend, einen Anfang von Geheul, das plötzlich abriß wie eine gespannte Saite.

Als er an der Theke des Empfangschefs vorbeiging, war es schon nach zehn. Im Halbschlaf, nach acht Uhr, hatte er die Stimme des Angestellten und die einer Frau gehört. Jemand war in das Zimmer nebenan gegangen und hatte Gegenstände gerückt. Er sah beim Fahrstuhl einen Koffer und zwei große Reisetaschen stehen. Der Empfangschef machte eine Miene, die Petrone für Bestürzung hielt.

»Haben Sie heute nacht gut geschlafen«, fragte er ihn mit dem berufsmäßigen Ton, der kaum die Gleichgültigkeit verbarg. Petrone zuckte die Schultern. Wozu darauf bestehen, wenn er gerade noch knapp eine Nacht in dem Hotel verbringen mußte.

»Jedenfalls wird es jetzt ruhiger«, sagte der Empfangschef, auf die Koffer blickend. »Die Dame wird uns bis Mittag verlassen.«

Er erwartete eine Äußerung, und Petrone half ihm mit den Augen.

»Sie hat hier lange Zeit gewohnt, und ganz plötzlich zieht sie aus. Bei den Frauen weiß man nie.«

»Nein«, sagte Petrone. »Da kennt man sich nie aus.«

Auf der Straße wurde ihm speiübel, und doch war diese Übelkeit nicht körperlich. Während er einen bitteren Kaffee trank, begann er über das Geschehene nachzudenken, das Geschäft vergessend, gleichgültig gegen die strahlende Sonne. Er war schuld, daß jene Frau das Hotel verlassen hatte, außer sich vor Furcht, Scham oder Wut. *Sie hat hier lange Zeit gewohnt...* Sie war eine Kranke, vielleicht, aber harmlos. Nicht sie, sondern er hätte das Hotel Cervantes räumen müssen. Er hatte die Pflicht, sie zu sprechen, sich zu entschuldigen und sie zu bitten, daß sie bliebe, ihr Diskretion gelobend. Er ging ein paar Schritte zurück und blieb auf halbem Wege stehen. Er fürchtete, sich zu blamieren, fürchtete auch, die Frau könne auf unerwartete Weise reagieren. Auch war es an der Zeit, sich mit den beiden Gesellschaftern zu treffen, und er wollte sie nicht warten lassen. Wozu sich also Scherereien machen? Sie war nichts weiter als eine Hysterikerin und würde schon ein anderes Hotel finden, in dem sie ihren eingebildeten Sohn hüten konnte.

Aber in der Nacht fühlte er sich wieder übel, und die Stille des Zimmers kam ihm noch dichter vor. Bei Betreten des Hotels hatte er es nicht lassen können, nach dem Brett mit den Schlüsseln zu sehen, auf dem schon der für das Nachbarzimmer fehlte. Er wechselte einige Worte mit dem Angestellten, der gähnend auf die Stunde wartete, da er gehen konnte, und betrat sein Zimmer ohne große Hoffnung auf Schlaf. Er hatte die Abendzeitungen und einen Kriminalroman dabei. Er vertrieb sich die Zeit damit, seine Koffer zu packen, seine Papiere zu ordnen. Es war heiß, und er öffnete das kleine Fenster sperrangelweit. Das Bett war gut gemacht, aber er fand es unbequem und hart. Endlich hatte er all die Stille, die er brauchte, um tief schlafen zu können, und nun lastete sie auf ihm. Er wälzte sich wieder und wieder herum und fühlte sich wie besiegt von dieser Stille, die er sich verschafft, mit List beansprucht hatte und die man ihm nun voll und ganz und als gerechte Strafe überließ. Ironischerweise dachte er, daß er das Weinen des Kindes vermißte, daß diese völlige Stille ihm nicht genügte, um einzuschlafen, und noch weniger, um wach zu bleiben. Er vermißte das Weinen des Kindes, und als er es, viel später, schwach aber unverwechselbar durch die zugestellte Tür hindurch hörte, wußte er über die Furcht, über die Flucht mitten in der Nacht hinweg, daß es gut war und die Frau nicht gelogen, sich nicht belogen hatte, als sie das Kind einlullte, als sie wollte, daß es sich beruhige, damit sie endlich schlafen konnten.

Die Mänaden

Don Pérez überreichte mir ein auf cremefarbenes Papier gedrucktes Programm und führte mich zu meinem Parkettsitz. Neunte Reihe, leicht nach rechts: die vollkommen ausgewogene Akustik. Ich kenne das Theater Corona gut und weiß, es hat die Launen einer hysterischen Frau. Meinen Freunden rate ich, niemals Reihe 13 zu nehmen, denn es gibt dort eine Art Luftloch, in das keine Musik dringt; auch nicht die linke Seite auf der Galerie, weil man hier, ähnlich wie im Teatro Communale in Florenz, von einigen Instrumenten den Eindruck hat, sie entfernten sich vom Orchester, schwebten in der Luft, und so kann eine Flöte drei Meter von einem entfernt zu tönen beginnen, während die anderen Instrumente auf der Bühne fortfahren, was zwar pittoresk, aber wenig angenehm ist.

Ich warf einen Blick aufs Programm. Wir würden den *Sommernachtstraum, Don Juan, La Mer* und die *Fünfte Symphonie* zu hören bekommen. Ich konnte, wenn ich an den Maestro dachte, mir das Lachen nicht verkneifen. Wieder einmal hatte der alte Fuchs sein Konzertprogramm mit dieser kecken ästhetischen Willkür zusammengestellt, die den tiefenpsychologischen Spürsinn verriet, der Varietéregisseuren ebenso zu eigen ist wie Klaviervirtuosen und Veranstaltern von Freistilringkämpfen. Nur aus purer Langeweile konnte ich mich in ein Konzert setzen, in dem auf Strauss Debussy und – damit nicht genug – wider sämtliche menschlichen und göttlichen Gebote – Beethoven folgte. Aber der Maestro kannte sein Publikum, veranstaltete Konzerte für die Habitués des Corona-Theaters, das heißt ruhige und wohlwollende Leute, die das ihnen bekannte Schlechte dem vorziehen, was zu kennen gut wäre, und die vor allem wünschen, daß man ihre Verdauung und Ruhe respektiert. Bei Mendelssohn würden sie es sich bequem machen, danach *Don Juan*, süperb und füllig, mit Melodien zum Mitpfeifen. Bei Debussy würden sie sich wie Künstler vorkommen, weil nicht jeder beliebige seine Musik versteht. Und dann das Hauptgericht: Beethoven, die große Gehörmassage, so pocht das Schicksal an die Pforte, das V wie Victory, der geniale Taube, und anschließend flugs nach Hause, da es morgen im Büro wahnsinnig viel zu tun gibt.

Dabei war ich dem Maestro wirklich zugetan, denn er hatte uns in diese amusische, von den großen Zentren entfernte Stadt, in der man vor zehn Jahren außer *La Traviata* und der Ouvertüre zu *El Guaraní* nichts zu hören bekam, gute Musik gebracht. Ein energischer Impresario hatte unseren Maestro vertraglich hierher verpflichtet, und er baute ein Orchester auf, das erstklassig genannt werden konnte. Nach und nach ließ er Brahms, Mahler, die Impressionisten, Strauss und Mussorgski auf uns los. Anfangs murrten die Abonnenten, und der Maestro mußte die Segel streichen und viele Opern-Potpourris aufs Programm setzen; dann applaudierten sie allmählich dem schweren kongenialen Beethoven, den er uns vorsetzte, und schließlich bereiteten sie ihm Ovationen, gleichgültig, was es war, sie brauchten ihn nur zu sehen, wie jetzt, da sein Erscheinen ungemeine Begeisterung entfachte. Aber zu Beginn der Saison haben die Leute unverbrauchte Hände, applaudieren sie mit Freuden, und im übrigen liebte jeder den Maestro, der sich knapp, ohne allzu große Herablassung verbeugte und sich mit seiner Räuberhauptmannsmiene den Musikern zukehrte. Zu meiner Linken saß Frau von Jonathan, die ich nicht sehr gut kenne, aber die als eine Musikenthusiastin gilt; lächelnd sagte sie zu mir:

»Da haben Sie, da haben Sie einen Mann, der zuwege gebracht hat, was wenige vermögen. Er hat nicht nur ein Orchester, sondern ein Publikum geformt. Ist das nicht bewundernswert?«

»Ja«, sagte ich, zuvorkommend wie immer.

»Manchmal denke ich, daß er mit Blick zum Saal dirigieren müßte, denn auch wir sind ein bißchen seine Musiker.«

»Mit Ausnahme von mir, bitte«, sagte ich. »In Sachen Musik herrscht bei mir eine traurige Geistesverwirrung. Dieses Programm zum Beispiel finde ich grauenhaft. Aber ohne Zweifel irre ich mich da.«

Frau von Jonathan sah mich strafend an und wandte ihr Gesicht ab, ihre Liebenswürdigkeit war jedoch stärker und veranlaßte sie, mir eine Erklärung zu geben.

»Das Programm besteht aus lauter Meisterwerken, die samt und sonders brieflich von Bewunderern gewünscht worden sind. Wissen Sie nicht, daß der Maestro an diesem Abend seine Silberne Hochzeit mit der Musik feiert? Und daß das Orchester sein fünfjähriges Bestehen begeht? Lesen Sie bitte die Rückseite des

Programms, da steht ein ungemein feinsinniger Artikel Doktor Palacíns.«

Ich las den Artikel Doktor Palacíns in der Pause, nach Mendelssohn und Strauss, für die der Maestro beide Male Ovationen geerntet hatte. Ich wandelte im Foyer umher und fragte mich ein- oder zweimal, ob die Ausführung einen derartigen Begeisterungstaumel des Publikums rechtfertigte, das meines Wissens sonst nicht allzu freigebig ist. Aber Jubiläen öffnen der Dummheit Tür und Tor, und ich vermutete, daß die Anhänger des Maestro nicht imstande waren, ihre Erregung zu zügeln. An der Bar traf ich Doktor Epifanía mit seiner Familie, und ich blieb stehen, um ein paar Minuten zu plaudern. Die Töchter, rot und aufgeregt, umringten mich wie gackernde Hühnchen (sie lassen an diverses Geflügel denken), nur um mitzuteilen, daß Mendelssohn enorm gewesen, seine Musik wie aus Samt und Schleiern wäre und eine göttliche Romantik besäße. Man möchte sein ganzes Leben damit zubringen, das Nokturno zu hören, und das Scherzo war wie von Feenhänden gespielt. Beba gefiel Strauss besser, weil er stark war, ein richtiger deutscher Don Juan, mit diesen Hörnern und Posaunen, bei denen sie eine Gänsehaut bekam – was man überraschend wörtlich nehmen konnte. Doktor Epifanía hörte uns nachsichtig lächelnd zu.

»Ach, diese Jugend! Man sieht wohl, daß Sie weder Risler haben spielen hören, noch von Bülow dirigieren. Das waren Zeiten.«

Die Mädchen sahen ihn wütend an. Rosarito sagte, daß die Orchester viel besser als vor fünzig Jahren dirigiert würden, und Beba stritt ihrem Vater jedes Recht ab, die außerordentliche Qualität des Maestro zu schmälern.

»Freilich, freilich«, sagte Doktor Epifanía. »Ich gebe zu, der Maestro ist heute abend genial. Welch ein Feuer, was für ein Beifall! Ich selbst habe seit Jahren nicht so heftig applaudiert.«

Und er zeigte mir zwei Hände, die aussahen, als hätte er gerade rote Bete zerquetscht. Merkwürdigerweise hatte ich bis zu diesem Augenblick den gegenteiligen Eindruck gehabt, für mein Empfinden hatte der Maestro einen Abend erwischt, an dem ihm die Leber zu schaffen macht und er für einen kargen und direkten Stil ist, ohne sich groß zu verausgaben. Aber ich mußte der einzige sein, der so dachte, denn Cayo Rodríguez sprang mir fast an die Gurgel, als ich mich ihm offenbarte, und sagte mir, daß *Don*

Juan brutal gewesen sei und der Maestro ein unglaublicher Dirigent wäre.

»Hast du nicht diese Stelle aus dem Scherzo von Mendelssohn im Ohr, wo man meint, das ist kein Orchester mehr, sondern ein Geflüster von Koboldstimmen?«

»Dazu«, sagte ich, »müßte ich erst einmal wissen, wie die Stimmen von Kobolden sind.«

»Stell dich nicht so dumm«, sagte Cayo und wurde rot, und ich sah, daß er ehrlich wütend war. »Du willst nicht imstande sein, das zu erfassen? Der Maestro ist genial, er dirigiert wie nie zuvor. Kaum zu glauben, daß du so dickhäutig sein solltest.«

Guillermina Fontán kam eilends auf uns zu. Sie wiederholte all die Epitheta der Töchter Epifanía, und sie und Cayo sahen sich tränenden Augs an, gerührt ob dieser brüderlichen Eintracht in der Bewunderung, welche die Menschen für einen Augenblick so gut macht. Ich betrachtete sie mit Staunen, denn ich konnte mir einen derartigen Überschwang nicht erklären; gewiß gehe ich nicht alle Abende in Konzerte wie dieses, und es kommt schon einmal vor, daß ich Brahms mit Bruckner verwechsle und umgekehrt, was bei ihresgleichen als bodenlose Ignoranz betrachtet würde. Jedenfalls ließen die geröteten Gesichter, diese schweißigen Hälse, dieser schwelende Wunsch, weiter zu applaudieren, und sei es auch im Foyer oder mitten auf der Straße, mich an atmosphärische Einflüsse denken, an die Luftfeuchtigkeit oder die Sonnenflecken, Dinge, die das menschliche Verhalten zu beeinträchtigen pflegen. Ich erinnere mich, daß ich in jenem Augenblick dachte, ob nicht irgendein Spaßvogel das denkwürdige Experiment des Doktor Ox wiederholte, um das Publikum in Glut zu versetzen. Guillermina riß mich aus meinen Grübeleien, indem sie mich heftig am Arm schüttelte (dabei kennen wir uns kaum).

»Und jetzt kommt Debussy«, murmelte sie ganz erregt. »Dieses Spitzengeriesel aus Wasser, *La Mer.*«

»Das wird ein wahrer Ohrenschmaus«, sagte ich, ihr in der Meeresströmung folgend.

»Haben Sie eine Vorstellung, wie der Maestro es dirigieren wird?«

»Makellos«, urteilte ich und blickte sie an, um zu sehen, wie sie meine Bemerkung aufnahm. Aber augenscheinlich erwartete Guillermina mehr Feuer, denn sie wandte sich Cayo zu, der wie ein durstiges Kamel Soda trank, und die beiden überließen sich einer beseligenden Mutmaßung über den zweiten Satz von Debussy und die grandiose Kraft, die der dritte besäße. Ich streifte durch die Gänge, kehrte ins Foyer zurück, und es war halb rührend und halb irritierend, das Publikum noch immer außer sich über das zu sehen, was es soeben gehört hatte. Das enorme Gesumse eines aufgeregten Bienenkorbs drang nach und nach in die Nerven, und ich fühlte mich am Ende selbst von dem Fieber angesteckt und verdoppelte meine übliche Ration Soda Belgrano. Es schmerzte mich ein wenig, daß ich an dem Spiel nicht ganz teilnahm, diese Leute von außerhalb, als Entomologe, betrachtete. Was konnte ich machen, so geht es mir immer im Leben, und ich bin schon fast so weit, diese Fähigkeit zu nutzen, um mich aus allem herauszuhalten.

Als ich ins Parkett zurückkehrte, hatten alle bereits Platz genommen und ich belästigte die ganze Reihe, um zu meinem Sitz zu gelangen. Die Musiker betraten unlustig die Bühne, und ich fand es sonderbar, daß das Publikum, weil es nach der Musik gierte, sich noch vor ihnen niedergelassen hatte. Ich schaute zur Galerie und den oberen Rängen empor; eine schwarze Masse, wie Fliegen in einem Mustopf. Im ersten und zweiten Rang, die geräumiger waren, ließen die Anzüge der Männer an Scharen von Raben denken; einige elektrische Lampen leuchteten auf und verloschen, mit Partituren versehene Musikfanatiker probierten ihre Beleuchtungsmethoden aus. Das Licht der großen Mittelleuchte erlosch nach und nach, und in der Dunkelheit des Zuschauerraums wurde Beifall laut, der dem Eintritt des Maestro galt. Ich fand es eigenartig, wie das Licht allmählich durch das Geräusch abgelöst wurde und wie einer meiner Sinne in Aktion trat, kaum daß der andere sich zur Ruhe begab. Zu meiner Linken klatschte Frau von Jonathan kräftig in die Hände, die ganze Reihe applaudierte geschlossen; aber rechts, zwei oder drei Plätze weiter, sah ich einen Mann, der reglos, den Kopf gebeugt, dasaß. Ein Blinder ohne Zweifel; ich ahnte das Glänzen des weißen Stocks, die unnützen Brillengläser. Nur er und ich weigerten uns zu applaudieren, und seine Haltung zog mich an. Ich hätte mich gern neben ihn gesetzt, mit ihm gesprochen: wer heute abend nicht applaudierte, war ein Wesen, das allen Interesses wert war. Zwei Reihen vor mir klatschten sich die Töchter Epifanías die Hände entzwei, und ihr Vater stand ihnen darin nicht nach. Der

Maestro grüßte kurz, blickte ein- oder zweimal nach oben, von wo der Lärm wie in Wellen herabstieg, um sich mit dem aus dem Parkett und den Balkonen zu treffen. Ich vermeinte auf seinem Gesicht eine halb interessierte, halb perplexe Miene wahrzunehmen; sein Gehör mußte ihm den Unterschied zwischen einem gewöhnlichen Konzert und einem Silberhochzeitskonzert anzeigen. Unnötig zu sagen, daß *La Mer* ihm eine Ovation eintrug, die sich – übrigens verständlicherweise – durchaus mit dem Beifall messen konnte, den er für Strauss erhalten hatte. Sogar ich ließ mich von dem letzten Satz mitreißen, von seinem Geprassel, dem ungeheuren Gewoge der Töne, und applaudierte, bis mir die Hände weh taten. Frau von Jonathan weinte.

»Es ist unsagbar«, murmelte sie, mir ein Gesicht zuwendend, das aus dem Regen zu kommen schien. »Ganz unglaublich unsagbar...«

Der Maestro kam und ging: elegant, gewandt bestieg er auf seine unnachahmliche Art das Podium – wie jemand, der eine Versteigerung eröffnet. Er ließ das Orchester sich erheben, und der Beifall, die Hochrufe verstärkten sich. Zu meiner Rechten applaudierte, seine Hände schonend, der Blinde: köstlich zu sehen, mit welcher Sparsamkeit er zur allgemeinen Huldigung beitrug, den Kopf gesenkt, mit gesammelter und fast abwesender Miene. Die Bravorufe, die sonst stets vereinzelt und wie persönliche Bekundungen erschallen, schallten aus allen Richtungen. Der Beifall hatte weniger heftig eingesetzt als im ersten Teil des Konzerts, aber jetzt, da die Musik vergessen war und man weder *Don Juan* noch *La Mer* (oder vielmehr ihre Wirkungen), sondern einzig und allein den Maestro und das Gemeinschaftsgefühl beklatschte, das den Zuschauerraum erfüllte, entzündete sich der Beifall an sich selbst, schwoll für Augenblicke an und wurde beinahe unerträglich. Irritiert blickte ich nach links; ich sah eine rotgekleidete Frau, die applaudierend durch den Mittelgang des Parketts lief und am Fuße des Podiums stehenblieb, praktisch zu Füßen des Maestro. Als er sich verbeugte, um erneut zu grüßen, befand sich der Maestro in so geringer Entfernung von der Dame in Rot, daß er sich überrascht aufrichtete. Aber von den obersten Galerien kam ein Geprassel, das ihn nötigte, den Kopf und, was er selten tat, den linken Arm zum Gruß zu heben. Das steigerte den Enthusiasmus, und zu dem Beifallsgeklatsch kam vollends der Donner von Schuhen, die auf den

Boden der Galerien und Balkone trampelten. Das war nun wirklich eine Übertreibung.

Es gab keine Pause, aber der Maestro zog sich zurück, um zwei Minuten zu verschnaufen, und ich erhob mich, um den Zuschauerraum besser überblicken zu können. Die Hitze, die Feuchtigkeit und die Erregung hatten die Mehrzahl der Zuschauer in bedauernswerte schwitzende Langustinen verwandelt. Man sah Hunderte von Taschentüchern schwenken, wie Wogen eines Meeres, das auf groteske Weise fortsetzte, was wir soeben gehört hatten. Viele Personen stürzten ins Foyer, um in aller Hast ein Bier oder einen Orangensaft zu kippen. Aus Furcht, etwas zu versäumen, kehrten sie so überstürzt zurück, daß sie um ein Haar über andere stolperten, die nach draußen wollten, und an der Haupttür im Parkett herrschte beträchtliche Verwirrung. Aber es setzte keinen Streit, die Leute waren von einer Güte ohnegleichen erfüllt, zerflossen schier vor duselndem Gefühl, in dem sich alle brüderlich begegneten und erkannten. Frau von Jonathan, zu dick, um von ihrem Platz aus manövrierfähig zu sein, hob mir, der ich immer noch stand, ein Gesicht entgegen, das einem Radieschen merkwürdig ähnelte. »Unsagbar«, wiederholte sie. »Ganz unsagbar.«

Beinah war ich froh, daß der Maestro zurückkehrte, denn diese Menge, zu der auch ich, ob ich wollte oder nicht, gehörte, flößte mir halb Mitleid, halb Ekel ein. Von all diesen Leuten schienen die Musiker und der Maestro die einzigen Personen zu sein, die Würde besaßen. Und außerdem der Blinde, wenige Plätze von mir entfernt, starr und ohne zu applaudieren, mit einer exquisiten Aufmerksamkeit und bar jeglicher Kriecherei. »Die Fünfte«, flüsterte Frau von Jonathan mir feucht ins Ohr. »Die Ekstase der Tragödie.«

Ein passender Titel für einen Film, dachte ich und schloß die Augen. Vielleicht versuchte ich in diesem Augenblick, es dem Blinden gleichzutun, dem einzigen menschlichen Wesen zwischen so viel gelatineartiger Masse, die mich umgab. Und als ich schon an meinen Lidern kleine grüne Lichter wie Schwalben vorüberziehen sah, fiel die erste Phrase der »Fünften« mir wie eine Baggerschaufel auf den Kopf und nötigte mich aufzublicken. Der Maestro war fast schön zu nennen, wie er da mit seinem feinen und spähenden Gesicht stand und das Orchester startete, dessen Motoren auf vollen Touren liefen. Über den Saal hatte sich blitzartig nach dem Beifallsgeklatsch eine große Stille gebreitet; ich glaube sogar, daß der Maestro die Maschine anwarf, ehe das Publikum noch aufgehört hatte, ihn zu begrüßen. Der erste Satz mit seinen Erinnerungsblitzen, seinen Symbolen, seinem mühelosen und spontanen Höhepunkt fuhr über unsere Köpfe weg. Der zweite, großartig dirigiert, hallte in einem Saal wider, in dem die Luft wie entzündet schien, entbrannt aber in einem Feuer, das unsichtbar und kalt war, das von innen nach außen brannte. Fast niemand hörte den ersten Schrei, weil er erstickt und kurz klang, aber da das Mädchen direkt vor mir saß, beobachtete ich betroffen, wie es in Zuckungen geriet, und hörte es gleichzeitig, unter einem Akkord der Blech- und Holzinstrumente, schreien. Ein Schrei, trocken, knapp wie im Liebeskrampf oder in Hysterie. Ihr Kopf klappte nach hinten, auf diese Art ulkigen Bronze-Einhorns, das die Parkettsitze im Corona tragen, und gleichzeitig trampelten ihre Füße wie wild auf den Boden, während ihr die Personen neben ihr unter die Arme griffen. Von oben, aus der ersten Reihe des ersten Rangs, hörte ich einen Schrei, einen anderen Schlag auf den Boden. Der Maestro beendete den zweiten Satz und sprang geradenwegs in den dritten; ich fragte mich, ob ein Dirigent, gefangen in der nahen Klangkulisse des Orchesters, einen Schrei aus dem Parkett hören kann. Das Mädchen aus der Reihe vor mir kippte jetzt allmählich vornüber, und jemand (vielleicht ihre Mutter) stützte sie die ganze Zeit mit einem Arm. Ich hätte gern geholfen, aber es ist keine Kleinigkeit, sich mitten im Konzert und bei unbekannten Leuten in Dinge einzumischen, die in der vorderen Reihe vorgehen. Ich wollte Frau von Jonathan ein Wort sagen, da für derartige Zustände Frauen die geeigneten Personen sind, aber sie hielt die Augen starr auf den Rücken des Maestro geheftet; mir schien, unterhalb des Mundes, an ihrem Kinn glänzte etwas. Plötzlich sah ich den Maestro nicht mehr, weil sich in der vordersten Reihe der runde Rücken eines Herrn im Smoking aufreckte. Es war sehr ungewöhnlich, daß sich jemand mitten im Satz erhob, aber auch jene Schreie und die Gleichgültigkeit der Leute gegenüber dem hysterischen Mädchen waren ungewöhnlich. Etwas wie ein roter Fleck zwang mich, in die Mitte des Parketts zu blicken, und erneut sah ich die Dame, die in der Pause beifallklatschend zum Podium gelaufen war. Sie schritt langsam vorwärts, sozusagen geduckt, obgleich ihr Körper aufgerichtet blieb, aber es war auch eher der Ausdruck ihres Gangs: mit langsamen, hypnotischen Schritten vorwärts, wie jemand, der kurz vor dem Sprung steht. Sie blickte den Maestro starr an, für Sekunden sah ich das erregte Leuchten ihrer Augen. Ein Mann trat aus den Reihen und ging hinter ihr her; jetzt waren sie in der Höhe der fünften Reihe, und drei weitere Personen schlossen sich ihnen an. Die Musik ging dem Ende zu, die ersten großen Schlußakkorde, vom Maestro herrlich knapp entfesselt, sprangen auf, Skulpturenmassen, die mit einem Schlag vor einem standen, hohe weiße und grüne Säulen, ein Karnaktempel von Tönen, durch dessen Schiff die rote Frau und ihr Gefolge Schritt für Schritt vorrückten.

Zwischen zwei Ausbrüchen des Orchesters hörte ich erneut einen Schrei, aber diesmal kam er von einem der Balkone rechts. Und zugleich vernahm ich aus dem Publikum, das sich nicht länger beherrschen konnte, die Musik übertönend, die ersten Beifallsäußerungen, als ob in dem ekstatischen Liebesspiel zwischen dem männlichen Körper des Orchesters und der gewaltigen Weiblichkeit des hingegebenen Saales diese den Genuß des Mannes nicht hätte abwarten wollen, sondern sich unter wimmernden Verrenkungen und Schreien unerträglicher Wollust ihren Wonnen überließ. Ich war außerstande, mich auf meinem Sitz zu bewegen, spürte aber zugleich, wie sich hinter meinem Rücken Kräfte entbanden, ein Vorwärtsdrängen parallel zu dem Vorwärtsdrang der Frau in Rot und ihres Gefolges im Mittelgang des Parketts, die schon unter dem Podium ankamen, und gerade in dem Augenblick, da der Maestro gleich einem Matador, der seinen Stoßdegen in den Stier senkt, den Taktstock an die letzte Tonmauer hob und sich nach vorn beugte, erschöpft, als ob die vibrierende Luft ihn mit letzter Kraft auf die Hörner genommen hätte. Als er sich aufrichtete, stand der ganze Saal, auch ich, und der Raum war im Nu ein von einem Wald sehr spitzer Lanzen zerstoßenes Glas, Applaus und Schreie vermengten sich zu einer unerträglich groben und triefenden Materie, die aber doch von einer gewissen Größe war, wie eine Herde galoppierender Büffel oder etwas in dem Stil. Von allen Seiten strömte das Publikum im Parkett zusammen, und fast ohne Überraschung sah ich zwei Männer vom Balkon ins Parkett springen. Schreiend wie eine mit Füßen getretene Ratte hatte sich Frau von Jonathan aus dem Käfig ihres Sitzes befreien können und kreischte mit offenem Mund und nach der Bühne ausgestrecktem Arm ihren Enthusiasmus hinaus. Bis zu diesem Augenblick hatte der Maestro, fast geringschätzig, noch immer mit dem Rücken zu uns gestanden und seine Musiker vermutlich beifällig angesehen. Jetzt drehte er sich, langsam, um und neigte den Kopf zu seinem ersten Gruß. Sein Gesicht war sehr weiß, als ob Erschöpfung ihn überwältigte, und der Gedanke kam mir (neben vielen anderen Empfindungen, Gedankenfetzen, Schnappschüssen all dessen, was um mich herum in dieser Hölle von Begeisterung vorging), daß er ohnmächtig werden könnte. Er grüßte ein zweites Mal und blickte dabei nach rechts, wo ein blondhaariger Mann im Smoking, gefolgt von zwei anderen, soeben auf die Bühne gesprungen war. Der Maestro machte zunächst, wie mir schien, eine leichte Bewegung, als wolle er vom Podium heruntersteigen, aber dann gewahrte ich, daß diese Bewegung etwas Krampfhaftes an sich hatte, als versuche er sich zu befreien. Die Hände der Frau in Rot schlossen sich um seinen rechten Knöchel; ihr Gesicht war zum Maestro emporgerichtet, und sie schrie, zumindest sah ich ihren geöffneten Mund und vermute, daß sie, gleich den übrigen, schrie, wahrscheinlich wie ich selbst. Der Maestro ließ den Taktstock fallen und bemühte sich nach Kräften freizukommen, wobei er etwas sagte, das unmöglich zu hören war. Einer aus dem Gefolge der Frau umschlang schon das andere Bein, vom Knie ab, und der Maestro wandte sich wie Hilfe suchend seinem Orchester zu. Die Musiker standen, in einem gewaltigen Wirrwarr von Instrumenten unter dem blendenden Licht der Bühnenscheinwerfer. Die Notenständer fielen wie Ähren, als Männer und Frauen vom Parkett aus an zwei Seiten zugleich auf die Bühne stiegen, bis man schließlich nicht mehr wußte, wer Musiker war und wer nicht. Deshalb klammerte sich der Maestro, als er sah, daß ein Mann von hinten aufs Podium geklettert kam, blindlings an ihn, damit er ihm helfe, sich von der Frau und ihrem Gefolge loszureißen, die schon seine Beine mit den Händen bedeckten, und erst in diesem Augenblick wurde ihm bewußt, daß der Mann keiner von seinen Musikern war, und wollte ihn zurückstoßen, aber der andere umschlang seine Taille, die Frau, sah ich, öffnete wie fordernd die Arme, und der Körper des Maestro verlor sich in einem Strudel von Leuten, die ihn einkreisten und in dicker Traube davontrugen. Bis zu diesem Augenblick hatte ich alles mit einer Art hellsichtigen Schreckens betrachtet, von höherer oder niederer Warte aus mit angesehen, was vorging, als mich eben jetzt ein gellender Schrei zu meiner Rechten aufstörte und ich sah, daß der Blinde aufgestanden war, seine Arme wie Mühlenflügel drehte und dabei etwas schrie, verlangte, bat. Das war zuviel, da konnte auch ich nicht länger zusehen, ich fühlte mich teilhaftig dieser überschwenglichen Begeisterung und lief meinerseits zur Bühne und sprang an einer Seite empor, gerade als eine rasende Menge die Geiger umringte, ihnen die Instrumente entriß (man hörte sie krachen und bersten wie riesige braune Asseln) und begann, sie von der Bühne ins Parkett zu werfen, wo andere die Musiker erwarteten, sie umarmten und in wirren Strudeln untergehen ließen. Es ist sehr sonderbar, aber ich hatte durchaus nicht den Wunsch, zu diesen Demonstrationen beizutragen, ich wollte lediglich danebenstehen und sehen, was vorging, überwältigt von dieser unerhörten Huldigung. Ich behielt hinlänglich klaren Kopf, um mich etwa zu fragen, warum die Musiker nicht, so rasch sie konnten, über die Soffitten entflohen, und sah sogleich, daß es nicht möglich war, weil Scharen von Zuhörern die beiden Flügel der Bühne blockiert hatten und einen beweglichen Kordon bildeten, der, über die Instrumente trampelnd, voranschritt, die Ständer in die Luft warf, klatschte und gleichzeitig grölte, in einem so ungeheuerlichen Getöse, daß es fast schon wieder der Stille glich. Ich sah einen dicken Kerl auf mich zulaufen, der seine Klarinette in der Hand trug, und war versucht, sie ihm im Vorübereilen zu entreißen oder ihm ein Bein zu stellen, damit das Publikum ihn packen konnte. Ich blieb unschlüssig, und eine Dame mit gelblichen Gesicht und einem großen Dekolleté, in dem eine Unmenge von Perlen wogte, betrachtete mich gehässig und empört, während sie an mir vorbeiging und sich des Klarinettenspielers bemächtigte, der schwach kreischte und sein Instrument zu schützen versuchte. Zwei Männer nahmen es ihm ab, und der Musiker mußte sich ins Parkett tragen lassen, dorthin, wo das Durcheinander seinen Höhepunkt erreichte.

Die Schreie überwogen jetzt den Beifall, die Leute waren allzusehr damit beschäftigt, die Musiker zu umarmen und ihnen auf die Schultern zu klopfen, um noch applaudieren zu können, so daß das Getöse mehr und mehr zu einem spitzen Ton anstieg, hier und da von aufheulenden Schreien unterbrochen, unter denen ich einige mit jener sehr speziellen Tonlage zu hören meinte, die das Leiden veranlaßt, und zwar so häufig, daß ich mich fragte, ob es bei den Läufen und Sprüngen nicht Beinbrüche und Armbrüche gesetzt hatte, und ich sprang meinerseits wieder ins Parkett hinunter, denn die Bühne war nun leer und die Musiker in der Hand ihrer Bewunderer, die sie in alle Richtungen schleppten, teils in die Logen, in denen man undeutlich Bewegungen und wirres Hin und Her unterschied, teils in die engen Gänge, die seitlich zum Foyer führen. Aus den Logen drangen die heftigsten Schreie, als ob die Musiker, außerstande, sich gegen den Druck so vieler Umarmungen zu behaupten, in denen sie zu ersticken drohten, verzweifelt bäten, sie atmen zu lassen. Die Leute aus dem Parkett drängten sich vor den Eingängen der Balkonlogen, und als ich zwischen den Sitzreihen durchlief, um mich einer von ihnen zu nähern, schien die Verwirrung noch größer, die Lichter gingen plötzlich bis auf ein rötliches Leuchten aus, das kaum die Gesichter zu sehen erlaubte, während die Leiber sich in zuckende Schemen verwandelten, in eine Anhäufung ungestalter Körper, die auszubrechen oder miteinander zu verschmelzen strebten. Ich meinte das silbrige Haupthaar des Maestro in der zweiten Loge (von mir aus gesehen) zu erkennen, aber im gleichen Augenblick verschwand er, als ob man ihn in die Knie gezwungen hätte. Neben mir hörte ich einen trockenen heftigen Schrei und sah Frau von Jonathan und eines der Epifanía-Mädchen auf die Loge des Maestro zustürzen, denn jetzt war ich sicher, daß sich der Maestro in dieser Loge befand, eingekreist von der rotgekleideten Frau und ihrem Gefolge. Mit einer unglaublichen Behendigkeit setzte Frau von Jonathan einen Fuß in die Hände des Epifanía-Mädchens, das die Finger verschränkte, um ihr einen Steigbügel zu machen, und stürzte sich kopfüber in die Loge. Das Epifanía-Mädchen sah mich wiedererkennend an und schrie mir etwas zu, wahrscheinlich, daß ich ihr hinaufhelfen solle, aber ich beachtete sie nicht und blieb in einiger Entfernung von der Loge, da ich wenig aufgelegt war, erwachsenen Menschen, die vor Begeisterung absolut toll waren, ihr Recht zu bestreiten, sich untereinander grün und blau zu schlagen. Cayo Rodríguez, der sich auf der Bühne durch das Ungestüm ausgezeichnet hatte, mit dem er die Musiker ins Parkett beförderte, war soeben mit einem Faustschlag die Nase eingedroschen worden, und er wankte mit blutüberströmtem Gesicht von einer Seite auf die andere. Ich empfand nicht im geringsten Mitleid, auch nicht, als ich den Blinden erblickte, der der Länge nach auf dem Boden lag und gegen die

Sitze stieß, verloren in diesem symmetrischen Wald ohne Anhaltspunkte. Nichts kümmerte mich mehr, ich wollte nur noch wissen, ob die Schreie mit einemmal verstummen würden, denn aus den Logen drangen weiterhin durchdringende Schreie, die das Publikum im Parkett unermüdlich im Chor wiederholte, während jeder versuchte, die anderen zu verdrängen und auf irgendeiner Seite Einlaß in die Logen zu finden. Offensichtlich waren die Außengänge verstopft, da der Hauptansturm vom Parkett aus erfolgte, in Versuchen, wie Frau von Jonathan hinauf zu springen. All das sah ich und nahm ich mit vollem Bewußtsein auf und fühlte gleichzeitig nicht die geringste Neigung, mich dem Trubel anzuschließen, so daß meine Gleichgültigkeit in mir ein sonderbares Schuldgefühl hervorrief, als ob mein Verhalten der eigentliche und absolute Skandal dieses Abends wäre. Ich setzte mich auf einen verlassenen Sitz und ließ die Minuten verrinnen, während ich, am Rande meiner Untätigkeit, nach und nach bemerkte, daß das ungeheure verzweifelte Lärmen abnahm, die Schreie schwächer wurden und schließlich ganz verstummten, das Publikum verlegen murmelnd seinen Rückzug antrat. Als man, wie mir schien, endlich hinausgehen konnte, ließ ich den Mittelteil des Parketts hinter mir und durchquerte den Gang, der zum Foyer führt. Das eine und andere Individuum trollte wie betrunken von dannen, sich die Hände oder den Mund mit einem Taschentuch trocknend, den Anzug glattstreichend, den Kragen richtend. Im Foyer sah ich einige Frauen, die nach Spiegeln suchten und in ihren Handtaschen wühlten. Eine von ihnen mußte sich verletzt haben, denn an ihrem Taschentuch war Blut. Ich sah die Töchter Epifanía hinausrennen; sie schienen wütend zu sein, weil sie nicht in die Logen gelangt waren, und sahen mich an, als hätte ich schuld. Als ich meinte, daß sie endlich draußen wären, ging ich zur Treppe am Ausgang, und in diesem Augenblick erschienen die rotgekleidete Frau und ihr Gefolge im Foyer. Wie zuvor gingen die Männer hinter ihr und deckten sich anscheinend gegenseitig, damit man nicht sah, wie zerrissen ihre Kleider waren. Aber die rotgekleidete Frau ging vorneweg, schaute hoffärtig drein, und als ich neben ihr stand, sah ich, daß sie mit der Zunge über ihre Lippen fuhr: langsam und genüßlich fuhr sie sich mit der Zunge über die Lippen, auf denen ein Lächeln lag.

II

Das Götzenbild von den Zykladen

»Mir ist es gleich, ob du mir zuhörst ode nicht«, sagte Somoza. »Es ist so, und ich finde es richtig, daß du es weißt.«

Morand schrak zusammen, als kehre er plötzlich von weither zurück. Er erinnerte sich, daß er, bevor sich seine Phantasie in unbestimmten Vorstellungen verlor, gedacht hatte, Somoza schnappe langsam über.

»Entschuldige, ich war einen Augenblick nicht bei der Sache«, sagte er. »Du mußt zugeben, daß dies alles... Schließlich komme ich her und finde dich mitten in...«

Aber er machte es sich zu leicht, wenn er es für ausgemacht hielt, daß Somoza langsam verrückt wurde.

»Ja, dafür fehlen die Worte«, sagte Somoza. »Uns zumindest die Worte.«

Sie sahen sich sekundenlang an, und Morand wandte als erster die Augen ab, während Somoza abermals die Stimme erhob und in unpersönlichem Ton Erklärungen von sich gab, die rasch den Verstand überstiegen. Morand wollte sie lieber nicht anschauen, versank aber dann, ob er wollte oder nicht, wieder in die Betrachtung der kleinen Statue auf der Säule, und es war, als kehre er zu jenem von Zikaden und dem Geruch nach Kräutern strotzenden Nachmittag zurück, an dem Somoza und er, so unglaublich es war, sie auf der Insel ausgegraben hatten. Er erinnerte sich daran, wie Thérèse, die sich einige Meter entfernt auf der Felsklippe befand, von der aus man die Küste von Paros ausmachen konnte, den Kopf gewandt hatte, als sie Somoza schreien hörte, und nach kurzem Zaudern zu ihnen geeilt war, ganz vergessend, daß sie in der Hand den roten Büstenhalter ihres Zweiteiligen hielt, und sich über die Grube beugte, aus der Somozas Hände mit der von Grünspan und einer Kalkschicht fast unkenntlich gemachten kleinen Statue hervorkamen, bis Morand halb im Zorn und halb im Spaß ihr zurief, sie möge sich bedecken, und Thérèse sich aufrichtete und ihn anstartte, als habe sie nicht begriffen, und ihnen plötzlich den Rücken zukehrte und die Brüste in ihren Händen verbarg, während Somoza ihm die Statue entgegenstreckte und aus der Grube sprang. Fast übergangslos erinnerte sich Morand der folgenden Stunden, der Nacht in den Zelten am Ufer des Sturzbaches, an den Schatten von Thérèse, die unter dem Mond zwischen den Olivenbäumen auf und ab ging, und es war, als dränge jetzt Somozas Stimme, die in der fast leeren Bildhauerwerkstatt eintönig hallte, ebenfalls aus jener Nacht herüber, einen Teil seiner Erinnerung bildend, als er ihm verworren seine absurde Hoffnung zu verstehen gegeben und er, zwischen zwei Schlucken Harzwein, hellauf gelacht und ihn einen falschen Archäologen und unheilbaren Poeten genannt hatte.

»Dafür fehlen die Worte«, hatte Somoza eben gesagt. »Uns zumindest die Worte.«

In dem Zelt tief im Tal von Skoros hatten seine Hände die winzige Statue gehalten und liebkost und ihr endlich das falsche Gewand aus Zeit und Vergessen abgestreift (Thérèse, zwischen den Olivenbäumen, grollte Morand noch immer, wegen seiner Vorhaltung, seiner albernen Vorurteile), und die Nacht war langsam heraufgezogen, während Somoza ihm seine unsinnige Hoffnung eingestand, eines Tages ohne den Umweg über die Hände und die Augen und die Wissenschaft zu der Statue zu gelangen, während der Wein und der Tabak sich mit den Grillen und dem Wasser des Sturzbaches in ihr Zwiegespräch mischten, bis nurmehr ein konfuses Gefühl zurückblieb, einander nicht verstehen zu können. Später, als Somoza zu seinem Zelt gegangen war und die Statue mit sich genommen hatte, Thérèse nicht mehr allein sein mochte und sich schlafen legte, erzählte Morand ihr von den Wunschträumen Somozas, und die beiden fragten sich mit liebenswürdiger pariserischer Ironie, ob alle Leute vom Rio de la Plata eine so lebhafte Phantasie besäßen. Vor dem Einschlafen stritten sie mit leiser Stimme über den nachmittäglichen Zwischenfall, bis sie Morand endlich verzieh und ihn küßte und es wie immer auf der Insel war, überall, er, sie, und darüber die Nacht und tiefes Vergessen.

»Weiß es sonst noch jemand«, fragte Morand.

»Nein. Du und ich. Ich hielt es für richtig«, sagte Somoza. »Ich habe mich die letzten Monate fast nicht von hier wegbegeben. Anfangs kam eine Frau, die die Werkstatt aufräumte und mir die Wäsche wusch, aber sie fiel mir lästig.«

»Es ist fast nicht zu glauben, daß man in der Umgegend von Paris so leben kann. Die Stille ... Hör mal, aber du gehst doch zumindest ins Dorf und kaufst Vorräte?«

»Vorher ja, ich sagte es dir schon. Jetzt ist es nicht mehr nötig. Hier ist alles, was ich brauche.«

Morand blickte in die Richtung, in die der Finger Somozas wies, über die Statuette und die Kopien hinweg, die vernachlässigt in den Regalen standen. Er sah Holz, Gips, Stein, Hämmer, Staub, den Schatten, den die Bäume gegen die Scheiben warfen. Der Finger schien in einen Winkel der Werkstatt zu deuten, in dem es – außer einem schmutzigen Lappen auf dem Boden – nichts gab.

Aber im Grunde hatte sich wenig verändert, diese zwei Jahre waren auch für sie ein leerer Winkel Zeit gewesen, mit einem schmutzigen Lappen, dem vergleichbar, was sie sich nicht gesagt hatten und vielleicht sich hätten sagen sollen. Die Expedition zu den Inseln, ein Einfall, toll, romantisch, ausgeheckt in einem Straßencafé am Boulevard Saint-Michel, war zu Ende, sowie sie in den Ruinen des Tales das Götzenbild gefunden hatten. Vielleicht schmälerte die Furcht, daß sie entdeckt würden, die Freude der ersten Wochen, und der Tag kam, an dem Morand einen Blick von Somoza auffing, während die drei zum Strand gingen; er sprach noch in dieser Nacht mit Thérèse, und sie beschlossen, schleunigst heimzukehren, denn sie schätzten Somoza, und es schien ihnen beinah ungerecht, daß er – ganz unvermutet – zu leiden haben sollte. Auch in Paris sahen sie sich von Zeit zu Zeit, fast stets aus beruflichen Gründen, aber Morand ging zu den Verabredungen allein. Beim ersten Mal fragte Somoza nach Thérèse, danach schien sie ihm nichts mehr zu bedeuten. Alles, was sie sich hätten sagen müssen, lastete zwischen den beiden, vielleicht zwischen den dreien. Morand war damit einverstanden gewesen, daß Somoza die Statue eine Zeitlang bei sich behielt. Es war unmöglich, sie vor Ablauf von Jahren zu verkaufen; Marcos, der Mann, der einen Oberst kannte, der einen Zollbeamten aus Athen kannte, hatte die Frist als zusätzliche Bedingung der Bestechung verlangt. Somoza brachte die Statue in sein Atelier, und Morand sah sie jedes Mal, wenn sie sich trafen. Nie war die Rede davon, daß Somoza einmal die Morands besuchen käme, wie so viele andere Dinge ungesagt blieben, die im Grunde stets auf Thérèse hinausliefen. Anscheinend war Somoza einzig und allein mit seiner fixen Idee beschäftigt, und wenn er einmal Morand einlud, in seinem Atelier einen Kognak zu trinken, so geschah das nur, um darauf zurückzukommen. Daran war nichts Ungewöhnliches; schließlich kannte Morand die Vorliebe Somozas für bestimmte ausgefallene Literaturen viel zu gut, um über seine Sehnsucht befremdet zu sein. Lediglich die fanatische Inbrunst dieser Hoffnung überraschte ihn, jedesmal, wenn er die fast automatischen Geständnisse hörte, bei denen er sich wie überflüssig vorkam, die Art, wie Somozas Hände den kleinen Leib der ausdruckslos schönen Statue wieder und wieder liebkosten, die eintönigen Beschwörungen, die bis zum Überdruß die gleichen abgedroschenen Formeln für seinen Übergang wiederholten. Aus der Sicht Morands war seine Besessenheit erklärlich: jeder Archäologe identifizierte sich in gewissem Sinne mit der Vergangenheit, die er erforscht und ans Licht bringt. Es war daher nur ein kleiner Schritt bis zu dem Glauben, daß der intime Umgang mit einer jener Spuren Zeit und Raum entfremden, verändern, einen Spalt öffnen konnte, durch den man Zugang hatte zu ... Somoza benutzte dieses Vokabular niemals; was er sagte, war stets mehr oder weniger als das, eine Art Sprache, die aus unbeirrbaren Tiefen heraus anspielte und beschwor. Schon damals hatte er deswegen die kleine Statue ungeschickt zu kopieren begonnen; Morand gelang es, die erste Kopie zu sehen, bevor Somoza Paris verließ, und er hörte mit gutmütiger Höflichkeit die hartnäckigen Gemeinplätze über die Wiederholung der Gebärden und Stellungen an, die zur Aufhebung führen, die Gewißheit Somozas, daß seine hartnäckige Annäherung ihn dahin bringen werde, sich mit der ursprünglichen Struktur identisch zu machen, deckungsgleich und mehr als das, weil es nicht mehr Dualität, sondern Verschmelzung gäbe, uranfänglichen Kontakt (das waren nicht seine Worte, aber Morand mußte sie irgendwie übersetzen, als er sie, später, für Thérèse rekonstruierte). Ein Kontakt, der, wie Somoza zuletzt sagte, vor achtundvierzig Stunden eingetreten war, in der Nacht der Sommersonnenwende.

»Ja«, gab Morand zu und zündete sich eine weitere Zigarette an. »Aber ich wünschte, du erklärtest mir, warum du so sicher bist, daß ... Gut, daß du auf Grund gestoßen bist.«

»Erklären ... Siehst du es denn nicht?«

Abermals deutete die Hand auf ein Luftgebäude, in einen Winkel der Werkstatt, beschrieb sie einen Bogen, der das Dach und die Statue einschloß, die auf einer schlanken Marmorsäule stand und von dem strahlenden Kegel des Scheinwerfers eingefaßt wurde. Morand erinnert sich undeutlich, daß Thérèse beim Grenzübergang die winzige Figur in dem Spielzeughund versteckt hatte, den Marcos in einem Keller von Placca fabriziert hatte.

»Es konnte gar nicht anders als geschehen», sagte, beinah kindlich, Somoza. »Mit jeder neuen Kopie kam ich ihr ein wenig näher. Die Formen lernten mich mehr und mehr kennen. Ich meine, daß ... Ach, um dir das zu erklären, brauchte ich Tage ... und das Absurde ist, alles tritt hier in ein ... Aber wann dies ist....«

Die Hand kam und ging, das *Hier*, das *Dies* unterstreichend.

»Tatsache ist, du hast dich in einen Bildhauer verwandelt«, sagte Morand; er hörte sich sprechen und kam sich töricht vor. »Die letzten beiden Kopien sind vollkommen. Wenn ich einmal die Statue von dir kriege, werde ich nie wissen, ob du mir das Original gegeben hast.«

»Ich werde sie dir niemals geben«, sagte Somoza einfach. »Und glaube nur nicht, ich hätte vergessen, daß sie uns beiden gehört. Aber geben werde ich sie dir nie. Ich wünschte nur, daß Thérèse und du mich begleitet hättet, mit mir darauf gestoßen wärt. Ja, ihr hättet bei mir sein sollen, in der Nacht, in der ich ans Ziel gelangte.«

Es war seit fast zwei Jahren das erste Mal, daß Morand ihn Thérèse erwähnen hörte, als ob sie bis zu diesem Augenblick für ihn tot gewesen wäre, aber die Art, wie er Thérèse sagte, war unheilbar archaisch; war Griechenland an jenem Morgen, an dem sie zum Strand gegangen waren. Armer Somoza. Immer noch. Armer Narr. Aber noch sonderbarer war es, sich zu fragen, warum er im letzten Augenblick, bevor er nach dem Anruf von Somoza ins Auto gestiegen war, es wie eine Notwendigkeit empfunden hatte, Thérèse in ihrem Büro anzurufen und sie zu bitten, später nachzukommen und sich mit ihnen im Atelier zu treffen. Er mußte es sich fragen, mußte wissen, was Thérèse gedacht hatte, während sie seinen Angaben lauschte, wie sie zu dem alleinstehenden Häuschen auf dem Hügel gelangte. Thérèse mußte ihm genau, Wort für Wort, wiederholen, was sie ihn hatte sagen hören. Morand verwünschte insgeheim diese systematische Manie, das Leben wieder zusammenzusetzen, wie er im Museum eine griechische Vase restaurierte, indem er minuziös die zahllosen Scherben zusammenleimte, und verwünschte Somozas Stimme hier im Verein mit dem Hin und Her seiner Hände, die anscheinend ebenfalls Stücke Luft zusammenleimen, ein durchsichtiges Gefäß formen wollten, seine Hände, die auf die kleine Statue deuteten und Morand nötigten, gegen seinen Willen abermals den weißen möndlichen Insektenleib zu betrachten, der vor aller Geschichte war, unter unfaßlichen Umständen geschaffen von einem unfaßlich fernen Menschen, tausende von Jahren, ja noch viel weiter entfernt, in einer schwindelerregenden Ferne, die animalischer Schrei war, Sprung, pflanzliche Riten, die mit Ebbe und Flut und Syzygien und Zeiten der Brunst und plumpen Zeremonien der Sühnopfer abwechselten, das ausdruckslose Antlitz, in dem nur die Linie der Nase den blinden Spiegel unerträglicher Spannung brach, die bloß angedeuteten Brüste, das Dreieck des Geschlechts und die an den Leib geschmiegten Arme, das Götzenbild des Anbeginns, der Urangst vor den Riten der heiligen Zeit, der Steinaxt für die Opferungn auf den Hügelaltären. Man konnte wirklich glauben, daß auch er im Begriff war, blödsinnig zu werden, als ob es nicht schon genügt hätte, Archäologe zu sein.

»Bitte«, sagte Morand, »könntest du dir nicht die Mühe machen, es mir zu erklären, auch wenn du glaubst, daß sich nichts davon erklären läßt? Schließlich weiß ich nur, daß du diese Monate damit zugebracht hast, Kopien zu bildhauern, und daß vor zwei Nächten ...«

»Es ist so einfach«, sagte Somoza. »Immer habe ich gefühlt, daß die Haut noch mit dem anderen in Berührung stand. Aber fünftausend Jahre Irrweg mußten rückgängig gemacht werden. Merkwürdig, daß sie selbst, die Nachkommen der Ägäer, an diesem Irrtum schuld waren. Aber das ist nun unwichtig. *Schau, so ist das.*«

Er trat neben das Götzenbild, hob seine Hand und legte sie sanft auf die Brüste und den Leib. Die andere liebkoste den Hals, stieg bis zu dem fehlenden Mund der Statue empor, und Morand hörte Somoza mit dumpfer, tonloser Stimme sprechen, fast so, als wären es seine Hände oder vielleicht jener fehlende Mund, welche von der Jagd in den Höhlen des Rauches redeten, von den eingepferchten Hirschen, dem Namen, den man nur danach sagen durfte, von den Kreisen aus blauem Talg, dem Spiel der doppelten Flüsse, von der Kindheit Pohks, dem Gang zu den Stufen des Westens und den Höhen in die unheilvollen Schatten. Er fragte sich, ob es ihm, falls er in einem unbewachten Augenblick telefonierte, wohl gelänge, Thérèse zu verständigen, daß sie Doktor Vernet mitbringe. Aber Thérèse mußte schon unterwegs sein, und am Rande der Felsen, wo die Vielgestaltige brüllte, beschnitt der Anführer der Grünen das linke Horn des schönsten Stieres und streckte es dem Häuptling derer entgegen, die das Salz hüten, um den Pakt mit Haghesa zu erneuern.

»Hör zu, laß mich Atem schöpfen«, sagte Morand, erhob sich und tat einen Schritt nach vorn. »Es ist phantastisch, und im übrigen habe ich schrecklichen Durst. Trinken wir was, ich hole gern...«

»Der Whisky steht dort«, sagte Somoza und zog langsam die Hände von der Statue zurück. »Ich trinke nicht, ich muß vor dem Opfer nüchtern bleiben.«

»Schade«, sagte Morand, der nach der Flasche suchte. »Allein trinken macht mir keinen Spaß. Welches Opfer?«

Er goß das Glas bis an den Rand voll Whisky.

»Das der Vereinigung, um mit deinen Worten zu sprechen. Hörst du sie nicht? Die Doppelflöte, wie die der kleinen Statue, die wir im Athener Museum sahen. Der Ton des Lebens zur Linken, der der Zwietracht zur Rechten. Für Haghesa ist die Zwietracht auch das Leben, aber wenn das Opfer vollzogen wird, hören die Flötenspieler auf dem rechten Rohr zu blasen auf, und man hört nur das Pfeifen des neuen Lebens, das das vergossene Blut trinkt. Und die Flötenspieler füllen sich den Mund mit Blut und blasen es durch das linke Rohr, und ich werde mit Blut ihr Antlitz salben, siehst du, so, und unter dem Blut werden ihre Augen und der Mund zum Vorschein kommen.«

»Laß die Dummheiten«, sagte Morand und trank einen langen Schluck. »Das Blut würde unserem Marmorpüppchen übel stehen. Ja, es ist heiß.«

Somoza hatte mit einer langsamen, gemessenen Gebärde seinen Kittel abgelegt. Als Morand sah, daß er sich die Hosen aufknöpfte, sagte er sich, daß er ihn hätte hindern müssen, sich derart zu erregen, es nicht hätte dulden dürfen, daß sein Wahn sich entlud. Mager und dunkelhäutig reckte Somoza sich nackt unter dem Licht des Scheinwerfers empor und schien in die Betrachtung eines Punkts im Raum versunken. Aus dem halbgeöffneten

Mund tropfte ihm ein Faden Speichel, und Morand, der hastig das Glas auf den Boden stellte, überlegte, daß er ihn irgendwie überlisten mußte, um zur Tür zu gelangen. Nie sollte er erfahren, woher die Steinaxt gekommen war, die plötzlich in der Hand Somozas schwankte. Er begriff.

»Das war zu erwarten«, sagte er, langsam zurückweichend. »Der Pakt mit Haghesa, was? Das Blut wird dir der arme Morand spenden, ist's nicht so?«

Ohne ihn anzuschauen, begann Somoza sich auf ihn zuzubewegen, wobei er einen Kreisbogen beschrieb, als folge er einem vorgeschriebenen Kurs.

»Wenn du mich wirklich töten willst«, schrie, bis in den Halbschatten zurückweichend, Morand ihm zu, »wozu dann dieses ganze Theater? Wir wissen beide sehr gut, daß es wegen Thérèse ist. Aber was hilft es dir, wenn sie dich nie geliebt hat und niemals lieben wird?«

Der nackte Körper trat schon aus dem vom Scheinwerfer erhellten Kreis heraus. Morand, der in den Schatten des Winkels geflohen war, trat auf die feuchten Lappen am Boden und wußte, daß er nicht mehr weiter konnte. Er sah die erhobene Axt und sprang, wie es ihn Nagashi auf der Judoschule an der Place des Ternes gelehrt hatte. Der Fußtritt traf Somoza mitten auf den Oberschenkel und der Nishi-Schlag an der linken Halspartie. Die Axt fiel schräg herab, zu weit entfernt, und Morand stieß geschmeidig den Rumpf zurück, der sich über ihn wälzen wollte, und packte die wehrlose Puppe. Somoza war noch ein erstickter und bestürzter Schrei, als die Schneide der Axt ihm mitten in die Stirn fuhr.

Ehe er ihn wieder ansah, erbrach Morand in dem Winkel des Ateliers auf die schmutzigen Lappen. Er fühlte sich wie ausgehöhlt, und Speien tat ihm gut. Er hob das Glas vom Boden auf und trank den restlichen Whisky, wobei er dachte, daß Thérèse jeden Augenblick kommen könnte und daß er etwas tun müsse: die Polizei benachrichtigen, Erklärungen abgeben. Während er den Körper Somozas an einem Fuß fortschleifte, bis er dem Licht des Scheinwerfers völlig ausgesetzt war, dachte er, daß er unschwer beweisen könnte, in berechtigter Notwehr gehandelt zu haben. Das seltsame Gebaren Somozas, seine Abkapselung, die offenbare Verrücktheit. Er kauerte nieder, näßte seine Hände in dem Blut, das über das Gesicht und das Haar des Toten lief, blickte gleichzeitig auf seine Armbanduhr, die sieben Uhr vierzig zeigte. Thérèse mußte bald da sein; am besten, er ginge hinaus, wartete im Garten oder auf der Straße auf sie, um ihr den Anblick des Götzenbildes zu ersparen, dessen Gesicht von Blut troff, die feinen roten Streifen, die am Hals herabliefen, den Umriß der Brüste nachzeichneten, sich in dem zarten Dreieck des Geschlechts vereinigten, an den Schenkeln herabfielen. Die Axt war tief in den Schädel des Opfers gedrungen, und Morand nahm sie und wog sie bedächtig in den klebrigen Händen. Er stieß den Leichnam mit einem Fuß etwas weiter, gegen die Säule, wo er ihn liegen ließ, schnupperte die Luft und näherte sich der Tür. Das Beste wäre, er öffnete sie, damit Thérèse eintreten konnte. Er lehnte die Axt neben die Tür und begann, die Kleidung abzulegen, denn es war heiß und roch, aufdringlich, nach eingeschlossener Menge. Er war bereits nackt, als er das Geräusch des Taxis und Thérèsens Stimme hörte, die den Laut der Flöten übertönte; er löschte das Licht und wartete, in der Hand die Axt, hinter der Pforte, leckte die Schneide der Axt und dachte, daß Thérèse die Pünktlichkeit in Person war.

Eine gelbe Blume

Es klingt wie ein Scherz, aber wir sind unsterblich. Ich weiß es nicht positiv, weiß es, weil ich den einzigen Sterblichen kenne. Er erzählte mir seine Geschichte in einem Bistro an der rue Cambronne, derartig blau, daß es ihm nichts ausmachte, die Wahrheit zu sagen, obgleich der Wirt und die Stammkunden an der Theke lachten, bis ihnen der Wein zu den Augen herauskam. Auf meinem Gesicht dagegen stand wohl ein gewisses Interesse geschrieben, denn er heftete sich fest an mich, und wir leisteten uns endlich den Luxus eines Tisches, in einem Winkel, wo man trinken und in Frieden reden konnte. Er erzählte mir, daß er pensionierter Stadtbeamter und seine Frau für einige Zeit zu ihren Eltern gefahren sei – auch eine Art, zuzugeben, daß sie ihn verlassen hatte. Er war nicht alt, nicht dumm, ein Mann mit ausgemergeltem Gesicht und den Augen eines Schwindsüchtigen. Eigentlich trank er – das verkündete er vom fünften Glas Rotwein an –, weil er vergessen wollte. Ich nahm an ihm nicht jenen Geruch wahr, der so bezeichnend für Paris ist, aber den offenbar nur wir Ausländer riechen. Und er hatte gepflegte Fingernägel, und keine Spur von Schuppen.

Er erzählte, daß er in einem Autobus der Linie 95 einen Jungen von etwa dreizehn Jahren gesehen und auf den ersten Blick entdeckt habe, daß der Knabe ihm ungemein ähnlich sah, zumindest in der Erinnerung, die er an sich selbst aus diesem Alter bewahrte. Nach und nach mußte er sich sogar sagen, daß er ihm aufs Haar glich, Gesicht, die Hände, die in die Stirn fallende Locke, die weit auseinanderstehenden Augen, und noch mehr seine Schüchternheit, die Art, wie er sich in ein Comicheft flüchtete, die Gebärde, mit der er das Haar nach hinten warf, das unheilbar Linkische der Bewegungen. Er ähnelte ihm so sehr, daß er beinahe lachen mußte, aber als der Knabe an der rue de Rennes ausstieg, stieg auch er aus und versetzte einen Freund, der in Montparnasse auf ihn wartete. Er suchte einen Vorwand, um mit dem Jungen zu reden, fragte ihn nach einer Straße und vernahm – ohne Überraschung schon – eine Stimme, die seine Stimme war, als Kind. Der Junge ging in Richtung dieser Straße, schüchtern legten sie zusammen ein paar Häuserblocks zurück. Dann kam ihm eine Art

Erleuchtung. Es war nichts Erklärtes, sondern etwas, das eine Erklärung erübrigte, das verschwommen oder töricht wurde, wenn man es – wie jetzt – zu erklären suchte.

Kurz und gut, er bewerkstelligte es, das Haus des Jungen kennenlernen zu können, und verschaffte sich mit dem Ansehen, das er als ehemaliger Pfadfinder genoß, Eingang in jene Festung aller Festungen – ein französisches Heim. Er fand ein wohlanständiges Elend und eine alt aussehende Mutter vor, einen Onkel im Ruhestand, zwei Katzen. Danach gelang es ihm recht leicht, daß einer seiner Brüder ihm seinen Sohn anvertraute, der an die vierzehn ging, und die beiden Jungen wurden Freunde. Von nun an besuchte er Luc jede Woche zu Hause; die Mutter setzte ihm aufgewärmten Kaffee vor; sie redeten vom Krieg, von der Besatzung, auch von Luc. Was zunächst wie eine Erleuchtung gewesen war, gliederte sich allmählich geometrisch exakt, nahm mehr und mehr jenes demonstrative Profil an, das die Leute gern Schicksal nennen. Es war sogar möglich, es mit den alltäglichen Worten zu formulieren: Luc war abermals er, den Tod gab es nicht, wir waren alle unsterblich.

»Allesamt unsterblich, mein Lieber. Stellen Sie sich vor, niemand hatte es beweisen können, und mir passiert es in einem Omnibus der Linie 95. Ein kleiner Fehler in dem Mechanismus, ein Bruch in der Zeit, eine Verkörperung, die gegen jede Regel gleichzeitig erfolgt. Luc hätte nach meinem Tode geboren sein müssen, und statt dessen ... Ganz zu schweigen von dem phantastischen Zufall, daß ich ihn im Autobus traf. Ich glaube, ich sagte es schon, es war eine Art vollkommener, wortloser Sicherheit. So war es und damit basta. Danach aber regten sich die Zweifel, denn in solchen Fällen hält man sich selbst für verrückt oder man nimmt Beruhigungstabletten. Und während man die Zweifel einen um den anderen abtötet, sucht man zu beweisen, daß man sich nicht geirrt habe, daß es keinen Grund zu zweifeln gebe. Was ich Ihnen sagen will, ist etwas, worüber diese Idioten, wenn ich es ihnen bisweilen erzähle, am lautesten lachen. Luc war nicht nur abermals ich, sondern wurde langsam wie ich, wie dieser Pechvogel, der zu Ihnen spricht. Man mußte ihn nur sehen, wie er spielte und regelmäßig unglücklich fiel, sich einen Fuß verstauchte oder einen Arm auskugelte, diese dünnhäutigen Gefühle, diese Röte, die ihm zu Kopf stieg, sobald man ihn irgend etwas fragte. Die Mutter hingegen, wie die Leute eben sind: redet gern, erzählt einem, während der Knabe hier vor Scham stirbt, gern sonstwas, die unglaublichsten Intimitäten, die Anekdoten vom ersten Zahn, die Zeichnungen des Achtjährigen, die Krankheiten ... Die gute Frau ahnte natürlich nichts, und der Onkel spielte mit mir Schach, ich gehörte beinah zur Familie, schoß ihnen sogar Geld vor, damit sie bis zum Monatsende durchkamen. Unschwer lernte ich die Vergangenheit Lucs kennen, ich brauchte nur zwischen die Themen, die die Alten interessierten: Onkels Rheuma, die Bosheiten der Portiersfrau, die Politik, Fragen einzuwerfen. So lernte ich nach und nach zwischen Schach dem König und Reflexionen über den Fleischpreis Lucs Kindheit kennen, und ich erhielt so den unfehlbarsten Beweis. Aber verstehen Sie, während wir noch ein Glas bestellen: Luc war ich, so wie ich als Kind gewesen war, aber beiliebe kein genauer Abklatsch von mir. Vielmehr eine analoge Figur, begreifen Sie, das heißt, daß ich mir mit sieben Jahren einen Daumen und Luc sich das Schlüsselbein verrenkt hatte, daß wir mit neun jeweils die Masern und Scharlach gehabt hatten, und außerdem spielte hier die Geschichte herein, bei mir hatten die Masern vierzehn Tage gedauert, während sie Luc in vier Tagen kuriert hatten, die Fortschritte der Medizin und dergleichen mehr. Alles war analog, und deshalb könnte es zum Beispiel wohl geschehen, daß der Bäcker an der Ecke eine Inkarnation Napoleons wäre und weiß es nicht, weil die Ordnung sich nicht verändert hat, weil er niemals der Wahrheit in einem Omnibus begegnen wird; aber würde er sich auf irgendeine Weise dieser Wahrheit bewußt werden, so könnte er begreifen, daß er Napoleon wiederholt hat und noch wiederholt; daß es das gleiche ist, ob man von einem Tellerwäscher zum Inhaber einer guten Bäckerei in Montparnasse aufsteigt oder von Korsika auf den Thron von Frankreich springt, und daß er, falls er langsam in der Geschichte seines Lebens stocherte, die Momente fände, die dem Feldzug in Ägypten, dem Konsulat und Austerlitz entsprächen, und sogar gewahr würde, daß mit seiner Bäckerei in einigen Jahren etwas passieren und er auf einem Sankt Helena enden wird, das vielleicht ein Zimmerchen in einem sechsten Stock ist, aber auch besiegt, auch umgeben von dem Wasser der Einsamkeit, stolz auf seine Bäckerei als wäre sie ein Flug von Adlern. Sie begreifen das, nicht wahr?«

Ich begriff es, meinte jedoch, daß wir alle in der Kindheit typische Krankheiten haben, die so und so lange dauern, und daß wir uns fast alle beim Fußballspiel irgend etwas brechen.

»Gewiß, aber ich habe Ihnen auch nur von den sichtbaren Koinzidenzen erzählt. Daß Luc mir beispielsweise ähnelte, hatte keine Bedeutung, es sei denn für die Erleuchtung im Bus. Das eigentlich Bedeutsame waren die Entsprechungen, und das ist schwierig zu erklären, weil sie den Charakter, die unscharfen Erinnerungen, die Fabeln aus der Kindheit betreffen. Ich hatte damals, ich meine, als ich in Lucs Alter war, eine bittere Epoche durchgemacht; sie begann mit einer Krankheit, die kein Ende nahm; als ich dann wieder ganz gesund war, ging ich mit Freunden spielen und brach mir einen Arm, und kaum hatte ich das hinter mir, verliebte ich mich in die Schwester eines Mitschülers und litt, wie man leidet, wenn man unfähig ist, einem Mädchen in die Augen zu sehen, das sich über einen lustig macht. Luc erkrankte ebenfalls; kaum genesen, lud man ihn in den Zirkus ein, und als er die Stufen der Ränge herabstieg, glitt er aus und verstauchte sich einen Knöchel. Kurz darauf überraschte ihn seine Mutter eines Abends weinend am Fenster, er zerknüllte ein kleines blaues Tuch in der Hand, ein Tuch, das nicht aus dem Hause stammte.«

Da es im Leben immer einen geben muß, der widerspricht, sagte ich, daß die Jugendliebe die unvermeidliche Ergänzung von Keuchhusten und Brustfellentzündungen ist. Aber ich gab zu, daß die Sache mit dem Flugzeug etwas anderes war. Ein Flugzeug mit Propellerantrieb, das er ihm zum Geburtstag mitgebracht hatte.

»Als ich es ihm gab, erinnerte ich mich wieder des Stabilbaukastens, den mir meine Mutter mit vierzehn Jahren geschenkt hatte, und daran, was mir passierte. Ich war nämlich im Garten, obwohl ein Sommergewitter aufzog und man schon den Donner hörte, und ich hatte mir vorgenommen, auf dem Tisch der Laube nahe der Tür zur Straße einen Kran zu bauen. Jemand aus dem Haus rief mich, und ich mußte für eine Minute hinein. Als ich zurückkam, war der Kasten verschwunden und das Tor stand offen. Ich schrie verzweifelt und lief auf die Straße, wo kein Mensch zu sehen war, und in ebendiesem Augenblick schlug ein Blitz in die Villa gegenüber ein. Alles das ereignete sich wie auf einen Streich, und ich erinnerte mich daran, während ich Luc das Flugzeug gab und er es unverwandt betrachtete, ebenso glücklich, wie ich den Stabilbaukasten betrachtet hatte. Die Mutter kam und brachte mir eine Tasse Kaffee, und wir wechselten die üblichen Worte und Sätze, als wir plötzlich einen Schrei hörten. Luc war ans Fenster gelaufen, als wollte er sich ins Leere stürzen. Sein Gesicht war weiß und die Augen voller Tränen, endlich stammelte er, daß das Flugzeug in seinem Fluge abgedreht habe und genau durch das Loch des halb geöffneten Fensters entwichen sei. »Man kann es nicht mehr sehen, man kann es nicht mehr sehen«, wiederholte er heulend. Wir hörten weiter unten Geschrei, der Onkel trat eilends ein und verkündete, daß es im Haus gegenüber brenne. Begreifen Sie jetzt? Ja, besser, wir bestellen noch was.«

Danach – ich schwieg mich aus – sagte der Mann, habe er begonnen, nur noch an Luc, an das Schicksal Lucs zu denken. Seine Mutter bestimmte ihn für eine Kunstgewerbeschule, damit er sich bescheiden seinen – wie sie es nannte – Weg ins Leben bahne, aber dieser Weg lag ja schon offen, und er allein, der nicht reden durfte, ohne daß man ihn für verrückt gehalten und auf immer von Luc getrennt hätte, konnte der Mutter und dem Onkel sagen, daß alles zwecklos war, daß, gleichgültig was sie taten, das Ergebnis immer gleich bliebe, die Demütigung, der jämmerliche Alltag, die eintönigen Jahre, die Mißerfolge, die an der Kleidung und der Seele nagen würden, die Flucht in eine grollende Einsamkeit, in die Stammkneipe. Aber das Allerschlimmste war nicht Lucs Schicksal; schlimmer war, daß Luc seinerseits sterben und ein anderer die Rolle Lucs und seine eigene wiederholen würde, bis er starb und ein anderer seinerseits in den Reigen treten würde. Luc war ihm fast schon nicht mehr wichtig; des Nachts, wenn er schlaflos lag, standen ihm über Luc hinaus andere vor Augen, mochten sie Robert oder Claude oder Michel heißen, eine endlose Reihe armer Teufel, welche ahnungslos die Rolle wiederholten, überzeugt von ihrer Freiheit und Willensentscheidung. Der Mann hatte zu tief ins Glas geschaut, da war nichts zu machen.

»Jetzt lachen sie über mich, wenn ich ihnen sage, daß Luc einige Monate später starb, die sind zu dumm, um zu begreifen, daß ... Jetzt fangen Sie nicht auch noch an, mich mit solchen Augen anzuschauen. Er starb einige Monate später, mit einer Art Bronchitis fing es an, so, wie ich im gleichen Alter die Gelbsucht hatte. Mich brachte man ins Krankenhaus, aber Lucs Mutter wollte ihn unbedingt zu Hause pflegen, und ich kam fast täglich, und zuweilen brachte ich meinen Neffen mit, damit Luc einen Spielgefährten hatte. Es herrschte so viel Elend in diesem Haus, daß meine Besuche in jeder Hinsicht ein Trost waren: Gesellschaft für Luc, das Paket Heringe oder die Aprikosentorte. Sie gewöhnten sich daran, daß ich es übernahm, die Medikamente zu kaufen, seitdem ich ihnen von einer Apotheke erzählt hatte, wo ich sie billiger bekam. Schließlich hatten sie nichts dagegen, daß ich den Krankenpfleger Lucs machte, und Sie können sich vorstellen, daß in einem Hause wie diesem, in das der Doktor ohne besondere Anteilnahme kommt und geht, niemand groß darauf achtet, ob am Ende die Symptome überhaupt mit der ersten Diagnose übereinstimmen ... Warum sehen Sie mich so an? Habe ich etwas Unrechtes gesagt?«

Nein, nein, er hatte nichts gesagt, was unrecht gewesen wäre, noch dazu bei dieser Menge Wein. Ganz im Gegenteil, sofern man sich den Tod des armen Luc nicht einigermaßen schrecklich vorstellte, bewies er vielmehr, daß ein phantasiebegabter Mensch in einem Omnibus in der Linie 95 eine phantastische Vorstellung anspinnen und sie neben dem Bett beenden kann, in dem stumm ein Kind stirbt. Zu seiner Beruhigung sagte ich ihm das. Er starrte einen Augenblick in die Luft, ehe er fortfuhr.

»Gut, wie Sie meinen. Tatsache ist, daß ich in den Wochen nach der Beerdigung zum ersten Mal so etwas wie Glück fühlte. Noch ging ich alle Augenblicke die Mutter Lucs besuchen, brachte ihr eine Schachtel Kekse mit, aber sie oder das Haus bedeuteten mir nur noch wenig, ich war wie überschwemmt von der wundersamen Gewißheit, der erste Sterbliche zu sein, zu fühlen, daß sich mein Leben immer weiter Tag für Tag, Schluck um Schluck, abnutzte, und daß es schließlich irgendwo zu irgendeiner Stunde enden würde, das Schicksal irgendeines Unbekannten, verstorben, wer weiß wo und wann, bis zuletzt wiederholend, aber ich würde wirklich tot sein, ohne einen Luc, der in den Reigen träte, um stumpfsinnig ein dummes Leben zu wiederholen. Begreifen Sie diese Fülle, Mann, beneiden Sie mich um so viel Glück, auch wenn es kurz war!«

Denn augenscheinlich hatte es nicht gedauert. Das Bistro und der billige Wein bewiesen es, und diese Augen, in denen ein Fieber glänzte, das nicht körperlich war. Und trotzdem hatte er einige Monate erlebt, in denen er jeden Augenblick ausgekostet hatte – sein tagtägliches Mittelmaß, den Zusammenbruch seiner

Ehe, den Ruin seiner fünfzig Jahre –, da er seiner Sterblichkeit unabdingbar sicher war. Eines Nachmittags, als er den Jardin de Luxembourg durchquerte, sah er eine Blume.

»Sie stand am Rand eines Beetes, eine ganz beliebige gelbe Blume. Ich war stehengeblieben, um eine Zigarette anzuzünden, und betrachtete sie zerstreut. Beinahe kam es mir so vor, als ob auch die Blume mich betrachtete, diese Begegnungen, bisweilen ... Sie wissen, jedermann fühlt sie, was man so Schönheit nennt. Genau das, die Blume war schön, sie war eine wunderhübsche Blume. Und ich war verdammt, ich würde eines Tages für immer sterben. Die Blume war schön, immer würde es Blumen geben, für Menschen, die in Zukunft lebten. Mit einemmal begriff ich das Nichts, das, was ich für den Frieden, das Ende der Kette gehalten hatte. Ich würde sterben, und Luc war schon tot, für unsereinen gab es nie mehr eine Blume, nichts gäbe es, absolut nichts, und das Nichts war, daß es keine Blume mehr geben würde. Das brennende Zündholz versengte mir die Finger. Auf dem Platz sprang ich in einen Autobus, der in irgendeiner Richtung fuhr, und ich begann, absurd genug, Ausschau zu halten, alles anzuschauen, was man auf der Straße sah, alles, was es im Omnibus zu sehen gab. Als wir zur Endstation kamen, stieg ich aus und in einen anderen Omnibus, der in die Vororte fuhr. Den ganzen Nachmittag über bis zum Einbruch der Dunkelheit stieg ich aus einem Omnibus in den andern, dachte unablässig an die Blume und an Luc und suchte unter den Fahrgästen einen, der Luc ähnlich sah, der mit mir oder mit Luc Ähnlichkeit hatte, jemanden, der abermals ich hätte sein können, den man nur anzusehen brauchte, um zu wissen, daß er ich war, und ihn davongehen zu lassen, ohne ein Wort zu sagen, ihn gewissermaßen schützend, damit er sein armes törichtes Leben fortsetzte, sein idiotisches gescheitertes Leben fort in einem anderen idiotischen gescheiterten Leben fort in einem anderen idiotischen gescheiterten Leben fort in einem anderen ...«

Ich zahlte.

Tafelrunde

Die Zeit, ein Kind, das spielt und die Bauern bewegt.

Heraklit, Fragment 59

Brief des Dr. Federico Moraes

Herrn Alberto Rojas,
Lobos, F.C.N.G.R.

Buenos Aires, Dienstag, den 15. Juli 1958

Mein lieber Freund,
wie immer um diese Jahreszeit überkommt mich ein großes Verlangen, die alten Freunde wiederzusehen, welche das Leben aus jenen tausend Gründen, die es uns nach und nach zu befolgen zwingt, so weit voneinander entfernt hat. Auch Sie sind, glaube ich, empfänglich für die liebenswürdige Melancholie einer Tafelrunde, bei der wir uns einbilden, von der Zeit weniger verbraucht zu sein, als ob die gemeinsamen Erinnerungen uns für eine Weile die verlorene Frische zurückgäben.

Natürlich rechne ich in allererster Linie mit Ihnen, und ich schicke Ihnen diese Zeilen zeitig genug, um Sie zu bewegen, für einige Stunden Ihren Landsitz Lobos im Stich zu lassen, wo Rosengarten und Bibliothek für Sie mehr Reize besitzen als ganz Buenos Aires. Raffen Sie sich auf und bringen Sie das doppelte Opfer, den Zug zu besteigen und das Getöse der Hauptstadt zu ertragen. Wir wollen, wie in früheren Zeiten, in meinem Hause speisen, und es werden die gleichen Freunde wie immer teilnehmen, mit Ausnahme von... Aber vorher möchte ich erst einmal das Datum genau festlegen, damit Sie sich mit dem Gedanken vertraut machen können; Sie sehen also, ich kenne Sie und bereite darum das Terrain strategisch vor. Sagen wir also, am...

Brief des Dr. Alberto Rojas

Herrn Federico Moraes,
Buenos Aires

Lobos, den 14. Juli 1958

Lieber Freund,
vielleicht überrascht es Sie, diese Zeilen wenige Stunden nach unsrer angenehmen Zusammenkunft in Ihrem Haus zu erhalten, aber ein Vorfall, der sich während der Abendgesellschaft zutrug, hat mich dermaßen berührt, daß ich mich genötigt sehe, Ihnen meine Sorge anzuvertrauen. Sie wissen ja, daß ich das Telefon verabscheue und auch sehr ungern schreibe, aber sobald ich, wieder allein, über das Geschehene nachdenken konnte, schien mir das Logischste, ja Selbstverständlichste zu sein, Ihnen diesen Brief zu schicken. Um ehrlich zu sein, wenn Lobos nicht so weit von der Hauptstadt entfernt wäre (ein alter und kranker Mann mißt die Kilometer auf andere Weise), ich glaube, ich wäre noch heute nach Buenos Aires zurückgefahren, um mit Ihnen über diese Angelegenheit zu sprechen. Aber genug der Vorreden; kommen wir zur Sache. Doch zuvor, lieber Federico, danke ich abermals für das großartige Mahl, das Sie uns, wie nur Sie es fertigbringen, geboten haben. Sowohl Luis Funes wie Barrios und Robirosa waren mit mir einer Meinung, daß sie ein Prachtstück der Gattung Mensch (Barrios dixit) und ein unübertrefflicher Gastgeber sind. Es wird Sie also nicht verwundern, daß ich trotz des Vorgefallenen noch die ein wenig wehmütige Freude über diesen Abend bewahre, der mir erlaubte, einmal mehr unter den alten Freunden zu weilen und so viele von der Einsamkeit unerbittlich aufgezehrte Erinnerungen zu erneuern.

Aber ist denn, was ich Ihnen sagen will, wirklich eine Neuigkeit für Sie? Während ich Ihnen schreibe, will es mir nicht aus dem Kopf, daß die Rolle des Hausherrn Sie heute nacht vielleicht bewog, sich den Verdruß nicht anmerken zu lassen, den Ihnen der unangenehme Zwischenfall zwischen Robirosa und Luis Funes bereitet haben mußte. Was Barrios angeht, so hat er, zerstreut wie immer, davon nichts wahrgenommen; er schlürfte mit Genuß seinen Kaffee, hatte nur Ohren für die Anekdoten und Späße und wurde nicht müde, seinen Mutterwitz beizusteuern, den wir alle so sehr an ihm schätzen. Kurz und gut, Federico, wenn Ihnen dieser Brief nichts Neues sagt, bitte ich tausendmal um Entschuldigung; aber in jedem Fall glaube ich, daß ich gut daran tue, ihn zu schreiben.

Schon als ich ankam, fiel mir auf, daß Robirosa, der sonst zu jedermann so herzlich ist, abweisend reagierte, sooft Funes das Wort an ihn richtete. Gleichzeitig bemerkte ich, daß Funes diese Kälte ihm gegenüber spürte und verschiedentlich das Gespräch mit Robirosa suchte, als ob er sich überzeugen wollte, daß dessen Verhalten nicht auf eine bloß momentane Zerstreutheit zurückzuführen war. Wenn man es mit so brillanten Tischgästen wie Barrios, Funes und Ihnen zu tun hat, fällt es nicht weiter auf, daß die anderen fast gar nichts sagen, und ich glaube, nur mit Mühe hätte man gewahren können, daß Robirosa sich nur auf Gespräche mit Ihnen, Barrios und mit mir einließ, bei den seltenen Gelegenheiten, da ich einmal redete und es nicht vorzog, zuzuhören.

In der Bibliothek dann trafen wir gerade Anstalten, uns am Feuer niederzulassen (während Sie Ihrem wackeren Ordóñez einige Anweisungen gaben), als Robirosa sich von der Gruppe löste, zu einem der Fenster ging und gegen die Scheiben zu trommeln begann. Ich hatte einige Sätze mit Barrios gewechselt – der sich darauf versteifte, die abscheulichen Atomversuche zu verteidigen – und schickte mich eben an, es mir am Kamin bequem zu machen; in diesem Augenblick drehte ich ohne besonderen Grund den Kopf und sah, daß sich Funes seinerseits entfernte und auf das Fenster zuging, an dem Robirosa nach wie vor stand. Barrios hatte seine Argumente endlich erschöpft und sah sich zerstreut eine Nummer des *Esquire* an, ohne von dem, was sich weiter weg abspielte, Notiz zu nehmen. Eine akustische Besonderheit Ihrer Bibliothek erlaubte mir, die Worte, die mit leiser Stimme am Fenster gewechselt wurden, verblüffend deutlich zu vernehmen. Da ich sie noch jetzt im Ohr zu haben vermeine, will ich sie hier wörtlich wiederholen. Auf die Frage von Funes: »Darf man erfahren, was mit dir los ist?« erfolgte die prompte Antwort Robirosas: »Sie mögen dir in dieser Botschaft wer weiß was für einen barmherzigen Namen geben. Für mich gibt es nur noch eine Bezeichnung für dich, und die möchte ich in einem fremden Haus nicht aussprechen.«

Das Ungewöhnliche des Wortwechsels und vor allem sein Ton verwirrten mich in einem Maße, daß ich eine Indiskretion zu begehen glaubte und den Blick abwandte. In ebendiesem Augenblick hörten Sie auf, mit Ordóñez zu reden, und entließen ihn; Barrios delektierte sich an einer Zeichnung von Varga. Ohne abermals zum Fenster hin zu blicken, hörte ich die Stimme von Funes: »Bei allem, was dir teuer ist, bitte ich dich, daß...«, und Robirosas Stimme, die ihm das Wort wie eine Peitsche abschnitt: »Mit Worten ist das nicht mehr aus der Welt zu schaffen.« Sie, Federico, klatschten liebenswürdig in die Hände, um uns einzuladen, am Feuer Platz zu nehmen, und nahmen Barrios, der sich an einer besonders attraktiven Seite nicht satt sehen konnte, das Magazin einfach weg. Unter den Scherzworten und dem Gelächter konnte ich noch Funes sagen hören: »Bitte, daß Mathilde nichts davon erfährt.« Ich sah flüchtig, daß Robirosa mit den Achseln zuckte und ihm den Rücken kehrte. Sie hatten sich ihnen genähert, und es sollte mich nicht wundern, wenn Sie die letzten Worte ihres Gesprächs mit angehört haben. Dann erschien Ordóñez mit Zigarren und Kognak, Funes kam und setzte sich an meine Seite, und die Unterhaltung nahm uns wieder und bis zu später Stunde in Beschlag.

Ich würde lügen, lieber Federico, wollte ich verhehlen, daß der Zwischenfall genügt hatte, um mir das Ende eines so angenehmen Abends zu verderben. In diesen Zeiten mit ihren Kriegsdrohungen, den abgeriegelten Grenzen, den heiß begehrten Erdölquellen erlangt eine derartige Bezichtigung ein Gewicht, wie sie es in glücklicheren Zeiten nicht besessen hätte; die Tatsache jedoch, daß sie von einem Mann erhoben wird, der an so strategisch wichtiger Stelle in den höchsten Kreisen steht wie Robirosa, verleiht ihr ein Gewicht, das zu leugnen kindisch wäre, ganz abgesehen davon, daß, wie Sie zugeben werden, sich aus dem Schweigen und der inständigen Bitte des Beschuldigten ein Anschein von Eingeständnis ergibt.

Strenggenommen geht uns, was zwischen unseren Freunden vorgefallen sein mag, nur indirekt etwas an. In diesem Sinne stehen diese Zeilen für einen mündlichen Kommentar, den mir die Umstände in jenem Augenblick gar nicht gestattet hätten. Ich schätze Luis Funes viel zu sehr, um nicht zu wünschen, mich geirrt zu haben, und ich denke, daß meine Vereinsamung und der Menschenhaß, deren Sie mich alle so liebevoll bezichtigen, dazu beigetragen haben können, ein Hirngespinst, eine falsche Auslegung zu fabrizieren, die zwei Zeilen von Ihnen vielleicht zerstreuen werden. Ich wünschte, es wäre so, wünschte, Sie würden in Lachen ausbrechen und mir in einem Brief, auf den ich schon jetzt warte, beweisen, daß mir die Jahre an grauen Haaren schenken, was sie mir an Verstand nehmen.

Eine herzliche Umarmung Ihres Freundes

Alberto Rojas

Herrn Alberto Rojas

Buenos Aires, Mittwoch, den 16. Juli 1958

Lieber Rojas,
wenn Sie die Absicht hatten, mich zu erschrecken, so freuen Sie sich: der Triumph ist vollkommen. Obwohl es mir, alt und skeptisch wie ich bin, widerstrebt, daran zu glauben, muß ich Ihnen telepathische Fähigkeiten zuerkennen, wenn ich Ihren Erfolg nicht einem noch erschreckenderen Zufall zuschreiben möchte. Aber schließlich bin ich kein Spielverderber, und ich finde es gerecht, Sie mit dem vollen Eingeständnis meiner Überraschung und Bestürzung zu belohnen. Also ja, mein Freund: Ihr Brief erreichte mich gerade in dem Augenblick, als ich an Sie ein paar Zeilen kritzelte, wie ich es jedes Jahr tue, um Sie einzuladen, in ein paar Wochen bei mir daheim zu Abend zu essen. Ich begann gerade einen Absatz, als Ordóñez mit einem Umschlag in der Hand erschien; ich erkannte sogleich das graue Papier, das Sie benutzen, seit wir uns kennen, und die Gleichzeitigekit machte, daß ich den Füllfederhalter fallen ließ, als wenn er ein Tausendfüßler wäre. Freund, das nenne ich ins Schwarze treffen mit geschlossenen Augen!

Aber abgesehen von der Koinzidenz, gestehe ich Ihnen, daß mich Ihr Scherz bestürzt hat. Zunächst einmal erstaunt es mich, daß Sie das Richtige in allen Einzelheiten trafen. Erstens vermuteten Sie, daß ich Ihnen bald eine Einladung zu einem Abendessen bei mir zu Hause schicken würde; zweitens (und das macht mich sprachlos) hielten Sie es für ausgemacht, daß ich dieses Jahr Carlos Frers nicht einladen würde. Wie haben Sie es angestellt, meine Absichten zu erraten? Ich kann es mir nur so denken, daß irgendwer aus dem Club Ihnen gesagt haben könnte, Frers und ich gingen uns seit der Sache mit dem Landwirtschaftsplan aus dem Weg; aber andererseits leben Sie ja ganz für sich allein und pflegen mit niemandem Umgang... Nun, ich beuge mich vor Ihrem analytischen Genie, falls es sich um eine Analyse handelt. Ich habe eher den Eindruck von Hexerei, wofür der glänzendste Beweis die Tatsache ist, daß ich Ihren Brief in ebendem Augenblick erhielt, in dem ich dabei war, an Sie zu schreiben.

Auf alle Fälle, lieber Alberto, hat Ihr überaus gelungener Einfall eine Kehrseite, die mich mit Sorge erfüllt. Welches Ziel verfolgen Sie mit dieser indirekten Anschuldigung gegen Luis Funes? Soviel ich weiß, waren Sie stets die besten Freunde, auch wenn das Leben uns alle verschiedene Wege gehen läßt. Wenn Sie Funes wirklich etwas vorzuwerfen haben, warum schreiben Sie dann mir und nicht ihm? Und schließlich: warum machen Sie nicht Robirosa angesichts der besonderen Funktionen, die er – wie wir, seine Freunde, wissen – im Kanzleramt bekleidet, von Ihrer Anklage Mitteilung? Statt dessen versuchen Sie eine komplizierte Karambolage an drei Banden, deren Sinn ich für den Augenblick lieber nicht ergründen will. Offen gestanden befällt mich Unbehagen bei einem Manöver, das ich einfach nicht für einen bloßen Scherz halten kann, da es die Ehre eines unserer geliebten Freunde antastet. Ich hielt Sie stets für einen integren und loyalen Mann, den ebendiese Charaktereigenschaften veranlaßt haben, sich in Zeiten der Korruption und Käuflichkeit auf ein abgelegenes Gut zurückzuziehen, unter Bücher und Blumen, die reiner sind als wir. Und obgleich mich das Spiel mit dem Zufall oder den Treffern in Staunen versetzt, ja sogar belustigt, erfaßt mich daher jedesmal, wenn ich Ihren Brief wieder lese, eine Unruhe, in der sogar unser Begriff von Freundschaft bedroht erscheint. Vergeben Sie mir meine Freimütigkeit; oder, wenn Sie mir nicht vergeben, so klären Sie mir das Mißverständnis auf, und lassen wir die Sache auf sich beruhen.

Überflüssig zu sagen, daß all dies an meiner Absicht nichts ändert, uns am 30. dieses Monats in meinem Haus zu treffen, wie ich es Ihnen in meinem Brief ankündigen wollte, der durch das Eintreffen Ihres Briefes unterbrochen wurde. Ich habe bereits an Barrios und Funes geschrieben, die gegenwärtig durch die Provinz reisen, und Robirosa hat mir telefonisch mitgeteilt, daß er die Einladung annimmt. Da Meisterwerke nicht unbekannt bleiben sollen, wird es Sie nicht befremden, daß ich Robirosa von Ihrem außergewöhnlichen Brief-Scherz erzählt habe. Selten habe ich ihn so von Herzen lachen hören ... Mich selbst belustigt Ihr Brief weniger als unseren Freund, und ich glaube sogar, durch einige Zeilen von Ihnen würde mir, wie man so sagt, ein Stein vom Herzen fallen.

Bis zu diesen Zeilen also, oder bis wir uns bei mir sehen.

In aller Aufrichtigkeit

Federico Moraes

Herrn Federico Moraes

Lobos, den 18. Juli 1958

Lieber Freund,

Sie sprechen von Erstaunen, von Zufällen, von brieflichen Triumphen. Vielen Dank, aber Komplimente, die nur etwas anderes verschleiern wollen, sind nicht eben mein Geschmack. Falls Sie den Ausdruck ein wenig stark finden, so wenden Sie den kritischen Verstand, der Sie in der Öffentlichkeit und in der Politik so sehr ausgezeichnet hat, auf sich selbst an, und Sie werden zugeben müssen, daß die Bezeichnung nicht übertrieben ist. Oder, was ich vorziehen würde, bereiten Sie dem Scherz ein Ende, wenn es sich um einen Scherz handelt. Ich kann verstehen, daß Sie – und vielleicht auch alle anderen, die an dem Abendessen in Ihrem Hause teilnahmen – Gras über eine Sache wachsen lassen wollen, die ich durch einen Zufall, den ich zutiefst beklage, erfahren habe. Ich kann auch verstehen, daß Ihre alte Freundschaft mit Luis Funes Sie vorgeben läßt, mein Brief sei ein bloßer Scherz, in der Hoffnung, daß ich den Wink verstehe und mir Schweigen auferlege. Was ich nicht begreife, ist, warum es zwischen Leuten wie Ihnen und mir so vieler Umstände bedarf. Sie hätten mich nur zu bitten brauchen, ich möge vergessen, was ich in Ihrer Bibliothek gehört habe; Sie sollten doch wissen, daß meine Fähigkeit zu vergessen sehr groß ist, wenn ich die Gewißheit habe, daß sie jemandem von Nutzen sein kann.

Und gesetzt auch, der Menschenhaß mische diesen Zeilen seine Bitterkeit bei: dahinter, lieber Federico, steht doch stets Ihr alter Freund. Ein wenig fassungslos, das wohl, da ich den Grund nicht einsehen kann, weshalb Sie uns erneut bei sich versammeln möchten. Und warum treiben Sie die Dinge überdies beinahe lächerlich auf die Spitze und beziehen sich auf eine Einladung, die durch das Eintreffen meines Briefes angeblich unterblieb? Hätte ich nicht die Angewohnheit, fast alle Papiere, die ich empfange, wegzuwerfen, würde ich Ihnen gern beiliegend Ihr Billett vom ... zurücksenden.

Ich unterbrach dieses Schreiben, um zu Abend zu essen. Aus den Rundfunknachrichten habe ich soeben von dem Selbstmord Luis Funes' erfahren. Jetzt werden Sie, ohne daß noch weitere Worte nötig sind, begreifen, warum ich gewünscht hätte, nicht unfreiwillig Zeuge von Vorgängen geworden zu sein, die ganz offensichtlich einen Tod erklären, der andere Personen erschüttern wird. Daß unter ihnen unser Freund Robirosa sein wird, glaube ich nicht, trotz des Gelächters, das Ihnen zufolge der Inhalt meines Briefes bei ihm hervorgerufen hat. Nun sehen Sie, daß Robirosa allen Grund hatte, um über sein Werk Genugtuung zu empfinden, ja ich vermute, es war ihm nicht einmal unlieb, daß es für den vorletzten Akt der Tragödie einen Augenzeugen gab. Wir haben alle unsere Eitelkeit, und vielleicht bedauert es Robirosa bisweilen, daß über den hohen Diensten, die er der Nation erweist, das unauffälligste Geheimnis liegt; im übrigen weiß er sehr gut, daß er in diesem Fall mit unserem Schweigen rechnen kann. Gibt ihm der Selbstmord von Funes nicht völlig recht?

Aber weder Sie noch ich haben Veranlassung, seine Freude bis zu diesem Punkt zu teilen. Ich weiß nicht, wessen man Funes beschuldigt; hingegen erinnere ich mich an den guten Freund, den Kameraden aus anderen, besseren und glücklicheren Tagen. Sie werden der armen Mathilde alles zu sagen wissen, was ich, von meiner Abgeschiedenheit aus, die ich vielleicht nicht hätte durchbrechen sollen, angesichts ihres Unglücks empfinde.

Der Ihrige

Rojas

Herrn Alberto Rojas

Buenos Aires, Montag, den 21. Juli 1958

Hochverehrter Herr,

Ihren Brief vom 18. dieses habe ich erhalten. Ich teile Ihnen höflichst mit, daß ich mich entschlossen habe, zum Zeichen der Trauer über den Tod meines Freundes Luis Funes die für den 30. dieses Monats vorgesehene Zusammenkunft abzusagen.

Mit ergebenen Grüßen

Federico Moraes

Die Kapelle

Zur Erinnerung an René Crevel,
der an solchen Dingen gestorben ist.

Im Februar 1947 erzählte mir Lucio Medina eine spaßige Episode, die er eben erlebt hatte. Als ich im September jenes Jahres erfuhr, daß er seinen Beruf aufgegeben und das Land verlassen hatte, dachte ich dunkel an einen Zusammenhang zwischen beidem. Ich weiß nicht, ob ihm selbst irgendwann einmal derselbe Gedanke gekommen ist. Für den Fall, daß es ihm auf die Entfernung nützt, für den Fall auch, daß er noch in Rom oder Birmingham lebt, erzähle ich seine schlichte Geschichte mit der größtmöglichen Detailtreue.

Ein Blick auf das Tagesprogramm sagte Lucio, daß im Gran Cine Ópera ein Film von Anatole Litvak gezeigt wurde, den er zu der Zeit verpaßt hatte, als er in den Kinosälen der Innenstadt lief. Er fand es bemerkenswert, daß ein Kino wie das Ópera diesen Film noch einmal zeigte, aber 1947 war Buenos Aires arm an Novitäten. Um sechs, nachdem er seine Arbeit in Sarmiento y Florida erledigt hatte, machte er sich mit dem Wohlbehagen des echten Einwohners von Buenos Aires in die Innenstadt auf und gelangte zum Kino, als die Vorstellung gerade begann. Das Programm kündigte eine Wochenschau, einen Zeichentrickfilm und den Film von Litvak an. Lucio verlangte einen Parkettplatz in Reihe Zwölf und kaufte »Crítica«, um nicht die Dekorationen des Saales und die Seitenbalkönchen betrachten zu müssen, die ihm regelrechten Brechreiz verursachten. In diesem Augenblick begann die Wochenschau, und eine Menge Leute betrat den Saal, während Schwimmerinnen in Miami mit den Sirenen wetteifern und in Tunis ein gigantischer Staudamm eingeweiht wird. Rechts von Lucio ließ sich ein voluminöser Körper nieder, der nach *Russisch Leder* von Atkinson duftete, wenn man das noch Duft nennen konnte. Der Körper kam in Begleitung von zwei kleineren Körpern, die eine Zeitlang heftig quirlten und sich erst beruhigten, als Donald Duck erschien. All das war in einem Kino von Buenos Aires und vor allem in Nachmittagsvorstellungen gang und gäbe.

Als die Lichter angingen und den unbeschreiblichen bestirnten und nebelhaften Himmel leicht verschwimmen ließen, warf mein Freund, bevor er seine Lektüre von »Crítica« fortsetzte, einen Blick in den Saal. Es gab da etwas, was nicht mit rechten Dingen zuging, etwas Undefinierbares. Damen, überwiegend fettleibige, machten sich im Parkett breit, und wie seine Nachbarin erschienen sie in Begleitung einer mehr oder weniger zahlreichen Kinderschar. Es wunderte ihn, daß solche Leute im Ópera Parkettplätze nahmen, eine Reihe dieser Damen hatte die Haut und das Gehabe von biederen Köchinnen im Sonntagsstaat, sie redeten mit einem Überschwang an Gesten echt italienischen Zuschnitts und traktierten ihre Kinder mit Knüffen und flehentlichen Bitten. Herren, den Hut auf den Schenkeln (und mit beiden Händen fest umklammernd), stellten den männlichen Gegenpart eines Publikums dar, das Lucio sprachlos machte. Er schaute in das gedruckte Programm, in dem er aber nur den Hinweis auf die vorgesehenen Filme und die künftigen Programme fand. Nach außen war alles in Ordnung.

Achselzuckend begann er die Zeitung zu lesen und ging die Meldungen aus dem Ausland durch. In der Mitte des Leitartikels sagte ihm sein Zeitsinn, daß die Pause ungewöhnlich lang war, und er warf erneut einen Blick in den Saal. Noch immer kamen Paare, Gruppen von drei oder vier Fräuleins, angetan mit dem, was in Villa Crespo oder im Parque Lezama als elegant galt, und da und dort im Parkett kam es zu großen Begegnungen, Vorstellungen und Begeisterungsausbrüchen. Lucio fragte sich nachgerade, ob er sich nicht geirrt habe, wenngleich es ihm schwerfiel, genau zu sagen, worin sein Irrtum denn eigentlich bestand. In diesem Augenblick wurden die Lichter schwächer, aber gleichzeitig flammten gleißende Bühnenscheinwerfer auf, der Vorhang hob sich und Lucio sah, ungläubig, auf der Bühne eine ungeheure Damenkapelle aufgereiht, mit einer Schautafel, auf der zu lesen war: ALPARGATAS-Kapelle. Und während er (ich erinnere mich an sein Gesicht, als er es mir erzählte) vor Überraschung und Erstaunen keuchte, hob der Dirigent den Taktstock, und ein unvergleichliches Getöse brach unter dem Vorwand eines Militärmarsches über das Parkett herein.

»Verstehst du, das war so unglaublich, daß ich eine Weile brauchte, um dem Schwachsinn zu entkommen, in den ich geraten war«, sagte Lucio. »Meine Intelligenz, wenn du gestattest, daß ich sie so nenne, erfaßte augenblicklich sämtliche hier verstreuten Ungereimtheiten und formte daraus die Wahrheit: eine Vorstellung für Angestellte (samt Angehörigen) der Firma »Alpargatas«, die die Schlaumeier vom Ópera in den Programmen unterschlagen hatten, um auch die restlichen Plätze loszuwerden. Sie wußten nur zu gut, daß wir, wenn wir als Außenstehende von der Kapelle Wind bekommen hätten, um keinen Preis hineingegangen wären. All das sah ich sehr wohl, aber glaube ja nicht, daß deswegen mein Erstaunen geringer geworden wäre. Erstens hatte ich mir niemals vorgestellt, daß es in Buenos Aires eine derart phänomenale Damenkapelle gab (in bezug auf die Quantität, natürlich). Und dann war die Musik, die sie spielten, so entsetzlich, daß das Leiden meiner Ohren es mir unmöglich machte, die Gedanken und die Eindrücke zu ordnen. Ich hatte gleichzeitig Lust, schallend loszulachen, jedermann unflätig zu beschimpfen und zu verschwinden. Aber ebensowenig wollte ich den Film des alten Anatol versäumen, also blieb ich eben sitzen.«

Die Kapelle beendete den ersten Marsch, und die Damen befleißigten sich um die Wette, ihr Beifall zu spenden. Während der zweiten Nummer (auf einer kleinen Schautafel angekündigt) hatte Lucio Gelegenheit, neue Beobachtungen zu machen. Fürs erste war die Kapelle ein enormer Bluff, denn von ihren hundert und soundsovielen Mitgliedern spielte nur ein Drittel ein Instrument. Der Rest war pure Vortäuschung falscher Tatsachen, die kleinen Miezen schwangen Trompeten und Klarinetten auf die gleiche Weise wie die wirklich Musizierenden, aber die einzige Musik, die sie hervorbrachten, war die ihrer allerliebsten Schenkel, die Lucio, vor allem nach einigen trüben Erfahrungen im MAIPO, lobenswert und bildungsfähig fand. Alles in allem schrumpfte jene ungeheure Band auf einige vierzig Bläserinnen und Schlagzeugspielerinnen zusammen, während sich der Rest mit Hilfe wunderhübscher Uniformen und niedlicher Wochenendfrätzchen in Positur stellte. Der Dirigent war ein junger Mann, was völlig unerklärlich war, wenn man bedenkt, daß er in einem Frack steckte, der, sich wie ein chinesischer Scherenschnitt scharf gegen das Gold und Rot der Kapelle abzeichnend, ihm das Aussehen eines in der Farbigkeit des Spektakels völlig verloren wirkenden Deckenflüglers verlieh. Dieser junge Mann bewegte einen Taktstock von erheblicher Länge in alle Richtungen und schien wild entschlossen, die Musik der Kapelle zu rhythmisieren, was nach Ansicht von Lucio aber ein unerreichbares Ziel blieb. Was die Qualität anging, war die Band eine der schlechtesten Kapellen, die er in seinem Leben gehört hatte. Marsch auf Marsch nahm inmitten allgemeinen Wohlwollens (ich wiederhole seine sarkastischen und proparoxytomontischen Worte) die Darbietung ihren Fortgang, und mit Beendigung eines jeden Stückes keimte erneut die Hoffnung, daß die Hundertschaft kleiner Wackelpuddings sich endlich den Befehl zum Abmarsch gab und unter dem bestirnten Gewölbe des Ópera-Kinos wieder Schweigen herrschte. Der Vorhang fiel, und Lucio hatte so etwas wie einen Anfall von Glück, bis er wahrnahm, daß die Scheinwerfer nicht erloschen waren, weshalb er sich auf seinem Platz argwöhnisch aufsetzte. Und gleich ging der Vorhang wieder hoch, aber jetzt erschien ein neues Schild: DIE KAPELLE DEFILIERT. Die Mädchen hatten sich im Profil aufgestellt, von dem Blech stieg ein gellender Mißklang empor, der vage an den Marsch »El Tala« erinnerte, und die ganze Band, stillgestanden auf der Bühne, bewegte rhythmisch die Beine, als ob sie defilierte. Man mußte nur die Mutter eines der Mädchen sein, um sich einzubilden, sie marschierten tatsächlich vorbei, zumal an der Spitze acht sagenhafte Puppen herumschwenkten, wobei sie diese Stöcke mit Troddeln schwangen, die herumgewirbelt, in die Luft geworfen und wieder aufgefangen werden. Der junge Deckenflügler eröffnete das Defilée, indem er voller Eifer tat, als marschierte er, und Lucio mußte ein nicht endenwollendes *da capo al fine* hören, das nach seiner Meinung fünf bis acht Häuserblocks weit schallte. Es gab am Ende eine bescheidene Ovation, und der Vorhang kam wie ein weites Augenlid, um die angeschlagenen Rechte des Halbschattens und der Stille zu beschützen.

»Das Staunen war mir vergangen«, sagte Lucio zu mir, »aber nicht einmal während des Films, der ausgezeichnet war, konnte ich ein Gefühl des Befremdens loswerden. Ich trat auf die Straße, in die klebrige Hitze und unter die Leute um acht Uhr abends, und setzte mich in die *Galeone*, um einen Gin Fizz zu trinken. Mit einem Schlag hatte ich den Film von Litvak völlig vergessen, die Band nahm mich in Beschlag, als wäre ich der Bühnenraum des Ópera. Ich hatte Lust zu lachen, aber ich war verdrossen, verstehst du. Erstens, weil ich zum Schalter des Kinos hätte gehen und denen ordentlich die Meinung sagen müssen. Ich tat es nicht, weil ich aus Buenos Aires bin, das weiß ich nur zu gut. Und was soll's schließlich, findest du nicht? Aber das war es nicht, was mich irritierte; es gab da etwas Tieferes. Mitte des zweiten Glases begann ich zu begreifen.«

Ab hier ist Lucios Bericht nur schwer wiederzugeben. Im wesentlichen (aber gerade das Wesentliche entzieht sich) liefe es darauf hinaus: bis zu diesem Augenblick hatte ihn eine Reihe von einzelnen anomalen Elementen in Anspruch genommen: das verlogene Programm, die unangemessenen Zuschauer, die Illusionskapelle, in welcher die Mehrheit nicht echt war, der verquere Dirigent, das vorgetäuschte Defilée, und er selbst in etwas verquickt, das ihn nichts anging. Auf einmal schien er es in Begriffen, die unendlich weit darüber hinausgingen, zu verstehen. Er hatte das Gefühl, als ob es ihm gegeben wäre, endlich die Realität zu sehen. Einen Augenblick der Realität, die ihm falsch vorgekommen war, weil sie die wahre war, die er jetzt nicht mehr sah. Das, was er mitangesehen hatte, war das Gewisse, das heißt das Falsche. Er hörte auf, daran Anstoß zu nehmen, daß er sich von Elementen umgeben fand, die nicht an ihrem Platz waren, denn indem er sich einer anderen Welt bewußt wurde, begriff er, daß diese Sehweise auf die Straße ausgedehnt werden konnte, auf die *Galeone*, seinen blauen Anzug, sein Nachtprogramm, sein Büro morgen früh, seinen Sparplan, seine Sommerfrische im März, seine Freundin, seine Reifezeit, den Tag seines Todes. Zufällig sah er jetzt nicht mehr auf diese Weise, zufällig war er abermals Lucio Medina. Aber mehr aus Zufall.

Manchmal habe ich gedacht, daß es wirklich interessant gewesen wäre, wenn Lucio zum Kino zurückgegangen wäre, nachgefragt und entdeckt hätte, ein solches Festival hat es nie gegeben. Aber es läßt sich nachweisen, daß die Kapelle an jenem Nachmittag im Ópera gespielt hat. In Wirklichkeit besteht jedoch kein Anlaß, die Dinge auf die Spitze zu treiben. Vielleicht lag es an seiner Leber oder irgendeiner Frau, daß Lucio sein Leben änderte und das Land gewechselt hat. Und dann ist es auch ungerecht, die Kapelle weiterhin schlecht zu machen, die armen Dinger.

Die Freunde

Bei diesem Spiel mußte alles rasch gehen. Als die Nummer eins entschied, daß Romero liquidiert werden solle und die Nummer drei diese Arbeit übernehmen werde, erhielt Beltrán nur wenige Minuten später Bescheid. Ruhig, aber ohne einen Augenblick zu verlieren, trat er aus dem Café »Corrientes y Libertad« und stieg in ein Taxi. Während er in seinem Appartement ein Bad nahm und dabei die Nachrichten hörte, erinnerte er sich, daß er Romero zuletzt beim Pferderennen in San Isidro gesehen hatte, an einem rabenschwarzen Renntag. Damals war Romero ein gewisser Romero und er ein gewisser Beltrán: gute Freunde, ehe sie das Leben auf so verschiedene Bahnen geführt hatte. Er lächelte fast unlustig, als er an das Gesicht dachte, das Romero machen würde, wenn sie sich erneut begegneten, aber auf Romeros Gesicht kam es nicht an, und er mußte statt dessen langsam an die Frage des Cafés und Autos denken. Es war sonderbar, daß die Nummer eins darauf verfallen war, Romero ausgerechnet im Café »Cochabamba y Piedras« töten zu lassen, und um diese Zeit; falls er gewissen Informationen glauben durfte, war die Nummer eins vielleicht schon ein bißchen alt. Auf alle Fälle gab der ungeschickte Befehl ihm einen Vorteil: er konnte das Auto aus der Garage holen, es mit laufendem Motor auf der Seite des »Cochabamba« parken und darauf warten, daß Romero käme, um sich wie immer mit den Freunden hier um sieben Uhr abends zu treffen. Wenn alles gutging, konnte er verhindern, daß Romero das Café betrat, und gleichzeitig vermeiden, daß die aus dem Café seine Intervention sahen oder argwöhnten. Es war eine Sache des Glücks und Kalküls, eine einfache Bewegung (die Romero nicht entgehen würde, weil er Luchsaugen hatte) und sich dann geschickt in den Verkehr einfädeln und mit Vollgas auf und davon. Wenn sie beide ihre Sache vorschriftsmäßig ausführten – und Beltrán war Romeros so sicher wie seiner selbst –, würde alles im Nu erledigt sein. Er lächelte abermals, als er an das Gesicht von Nummer eins dachte, wenn er ihn später, sehr viel später von irgendeiner Telefonzelle aus anrufen würde, um ihn über den Ablauf zu informieren.

Sich langsam ankleidend, rauchte er die Packung Zigaretten zu

Ende und betrachtete sich einen Augenblick lang im Spiegel. Danach zog er eine andere Packung aus der Schublade, und bevor er die Lichter löschte, überzeugte er sich, daß alles in Ordnung war. Die Gallegos in der Garage hielten den Ford in Schuß. Er fuhr, langsam, die Chacabuco hinunter, und zehn vor sieben parkte er wenige Meter von der Tür des Cafés entfernt, nachdem er zweimal ums Viereck gefahren war, in der Hoffnung, daß ein Firmenwagen ihm den Platz überließ. Wo er stand, konnte er vom Café aus nicht gesehen werden. Dann und wann trat er leicht aufs Gaspedal, um den Motor warm zu halten; er mochte nicht rauchen, aber sein Mund war, wie er fühlte, trocken, und das machte ihn wütend.

Um fünf vor sieben sah er Romero auf dem gegenüberliegenden Bürgersteig kommen; er erkannte ihn sogleich an dem breitkrempigen grauen Hut und dem zweireihigen Sakko. Mit einem kurzen Blick zum Schaufenster des Cafés überschlug er, wie lange er brauchte, um die Straße zu überqueren und hierher zu kommen. Aber bei dieser Entfernung vom Café konnte Romero nichts passieren, weshalb es besser war, ihn die Straße überqueren und den Bürgersteig betreten zu lassen. Genau in diesem Augenblick ließ Beltrán den Wagen langsam anfahren und schob den Arm aus dem Seitenfenster. Wie er es vorhergesehen hatte, sah ihn Romero und blieb überrascht stehen.

Die erste Kugel traf ihn zwischen den Augen, danach schoß Beltrán in den Haufen, der zusammensackte. Der Ford fuhr schräg davon, setzte sich einwandfrei vor eine Straßenbahn und bog in die Tacuarí ein. Ohne Eile lenkend, dachte die Nummer drei, daß das letzte, was Romero zu Gesicht bekommen hatte, ein gewisser Beltrán gewesen war, ein Freund von der Rennbahn aus früheren Zeiten.

Der Beweggrund

Ihr werdet es mir nicht glauben, aber es ist genauso wie im Kintopp, das kommt, wie's kommt, und du mußt es nehmen, wie's kommt; wenn's dir nicht gefällt, kannst du gehen, aber die Moneten kriegst du nicht zurück. Gut und gern zwanzig Jahre ist das jetzt her, und die Geschichte ist schon mehr als verjährt, also will ich sie euch erzählen, und wer glaubt, ich schneide auf, soll doch zum Teufel gehen.

Sie haben Montes heimlich abgeknallt eines Nachts im August. Vielleicht stimmte es, daß sich Montes an einer Frau vergriffen hat, und der Bock hat es ihm mit Zinsen heimgezahlt. Was ich weiß, ist, sie haben Montes von hinten getötet, mit einem Schuß in den Kopf, und dafür gibt es keine Entschuldigung. Montes und ich waren dicke Freunde, immer zusammen beim Spiel und im Café des Negers Padrilla, aber an den werdet ihr euch nicht mehr erinnern. Ihn haben sie übrigens auch abgeknallt, wenn ihr wollt, erzähl' ich es euch einmal.

Tatsache ist, daß Montes, als man mich benachrichtigte, schon krepiert war und ich gerade noch zurechtkam, um zu sehen, wie sich die Schwester auf ihn schmiß und das Jammergeschrei anfing. Ich guckte Montes eine Weile an, der mit offenen Augen dalag, und ich schwor ihm, daß der andere daran glauben wird. Dieselbe Nacht noch sprach ich mit Barros, und ab hier wird euch die Erzählung wie Schwindel vorkommen. Die Sache ist die, daß Barros als erster gekommen war, als man den Schuß hörte, und Montes fand, wie er schon den Geist aufgeben wollte. Barros, der helle war, stellte alles mögliche an, damit er ihm sagte, wer es gewesen war. Montes wollte reden, aber mit einer Kugel im Kopf ist das nicht so ohne, weshalb Barros nicht viel aus ihm herauskriegen konnte. Auf alle Fälle brachte es Montes fertig, ihm zu sagen, und da sieht man, was das Delirium eines Sterbenden ist, etwas wie »der mit dem blauen Arm«, und danach sagte er ein Wort, das mußte »Tätowierung« heißen, und daraus entnahmen wir, daß der Bursche Matrose war, und basta. Bedenken Sie, wie leicht es gewesen wäre, López oder Fernández zu sagen, aber mit einer Kugel in der Birne, das versteht doch jeder. Vielleicht wußte Montes auch nicht, wie der andere hieß, Tätowierungen sieht man, aber nach einem Namen muß man fragen, und dann ist er womöglich erlogen.

Ihr werdet lachen, wenn ich euch sage, daß Barros und ich acht Tage später den Typ lokalisiert hatten, während dein Freund und Helfer weiterhin im Hafen und überall Razzien durchführte. Wir hatten unsere Nachforschungen angestellt, und ich will euch nicht mit Einzelheiten langweilen. Aber nicht deshalb werdet ihr lachen, sondern weil uns der Spitzel die Personalien dieses Typs nicht geben konnte, aber dafür teilte er uns mit, daß er türmte, auf einem französischen Schiff, und daß er nicht als Seemann fuhr, sondern als Passagier, stellt euch so einen Luxus vor. Daraus zogen wir den Schluß, daß der Bursche nicht mehr als Profi arbeitete, aber davon profitierte, daß er einen Haufen Leute kannte, um zu verduften. Das einzige, was wir wußten, war, daß er Dritter Klasse reiste und daß er Argentinier war. Darüber muß man sich nicht wundern, ein Gringo hätte Montes nicht erledigen können, sonderbar war an der Sache nur, daß uns der Spitzel den Namen von dem Burschen nicht verschaffen konnte. Besser gesagt, man hatte ihm einen gesteckt, von dem sich danach herausstellte, daß er nicht unter den Passagieren auftauchte. Die Leute haben manchmal Angst, hm, und vielleicht hatte der Kerl, der unserem Spitzel für dreißig Pesos den Tip lieferte, ihn mit dem Namen angeschwindelt, um da nicht hineinzugeraten. Aber wer weiß, ob der Bursche sich nicht im letzten Augenblick andere Papiere verschaffte. Tatsache ist, daß jetzt der Kintopp weitergeht, denn ich und Barros haben eine ganze Nacht geredet, und am Morgen bin ich auf die Behörde und fing mit dem Papierkram an. Damals war das gar nicht so schwierig, den Reisepaß zu bekommen. Na gut, ich schenke mir Einzelheiten, jedenfalls war es so, daß sie mir im Komitee die Überfahrt berappten, und eines Nachts um zehn Uhr war meine Wenigkeit an Bord und auf dem Wege nach Marseille, wo die Franzmänner immer absteigen. Ich sehe schon eure Miene, aber Geduld. Wenn ihr wollt, red' ich nicht weiter. Also gut, dann schenk' noch Zuckerrohrschnaps ein und macht euch darauf gefaßt, daß ihr den Graf von Monte Christo lest. Ich hab' euch gleich gesagt, daß so etwas nicht jeder erlebt, abgesehen davon, daß es andere Zeiten waren.

Auf dem Dampfer, der fast leer fuhr, gab man mir ganz allein eine Kabine mit vier Betten, stellt euch diesen Luxus vor. Ich konnte die Klamotten bequem auslegen und hatte immer noch

Platz übrig. Seid ihr schon einmal nach Europa gereist? Ich frage nur zum Spaß. Das ist nämlich so: die Kabinen gingen auf einen kleinen Gang hinaus, und auf dem Gang kam man zu einem kleinen Café, das an dem einen Ende lag; auf der anderen Seite stieg man eine Leiter hinauf und kam zum Vorderschiff. Die erste Nacht brachte ich auf Deck zu und sah mir Buenos Aires an, das allmählich verschwand. Aber anderntags begann ich ringsherum zu kundschaften. In Montevideo stieg niemand aus, das Schiff legte nicht einmal an. Als wir auf hoher See waren, wurde ich bald nicht wieder von den Bocksprüngen, die meine Eingeweide machten und die ich euch nicht wünschen möchte. Die Sache war nicht weiter schwer, denn in dem Café erfährt man sofort alles, und es stellte sich heraus, daß von den rund zwanzig Personen in der Dritten etwa fünfzehn Weiber waren, und der Rest bestand fast ganz aus eingewanderten Spaniern und Itakern. Es gab außer mir noch drei Argentinier, und schon bald hockten wir vier bei Karten und Bier zusammen.

Von den dreien war einer schon alt, konnte aber dem Gerissensten angst und bange machen. Die anderen beiden gingen auf die Dreißig wie ich. Pereyra und ich waren sofort dicke Freunde, aber Lamas war reservierter und schien ein halber Trauerkloß. Ich spitzte mein Ohr, um zu sehen, welcher von den dreien im Slang der Seeleute redete, und entlockte ihnen darum ihre Ansichten über das Schiff, um zu sehen, ob jemand auf den Leim ging. Ich kam aber bald darauf, daß ich auf einer falschen Fährte war und daß der, den es anging, sich in acht nahm wie vor dem Bettnässen. Sie erzählten jeden Stuß über das Schiff, daß es sogar mir auffiel. Und zu alledem war es saumäßig kalt, und niemand legte Jacke oder Unterzeug ab.

Die drei hatten mir bereits gesagt, daß sie nach Marseille reisten, so daß ich in Brasilien höllisch aufpaßte, aber es stimmte, und keiner machte sich dünn. Als es drückend schwül wurde, zog ich, um ein Beispiel zu geben, ein kurzärmeliges Hemd an, sie aber gingen in Hemdsärmeln und rollten sie nur bis zum Ellbogen hoch, nicht weiter. Der alte Ferro lachte, als er sah, wie ich mit dem Zimmermädchen flirtete, und beglückwünschte mich zu den vielen Matratzen, die ich in der Kabine hatte. Pereyra versuchte auch sein Glück, doch Petrona, die eine resche Spanierin war, behandelte uns beide schlecht. Und wir reden erst gar nicht davon, wie das Schiff schwankte, und von dem Fraß, den man uns gab.

Als es mir so vorkam, daß Pereyra der Petrona auf den Leib rückte, traf ich meine Vorkehrungen. Kaum begegnete sie mir im Gang, sagte ich ihr, daß in meine Kabine Wasser eindringt. Sie glaubte mir, und ich verschloß die Tür, sowie sie drinnen war. Beim ersten Klaps versetzte sie mir eine Ohrfeige, lachte aber dabei. Danach war sie sanft wie ein Lamm. Denkt bloß an alle diese Betten, wie Ferro gesagt hatte. Tatsächlich haben wir in dieser Nacht nicht viel gemacht, aber anderntags hab ich sie mir so richtig vorgenommen, und die Wahrheit ist, daß die Spanierin und alles Drum und Dran der Mühe wert war. Und ob sie es war.

Beiläufig erzählte ich es Lamas und Pereyra, die es anfangs gar nicht glauben wollten oder überrascht taten. Lamas schwieg wie immer, aber Pereyra sprang sofort darauf an, und mir war klar, welches Spiel er trieb. Ich spielte den Dummen und er entfernte sich mit allem, was er hatte. In dieser Nacht blieb Petrona meiner Kabine fern, ich hatte sie neben den Badekabinen miteinander schäkern gesehen. Es wird euch sonderbar vorkommen, daß die kleine Spanierin mich so rasch versetzte, und besser sage ich euch alles. Für ein Scheinchen und das Versprechen eines weiteren, wenn sie mir die erforderliche Information verschaffte, hatte sich Petrona sofort in Trab gesetzt. Ihr werdet euch denken können, daß ich ihr nicht sagte, warum ich wissen wollte, ob Pereyra irgendein Mal auf dem Arm trug; ich erzählte ihr was von einer Wette, irgendeine Albernheit. Wir lachten wie verrückt.

Am folgenden Morgen plauderte ich lange mit Lamas, der mit mir auf einer Rolle von Tauen saß, die vorn im Schiff lag. Er sagte mir, daß er nach Frankreich fahre, um als Bote der Gesandtschaft zu arbeiten oder so was in der Art. Er war ein schweigsamer Typ, halb schwermütig, aber mir schüttete er so ziemlich sein Herz aus. Ich suchte seine Augen, und plötzlich fiel mir das Gesicht von Montes ein, tot, die Schreie seiner Schwester, die Totenwache, als sie ihn von der Autopsie zurückgebracht hatten. Ich hatte plötzlich Lust, bei Lamas aufs Ganze zu gehen und ihn geradeheraus zu fragen, ob er es gewesen war. Aber was hätte ich gewonnen, auf diese Weise riskierte ich bloß, alles zu verlieren. Besser, ich wartete ab, daß Petrona wieder in meine Kabine kam.

So gegen fünf klopfte sie an meine Tür. Sie starb fast vor Lachen und teilte mir als erstes mit, daß Pereyra nichts an den Armen hätte. »Ich hatte massig Zeit, um ihn von allen Seiten zu betrachten«, sagte sie und lachte wie närrisch. Ich dachte an Lamas, der mir immer am sympathischsten gewesen war, und mir wurde mit einemmal bewußt, wie unglücklich einer dran ist, der sich einfach so hinreißen läßt. Was hieß hier sympathisch oder Hundsfott. Wenn Ferro und Pereyra ausfielen, war da nicht mehr viel zu überlegen. Bloß weil ich sauer war, legte ich die Petrona lang, die nicht wollte, und verpaßte ihr ein paar Schläge, damit das Ausziehen ein bißchen flott ging. Ich ließ sie erst laufen, als es Essenszeit war, und auch dann nur, um sie nicht bei den Typen vom Schiff in Verruf zu bringen, die angeblich schon nach ihr suchten. Wir verabredeten, daß sie am nächsten Abend wiederkommen würde, und ich ging essen. Wir hatten uns zu den vier Kreolen an einen Tisch gesetzt, in gehöriger Entfernung von den Spaniern und den Itakern, und ich saß Lamas gegenüber. Ihr könnt nicht wissen, was es mich kostete, ihn ungezwungen anzuschauen, während ich an Montes dachte. Jetzt erschien es nicht mehr so erstaunlich, daß er Montes ausgestochen hatte, mit dieser gelassenen Miene, die Vertrauen einflößte, war er jedem über, egal, wer es war. An Pereyra dachte ich schon gar nicht mehr, aber endlich fiel mir auf, daß er kein Wort von Petrona sagte, dabei hatte er vorher immer, wenn sie vorbeiging, angekündigt, er werde mit der kleinen Spanierin ins Bett gehen. Mir ging durch den Kopf, daß auch sie mir von dem Burschen nicht viel, nur das Allerwichtigste, erzählt hatte. Da ich Zweifel hatte, legte ich mich bei halb geöffneter Tür auf die Lauer, und gegen Mitternacht sah ich sie, wie sie in die Kabine von Pereyra schlüpfte. Ich legte mich hin und machte mir so meine Gedanken.

Am andern Tag kam Petrona nicht. Ich trieb sie in einem der Badezimmer in die Enge und fragte, was mit ihr los sei. Sie sagte, nichts, sie habe viel zu tun.

»Die Nacht warst du wieder bei Pereyra«, fragte ich sie unvermittelt.

»Ich? Wieso? Nein, ich war nicht wieder dort«, log sie mich an. Daß sie einem die Frau wegnehmen, ist schon nicht zum Lachen, aber wenn du obendrein noch selbst daran schuld bist, da werdet ihr verstehen, hört der Spaß auf. Als ich sie bekniete, mich diese Nacht besuchen zu kommen, fing sie an zu weinen und sagte, daß der Bootsmann oder der Obermacker an Bord sie auf dem Kieker habe und sich schon dächte, was passiert war, daß sie die Stellung nicht verlieren wolle, und solchen Schmus. Ich glaube, in diesem Augenblick fiel bei mir der Groschen, und ich wurde nachdenklich. An der Spanierin lag mir nicht viel, auch wenn der Stolz an mir fraß. Aber es gab andere, ernsthaftere Dinge, und ich hatte die ganze Nacht, um darüber nachzudenken. Ich benutzte sie außerdem dazu, Petrona dabei zu beobachten, wie sie sich erneut in die Kabine von Pereyra schlich.

Am andern Tag richtete ich es so ein, daß ich mit dem alten Ferro plaudern konnte. Seit langem mißtraute ich ihm nicht mehr, aber ich wollte sichergehen. Er wiederholte mir in allen Einzelheiten, daß er nach Frankreich fuhr, um seine Tochter zu besuchen, die mit einem Franzmann verheiratet war und einen Haufen Kinder hatte. Der Alte wollte die Enkel sehen, bevor er abkratzte, und reiste, die Brieftasche voller Familienfotos. Pereyra ließ sich erst spät blicken und sah verschlafen aus. Klar ... Und Lamas plagte sich mit einem Französischlehrbuch. Stellt euch diese Gesellschaft vor, Mann.

So ging das weiter bis zum Vorabend unserer Ankunft in Marseille. Abgesehen von den ein oder zwei Gelegenheiten, wo ich Petrona auf den Gängen erwischte, konnte ich sie nicht dazu kriegen, noch einmal in meine Kabine zu kommen. Sie erinnerte sich nicht einmal mehr an das versprochene Geld, dabei erwähnte ich es ihr gegenüber jedesmal. Da sie ein angewidertes Gesicht aufsetzte, sooft sie von den Pesos reden hörte, die ich ihr schuldete, fühlte ich mich in meinem Verdacht bestätigt und sah ganz klar. Die Nacht vor der Ankunft traf ich sie, als sie an Deck frische Luft schnappte. Pereyra war an ihrer Seite und spielte den Unschuldigen, als er mich vorübergehen sah. Ich paßte die Gelegenheit ab, und als Schlafenszeit war, versperrte ich der kleinen Spanierin, die sehr geschäftig daherkam, den Weg.

»Willst du nicht kommen?« fragte ich sie und tätschelte ihre Pobacken.

Sie fuhr zurück, als habe sie den Teufel erblickt, aber dann verstellte sie sich.

»Ich kann nicht«, sagte sie. »Ich habe es dir schon erklärt, sie überwachen mich.«

Ich hatte Lust, ihr die Visage zu polieren, damit sie mich nicht weiter auf den Arm nahm, aber ich beherrschte mich. Die Zeit für Albereien war vorbei.

»Hör mal«, fragte ich sie. »Bist du ganz sicher von wegen, was du von Pereyra gesagt hast? Schau, es ist wichtig, und vielleicht hast du nicht genau hingeschaut.«

In ihren Augen sah ich die Lachlust, vermischt mit Angst.

»Aber ja, ich sagte dir doch schon, er hatte nichts. Willst du, daß ich nochmal zu ihm gehe, um ganz sicher zu sein?«

Und sie lächelte, das unverschämte Weibsstück, glaubte wohl, ich lebe auf dem Mond. Ich gab ihr einen leichten Klaps und ging in die Kabine zurück. Es interessierte mich nicht mehr, herauszukriegen, ob Petrona in die Kabine von Pereyra schlüpfte.

Am anderen Morgen hatte ich meinen Koffer schon fertig und das Erforderliche im Gürtel. Der Franzose, der das Café betrieb, radebrechte ein wenig Spanisch und hatte mir erklärt, daß bei der Ankunft in Marseille die Polizei an Bord kam und die Ausweise überprüfte. Danach gaben sie dann die Erlaubnis zum Ausschiffen. Wir stellten uns alle in einer Reihe auf und gingen einzeln vorbei, um die Papiere vorzuzeigen. Ich ließ Pereyra den Vortritt, und als wir auf der anderen Seite waren, packte ich ihn am Arm und lud ihn ein, in meiner Kabine bei einem Schluck Zuckerrohrschnaps Abschied zu feiern. Da er ihn schon probiert hatte und ihn mochte, kam er auf der Stelle mit. Ich verriegelte die Tür und sah ihn nur an.

»Und der Schnaps?« fragte er, aber als er sah, was ich in der Hand hielt, wurde er weiß und wich zurück. »Sei kein Vieh... Wegen einer Frau wie der...«, brachte er noch heraus.

Die Kabine erwies sich als zu eng, ich mußte über den Verblichenen steigen, um das Messer ins Wasser zu werfen. Auch wenn ich schon wußte, daß es nichts brachte, bückte ich mich, um nachzusehen, ob ich mich nicht doch in Petrona getäuscht hatte. Ich ergriff den Koffer, schloß die Kabine mit dem Schlüssel ab und ging. Ferro stand bereits auf dem Fallreep und begrüßte mich schreiend. Lamas wartete, bis die Reihe an ihn kam, schweigsam wie immer. Ich trat an ihn heran und sagte ihm ein paar Worte ins Ohr. Ich glaubte, der fällt glatt um, aber es sah nur so aus. Er dachte einen Augenblick nach und war einverstanden. Ich wußte seit einer Weile, daß er einverstanden sein würde. Wir hüteten jeder das Geheimnis des anderen. Von ihm habe ich nie mehr etwas gehört, nachdem er mich bei seinen französischen Freunden untergebracht hatte. Schon nach drei Jahren konnte ich zurück. Ich hatte solches Verlangen gehabt, Buenos Aires zu sehen...

Torito

Zur Erinnerung an Don Jacinto Cúcaro, der uns in den Pädagogikstunden des Lehrerseminars »Mariano Acosta«, um das Jahr 30 herum, die Boxkämpfe von Suárez erzählte.

Was willst du machen, Alter, wenn du unten bist, kloppen alle auf dich ein. Alle, Mann, sogar der größte Schlappschwanz. Sie dreschen dich in die Seile, hauen dir die Hucke voll. Ach komm' mir nicht mit deinem Trost. Ich kenne dich, Bruder. Jedesmal, wenn ich daran denke, nichts wie raus hier, bloß weg. Du glaubst, ich bin verzweifelt, aber Tatsache ist, daß ich nicht mehr den ganzen Tag hier rumliegen will. Verdammt sind die Winternächte lang, du erinnerst dich an den Kleinen aus dem Laden, wie der immer wieder davon angefangen hat. Verdammt sind die lang... Und so ist das, Alter. Länger als die Hoffnung der Armen. Stell dir vor, bis vor kurzem wußte ich fast gar nicht, was das ist, Nacht, und jetzt plötzlich triffst du auf sie... Immer früh ins Bett, um neun oder um zehn. Der Chef sagte zu mir: »Junge, marsch in die Klappe, mußt für morgen fit sein.« Ein Abend, wo ich ihm mal entwischte, war 'n reiner Zufall. Der Chef... Und jetzt gucke ich die ganze Zeit an die Decke. Das ist auch so was, was ich nicht hinkriege, in die Luft gucken. Alle haben gesagt, ich hätte es einsehen sollen, es wär 'ne Riesendummheit gewesen, daß ich schon nach zwei Sekunden aufgestanden bin, fuchsteufelswild. Stimmt ja auch, wenn ich bis acht unten geblieben wäre, hätt mich der Blondschopf nicht so fies erwischt.

Na ja, so ist es eben. Zu allem Übel der Husten. Dann kommen sie dir mit dem Saft und den Pieksereien. Arme kleine Schwester, die Arbeit, die ich ihr mache. Nicht mal pissen kann ich allein. Ist nett, die Schwester, gibt mir heiße Milch und redet was mit mir. Wer hätte gedacht, daß es so weit mit dir kommt, Junge. Der Chef hat mich immer Junge genannt. Verpaß ihm 'nen Apperkatt, Junge. In die Wamme, Junge. Als ich in New York den Neger boxte, lief der Chef besorgt herum. Ich traf ihn im Hotel, vor dem Weggehen. »Du schlägst ihn in sechs Rounds, Junge«, aber er rauchte wie'n Schlot. Der Neger, wie hieß er gleich der Kleine, Flores oder so. Hart zu boxen, Mann. Ein klasse Stil, hielt mich auf Distanz, Runde für Runde. Apperkatt, Junge, verpaß ihm 'nen Apperkatt. Hatte recht der Boss. In der Dritten ging er wie ein Lappen zu Boden. War gelb, der Neger. Flores hieß er, glaub' ich. Da siehst du, wie man reinfallen kann, am Anfang war es mir nämlich so vorgekommen, als ob der Blonde leichter wäre. Aber Pustekuchen, Alter. Er teilte aus, daß mir Hören und Sehen verging. Hat mich kalt erwischt, der feige Hund. Armer Chef, er wollt' es nicht glauben. War ich sauer, als ich mich aufrappelte. Die Beine spürte ich gar nicht, hätte den am liebsten gefressen. Pech gehabt, Junge. Schließlich kriegt eben jeder mal sein Fett. Den Abend mit Tani, erinnerst du dich an den armen Tani, war das eine Keilerei. Man sah, daß Tani wieder voll da war. Tapferer Kerl der, deckte mich mit allem ein, immer feste drauf, oben, unten. Armer Tani, mir hat es nichts ausgemacht. Und dabei tat mir, als ich hinterher zu ihm in die Ecke ging, das Gesicht ziemlich weh, schließlich und endlich hatte er mir eine gehörige Tracht Prügel versetzt. Armer Tani, weißt du, wie der mich anguckte, ich legte ihm den Handschuh auf den Schädel und lachte vor Freude, ich wollte gar nicht lachen, verstehst du, nicht über ihn, armes Kerlchen. Er sah mich kaum an, aber irgendwie hat's mich berührt. Alle hielten mich fest, Klasse, Junge, starker Junge, hoch Kreole, und Tani ruhig zwischen seinen Leuten, die reichlich frustriert aus der Wäsche guckten. Armer Tani. Aber kannst du mir sagen, wieso ich gerade auf ihn komme? Vielleicht habe ich so den Blonden angeguckt an jenem Abend. Was weiß ich, irgendwie hat er mich wohl an ihn erinnert. War das 'ne Kloppe, Bruder. Da gibt's nichts dran zu drehen. Er hat mich erledigt und Sense. Der Mist war, daß ich es nicht glauben wollte. Ich hatte mich im Hotel lang gemacht, und der Chef paffte und paffte, es war fast dunkel. Ich erinnre mich, daß es heiß war. Dann legten sie mir Eis auf, stell dir mich bloß mit Eis auf'm Kopf vor. Der Boss sagte nichts, blöd war, daß er nichts sagte. Ich schwöre dir, ich hatte Lust zu heulen, wie damals, als sie ... Aber was regst du dich auf. Wenn ich allein bin, schwör ich dir, heule ich los. »Pech gehabt, Chef«, sagte ich zu ihm. Was hätte ich ihm auch sonst sagen sollen. Er nichts wie paffen und paffen. Es war ein Glück, daß ich einschlief. Wie jetzt, es ist jedesmal das große Los, wenn ich ne Runde pennen kann. Tagsüber hast du das Radio, das die kleine Schwester gebracht hat, das Radio, das ... Kaum zu glauben, Plattnase. Also, du hörst ein paar dufte Tangos und die Übertragungen aus dem Theater. Gefällt dir Canaro? Mir Fresedo, und Pedro Maffia. Und ob ich die am Ring gesehen habe, jedesmal sind sie gekommen, um mich zu sehen. Du brauchst bloß daran zu denken, und die Stunden verfliegen nur so. Aber nachts, hör mir auf, Alter. Weder Radio noch Schwesterchen, und irgendwann beutelt dich der Husten noch und noch, und einer aus dem anderen Bett macht sich über dich lustig und brüllt dich an. Wenn ich da an früher denke... Stell dir vor, ich gerate jetzt mehr in Rage als früher. In den Zeitungen stand, ich hätte mich als Junge mit den Fuhrleuten in der Quema rumgeprügelt. Völliger Blödsinn, niemals habe ich mich auf der Straße rumgedroschen. Ein- oder zweimal, und an mir hat's nicht gelegen, schwör ich dir. Das kannst du mir glauben. Aber wie's halt so passiert, du bist bei der Clique, da kommen so'n paar Typen, und plötzlich geht's rund. Spaß machte es mir nicht, aber als ich zum ersten Mal mitmischte, stellte ich fest, daß es dufte war. Klar, daß es dufte ist, wenn der andere Prügel bezieht. Von klein auf war ich Linksausleger, du hast ja keine Ahnung, wie gern ich mit der Linken ausgeteilt habe. Meine Alte wurde ja nicht mehr beim ersten Mal, als sie mich mit einem boxen sah, der so an die dreißig Jahre drauf hatte. Sie glaubte, der schlachtet mich ab, arme Alte. Als der Typ zu Boden ging, konnte sie es nicht fassen. Unter uns: ich auch nicht, kannst mir glauben, die ersten Male hielt ich es für Dusel. Bis mich der Freund vom Boss im Club besuchte und mir sagte, ich sollte weitermachen. Du erinnerst dich an diese Zeiten, Junge. Waren das Fights! Da gab es jede Gewichtsklasse, kann ich dir sagen. »Nur zu, gib's ihnen«, sagte der Freund vom Chef. Danach redete er von Profis, vom Parque Romano, vom River. Kannst dir denken, was wußte denn ich, wo man nie fünfzig Piepen gehabt hat, um irgendwo hinzugehen. Mann, war das 'ne Freude den Abend, wo er mir die zwanzig Pesos gab. Es war mit Tala oder mit diesem schlappen Linksausleger, ich erinnere mich nicht mehr so genau. Ich habe ihn in zwei Runden erledigt, er hat mich nicht einmal getroffen. Du weißt ja, daß ich sie ans Gesicht kaum rangelassen hab. Wenn ich das mit dem Blonden geahnt hätte... Da glaubt man, man hat eine Birne aus Eisen, und dann kriegst du einen verpaßt, daß du die Engel singen hörst. Von wegen Eisen. Zwanzig Pesos, Junge, stell dir bloß vor. Ich gab der Alten fünf, ich schwör's dir als meinem Freund, damit sie mal sehen sollte. Die Arme wollte mir Orangenblütenwasser auf die geschwollenen Handgelenke tun. So war sie, meine Alte, die Ärmste. Wenn man es recht überlegt, war sie die einzige, die für so was ein Auge hatte, denn die andere... Da hast du's, kaum denke ich an die andere, bin ich schon wieder in New York. An Lanús erinnre ich mich kaum noch, es ist alles futsch. Ein Kleid mit kleinen Karos, ja, jetzt sehe ich es, und den Hausflur von Don Furcio, und auch, wie wir Mate trinken. Wie sie sich da um mich gekümmert haben, die Gören drängten sich vor dem Fenstergitter, um mich anzuglotzen, und sie klebte immer irgendeinen Zeitungsausschnitt aus »Crítica« oder »Última Hora« in das Album, das sie angelegt hatte, oder sie zeigte mir die Fotos aus »Gráfico«. Hast du dich nie auf einem Foto gesehen? Beim ersten Mal biste beeindruckt, du denkst, aber das bin ja ich, mit dem Gesicht da. Dann wird dir klar, daß das Foto klasse ist, fast immer bist du es, der einen Schlag anbringt oder am Ende mit erhobenem Arm dasteht. Ich kam mit meinem Graham Paige angerauscht, stell dir vor, ich warf mich in Schale, um sie zu besuchen, und das Viertel geriet aus dem Häuschen. Es war dufte, im Hof Mate zu trinken, und alle fragten mich was weiß ich alles. Manchmal konnte ich gar nicht glauben, daß es echt war, ehe ich abends einschlief, sagte ich zu mir, ich träume. Als ich der Alten das Grundstück kaufte, was die da alle für einen Lärm gemacht haben. Der Boss war der einzige, der ruhig blieb. »Gut gemacht, Junge«, sagte er, und griff wie immer zum Tabak. Mir ist, als würd ich ihn noch sehen, das erste Mal im Club in der Limastraße. Nein, es war in der Chacabuco, warte, laß mich nachdenken, es war doch in der Lima, Mann Gottes, erinnerst du dich denn nicht an die Kabine ganz in Grün und dreckiger als... An diesem Abend stellte mich der Trainer dem Chef vor, es stellte sich heraus, daß sie Freunde waren, als er mir den Namen sagte, blieb ich fast in den Seilen hängen, kaum sah ich, daß er mich anguckte, da dachte ich: »Er ist gekommen, um mich boxen zu sehen«, und als der Trainer mich ihm vorstellte, wäre ich am liebsten gestorben. Er hatte mir nie etwas gesagt, bloß aus Cleverneß, aber er tat gut daran, denn so stieg ich langsam auf, ohne mir groß was einzubilden. Wie dieser arme Linksausleger, den sie in einem Jahr ins River brachten, und nach zwei Monaten war er so kaputt, daß man es mit der Angst zu tun kriegte. Dabei gab es nämlich damals keinen Schmu, Junge. Du hast jeden Itaker, jeden hergelaufenen Spanier geboxt, auch wenn du Schiß hattest, ganz zu schweigen von den Blonden. Klar, daß du manchmal deinen Spaß hattest, wie damals mit dem Prinzen. Das war ein Fest, schwör' ich dir, der Prinz im Ring, und der Chef, der mir in der Kabine sagt: »Nicht lange gefackelt, laß dich nicht auf Finten ein, denn darin sind die Johnnies clever«, und du erinnerst dich, daß sie behauptet haben, er wär' der Champion von England, oder was weiß ich sonst. Armer Blondi, netter Junge. Ich hatte so'n ulkiges Gefühl, als wir uns begrüßten, der Typ nuschelte irgendwas, was kein Mensch verstand, und sah aus, als ob er mit Zylinderhut boxen wollte. Der Chef, mußt nicht glauben, daß er sehr ruhig war, ich kann dir sagen, er hat nie gemerkt, wenn ich was gerochen habe. Armer Boss, glaubte, ich würde es nicht merken. Und der Prinz am Boden, das war groß, bei der ersten Finte, die mir der Blonde macht, verpasse ich ihm einen rechten Haken, und der sitzt goldrichtig. Ich schwör' dir, ich blieb kühl, als ich ihn so sah, die Pfötchen nach oben. Auch 'ne Art zu schlafen, armer Typ. Diesmal machte es mir gar keinen Spaß zu gewinnen, eine dufte Keilerei wär' dufter gewesen, vier oder fünf Runden wie mit Tani oder diesem Johnny, Herman hieß er, der mit einem knallroten Auto angefahren kam und wild aussah. Der hat's abgekriegt, aber es war klasse. Was für eine Prügelei, mamma mia. Er wollte einfach nicht in die Knie und war gerissener als ... Wenn einer gerissen war, dann Brujo, Mann. Wo sie mir den aufgegabelt haben. Er war aus Uruguay, mußt du wissen, er war schon fertig, aber er war schlimmer als die andern, hing an einem wie ein Blutegel, und los, schüttel ihn ab. Ich nichts wie ran, und der Typ mir mit dem Handschuh über die Augen, verdammt hatte ich eine Wut. Schließlich schlug ich ihn häßlich zusammen, er ließ seine Deckung offen, und ich stieg mit Wonne ein... Auf die Bretter mit dem Hampelmann, Junge. »Leg ihn auf die Bretter, bumsfallera« ... Weißt ja, daß sie auf mich so einen Tango geschrieben haben. Ich erinnere mich noch an eine Stelle, »von Mataderos in das Zentrum, vom Zentrum nach New York...« Wohin du kamst, sangen die von mir, in den Kneipen, im Radio... Es war dufte, sich im Radio zu hören, meine Alte hörte sich alle Kämpfe von mir an. Und du weißt, daß die andere mich auch hörte, eines Tages sagte sie mir, sie hätte mich durch das Radio kennengelernt, weil ihr Bruder den Kampf gegen einen von den Itakern einschaltete... Erinnerst du dich an die Itaker? Ich weiß nicht, wo sie der Boss immer herholte, er brachte sie mir ganz frisch aus Italien, und dann waren im River die Keilereien fällig... Er ließ mich sogar mit zwei Brüdern boxen, mit dem ersten war's kolossal, in der vierten Runde fängt es an zu regnen, Alter, und wir wollten weitermachen, denn der kleine Itaker war nicht von schlechten Eltern, und wir vermöbelten uns, daß es eine wahre Freude war, und dann rutschten wir aus, und einmal geh ich zu Boden, und einmal er... Eine Pantomime war das, Bruder... Sie brachen den Kampf ab, blöd so was. Beim nächsten Mal steckte der Itaker für beide Male ein, und der Chef brachte mich mit dem Bruder zusammen, und das gab 'ne neue Prügelei... Waren das Zeiten, Junge, Mann, war das dufte, hier zu boxen, mit all den Fans, die kamen, und erinnerst du dich an die Spruchbänder und die Autohupen, dieser Trubel in der Öffentlichkeit... Einmal las ich, daß der Boxer nichts hört, wenn er boxt, alles Humbug, Junge. Natürlich hört er, glaubst du, ich habe nicht genau unter den Gringos den Boss – ein Glück, daß ich ihn in der Ecke hatte – herausgehört: Apperkatt, Junge, gib ihm 'nen Apperkatt. Und im Hotel, und in den Cafés, wie ulkig das war, da fandest du dich nicht zurecht. Dann die Turnhalle, mit diesen Typen, die dich anquatschten, und du hast nicht mal die Hälfte aufgeschnappt. Gib Zeichen, Junge, wie die Stummen. Ein Glück, daß sie da war, und der Chef um zu quasseln, und wir im Hotel Mate trinken konnten, und dann und wann platzte ein Kreole herein, und dann ging's los mit den Autogrammen, und wollen mal sehen, ob du mir diesen Gringo auch gut verprügelst, dasse lernen, was'n Argentinier ist. Sie redeten nur noch von der Meisterschaft, was willst du machen, sie hatten Vertrauen zu mir, und ich kriegte Lust, im Ring zu stehen und zu boxen und nicht aufzuhören, bis ich Champion war. Aber ich hab' auch die ganze Zeit an Buenos Aires gedacht, und der Chef legte die Schallplatten von Carlitos und die von Pedro Maffia auf, und den Tango, den sie auf mich gemacht hatten, ich weiß nicht ob du weißt, daß sie über mich einen Tango gemacht hatten. Wie für Legui, genauso. Und einmal, erinnre ich mich, fuhr ich mit ihr und dem Chef an einen Strand, den ganzen Tag im Wasser, es war ungeheuer. Du mußt nicht glauben, daß ich mich groß amüsieren konnte, immer mit dem Training und der Schonkost, und da gab's nichts, der Boss ließ mich nicht aus den Augen. »Wirst schon noch auf deine Kosten kommen, Junge«, sagte der Boss zu mir. Ich erinnre mich an den Kampf mit Mocoroa, das war ein

Fight. Du weißt, daß ich den Chef schon zwei Monate auf Trab hielt, immer dasselbe, die Linke läuft schlecht, laß dich nicht so auf Nahkampf ein, und er mir andere Sparringspartner gab, und los, Seilhüpfen und saftige Bifsteks... Ein Glück, daß er mich ein bißchen Mate trinken ließ, aber ich hatte immer Durst auf den Grünen. Und jeden Tag das gleiche Lied, mit der Rechten sei vorsichtig, du schießt sie zu offen ab, gib Obacht, der Typ ist nicht doof. Glaubst du, ich wußte das nicht, mehr als einmal hab' ich ihn nur angeguckt, und mir gefiel der Junge, er ließ sich niemals einschüchtern, und ein Stil, klasse. Du weißt ja, was Stil ist, nämlich du stehst da, und wenn es was zu machen gibt, gehst du ran und machst es, ohne lang zu fackeln, nicht wie diese Säcke, die auf gut Glück anfangen, einfach drauflos, oben unten drei Minuten lang. Einmal schrieb so einer in »El Gráfico«, ich hätte keinen Stil. Da kriegte ich eine Stinkwut, schwör' ich dir. Ich will dir nicht erzählen, daß ich wie Rayito war, den mußte man gesehen haben, Junge, und genauso Mocoroa. Was ich dir erzählen will, vom ersten Augenblick an sah ich schon rot und deckte ihn nur so ein, aber glaub ja nicht, daß ich nicht gewußt hätte, was lief, nur, es haute eben hin, und wenn es hinhaute, war kein Grund zur Aufregung. Siehst ja, wie es mit Rayito gewesen ist, gut, ich habe ihn nicht erledigt, aber ich hätte es gekonnt. Und ebenso Mocoroa, was willst du. War der Kampf der Kämpfe, Alter, der stauchte mich zu Boden, und ich mußte untenrum jede Menge Schläge einstecken, die es in sich hatten. Und ich treff' ihn am Kopf, als der Kampf halb rum war, schwör' ich dir, hatten wir eine Wut, und immer nur drauflos. Diesmal spürte ich nichts, der Chef packte mich am Kopf und sagte Junge, mach nicht so weit auf, geh unten rein, Junge, achte auf die Rechte. Ich hörte alles, was er sagte, aber dann traten wir wieder an, und ein Schlagabtausch bis zum Schluß, daß wir nicht mehr konnten, das war groß. Du weißt, daß wir uns an diesem Abend nach dem Kampf in einer Kneipe zusammengesetzt haben, der ganze Verein war da, und es war dufte, den Burschen zu sehen, wie er lachte und mir sagte, phänomenal, Mensch, wie du fightest, und ich zu ihm sagte, ich habe dich besiegt, aber in meinen Augen war es unentschieden, und alle prosteten uns zu, und es war sagenhaft, was dann los war... Zu blöd dieser Husten, der packt dich, wenn du gar nicht daran denkst, und staucht dich zusammen. Na gut, muß ich mich jetzt eben schonen, viel Milch und ruhig liegen, was willste machen. Sauer macht mich nur, daß sie einen nicht aufstehen lassen, um fünf bin ich wach und gucke die ganze Zeit an die Decke. Du denkst und denkst, und immer nur das Schlimme, klar. Und die Träume genauso, vorige Nacht, ich boxte wieder mit Peralta. Wieso mußt' es mich ausgerechnet in diesem Kampf erwischen, denk doch bloß, wie der gelaufen ist, Junge, besser nicht dran denken. Du weißt, was das hier für eine Meute ist, alles wieder wie früher, nicht wie in New York, bei den Gringos... Und der Verein am Ring, der ganze Anhang und verdammte Lust zu gewinnen, damit sie sehen, daß... Hat sich was mit Gewinnen, wenn bei mir nichts hinhaute, und du weißt ja, wie Victor zuschlug. Ich weiß ja, ich weiß ja, vorher hatte ich den mit einer Hand besiegt, aber bei der Revanche war es anders. Ich hatte keinen Mumm, Mensch, der Chef noch weniger, wie willst du gut trainieren, wenn du traurig bist. Na gut, ich war hier der Champion, und er forderte mich heraus, das war sein gutes Recht. Also werd' ich doch nicht vor ihm kneifen, was. Der Chef dachte, ich könnte ihn nach Punkten besiegen, öffne deine Deckung nur ganz wenig und verausgabe dich nicht in den ersten Runden, denk dran, daß er dich die ganze Zeit boxen wird. Und klar, er ging mich von allen Seiten an, und ich nicht in Form, und mit der Meute hier und allem, schwör' ich dir, hatte ich eine Müdigkeit im Leib... Wie 'ne Schlafsucht, verstehste, ich kann dir das nicht erklären. Mitten im Kampf wurde mir ganz flau, danach kann ich mich nicht groß erinnern. Besser, sich nicht erinnern, findest du nicht. Wofür sollte das gut sein. Möchte gern alles vergessen. Lieber einschlafen, total, auch wenn du von den Kämpfen träumst, manchmal erwischst du einen guten und hast wieder Spaß daran. Wie mit dem Prinzen, war das 'n Festessen. Aber besser, du träumst überhaupt nicht, Junge, und schläfst, daß es eine wahre Freude ist, und hustest nicht, noch sonst was, sondern schläfst die ganze Nacht nur eisern immer feste drauflos.

III

Erzählung mit einem tiefen Wasser

Sei unbesorgt, verzeih mir dieses Zeichen von Ungeduld. Es war völlig natürlich, daß du Lucio erwähntest, dich an ihn erinnertest, als die Stunde der wehmütigen Erinnerung gekommen war, wenn man sich von jenen Absencen verführen läßt, die wir Erinnerungen nennen, ein großes, unersättliches Loch, das man mit Worten und mit Bildern stopfen muß. Im übrigen weiß ich nicht, ob du bemerkt hast, daß dieser Bungalow dazu einlädt, man braucht sich nur auf der Veranda niederzulassen, blickt eine Weile zum Fluß und zu den Orangenhainen hinüber, und man ist plötzlich von Buenos Aires unglaublich weit entfernt, verloren in einer elementaren Welt. Ich erinnere mich an Láinez, als er zu uns sagte, das Delta hätte Alpha heißen sollen. Und das andre Mal in der Mathematikstunde, als du... Aber weshalb erwähntest du Lucio, war es nötig, *Lucio* zu sagen?

Der Kognak steht hier, bediene dich. Manchmal frage ich mich, warum du immer noch die Mühe auf dich nimmst, mich besuchen zu kommen. Machst dir die Schuhe schmutzig, leidest unter den Moskitos und dem Geruch der Kerosin-Lampe... Ist ja gut, nur spiel nicht den beleidigten Freund. Es geht auch gar nicht darum, Mauricio, aber du bist wahrhaftig der einzige, der übriggeblieben ist, aus der Clique von damals sehe ich niemanden mehr. Du dagegen, alle fünf oder sechs Monate kommt dein Brief, und wenig später bringt dich der Kahn mit einem Stapel Bücher und Flaschen, mit Nachrichten aus jener nicht einmal fünfzig Kilometer entfernten Welt, vielleicht in der Hoffnung, mich eines schönen Tages dieser halb verrotteten Ranch zu entreißen. Sei nicht beleidigt, aber deine freundschaftliche Anhänglichkeit macht mich fast rasend. Versteh doch, sie ist wie ein Vorwurf, wenn du gehst, fühle ich mich wie jemand, über den das Urteil gefällt worden ist, jede meiner endgültigen Entscheidungen kommt mir wie eine leichte Form von Hypochondrie vor, schon eine Reise in die Stadt würde genügen, um sie zum Teufel zu jagen. Du gehörst zu jener Art von liebevollen Zeugen, die uns in den schlimmsten Träumen noch lächelnd verfolgen. Und wo wir schon von Träumen sprechen, du Lucio erwähnt hast, warum sollte ich dir nicht den Traum erzählen, wie ich ihn damals ihm erzählt habe. Es war an derselben Stelle, aber damals – wieviele Jahre ist das schon her, Alter? – kamt ihr alle, um einige Zeit im Bungalow zu verbringen, den mir meine Eltern überlassen hatten, wir ruderten, lasen bis zum Erbrechen Gedichte, verliebten uns verzweifelt in das Heikelste und das Vergänglichste, all das mit einer grenzenlosen, harmlosen Pedanterie, mit der Zärtlichkeit einfältiger Kinder. Wir waren so jung, Mauricio, es fiel so leicht, sich lebenssatt zu glauben, zwischen Jazzplatten und bitterem Mate das Bild des Todes zu liebkosen, Gebieter über eine gediegene Unsterblichkeit von fünfzig oder sechzig Lebensjahren. Du warst der Zurückhaltendste von allen, zeigtest bereits jene höfliche Treue, die man nicht zurückweisen kann wie andere, aufdringlichere Treuebekundungen. Du schautest uns ein wenig distanziert zu, und schon damals lernte ich an dir die Eigenschaften der Katzen bewundern. Man redet mit dir, und es ist, als wäre man zur gleichen Zeit allein gewesen, und vielleicht redet man deshalb mit dir so wie ich jetzt. Aber damals waren die anderen da, und wir spielten Uns-ernst-nehmen. Weißt du, das Schreckliche an jenem Augenblick der Jugend ist ja, daß in einer dunklen, namenlosen Stunde alles aufhört, ernst zu sein, um der schmutzigen Maske der Seriosität zu weichen, die man vor das Gesicht legen muß, und jetzt bin ich der Doktor Sowieso, und du der Ingenieur Sowieso, brüsk haben wir uns selbst zurückgelassen, beginnen wir uns mit anderen Augen zu sehen, auch wenn wir eine Zeitlang noch die Rituale, die gemeinsamen Spiele, die Essen unter Kameraden beibehalten, mitten in der Auflösung und der Aufgabe unsere letzten Rettungsgürtel auswerfen, und alles ist so schrecklich natürlich, Mauricio, und einige schmerzt es mehr als andere, solche wie dich, die ihre Lebensalter ohne ein Gespür durchlaufen, die ein Album normal finden, in dem man sich in kurzen Hosen sieht, mit einem Strohhut auf dem Kopf, oder in der Uniform der Rekruten ... Nun gut, wir sprachen von einem Traum, den ich in jener Zeit hatte, und es war ein Traum, der hier auf der Veranda begann, mit mir, wie ich den Vollmond über den Zuckerrohrpflanzungen betrachtete, den Fröschen zuhörte, die bellten, wie nicht einmal Hunde bellen, und danach einem vagen Pfad folgte, bis ich an den Fluß kam, langsam das Ufer entlangging und die Empfindung hatte, daß ich barfuß war und meine Füße im Schlamm einsanken. In dem Traum war ich allein auf der Insel, was seinerzeit selten vorkam; würde ich ihn heute wieder träumen, erschiene mir die Einsamkeit nicht so alptraumhaft wie damals. Eine Einsamkeit mit einem Mond, der kaum in den Himmel des anderen Ufers geklettert war, mit dem Plätschern des Flusses und zuweilen dem Laut eines platzenden Pfirsichs, der in einen Graben fiel. Jetzt waren sogar die Frösche verstummt, die Luft war stickig wie heute nacht oder wie hier fast immer, und es war wie ein Zwang, weiterzugehen, die Mole hinter sich zu lassen, der großen Krümmung dieser Küste zu folgen, die Orangenhaine zu durchqueren, den Mond immer im Gesicht. Ich erfinde nichts hinzu, Mauricio, das Gedächtnis weiß, was es vollständig aufbewahren muß. Ich erzähle dir dasselbe, was ich Lucio damals erzählte, ich komme an die Stelle, wo die Binsen nach und nach lichter wurden und eine Landzunge sich in den Fluß vorschob, gefährlich wegen des Schlammes und der Nähe des Kanals, denn im Traum wußte ich, daß dies ein tiefer Kanal war, voller Strudel, und ich näherte mich, immer wieder in dem gelben und vom Mond warmen Schlamm einsinkend, Schritt für Schritt der Spitze. Und so stand ich am Rande, sah auf der anderen Seite die schwarzen Zuckerrohrpflanzungen, wo sich das Wasser heimlich verlor, während hier, ganz nahe, der Fluß verschlagen gestikulierte, als suche er, wo er sich anklammern könnte, aber- und abermals abgleitend und von neuem darauf aus. Der ganze Kanal war Mond, ein unendliches wirres Fließband von Messern, die mir in die Augen schnitten, und darüber ein Himmel, der auf den Nacken und die Schultern drückte und mich zwang, unablässig auf das Wasser zu blicken. Und als ich flußaufwärts den Körper des Ertrunkenen sah, ganz langsam schaukelnd, wie um sich von den Binsen am anderen Ufer zu befreien, erhielten diese Nacht und meine Gegenwart darin erst ihren Sinn in jenem schwarzen Fleck, der abtrieb und sich, durch einen Fußknöchel, eine Hand zurückgehalten, kaum drehte, sondern sanft schwankte, den Binsen zu entkommen, bis er in die Strömung des Kanals gelangte und sich wie im Takt dem nackten Ufer näherte, wo der Mond ihm voll ins Gesicht scheinen würde.

Du bist blaß, Mauricio. Nehmen wir noch einen Kognak, wenn du magst. Auch Lucio war ein wenig blaß, als ich ihm den

Traum erzählte. Er sagte lediglich: »Wie du dich an die Details erinnerst.« Und im Unterschied zu dir, der höflich wie immer ist, schien er dem, was ich ihm erzählen wollte, vorauszueilen, als ob er fürchtete, daß ich den Rest des Traumes plötzlich vergessen hätte. Aber noch fehlte etwas, ich hatte dir gesagt, daß die Strömung des Kanals den Körper kreisen ließ, mit ihm spielte, ehe er ihn auf meine Seite herübertrug, und ich wartete am Rande der Landzunge auf den Augenblick, in dem er fast zu meinen Füßen vorüberschwimmen würde und ich in sein Gesicht sehen konnte. Neue Drehung, ein Arm, so sanft gestreckt, als ob er noch schwimme, der Mond, der sich, auf seiner Brust kniend, in seinen Bauch verbiß, in die bleichen Beine, abermals den auf dem Rükken schwimmenden Ertrunkenen entblößend. Mir so nah, daß ich mich nur hätte niederkauern müssen, um ihn am Haar zu packen, so nahe, daß ich ihn erkannte, Mauricio, in sein Gesicht sah und schrie, glaube ich, etwas wie einen Schrei, der aus mir hervorbrach und mich in das Erwachen stürzte, in den Krug Wasser, den ich hechelnd trank, in das erschrockene und verwirrte Bewußtsein, daß ich mich nicht mehr an dieses Gesicht erinnerte, das ich soeben erkannt hatte. Und das bereits flußabwärts schwamm, so daß es gar nichts nützen würde, die Augen zu schließen und an den Rand des Wassers zurückkehren zu wollen, an den Rand des Traumes, darum ringend, mich zu erinnern, genau das wollend, was etwas in mir nicht wollte. Aber wie du weißt, findet man sich später damit ab, dafür sorgt schon die Tag-Maschinerie mit ihren gut geölten Pleuelstangen, ihren zufriedenstellenden Etiketten. An jenem Wochenende kamst du, kamen Lucio und die anderen, den ganzen Sommer über machten wir blau, ich erinnere mich, daß du danach in den Norden gegangen bist, es regnete viel in dem Delta, und gegen Ende hatte Lucio von der Insel genug, der Regen und eine Menge anderer Dinge nervten ihn, plötzlich sahen wir einander an, wie ich es von uns nie für möglich gehalten hätte. Dann begann die Flucht in das Schach oder die Lektüre, der Verdruß über so viele nutzlose Konzessionen, und als Lucio nach Buenos Aires zurückkehrte, schwor ich mir, ihn nicht mehr zu erwarten, schloß alle meine Freunde, die grüne Welt, die sich mit jedem Tag weiter verengte und starb, in eine und dieselbe überdrüssige Verdammung ein. Während aber einige verstanden hatten und nach einem untadeligen »Bis bald« nicht mehr erschienen, kam Lucio, wenn auch lustlos, wieder, ich stand am Kai und wartete auf ihn, wir sahen uns wie von weither an, wirklich aus jener anderen Welt, die jedesmal in größere Ferne rückte, dem armen verlorenen Paradies, das er verbissen wieder suchte und ich ihm steif und fest, fast ohne Lust, verwehrte. Du hast von alledem nie soviel mitgekriegt, Mauricio, da du unerschütterlich in irgendeinem Flußtal oben im Norden Sommerferien machtest, aber am Ende jenes Sommers... Siehst du ihn dort? Langsam geht er zwischen den Binsen auf, im Nu wird er dir ins Gesicht scheinen. Um diese Zeit nimmt, sonderbar genu, das Plätschern des Flusses zu, ich weiß nicht, ob es daran liegt, daß die Vögel verstummt sind oder weil der Schatten bestimmte Laute begünstigt. Du siehst also, es wäre ungerecht, nicht zu Ende zu erzählen, was ich dir gerade erzähle, und obendrein zu dieser späten Stunde der Nacht, in der alles mehr und mehr mit jener anderen Nacht übereinstimmt, in der ich es Lucio erzählte. Sogar die Situation ist völlig gleich, du füllst in diesem Schaukelstuhl die Lücke aus, die Lucio hinterließ, der in den letzten Tagen jenes Sommers gekommen war und wie du nicht redete, er, der soviel geredet hat, und die Stunden verrinnen ließ, indem er trank, wegen nichts oder durch das Nichts beleidigt, durch dieses bis zum Rand gefüllte Nichts, das uns verfolgte, ohne daß wir uns hätten verteidigen können. Ich glaube nicht, daß wir uns haßten, es war zugleich weniger und schlimmer als Haß, ein Überdruß im innersten Kern von etwas, das manchmal ein Gewitter oder eine Sonnenblume oder, wenn du's lieber hast, ein Schwert gewesen war, alles außer jener Langeweile, jenem trüben und schmutzigen Herbst, der von innen wuchs wie ein Schleier vor den Augen. Wir gingen aus und durchstreiften die Insel, höflich und liebenswürdig, darauf bedacht, uns nicht weh zu tun; wir schritten über trockene Blätter, schwere Matten aus trockenen Blättern am Ufer des Flusses. Manchmal täuschte mich die Stille, manchmal ein Wort mit dem Tonfall von früher, und vielleicht ging Lucio gleich mir in die arglistigen Fallen der Gewohnheit, bis uns ein Blick oder der glühende Wunsch, allein zu sein, erneut von Angesicht zu Angesicht gegenüberstellte, immer liebenswürdig und höflich und Fremde. Danach sagte er zu mir: »Es ist eine schöne Nacht; laß uns spazierengehen.« Und wie wir jetzt, du und ich, es machen könnten, stiegen wir von der Veranda herab und gingen bis dorthin, wo dieser Mond heraustritt, der dir in die Augen sticht. An den Weg erinnere ich mich nicht mehr allzugut, Lucio ging voran, und ich ließ meine Schritte in seine Fußspuren sinken und abermals die toten Blätter breittreten. In irgendeinem Augenblick muß ich den Pfad zwischen den Orangenbäumen wiedererkannt haben; vielleicht war es mehr dort hinüber, bei den letzten Hütten und den Binsendickichten. In diesem Augenblick, das weiß ich, wurde Lucios Silhouette zum einzig Störenden in dieser Begegnung, die Meter um Meter, Nacht für Nacht dermaßen übereinstimmte, daß es mich nicht überraschte, als sich die Binsen öffneten, um die im vollen Monde liegende Landzunge zu zeigen, die in den Kanal eindrang, während die Hände des Flusses über den gelben Schlamm glitschten. Irgendwo in unserem Rücken fiel ein fauler Pfirsich mit einem Laut, der etwas von einer Ohrfeige, von unsäglicher Plumpheit hatte.

Am Rande des Wassers drehte sich Lucio um und sah mich einen Augenblick an. Er sagte: »Dies ist die Stelle, nicht wahr?« Wir hatten nie mehr von dem Traum gesprochen, aber ich erwiderte ihm: »Ja, das ist die Stelle.« Es verging einige Zeit, ehe er sagte: »Sogar den hast du mir gestohlen, sogar meinen geheimsten Wunsch; denn ich habe mir einen solchen Platz gewünscht, ich habe einen solchen Platz gebraucht. Du hast einen fremden Traum geträumt.« Und als er diese Worte sagte, Mauricio, es mit einer monotonen Stimme sagte, wobei er einen Schritt auf mich zutrat, muß in meinem Vergessen etwas explodiert sein, ich schloß die Augen und wußte, ich würde mich erinnern, ohne nach dem Fluß zu schauen, wußte ich, daß ich das Ende des Traumes sehen würde, und ich sah es, Mauricio, sah den Ertrunkenen und den Mond, der auf seiner Brust kniete, und das Gesicht des Ertrunkenen war das meine, Mauricio, das Gesicht des Ertrunkenen war mein Gesicht.

Warum gehst du? Wenn du einen brauchst, es ist ein Revolver in der Schreibtischschublade, wenn du willst, kannst du die Leute von der anderen Ranch alarmieren. Aber bleib, Mauricio, bleib doch noch ein bißchen und höre dem Plätschern des Flusses zu, vielleicht wirst du endlich spüren, daß es zwischen allen diesen Händen von Wasser und Binsen, die in dem Schlamm glitschen und sich in Wirbel auflösen, einige Hände gibt, die sich zu dieser Stunde an die Wurzeln klammern und nicht locker lassen, etwas klettert die Mole hoch und richtet sich, bedeckt von Unrat und von Fischbissen, auf, kommt hierhier, um mich zu suchen. Noch halte ich das Rad in Bewegung, noch kann ich es abermals abwenden, aber es ist hartnäckig und kehrt wieder, und in irgendeiner Nacht wird es mich mit sich davontragen. Wird mich davontragen, sage ich dir, und der Traum wird sein wahres Bild enthüllen. Ich werde gehen müssen, die Landzunge und die Zuckerrohrpflanzungen werden mich auf dem Rücken vorbeitreiben sehen, prachtvoll im Mond, und der Traum wird endlich vollständig sein, Mauricio, dann ist der Traum endlich vollkommen.

Nach dem Mittagessen

Nach dem Mittagessen hätte ich gern auf meinem Zimmer gelesen, aber fast augenblicklich kamen Papa und Mama und sagten mir, ich müsse ihn heute nachmittag ausführen.

Meine erste Antwort war nein, und warum ausgerechnet ich, sie sollten mich bitte auf meinem Zimmer studieren lassen. Ich wollte noch mehr sagen, ihnen klarmachen, weshalb es mir keinen Spaß machte, mit ihm ausgehen zu müssen, aber Papa trat einen Schritt vor und begann mich in jener unwiderstehlichen Art anzusehen, er bohrt die Augen in mich, daß ich fühle, wie sie mir immer tiefer in den Schädel dringen, bis ich nahe daran bin, zu schreien, und eine Kehrtwendung machen und antworten muß ja, natürlich, sofort. Mama sagt in solchen Fällen nichts und schaut mich nicht an, sondern bleibt ein bißchen hinter ihm mit gefalteten Händen stehen, und ich sehe ihr graues Haar, das ihr in die Stirn fällt, und muß eine Kehrtwendung machen und antworten, ja, natürlich, sofort. Danach entfernten sie sich und sagten nichts mehr, und ich begann mich anzuziehen, mit dem einzigen Trost, daß ich ein Paar gelbe Schuhe einweihen konnte, die wunder wie glänzten.

Als ich aus meinem Zimmer trat, war es zwei, und Tante Encarnación sagte, ich könnte ihn aus dem Hinterzimmer holen, wo er sich nachmittags gern hinlegt. Tante Encarnación ahnte sicher, daß ich verzweifelt war, weil ich mit ihm ausgehen sollte, denn sie strich mir mit der Hand über den Kopf, und dann bückte sie sich und gab mir einen Kuß auf die Stirn. Ich merkte, daß sie mir etwas in die Tasche steckte.

»Damit du dir etwas kaufen kannst«, sagte sie mir ins Ohr. »Und vergiß nicht, ihm etwas abzugeben, das ist immer gut.«

Ich küßte sie, schon vergnügter, auf die Wange und ging an der Tür des Zimmers vorbei, in dem Papa und Mama Dame spielten. Ich glaube, ich sagte bis bald zu ihnen, irgendsowas, und zog dann den Fünf-Peso-Schein heraus, um ihn glatt zu streichen und in meiner Brieftasche zu verwahren, in der ich schon einen anderen Ein-Peso-Schein und Kleingeld hatte.

Ich fand ihn in einem Winkel des Zimmers, griff ihn so gut ich konnte, und wir gingen durch den Hof bis an die Tür, die in den

Vorgarten führte. Ein- oder zweimal fühlte ich die Versuchung, ihn loszulassen und ins Haus umzukehren und Papa und Mama zu sagen, daß er nicht mit mir kommen wollte, aber ich war sicher, daß sie ihn am Ende herbeischaffen und mich zwingen würden, mit ihm auf die Straße zu gehen. Niemals hatten sie von mir verlangt, daß ich ihn ins Zentrum führte, es war ungerecht, so etwas von mir zu verlangen, da sie sehr gut wußten, daß das einzige Mal, da sie mich geheißen hatten, ihn auf dem Bürgersteig spazierenzuführen, diese schreckliche Sache mit der Katze der Familie Álvarez passiert war. Ich meinte noch immer das Gesicht des Schutzmannes zu sehen, der mit Papa an der Tür sprach, und dann Papa, der ihm zwei Gläser Schnaps anbot, und Mama, die in ihrem Zimmer weinte. Es war nicht recht, es von mir zu verlangen.

Am Vormittag hatte es geregnet, und die Bürgersteige von Buenos Aires sahen von Mal zu Mal schlimmer aus, man kann kaum gehen, ohne mit den Füßen in irgendeine Pfütze zu treten. Ich versuchte nach Möglichkeit, an den trockensten Stellen zu gehen und mir nicht die neuen Schuhe naß zu machen, aber ich sah sofort, daß es ihm Spaß machte, ins Wasser zu plantschen, und ich mußte aus Leibeskräften ziehen, damit er an meiner Seite blieb. Trotzdem gelang es ihm, sich einer Stelle zu nähern, wo es eine Steinplatte gab, die tiefer als die anderen lag, und als ich es gewahr wurde, war er bereits völlig durchnäßt und mit dürren Blättern über und über beklebt. Ich mußte stehenbleiben, ihn säubern, und die ganze Zeit über spürte ich, daß die Nachbarn von ihren Gärten aus zusahen, nichts sagten, aber unentwegt gafften. Wenn ich ehrlich bin, machte es mir in Wirklichkeit nicht soviel aus, daß sie uns angafften (daß sie ihn ansahen und mich, der ihn spazierenführte); am schlimmsten war, hier mit einem Taschentusch, das immer nasser und schmutziger wurde und sich mit Stückchen trockener Blätter füllte, stehen und ihn dabei gleichzeit bändigen zu müssen, damit er sich nicht wieder der Pfütze näherte. Übrigens habe ich die Angewohnheit, mit den Händen in den Hosentaschen durch die Straßen zu gehen, pfeifend oder Kaugummi kauend oder Heftchen lesend, während ich nach unten schiele und die Platten auf dem Bürgersteig erahne, die ich von unserem Haus bis zur Straßenbahn auswendig kenne, so daß ich weiß, wann ich an Titas Haus vorbeikomme oder wann ich an der Ecke von Carabobo bin. Und jetzt konnte ich nichts davon machen, und das Tuch begann mir das Taschenfutter zu durchfeuchten, und ich fühlte die Nässe am Bein: nicht zu glauben, daß es soviel Pech auf einmal gibt.

Um diese Zeit fährt die Straßenbahn ziemlich leer, und ich betete, daß wir uns nebeneinander setzen und er auf den Platz am Fenster konnte, damit er weniger störte. Nicht, daß er sich allzusehr bewegt, aber die Leute fühlen sich trotzdem belästigt, und ich begreife das. Deshalb bedrückte es mich beim Einsteigen, denn die Straßenbahn war fast voll, und es gab keinen einzigen freien Doppelsitz. Die Fahrt war zu lang, um auf der Plattform zu bleiben, bestimmt hätte der Schaffner mir befohlen, mich zu setzen und ihn irgendwo unterzubringen, so ließ ich ihn gleich herein und brachte ihn zu einem Platz in der Mitte, wo eine Dame auf dem Platz am Fenster saß. Das beste wäre gewesen, ich hätte mich hinter ihn gesetzt, um auf ihn aufzupassen, aber die Straßenbahn war voll, und ich mußte vorgehen und mich ein ganzes Stück weiter weg setzen. Die Fahrgäste starrten nicht sehr, um diese Zeit wollen die Leute verdauen, und bei dem Gerüttel der Straßenbahn schlafen sie halb ein. Das Schlimme war, der Schaffner blieb neben dem Platz stehen, auf den ich ihn gesetzt hatte, klopfte mit einem Geldstück an das Eisen der Maschine, aus der er die Fahrkarten zieht, und ich mußte mich umdrehen und ihm Zeichen machen, daß er zu mir kommen und bei mir abkassieren sollte, wobei ich die Münze zeigte, damit er begriff, daß er mir zwei Fahrscheine geben mußte, aber der Schaffner war einer von diesen Stieseln, die einfach nicht kapieren wollen, was sie sehen, und klopfte weiter mit dem Geldstück gegen die Maschine. Ich mußte aufstehen (und jetzt sahen mich zwei oder drei Fahrgäste an) und zu dem anderen Sitzplatz gehen. »Zwei Fahrscheine«, sagte ich zu ihm. Er riß einen ab, besah mich einen Augenblick, dann reichte er mir den Fahrschein und blickte, halb verächtlich, auf mich herunter. »Zwei, bitte«, wiederholte ich, überzeugt, daß die ganze Straßenbahn im Bilde war. Der Stiesel riß einen anderen Fahrschein ab und gab ihn mir, wollte etwas sagen, aber ich reichte ihm das passende Geldstück und war im Nu wieder auf meinem Platz, ohne zurückzuschauen. Das Schlimmste war, daß ich mich alle naselang umdrehen mußte, um zu sehen, ob er weiterhin auf seinem Sitzplatz hinten ruhig saß, und dadurch fiel ich einigen Fahrgästen auf. Erst beschloß ich, mich nur noch bei jeder Straßenecke umzudrehen, aber die Häuserblocks kamen mir gräßlich lang vor, und ich hatte Angst, jeden Moment einen Ausruf oder Schrei zu hören, wie damals bei der Katze der Familie Álvarez. Danach begann ich bis zehn zu zählen, wie bei den Boxkämpfen, und das lief mehr oder weniger auf einen halben Häuserblock hinaus. Bei zehn drehte ich mich unauffällig um, rückte dabei den Hemdkragen zurecht oder steckte die Hand in die Jackentasche, irgend etwas, das den Eindruck machte, ich hätte einen nervösen Tick oder so.

Nach acht Häuserblocks hatte ich das Gefühl – warum, weiß ich nicht –, daß die Dame auf dem Fensterplatz aussteigen wollte. Das war das Schlimmste, denn bestimmt sagte sie etwas zu ihm, damit er sie vorbeiließe, und wenn er nichts darauf gab oder nicht darauf geben wollte, würde die Dame vielleicht ärgerlich und mit Gewalt vorbei wollen, aber ich wußte schon, was dann passiert, und saß wie auf Kohlen, so daß ich nach hinten sah, ehe die nächste Ecke heran war, und an einer dieser Ecken kam es mir vor, als ob die Dame schon Anstalten traf, aufzustehen, und ich hätte schwören mögen, daß sie etwas zu ihm sagte, denn sie sah zu ihm hinüber und bewegte, glaube ich, die Lippen. Gerade in diesem Augenblick stand eine dicke Alte von einem der Sitzplätze in meiner Nähe auf und setzte sich den Gang lang in Bewegung, und ich ging hinter ihr und hätte sie am liebsten geschubst, ihr einen Tritt gegen die Beine gegeben, damit sie sich beeilte und mich zu dem Sitzplatz ließ, wo die Dame einen Korb oder etwas, das auf dem Fußboden stand, ergriffen hatte und bereits aufstand, um auszusteigen. Am Ende, glaube ich, habe ich sie geschubst, ich hörte, wie sie protestierte, weiß nicht, wie ich neben den Sitz gelangte und ihn rechtzeitig fortzog, damit die Dame an der Ecke aussteigen konnte. Danach setzte ich ihn ans Fenster und mich neben ihn, ach so glücklich, auch wenn vier oder fünf Idioten mich unverwandt von ihren Plätzen vorn und von der Plattform her anstarrten, wo der Stiesel ihnen womöglich irgendwas gesagt hatte.

Wir fuhren bereits am Bahnhof Once vorbei, und draußen schien schön die Sonne, und die Straßen waren trocken. Wenn ich allein gefahren wäre, hätte ich mich jetzt aus der Straßenbahn verdrückt und wäre zu Fuß ins Zentrum weitergegangen, mir macht es nichts aus, vom Once zur Plaza de Mayo zu gehen, einmal habe ich die Zeit gemessen und genau zweiunddreißig Minuten gebraucht, natürlich ab und an und besonders gegen Ende im Laufschritt. Jetzt dagegen mußte ich mich mit dem Fenster beschäftigen, denn neulich hat jemand erzählt, daß er imstande war, plötzlich das Fenster zu öffnen und sich hinauszustürzen, aus purem Übermut, wie er vieles anstellte, was sich niemand erklären konnte. Ein- oder zweimal kam es mir vor, als ob er das Fenster aufschieben wollte, und ich mußte von hinten den Arm hinüberstrecken und es am Rahmen festhalten. Vielleicht bildete ich es mir nur ein, und ich will auch nicht fest behaupten, daß er das Fenster hochschieben und sich hinausstürzen wollte. Zum Beispiel vergaß ich über dem Kontrolleur die Sache mit dem Fenster vollständig, und trotzdem sprang er nicht hinaus. Der Kontrolleur war ein großer magerer Kerl, der auf der vorderen Plattform erschien und die Fahrscheine zu lochen begann, mit dieser liebenswürdigen Miene, die manche Kontrolleure haben. Als er zu mir kam, streckte ich ihm die beiden Fahrscheine hin, und er lochte einen, schaute nach unten, sah danach den anderen Fahrschein an, wollte ihn schon lochen, und stand da mit dem Fahrschein in der Lochzange, und ich betete die ganze Zeit, daß er ihn lochen und mir wiedergeben solle, denn mir schien, die Leute in der Straßenbahn sahen uns immer mehr an. Schließlich lochte er ihn, wobei er mit den Schultern zuckte, gab mir die zwei Fahrscheine zurück, und auf der hinteren Plattform hörte ich jemanden lachen, aber ich wollte mich natürlich nicht umdrehen, sondern streckte den Arm wieder hinüber und hielt das Fenster fest, wobei ich so tat, als ob ich den Kontrolleur und die anderen alle nicht mehr sah. In Sarmiento y Libertad stiegen die ersten Leute aus, und als wir nach Florida kamen, blieb fast niemand mehr übrig. Ich wartete bis San Martín und ließ ihn dann vorn aussteigen, weil ich nicht mehr an diesem Stiesel vorbei wollte, der vielleicht irgendwas zu mir gesagt hätte.

Mir gefällt die Plaza de Mayo sehr gut; wenn von der Innenstadt die Rede ist, denke ich sofort an die Plaza de Mayo. Der Platz gefällt mir wegen der Tauben, wegen des Regierungsgebäudes und weil er so viele historische Erinnerungen birgt: an die Bomben, die bei der Revolution gefallen sind, an die Caudillos, die gesagt haben, sie würden ihre Pferde an der Pyramide anbinden. Es gibt Erdnußverkäufer und Straßenhändler, sofort findet man eine leere Bank, und wenn man will, kann man ein Stückchen weitergehen und kommt nach einer Weile an den Hafen und sieht die Boote und Möwen. Deshalb dachte ich, es wäre am besten, ich bringe ihn zur Plaza de Mayo, fern von den Autos und Bussen, und wir setzen uns hier ein Weilchen hin, bis es Zeit für den Heimweg ist. Aber als wir aus der Straßenbahn stiegen und anfingen, durch San Martín zu gehen, fühlte ich eine Art Übelkeit, plötzlich merkte ich, daß ich schrecklich müde war, fast eine Stunde Fahrt und die ganze Zeit über nach hinten schauen müssen und so tun, als ob ich nicht sehe, daß man uns ansieht, und dann der Schaffner mit den Fahrscheinen, und die Dame, die aussteigen wollte, und der Kontrolleur. Ich wäre so gern in eine Milchbar gegangen und hätte Eis oder ein Glas Milch verlangt, aber ich war sicher, daß es nicht ging, daß ich es bereuen würde, wenn ich ihn ein Lokal betreten ließ, in dem die Leute saßen und mehr Zeit hatten, uns anzuschauen. Auf der Straße gehen die Leute aneinander vorbei und jeder verfolgt seinen Weg, besonders in San Martín, wo lauter Banken und Büros sind und wo alle mit Aktentaschen unter dem Arm herumrennen. Auf diese Weise kamen wir an die Ecke Cangallo-Straße, und als wir dann an den Schaufenstern von Peuser vorbeigingen, in denen lauter Tintenfässer und andere herrliche Dinge lagen, merkte ich, daß er nicht mehr weiter wollte, sich immer schwerer machte, und ich konnte ziehen, soviel ich wollte (wobei ich versuchte, keine Aufmerksamkeit zu erregen), ich kam fast nicht von der Stelle und mußte am Ende vor dem letzten Schaufenster stehenbleiben, wobei ich so tat, als ob ich mir die Schreibtisch-Garnituren aus gepunztem Leder ansah. Vielleicht war er ein wenig müde geworden, vielleicht war es gar keine Laune. Eigentlich war nichts dabei, wenn wir hier haltmachten, aber ich mochte es trotzdem nicht, weil die Passanten mehr Zeit hatten, uns anzustarren, und zwei- oder dreimal kriegte ich mit, daß jemand irgendeine Bemerkung zu einem anderen machte oder daß sich welche mit dem Ellbogen anstießen, um sich gegenseitig aufmerksam zu machen. Schließlich konnte ich nicht mehr und packte ihn abermals und versuchte so zu gehen, daß es natürlich aussah, aber jeder Schritt kostete mich Kraft wie in diesen Träumen, wo man ein Paar Schuhe anhat, die Zentner wiegen und die man kaum vom Boden hochkriegt. Mit der Zeit gelang es mir, daß ihm die Laune verging, dort stehenzubleiben, und wir gingen die Straße San Martín weiter bis an die Ecke der Plaza de Mayo. Jetzt hieß es, die Straße überqueren, wo er doch keine Straße überqueren mag. Er ist imstande und öffnet in der Straßenbahn das Fenster und springt hinaus, aber die Straße zu überqueren hat er keine Lust. Das Schlimme ist, um zur Plaza de Mayo zu gelangen, muß man immer irgendeine verkehrsreiche Straße überqueren, in der Cangallo und Bartolomé Mitre wäre es nicht so schwierig gewesen, aber jetzt war ich fast soweit, aufzugeben, die Hand tat mir schon weh von seinem Gewicht, und zweimal, als der Verkehr stockte und die Leute neben uns auf dem Bürgersteig anfingen, über die Straße zu gehen, merkte ich, daß wir es bestimmt nicht schafften, auf die andere Seite zu gelangen, weil er sich genau in der Mitte hinpflanzen würde, und also wartete ich lieber ab, bis er sich entschlossen hatte. Und natürlich sah uns der aus dem Zeitungskiosk an der Ecke immer öfter an und sagte etwas zu einem Burschen in meinem Alter, der eine Grimasse schnitt und was weiß ich erwiderte, und die Autos fuhren fortwährend vorbei und hielten und fuhren wieder an, und wir standen hier wie angewurzelt. Mit einemmal näherte sich ein Schutzmann, das war das Schlimmste, was uns passieren konnte, denn die Schutzleute meinen es immer gut und schießen deshalb einen Bock, stellen Fragen, wollen wissen, ob man sich verlaufen hat, und plötzlich kriegt er seine Anwandlung, und wer weiß, wie die Sache ausgeht. Je mehr ich nachdachte, je mehr quälte es mich, und schließlich hatte ich wahrhaftig Angst, fast so etwas wie Brechreiz, ich schwöre es, und als der Verkehr wieder einmal stockte, griff ich ihn fest und schloß die Augen und schoß ganz gebückt nach vorn, und als wir auf dem Platz waren, ließ ich ihn frei und ging ein paar Schritte allein, kehrte dann wieder um und wünschte, er würde sterben, er wäre schon tot, oder daß Papa und Mama tot wären und zu guter Letzt auch ich, daß alle tot und begraben wären außer Tante Encarnación.

Aber so etwas geht gleich vorüber, wir sahen eine sehr hübsche Bank, auf der kein Mensch saß, und ich bändigte ihn, ohne an ihm zu zerren, und wir setzten uns auf diese Bank und schauten den Tauben zu, die sich zum Glück nicht so leicht erwischen lassen wie Katzen. Ich kaufte Erdnüsse und Karamellbonbons, gab ihm von beidem ab, und wir fühlten uns in der Sonne nachmittags auf der Plaza de Mayo und unter den Leuten, die von einer Seite zur anderen gehen, recht wohl. Ich weiß nicht, in welchem Augenblick mir der Gedanke kam, ihn hier im Stich zu lassen; das einzige, woran ich mich erinnere, ist, daß ich ihm eine Erdnuß schälte und gleichzeitig dachte, wenn ich so tat, als wollte ich den

Tauben etwas hinwerfen, die weiter weg waren, mußte es ganz leicht sein, um die Pyramide herumzugehen und ihm aus den Augen zu kommen. In diesem Augenblick dachte ich, scheint's, nicht daran, nach Hause zurückzukehren, noch dachte ich an das Gesicht von Papa und Mama, denn wenn ich daran gedacht hätte, wäre ich nicht auf diese Albernheit verfallen. Es muß sehr schwierig sein, alles zur gleichen Zeit zu übersehen wie die Gelehrten und die Historiker, ich dachte lediglich, ich könnte ihn hier im Stich lassen und allein, die Hände in den Taschen, durch die Innenstadt gehen und mir eine Zeitung kaufen oder irgendwo ein Eis essen, ehe ich heimging. Ich gab ihm weiter Erdnüsse, aber mein Entschluß stand fest, und irgendwann erhob ich mich, als ob ich mir die Beine vertreten müßte, und sah, daß es ihm nichts ausmachte, ob ich weiter neben ihm saß oder davonging, um den Tauben Erdnüsse zu geben. Ich begann, ihnen die restlichen hinzuwerfen, und die Tauben liefen überall um mich herum, bis ich keine Erdnuß mehr hatte und sie satt waren. Vom anderen Ende des Platzes her sah man die Bank kaum, im Nu war ich bei der Casa Rosada, wo immer zwei Wachtposten stehen, und auf der Seite entwischte ich in den Paseo Colón, diese Straße, von der Mama sagt, daß Kinder dort nicht allein gehen dürfen. Nur noch aus Gewohnheit drehte ich mich jeden Moment um, aber es war unmöglich, daß er mir folgte; er konnte sich höchstens um die Bank herum auf dem Boden wälzen, bis irgendeine Dame von der Wohlfahrt oder ein Schutzmann kam.

Ich erinnere mich nicht sehr gut, was in der Zeit passierte, wo ich durch den Paseo Colón ging, der eine Straße wie jede andere ist. Irgendwann saß ich vor einem niedrigen Schaufenster einer Firma für Import und Export, und dann kriegte ich Magengrimmen, nicht so, wie wenn man sofort auf die Toilette muß, es war weiter oben, wirklich im Magen, als ob er sich nach und nach umstülpte, und ich wollte atmen, und es fiel mir schwer, also mußte ich stillhalten und warten, daß der Krampf vorüberging, und vor mir sah ich etwas wie einen grünen Fleck und tanzende Pünktchen und Papas Gesicht, zuletzt war nur Papas Gesicht zu sehen, weil ich anscheinend die Augen geschlossen hatte, und mitten in dem grünen Fleck stand Papas Gesicht. Nach einer Weile konnte ich besser atmen, und ein paar Jungen betrachteten mich eine Zeitlang, und einer sagte zum anderen, daß mir schlecht wäre, aber ich schüttelte den Kopf und sagte, daß nichts wäre, außer daß ich immer Krämpfe bekäme, die aber sofort vorbeigingen. Einer sagte, wenn ich wollte, würde er ein Glas Wasser holen, und der andere riet mir, die Stirn abzutrocknen, weil ich schwitzte. Ich lächelte und sagte, mir ginge es schon wieder gut, und machte mich auf den Weg, damit sie abhauten und mich allein ließen. Ich schwitzte tatsächlich, denn das Wasser lief mir durch die Brauen, und ein salziger Tropfen drang in ein Auge, und da zog ich das Taschentuch heraus und wischte mir über das Gesicht, und ich fühlte einen kleinen Kratzer auf der Lippe, und als ich nachsah, war es ein trockenes Blatt, das in dem Taschentuch klebte und mir den Mund zerkratzt hatte.

Ich weiß nicht, wie lange es dauerte, ehe ich wieder zur Plaza de Mayo kam. Auf der Hälfte der Steigung fiel ich hin, aber ich stand wieder auf, bevor es jemand bemerkt hatte, und rannte zwischen all den Autos über die Straße, die vor der Casa Rosada vorbeifuhren. Von weitem sah ich, daß er sich nicht vom Fleck gerührt hatte, aber ich lief weiter und lief, bis ich zur Bank kam, und warf mich wie tot hin, während die Tauben erschreckt aufflogen und die Leute sich mit dieser Miene umdrehten, die sie aufsetzen, wenn sie Kinder rennen sehen: als ob das eine Sünde wäre. Nach einer Weile säuberte ich ihn ein wenig und sagte, wir müßten heimgehen. Ich sagte es, um es selbst zu hören, wie ich es sagte, und noch mehr Freude empfand, denn in seinem Fall half nur, ihn zu packen und ab; die Worte hörte er nicht oder tat, als ob er sie nicht hörte. Zum Glück machte er diesmal keine Mucken, als wir die Straßen überquerten, und die Straßenbahn war zu Beginn der Strecke fast leer, ich setzte ihn daher auf den ersten besten Sitzplatz und mich an seine Seite und sah mich nicht ein einziges Mal während der ganzen Fahrt um, nicht einmal, als wir ausstiegen. Den letzten Häuserblock legten wir sehr langsam zurück, da er sich in die Pfützen lümmeln wollte und ich zu kämpfen hatte, damit er auf den trockenen Platten weiterlief. Aber es war nicht wichtig, nichts war mir wichtig. Ich dachte die ganze Zeit: »Ich habe ihn im Stich gelassen«, sah ihn an und dachte: »Ich habe ihn im Stich gelassen«, und obwohl ich den Paseo Colón nicht vergessen hatte, fühlte ich mich so wohl, fast stolz. Vielleicht ein ander Mal ... leicht war es nicht, aber vielleicht... Wer weiß, mit welchen Augen Papa und Mama mich anschauten, wenn sie mich mit ihm an der Hand kommen sahen. Natürlich würden sie erfreut sein, daß ich ihn in der Innenstadt spazierengeführt hatte,

Eltern freuen sich immer über solche Dinge; aber ich weiß nicht, warum mir in diesem Augenblick der Gedanke kam, daß auch Papa und Mama zuweilen das Taschentuch herauszogen, um sich abzutrocknen, und daß in dem Tuch ebenfalls ein trockenes Blatt war, das ihr Gesicht verletzte.

Axolotl

Es gab eine Zeit, in der ich viel an die Axolotl dachte. Ich besuchte sie im Aquarium des Jardin des Plantes und brachte Stunden in ihrer Betrachtung, der Beobachtung ihrer Unbeweglichkeit, ihrer dunklen Bewegungen zu. Jetzt bin ich ein Axolotl.

Der Zufall führte mich eines Frühlingsmorgens, an dem Paris nach der trägen Winterszeit sein Pfauenrad öffnete, zu ihnen. Ich fuhr den Boulevard Port-Royal hinunter, bog in den Boulevard St. Marcel und L'Hôpital ein, sah die Grünflächen zwischen soviel Grau und erinnerte mich der Löwen. Ich war ein Freund der Löwen und Panther, niemals aber hatte ich das feuchte und dunkle Gebäude der Aquarien betreten. Ich lehnte mein Fahrrad an das Gitter und sah schon die Tulpen. Die Löwen war häßlich und traurig, und mein Panther schlief. Ich entschied mich für die Aquarien, sah flüchtig ganz gewöhnlichen Fischen zu, bis ich unversehens auf die Axolotl traf. Ich verharrte eine Stunde in ihrem Anblick und ging hinaus, zu anderem außerstande.

In der Bibliothek Sainte-Geneviève zog ich ein Wörterbuch zu Rate und erfuhr, daß die Axolotl mit Kiemen ausgestattete Larvenformen einer Spezies von Fröschen der Gattung Amblistoma sind. Daß sie Mexikaner waren, wußte ich bereits von ihnen selbst, durch ihre kleinen rosigen Aztekengesichter und das oben am Aquarium angebrachte Schild. Ich las, daß sich in Afrika Exemplare gefunden haben, die fähig sind, in Dürreperioden auf dem Land zu leben, und die ihr Leben im Wasser fortsetzen, wenn die Regenzeit anbricht. Ich fand ihren spanischen Namen, *ajolote*, den Hinweis, daß sie eßbar sind und daß ihr Öl wie Lebertran verwendet wurde (was wohl besagte, daß man es nicht mehr verwendet).

Zu Fachliteratur mochte ich nicht greifen, sondern kehrte am folgenden Tag in den Jardin des Plantes zurück. Von nun an ging ich jeden Vormittag, bisweilen morgens und nachmittags. Der Aufsichtsbeamte in den Aquarien lächelte betreten, wenn er die Eintrittskarte entgegennahm. Ich stützte mich auf die eiserne Stange, die die Aquarien einfaßt, und widmete mich ihrer Betrachtung. Daran ist nichts Besonderes, denn ich hatte vom ersten Augenblick an begriffen, daß wir miteinander in Verbindung standen, daß etwas wenn auch grenzenlos Verlorenes und Fernes uns offenbar vereinte. Ich hatte an jenem ersten Morgen nur vor der Scheibe zu stehen brauchen, wo einige Blasen im Wasser aufstiegen. Die Axolotl drängten sich auf dem schäbigen und engen Boden (nur ich kann wissen, wie schäbig und eng) aus Stein und Moos des Aquariums. Es waren neun Exemplare, und die meisten drückten den Kopf an die Scheibe und betrachteten mit ihren Goldaugen alle, die sich näherten. Verwirrt, beinah betreten empfand ich es als eine Art Schamlosigkeit, mich diesen stummen, unbeweglichen Figuren auf dem Grund des Aquariums zu zeigen. Im Geiste sonderte ich eine ab, die sich rechterhand und etwas abseits von den anderen befand, um sie besser studieren zu können. Ich sah einen kleinen Körper, rosafarben und wie lichtdurchlässig (ich dachte an die kleinen chinesischen Statuen aus Mondstein), der dem einer kleinen Eidechse von fünfzehn Zentimeter Länge ähnelte und in einem Fischschwanz von außerordentlicher Feinheit endete: dem empfindlichsten Teil unseres Körpers. Über seinen Rücken lief eine durchsichtige Flosse, die mit dem Schwanz verschmolz; was mich aber fast um den Verstand brachte, waren diese Füße von größter Zartheit, die in winzigen Zehen endeten, in völlig menschlichen Nägeln. Und dann entdeckte ich seine Augen, sein Gesicht. Ein ausdrucksloses Gesicht, ohne andere Züge als die Augen, zwei Öffnungen wie Stecknadelköpfe, ganz und gar aus durchsichtigem Gold, bar jeden Lebens, aber starrend, sich von meinem Blick durchdringen lassend, der durch den goldenen Punkt hindurchzugehen und sich in einem durchsichtigen Geheimnis weiter drinnen zu verlieren schien. Ein sehr schmaler, schwarzer Hof umsäumte das Auge und zeichnete es in das rosige Fleisch, in den rosigen Stein des Kopfes, der eine Art Dreieck, aber mit gekrümmten und unregelmäßigen Seiten bildete, die ihm eine totale Ähnlichkeit mit einer von der Zeit verwitterten Statuette verliehen. Der Mund war in der dreieckigen Fläche des Gesichts fast nicht erkennbar, nur im Profil erriet man seine ansehnliche Größe; von vorn ritzte ein feiner Spalt kaum den unbelebten Stein. An beiden Seiten des Kopfes, wo die Ohren hätten sein müssen, wuchsen ihm drei rote Ästchen wie von Korallen, ein pflanzlicher Auswuchs, vermutlich die Kiemen. Und das war das einzige, was an ihm lebte, alle zehn oder fünfzehn Sekunden richteten sich die kleinen Zweige starr und steif auf und senkten sich wieder. Zuweilen bewegte sich unmerklich ein Fuß, ich sah, wie sich die winzigen Zehen ganz sanft auf das Moos legten. Wir bewegen uns nämlich nur ungern viel, und das Aquarium ist so eng, kaum kommen wir ein Stück vorwärts, stoßen wir an den Schwanz oder den Kopf eines anderen von uns; daraus entstehen Schwierigkeiten, Hader, Ungemach. Die Zeit wird weniger fühlbar, wenn wir uns ruhig verhalten.

Es war ihre Ruhe, die bewirkte, daß ich mich fasziniert vorbeugte, als ich die Axolotl das erste Mal sah. Dunkel war mir, als verstünde ich ihren geheimen Willen, Raum und Zeit durch gleichgültige Unbeweglichkeit aufzuheben. Später wußte ich es besser; das Zusammenziehen der Kiemen, das Tasten der feinen Füße an den Steinen entlang, das unvermittelte Schwimmen (einige von ihnen schwimmen, indem sie sich bloß wellenförmig bewegen) bewies mir, daß sie fähig waren, diesem tiefen mineralischen Schlaf zu entrinnen, in dem sie ganze Stunden zubrachten. Ihre Augen vor allem schlugen mich in Bann. Neben ihnen, in den übrigen Aquarien, wiesen mir verschiedene Fische die lautere Dummheit ihrer schönen Augen vor, die den unseren ähneln. Die Augen der Axolotl kündeten mir von der Gegenwart eines andersgearteten Lebens, von einer anderen Sehweise. Indem ich mein Gesicht an das Glas preßte (manchmal hustete, beunruhigt, der Aufseher), versuchte ich die winzigen goldenen Punkte besser zu sehen, jenen Eingang in die grenzenlos langsame und entlegene Welt der rosafarbenen Geschöpfe. Es war zwecklos, mit dem Finger an das Glas vor ihren Gesichtern zu klopfen; man bemerkte nie die geringste Reaktion. Die Goldaugen glühten weiterhin in ihrem sanften, schrecklichen Licht; unablässig schauten sie mich aus einer unergründlichen Tiefe an, die mich schwindeln machte.

Und trotzdem waren sie nah. Ich wußte es schon vorher, ehe ich ein Axolotl wurde. Ich wußte es bereits an dem Tag, an dem ich mich ihnen zum erstenmal näherte. Die menschenähnlichen Züge eines Affen offenbaren, im Gegensatz zu dem, was meistens angenommen wird, den Abstand, der zwischen ihnen und uns besteht. Der absolute Mangel an Ähnlichkeit der Axolotl mit menschlichen Wesen bewies mir, daß mein Wiedererkennen triftig war, daß ich mich nicht auf billige Entsprechungen stützte. Einzig die Händchen ... Aber eine kleine Eidechse hat auch solche Hände, und sie ähnelt uns in nichts. Ich glaube, es war der

Kopf des Axolotl, diese dreieckige, rosafarbene Form mit den Äuglein aus Gold. Das sah und wußte. Heischte etwas. Sie waren keine *Tiere.*

Es erschien leicht, beinah selbstverständlich, auf die Mythologie zu verfallen. Ich begann in den Axolotl eine Metamorphose zu sehen, die aber eine mysteriöse Menschlichkeit beibehalten hatte. Ich stellte sie mir als bewußt vor, Sklaven ihres Leibes, zu Tiefseestille, zu einer verzweifelten Reflexion für alle Zeiten verurteilt. Ihr blinder Blick, die winzige Scheibe aus Gold, ausdruckslos und trotzdem schrecklich hellsichtig, durchdrang mich wie eine Botschaft: »Rette uns, rette uns.« Ich ertappte mich dabei, wie ich Trostworte flüsterte, kindische Hoffnungen übermittelte. Sie sahen mich unverwandt an, unbeweglich; plötzlich reckten sich die kleinen rosigen Zweige der Kiemen. In diesem Augenblick verspürte ich so etwas wie einen dumpfen Schmerz; vielleicht sahen sie mich, registrierten meine Anstrengung, in das Undurchdringliche ihrer Leben einzudringen. Sie waren keine menschlichen Wesen, aber noch in keinem Lebewesen hatte ich eine derart tiefe Verwandtschaft mit mir entdeckt. Die Axolotl waren wie Zeugen von etwas, und zuweilen wie greuliche Richter. Ich kam mir ihnen gegenüber niedrig vor; in diesen durchsichtigen Augen lag eine Reinheit, die erschreckend war. Sie waren Larven, aber Larve bedeutet Maske und auch Gespenst. Welches Bild wartete hinter diesen Aztekengesichtern, ausdruckslos und doch von einer unversöhnlichen Grausamkeit, auf seine Stunde?

Ich fürchtete sie. Ich glaube, ohne die spürbare Nähe anderer Besucher und des Wärters hätte ich nicht gewagt, mit ihnen allein zu bleiben. »Sie essen sie ja mit den Augen auf«, sagte der Aufseher lächelnd zu mir, der bestimmt annahm, daß ich ein bißchen aus dem Gleichgewicht war. Er merkte nicht, daß sie es waren, die mich langsam, in einem Kannibalismus aus Gold, durch die Augen verschlangen. Fern von dem Aquarium dachte ich nur noch an sie, es war, als beeinflußten sie mich auch aus der Distanz. Ich ging schließlich alle Tage hin, und des Nachts stellte ich sie mir reglos in der Dunkelheit vor, wie sie langsam eine Hand ausstreckten, die plötzlich die eines anderen fand. Vielleicht sahen ihre Augen in der tiefsten Nacht, und der Tag hörte für sie niemals auf. Die Augen der Axolotl haben keine Lider.

Jetzt weiß ich, daß nichts Besonderes dabei war, daß dies geschehen mußte. Jeden Morgen, wenn ich mich über das Aquarium beugte, war das Wiedererkennen größer. Sie litten, jede Fiber meines Körpers erfaßte ihr geknebeltes Leiden, diese strenge Folter auf dem Grunde des Wassers. Sie spähten nach etwas aus, nach einer weit zurückliegenden, zunichte gewordenen Herrschaft, einer Zeit der Freiheit, in der die Welt den Axolotl gehört hatte. Es konnte nicht sein, daß ein dermaßen schrecklicher Ausdruck, der die erzwungene Ausdrucklosigkeit ihrer steinernen Gesichter überwand, keine Botschaft von Schmerz übermittelte, den Beweis jener ewigen Verurteilung, jener flüssigen Hölle, die sie erduldeten. Vergebens wollte ich mir beweisen, daß es meine eigene Empfänglichkeit war, die in die Axolotl ein Bewußtsein projizierte, das sie nicht besaßen. Sie wußten es so gut wie ich. Darum war auch nichts Besonderes an dem, was dann geschah. Mein Gesicht war an das Glas des Aquariums gepreßt, meine Augen versuchten einmal mehr das Geheimnis jener Goldaugen ohne Iris und Pupille zu durchdringen. Sehr nah sah ich das Gesicht eines Axolotls unbeweglich an der Scheibe. Ohne Übergang, ohne Überraschung sah ich mein Gesicht gegen das Glas gepreßt, anstelle des Axolotls sah ich mein Gesicht gegen das Glas gepreßt, sah es außerhalb des Aquariums, sah es von der anderen Seite des Glases. Dann entfernte sich mein Gesicht, und ich begriff.

Nur etwas war sonderbar: weiterhin zu denken wie zuvor, zu wissen. Als ich mir dessen bewußt wurde, fühlte ich im ersten Augenblick so etwas wie das Grauen des lebendig Begrabenen, dem sein Schicksal aufgeht. Von außen näherte sich mein Gesicht wieder dem Glase, ich sah meinen Mund, die Lippen, verkniffen von der Anstrengung, die Axolotl zu begreifen. Ich war ein Axolotl und wußte jetzt sofort, daß ein Begreifen nicht möglich war. Er befand sich außerhalb des Aquariums, sein Denken war das Denken außerhalb des Aquariums. Obwohl ich ihn kannte, er selbst war, war ich ein Axolotl und befand mich in meiner Welt. Der Schrecken kam daher – das wußte ich im gleichen Augenblick –, daß ich mich in dem Körper eines Axolotl gefangen glaubte, in ihn mit meinem Denken als Mensch übersiedelt, lebendig begraben in einem Axolotl, dazu verurteilt, mich unter empfindungslosen Geschöpfen hell bewußt zu bewegen. Er wich jedoch, als ein Fuß mein Gesicht leicht streifte, als ich mich leicht zur Seite drehte und neben mir einen Axolotl sah, der mich betrachtete, und da wußte ich, daß auch er wußte, ohne Möglichkeit einer Verständigung, aber ebenso deutlich. Entweder war ich auch in ihm, oder wir alle dachten wie ein Mensch, unfähig, uns auszudrücken, beschränkt auf den goldenen Glanz unserer Augen, die das an das Aquarium gepreßte Gesicht des Mannes betrachteten.

Er kam noch oft wieder, aber jetzt kommt er seltener. Es vergehen Wochen, ohne daß er auftaucht. Gestern sah ich ihn, er betrachtete mich lange, und plötzlich entfernte er sich. Es kam mir vor, als interessiere er sich nicht mehr für uns, als gehorche er einer Gewohnheit. Da Denken das einzige ist, was ich tue, konnte ich viel an ihn denken. Ich glaube, daß wir am Anfang weiter miteinander in Verbindung standen, daß er sich an das Geheimnis mehr denn je gebunden fühlte, von dem er besessen war. Aber die Brücken zwischen ihm und mir sind abgebrochen, denn das, was seine Besessenheit war, ist jetzt ein Axolotl, seinem Leben als Mensch fremd. Ich glaube, daß ich anfangs fähig war, in gewisser Weise zu ihm zurückzukehren – ach, nur in gewisser Weise – und sein Verlangen zu nähren, uns besser kennenzulernen. Jetzt bin ich endgültig ein Axolotl, und wenn ich denke wie ein Mensch, dann nur, weil jeder Axolotl in dem Bild aus rosigem Stein, das er ist, wie ein Mensch denkt. Mir scheint, ich konnte ihm von alldem in den ersten Tagen etwas übermitteln, als ich noch er war. Und in dieser endgültigen Einsamkeit, in die er nicht mehr zurückkehrt, tröstet mich der Gedanke, daß er vielleicht über uns schreiben wird, im Glauben, eine Geschichte zu erfinden, all das über die Axolotl schreiben wird.

Die Nacht auf dem Rücken

> Und sie zogen aus zu bestimmten Zeiten, Feinde zu jagen; sie nannten es den erhabenen Krieg.

Mitten in der weiten Halle des Hotels fiel ihm ein, daß es spät sein mußte, und er beeilte sich, auf die Straße zu treten und das Motorrad aus dem Winkel zu holen, wo der Portier von nebenan es ihm unterzustellen erlaubte. In dem Juwelierladen an der Ecke sah er, daß es zehn vor neun war; er hatte also reichlich Zeit, um an sein Ziel zu gelangen. Die Sonne sickerte zwischen den hohen Gebäuden der Innenstadt hindurch, und er – denn für sich selber, in seinen Gedanken hatte er keinen Namen – bestieg die Maschine und genoß die Spazierfahrt. Das Motorrad schnurrte zwischen seinen Beinen, und ein frischer Wind zerrte an seinen Hosen.

Er ließ die Ministerien (das rosafarbene, das weiße) und die Reihe von Geschäften mit gleißenden Vitrinen in der Hauptstraße an sich vorüberziehen. Jetzt trat er den angenehmsten Teil der Strecke an, die wirkliche Spazierfahrt: eine breite, von Bäumen gesäumte Straße, mit wenig Verkehr und weitläufigen Villen, deren von niedrigen Hecken kaum abgegrenzte Gärten bis an den Bürgersteig reichten. Vielleicht etwas zerstreut, aber vorschriftsmäßig rechts fahrend, ließ er sich von der Anmut, der leichten Spannung des kaum begonnenen Tages tragen. Möglicherweise hinderte ihn seine unwillkürliche Entspanntheit daran, den Unfall zu verhüten. Als er sah, daß die an der Ecke wartende Frau, obwohl die Ampel auf Grün stand, auf die Fahrbahn trat, war es für die einfachen Lösungen schon zu spät. Er bremste mit dem Fuß und der Hand, und wich nach links aus; hörte den Schrei der Frau, und mit dem Aufprall verlor er das Bewußtsein. Es war, als schliefe man schlagartig ein.

Jäh kehrte er aus der Ohnmacht zurück. Vier oder fünf junge Männer waren dabei, ihn unter dem Motorrad hervorzuziehen. Er verspürte einen Geschmack nach Salz und Blut, ein Knie schmerzte ihn, und als sie ihn aufhoben, schrie er, weil er den Druck im rechten Arm nicht ertragen konnte. Stimmen, die nicht zu den über ihm schwebenden Gesichtern zu gehören schienen, machten ihm mit Scherzen und Beteuerungen Mut. Er war bloß erleichtert, daß man ihm versicherte, er sei im Recht gewesen, als er um die Straßenecke bog. Er fragte nach der Frau und versuchte dabei, den Brechreiz zu unterdrücken, der ihm die Kehle hochstieg. Während man ihn in der Rückenlage zur nächsten Apotheke trug, erfuhr er, daß diejenige, die den Unfall verursacht hatte, mit ein paar Schrammen an den Beinen davongekommen war. »Sie haben sie kaum erwischt, aber der Anprall hat die Maschine auf die Seite geworfen ...« Meinungen, Erinnerungen, langsam tragen sie ihn ausgestreckt hinein, so geht es gut, und jemand im weißen Kittel gibt ihm einen Schluck zu trinken, der ihm im Halbdunkel einer kleinen Vorortapotheke Linderung verschaffte.

Die Ambulanz der Polizei kam nach fünf Minuten, und sie hoben ihn auf eine weiche Krankenbahre, auf der er sich nach Belieben ausstrecken konnte. Völlig klar, doch in dem Bewußtsein, daß er unter den Auswirkungen eines schrecklichen Schocks stand, gab er der Polizei, die ihn begleitete, seine Personalien. Der Arm schmerzte ihn kaum noch; von einer Schnittwunde an der Braue tropfte Blut über das ganze Gesicht. Ein- oder zweimal leckte er sich die Lippen, um es zu trinken. Er fühlte sich wohl, es war ein Unfall, Pech; einige Wochen Ruhe, und es hatte sich. Der Polizist sagte ihm, daß das Motorrad anscheinend nicht sehr beschädigt sei. »Natürlich«, sagte er. »Ich hatte mich ja drunter gelegt.« Beide lachten, und der Schutzmann gab ihm, als sie beim Krankenhaus ankamen, die Hand und wünschte ihm alles Gute. Die Übelkeit kehrte jetzt nach und nach zurück; während sie ihn mit einer Krankenbahre auf Rädern unter Bäumen voller Vögel bis zu einem im Hintergrund gelegenen Pavillon schafften, schloß er die Augen und wünschte, er schliefe oder wäre betäubt. Aber sie ließen ihn ziemlich lange in einem Raum liegen, der nach Krankenhaus roch, füllten ein Personalblatt aus, nahmen ihm die Kleider ab und zogen ihm ein hartes graues Hemd an. Sie bewegten vorsichtig seinen Arm, ohne daß er ihm weh getan hätte. Die Krankenschwestern machten die ganze Zeit über Scherze, und wenn da nicht die Magenkrämpfe gewesen wären, so hätte er sich sehr wohl, beinahe froh gefühlt.

Sie brachten ihn in den Röntgensaal, und zwanzig Minuten später fuhr man ihn, die noch feuchte Platte wie einen schwarzen

Gedenkstein auf der Brust, in den Operationssaal hinüber. Jemand in Weiß, groß und schlank, näherte sich ihm und vertiefte sich in die Röntgenaufnahme. Frauenhände legten seinen Kopf zurecht, er nahm wahr, daß man ihn von einer Bahre auf eine andere legte. Der Mann in Weiß näherte sich ihm, lächelnd, abermals, mit einem Gegenstand, der in seiner rechten Hand glänzte. Er klopfte ihm auf die Backe und gab einem hinter ihm Stehenden ein Zeichen.

Der Traum als solcher war sonderbar, denn er war voller Gerüche, und er träumte niemals von Gerüchen. Zuerst war da ein Geruch nach Morast, denn links von der Straße begannen die Sümpfe, die Moorböden, aus denen niemand zurückkehrte. Aber der Geruch hörte auf, und an seine Stelle trat ein Duft, vielschichtig und dunkel wie die Nacht, in der er vor den Azteken flüchtete. Und alles war so natürlich, er mußte vor den Azteken fliehen, die auf Menschenjagd gingen, und seine einzige Chance war, sich im Wald, wo er am dichtesten war, zu verbergen, immer darauf achtend, sich nicht von der festen Straße zu entfernen, die nur sie, die Moteken, kannten. Am schlimmsten marterte ihn der Geruch, als ob selbst noch in der absoluten Anerkennung des Traums etwas gegen das rebellierte, was ungewohnt, bis dahin nicht im Spiel gewesen war. »Es riecht nach Krieg«, dachte er, instinktiv den Steindolch berührend, der in seinem aus Wolle gewebten Gürtel steckte. Ein unerwarteter Laut ließ ihn sich dukken und reglos verharren, zitternd. Daß er Angst hatte, war nicht befremdlich; in seinen Träumen wucherte die Angst. Er wartete, von den Zweigen eines Strauches und der sternlosen Nacht verdeckt. Sehr weit weg, wahrscheinlich auf der anderen Seite des großen Sees, mußten Biwakfeuer brennen; ein rötlicher Glanz färbte jenen Teil des Himmels. Der Laut wiederholte sich nicht. Es hatte sich angehört wie ein knackender Ast. Vielleicht ein Tier, das wie er vor dem Geruch des Krieges floh: Er richtete sich langsam auf, witternd. Man hörte nichts, aber die Angst war noch da wie der Geruch, dieser süßliche Weihrauch des erhabenen Kriegs. Er mußte weiter, zur Mitte des Waldes gelangen, dem Morast ausweichend. Aufs Geratewohl, sich jeden Augenblick bückend, um den härteren Boden der festen Straße zu befühlen, machte er einige Schritte. Er wäre gern losgelaufen, aber die Moorböden federten neben ihm. Auf dem Pfad in der Finsternis suchte er die Richtung seines Weges. Dann nahm er einen schrecklichen Schwall dieses Geruchs wahr, den er am meisten fürchtete, und sprang verzweifelt nach vorn.

»Sie werden noch aus dem Bett fallen«, sagte der Kranke neben ihm. »Machen Sie nicht solche Sprünge, Freundchen.«

Er öffnete die Augen, und es war später Nachmittag, die Sonne stand schon tief in den Fenstern des langen Saales. Während er seinem Nachbarn zuzulächeln versuchte, löste er sich fast körperlich von der letzten Vision des Alptraums. Der Arm, eingegipst, hing in einem Apparat mit Gewichten und Schlaufen. Er empfand Durst, als ob er kilometerweit gelaufen wäre, aber man wollte ihm nicht viel Wasser zu trinken geben, nur gerade genug, um die Lippen zu netzen und einen Mundvoll zu nehmen. Das Fieber nahm langsam von ihm Besitz, und er hätte wieder einschlafen können, aber er genoß das Vergnügen, wach zu bleiben, mit halb geöffneten Augen dem Gespräch der anderen Patienten lauschend, dann und wann auf eine Frage zu antworten. Er sah ein weißes Wägelchen heranrollen, das neben sein Bett gestellt wurde, eine blonde Krankenschwester rieb ihm den Oberschenkel mit Alkohol ein und stieß dann eine dicke Nadel hinein, die mit einem Schlauch verbunden war, der bis zu einer Flasche voller opalisierender Flüssigkeit führte. Ein junger Arzt kam mit einem Apparat aus Leder und Metall, den er an seinem gesunden Arm anbrachte, um irgend etwas festzustellen. Die Nacht brach herein, und das Fieber versetzte ihn sanft in einen Zustand, in welchem die Dinge hervorstachen wie durch ein Opernglas, leibhaftig und mild und zugleich ein wenig widerlich waren; als ob man sich einen langweiligen Film anschaut und denkt, auf der Straße ist es noch schlimmer; und daher bleibt.

Dann kam eine Tasse mit wunderbarer goldener Bouillon, die nach Lauch, Sellerie, Petersilie duftete. Ein kleines Stückchen Brot, köstlicher als ein ganzer Festschmaus, verschwand Krume um Krume. Der Arm tat ihm überhaupt nicht weh, und nur in der Braue, wo man genäht hatte, sirrte bisweilen ein heißer, kurzer Schmerz. Als die Fenster an der Stirnseite sich in Flecken von dunklem Blau verwandelten, dachte er, daß es ihm nicht schwerfallen würde, einzuschlafen. Ein bißchen unbequem, die Lage auf dem Rücken, aber als seine Zunge über die ausgetrockneten und glühenden Lippen fuhr, schmeckte er die Fleischbrühe und seufzte vor Glück hingebungsvoll auf.

Zuerst war es ein Durcheinander, ein Anziehen aller für einen Augenblick abgestumpften oder verworrenen Empfindungen. Er begriff, daß er lief, und zwar in völliger Dunkelheit lief, obwohl oben der Himmel, durchkreuzt von Baumkronen, weniger schwarz als der Rest war. »Die Straße«, dachte er. »Ich bin von der Straße abgekommen.« Seine Füße versanken in einem Kissen aus Blättern und Schlamm, und er konnte keinen Schritt mehr tun, ohne daß die Zweige der Sträucher gegen seinen Oberkörper und die Beine schlugen. Keuchend, sich bewußt, daß er trotz der Dunkelheit und Stille umzingelt war, bückte er sich, um zu lauschen. Vielleicht war die Straße nah, mit dem ersten Licht des Tages würde er sie wieder sehen. Nichts konnte ihm gegenwärtig helfen, sie zu finden. Die Hand, die, ihm selbst nicht bewußt, den Griff des Dolches umklammert hielt, stieg wie ein Skorpion aus dem Sumpf zu seinem Hals empor, wo das schützende Amulett hing. Fast ohne die Lippen zu bewegen, sprach er leise das Maisgebet, das die glücklichen Monde bringt, und das Bittgebet an die Sehr Erhabene, die Spenderin der Güter der Moteken. Aber zur gleichen Zeit fühlte er, daß seine Knöchel langsam im Schlamm versanken, und das Warten im Dunkel des unbekannten Eichengehölzes wurde ihm unerträglich. Der erhabene Krieg hatte mit dem Neumond begonnen und dauerte schon drei Tage und drei Nächte. Wenn es ihm gelang, sich ins Waldinnere zu flüchten, indem er weiter oberhalb der Sümpfe die Straße verließ, würden die Krieger vielleicht nicht auf seiner Fährte bleiben. Er dachte an die vielen Gefangenen, die sie sicher schon gemacht hatten. Aber nicht die Masse zählte, sondern die heilige Zeit. Die Jagd würde weitergehen, bis die Priester das Zeichen zum Rückzug gaben. Alles hatte seine Zahl und sein Ziel, und er befand sich innerhalb der heiligen Zeit, auf der Seite der Gejagten.

Er hörte die Schreie und sprang, den Dolch in der Hand, mit einem Satz auf die Beine. Als ob der Himmel am Horizont in Brand geriete, sah er Fackeln, die sich zwischen den Zweigen bewegten, sehr nah. Der Geruch nach Krieg war unerträglich, und als der erste Gegner ihm an die Kehle sprang, fühlte er beinahe Lust dabei, ihm die Klinge aus Stein mitten in die Brust zu stoßen. Schon umgaben ihn die Lichter, die Freudenschreie. Er durchschnitt wohl noch ein- oder zweimal die Luft, doch dann fing ihn von hinten ein Seil ein.

»Das ist das Fieber«, sagte sein Bettnachbar. »Mir ist es genauso ergangen, als ich am Zwölffingerdarm operiert wurde. Trinken Sie einen Schluck Wasser, und Sie werden sehen, wie gut Sie danach schlafen.«

Verglichen mit der Nacht, aus der er gerade zurückkehrte, kam ihm der laue Halbschatten des Saales köstlich vor. Eine violette Lampe wachte oben an der Wand im Hintergrund wie ein schützendes Auge. Man hörte Gehüstel, schweres Atmen, manchmal ein mit leiser Stimme geführtes Gespräch. Alles war angenehm und sicher, ohne diese Hetzjagd, ohne... Aber er wollte nicht länger an den Alptraum denken. Es gab so vieles, womit er sich die Zeit vertreiben konnte. Er begann, den Gips an seinem Arm zu betrachten, die Schlinge, die ihn ganz bequem in der Luft hielt. Man hatte ihm eine Flasche Mineralwasser auf den Nachttisch gestellt. Er trank, gierig, gleich aus der Flasche. Jetzt konnte er auch die Umrisse des Saales, die dreißig Betten, die Glasschränke ausmachen. Bestimmt hatte er weniger Fieber, sein Gesicht fühlte sich frisch an. Die Braue tat ihm kaum noch weh oder nur wie eine Erinnerung. Er sah sich abermals aus dem Hotel treten, das Motorrad hervorholen. Wer hätte gedacht, daß es so enden würde? Er versuchte, sich den Augenblick des Unfalls zu vergegenwärtigen, und wurde wütend, als er merkte, daß es da so etwas wie ein Loch, eine Leere gab, die er einfach nicht auszufüllen vermochte. Zwischen dem Aufprall und dem Augenblick, da man ihn vom Boden aufgehoben hatte, lag eine Ohnmacht oder was das auch gewesen war, die ihn nichts sehen ließ. Und zur gleichen Zeit hatte er das Empfinden, daß jenes Loch, jenes Nichts, eine Ewigkeit gedauert hatte. Nein, nicht einmal Zeit, viel eher so, als wäre er in diesem Loch durch etwas hindurchgegangen oder als hätte er unermeßliche Entfernungen zurückgelegt. Der Zusammenstoß, der heftige Aufprall auf dem Pflaster. Auf alle Fälle hatte er beim Verlassen des schwarzen Schachts fast eine Erleichterung verspürt, während ihn die Männer vom Boden aufhoben. Trotz des Schmerzes im gebrochenen Arm, dem Blut aus der klaffenden Braue, der Quetschung am Knie; trotz alledem war er erleichtert, als er wieder zu sich kam und fühlte, daß man ihn stützte und ihm half. Und das war sonderbar. Er sollte den Amtsarzt einmal danach fragen. Jetzt überkam ihn wieder der Schlaf, zog ihn langsam nach unten. Das Kopfkissen war so weich, und in seiner fieberheißen Kehle die Frische des Mineralwassers. Vielleicht könnte er wirklich Ruhe finden, ohne die verwünschten Alpträume. Das violette Licht der Lampe in der Höhe erlosch nach und nach.

Da er auf dem Rücken schlief, kam es für ihn nicht überraschend, sich in dieser Stellung wiederzufinden, wohingegen der Geruch nach Feuchtigkeit, nach reichlich sinterndem Gestein, ihm jedoch die Kehle zuschnürte und ihn zwang, zu begreifen. Vergebens öffnete er die Augen und blickte in alle Richtungen; absolute Dunkelheit hüllte ihn ein. Er wollte sich aufrichten und spürte die Fesseln an den Handgelenken und den Fußknöcheln. Er lag angepflockt auf dem Boden, in einem eisigen und feuchten Raum aus Schieferquadern. Kälte bemächtigte sich seines nackten Rückens, der Beine. Mit dem Kinn suchte er ungeschickt die Berührung mit seinem Amulett und erkannte plötzlich, daß sie es ihm abgerissen hatten. Jetzt war er verloren, kein Gebet konnte ihn vor dem Ende bewahren. Von weitem, wie zwischen den Steinen des Kerkers hindurchsickernd, hörte er die Trommeln des Festes. Sie hatten ihn zum Teocali gebracht, er befand sich in den unterirdischen Verliesen des Tempels und wartete darauf, daß er an die Reihe käme.

Er hörte es schreien, einen heiseren Schrei, der von den Wänden zurückprallte. Noch einen Schrei, der in Wehklagen endete. Er war es, der in der Finsternis schrie, schrie, weil er am Leben war, sein ganzer Körper sich mit dem Schrei gegen das wehrte, was kommen würde, das unausweichliche Ende. Er dachte an seine Gefährten, die andere Kerkerzellen füllten, und an jene, die schon die Stufen zum Opfertisch emporstiegen. Er schrie erneut, aber erstickt, er konnte den Mund fast nicht öffnen, seine Kinnladen waren verkrampft und zugleich wie aus Gummi, und sie öffneten sich langsam, unter grenzenloser Anstrengung. Das Kreischen der Riegel traf ihn wie eine Peitsche. Zitternd, sich windend, kämpfte er, um sich der Fesseln zu entledigen, die sich in sein Fleisch gruben. Sein rechter Arm, der stärkere, zog so lange, bis der Schmerz unerträglich wurde und er aufhören mußte. Er sah, wie sich die Doppeltür öffnete, und der Geruch der Fackeln drang eher zu ihm als das Licht. Nur mit dem zeremoniellen Lendenschurz bekleidet, kamen die Gehilfen der Priester auf ihn zu und betrachteten ihn mit Verachtung. Die Lichter spiegelten sich auf den schweißnassen Oberkörpern, in dem schwarzen, reich befiederten Haar wider. Der Druck der Fesseln ließ nach, und an ihrer Stelle packten ihn heiße Hände, hart wie

Bronze; er spürte, daß er hochgehoben und, immer noch auf dem Rücken liegend, von den vier Tempeldienern gezerrt wurde, die ihn durch den engen Gang trugen. Die Fackelträger gingen voran und beleuchteten undeutlich die nassen Wände des Stollens und eine so niedrige Decke, daß die Tempeldiener ihre Köpfe senken mußten. Jetzt trugen sie ihn, trugen ihn fort, das war das Ende. Auf dem Rücken, einen Meter unter der Felsdecke, die der Widerschein der Fackel für Sekunden erhellte. Sobald anstelle der Decke die Sterne zum Vorschein kamen und sich ihm gegenüber die von Schreien und Tänzen entflammte Freitreppe erhob, war das Ende gekommen. Der enge Gang nahm kein Ende, und doch würde er einmal zu Ende gehen, plötzlich würde er den freien, von Sternen übersäten Himmel riechen, aber noch war es nicht soweit, noch trugen sie ihn ohne Ende durch das rote Halbdunkel, zerrten burtal an ihm, und er wollte nicht, aber wie sollte er sie hindern, nachdem sie ihm das Amulett abgerissen hatten, das sein wahres Herz, die Mitte des Lebens war.

Mit einem Satz sprang er in die Nacht des Krankenhauses, unter den hohen, freien Himmel des holden Plafonds, in den weichen Schatten, der ihn umgab. Er dachte, er hätte geschrien, aber seine Bettnachbarn schliefen still. Die Wasserflasche auf dem Nachttisch hatte etwas von einer Blase, einem Bilde an sich, das gegen das bläuliche Dunkel der Fenster durchsichtig wirkte. Er keuchte, suchte seinen Lungen Linderung zu verschaffen, jene Bilder zu vergessen, die sich weiterhin an seine Augenlider hefteten. Jedesmal, wenn er die Augen schloß, sah er, wie sie im Nu Gestalt annahmen, und er richtete sich erschrocken auf, genoß es aber gleichzeitig zu wissen, daß er jetzt wach war, daß ihn die Nachtschwester beschützte, daß es bald tagte, mit dem guten tiefen Schlaf, in den man um diese Zeit fällt, ohne Bilder, ohne alles... Es fiel ihm schwer, die Augen offenzuhalten, das Bedürfnis nach Schlaf war stärker als er. Er machte eine letzte Anstrengung, mit der gesunden Hand tastete er nach der Wasserflasche; er bekam sie nicht zu fassen, seine Finger schlossen sich um eine Leere, die abermals schwarz war, und der schmale Gang wollte kein Ende nehmen, Felsen um Felsen, mit jähen rötlichen Strahlen, und er lag auf dem Rücken und stöhnte schwach, weil die Decke endlich aufhörte, anstieg, sich auftat wie ein Schattenmund; die Tempeldiener richteten sich auf, und aus großer Höhe schien ein abnehmender Mond ihm ins Gesicht, dessen Augen ihn nicht sehen wollten, sich verzweifelt schlossen und öffneten, weil sie auf die andere Seite zu gelangen suchten, um die schützende flache Decke des Saales von neuem zu entdecken. Und jedesmal, wenn sie sich öffneten, war da die Nacht und der Mond, während sie ihn, nun mit dem Kopf nach unten hängend, die Treppe hinauftrugen, und zuoberst waren die Scheiterhaufen, die roten Säulen duftenden Rauchs, und plötzlich sah er den roten Stein, glänzend von Blut, das troff, und das sinnlose Baumeln der Füße des Geopferten, den sie fortschleiften, um ihn über die Treppen im Norden hinunterrollen zu lassen. Da war seine letzte Hoffnung, daß er die Augenlider fest zusammenkniff und stöhnte, um wach zu werden. Eine Sekunde lang glaubte er, es würde ihm gelingen, denn abermals lag er unbeweglich im Bett, abgesehen von dem Kopf, der nach unten hing und schwankte. Aber er roch den Tod, und als er die Augen öffnete, sah er die blutbefleckte Gestalt des Opferpriesters, der mit dem Messer aus Stein in der Hand auf ihn zukam. Es gelang ihm, abermals die Lider zu schließen, obwohl er nun wußte, daß er nicht mehr erwachen würde, daß er wach war, daß der wunderbare Traum der andere gewesen war, absurd wie alle Träume; ein Traum, in welchem er über sonderbare Avenuen einer Stadt gefahren war, mit grünen und roten Lichtern, die ohne Flamme und Rauch brannten, mit einem gewaltigen Metallinsekt, das unter seinen Beinen summte. In der grenzenlosen Lüge jenes Traums hatte man ihn auch vom Boden aufgehoben, hatte sich ihm auch jemand mit einem Messer in der Hand genähert, ihm, der auf dem Rücken lag, ihm, auf dem Rücken liegend, mit geschlossenen Augen zwischen den Scheiterhaufen.

Ende des Spiels

Mit Leticia und Holanda ging ich an den heißen Tagen immer zu den Gleisen der Argentinischen Zentralbahn zum Spielen, und wir warteten nur darauf, daß Mama und Tante Ruth Mittagsruhe hielten, um uns durch die weiße Pforte davonzustehlen. Mama und Tante Ruth waren nach dem Abwasch des Geschirrs immer ganz erschöpft, zumal wenn Holanda und ich die Teller abtrockneten, weil es dann Debatten gab, auf dem Boden landende Löffelchen, Sätze, die nur uns verständlich waren, und im allgemeinen eine Atmosphäre, in der der Geruch nach Fett, das Miauen von José und die Dunkelheit der Küche in einem wüsten Streit mit anschließendem Kuddelmuddel endeten. Holanda hatte sich darauf spezialisiert, dieser Art Unruhen zu stiften, indem sie beispielsweise ein schon abgewaschenes Glas in den Blechbottich fallen ließ oder wie nebenbei bemerkte, daß es bei den Loza für jede Hausarbeit zwei Dienstmädchen gab. Ich wandte andere Strategien an, redete lieber Tante Ruth ein, daß ihre Hände rissig werden würden, wenn sie weiterhin die Tiegel scheuerte, anstatt sich den Tassen oder Tellern zu widmen, die aber gerade Mama mit Vorliebe abzuwaschen pflegte, wodurch ich sie heimlich in einen Streit über die Bevorteilung durch die leichtere Arbeit verwickelte. Der heldenhafte Ausweg, wenn wir der Ratschläge und langatmigen Familienerinnerungen leid wurden, war, kochendes Wasser auf den Rücken der Katze zu kippen. Der Spruch von der wasserscheuen Katze ist eine glatte Lüge, es sei denn, er bezieht sich ausdrücklich auf das kalte Wasser; denn dem heißen ging José niemals aus dem Weg, ja das gute Tierchen schien sich förmlich anzubieten, daß man ihm eine halbe Tasse Wasser übergoß, das hundert Grad oder nicht viel weniger, wahrscheinlich aber sehr viel weniger heiß war, denn die Haare fielen ihm nie aus. Jedenfalls stand Troja in Flammen, und in der Verwirrung, die durch das prächtige tiefe b von Tante Ruth und den Eilschritt von Mama auf der Suche nach dem Rohrstock gekrönt wurde, entwischten Holanda und ich in dem bedeckten Gang zu den leeren Zimmern ganz hinten, wo Leticia auf uns wartete und Ponson du Terrail las, eine unbegreifliche Lektüre.

Für gewöhnlich verfolgte uns Mama ein gutes Stück, aber die Lust, uns den Schädel einzuschlagen, verging ihr sehr rasch, und am Ende (wir hatten die Tür verriegelt und baten sie in ergreifenden theatralischen Tönen um Vergebung) wurde sie es leid und entfernte sich, den gleichen Satz immer wiederholend: »Auf der Straße werden sie noch enden, diese Mißgeburten.«

An den Gleisen der Argentinischen Zentralbahn war es, wo wir endeten, wenn das Haus endlich friedvoll dalag und wir die Katze beobachteten, wie sie sich unter dem Zitronenbaum ausstreckte, um ihrerseits eine von Duft erfüllte und von Wespen umsummte Siesta zu halten. Wir öffneten leise die weiße Pforte, und sowie wir sie geschlossen hatten, war es jedesmal von neuem wie ein Wind, eine Freiheit, die uns an den Händen, am ganzen Körper ergriff und vorwärts wirbelte. Dann liefen wir, Anlauf nehmend, los, um mit einem Satz die knappe Böschung der Eisenbahn zu erklimmen, und betrachteten, über die Welt erhaben, stillschweigend unser Reich.

Unser Reich sah so aus: Die Gleise beschrieben eine große Kurve, deren Krümmung gerade gegenüber unserem Grundstück endete. Es gab nichts außer den Schotter, die Schwellen und das Doppelgleis; dünnes, albernes Gras zwischen den Pflastersteinen, unter denen der Glimmer, der Quarz und der Feldspat – die Bestandteile des Granit – wie wahre Diamanten in der Zweiuhrnachmittagssonne gleißten. Wenn wir uns zu den Schienen herabbeugten, um sie anzufassen (ohne Zeit zu verlieren, da es gefährlich gewesen wäre, lange hier zu bleiben, nicht so sehr der Züge wegen, als wegen denen im Haus, falls sie uns sehen würden), stieg uns die Glut der Steine ins Gesicht, und wenn wir uns gegen den Wind stellten, der vom Fluß kam, war es eine feuchte Wärme, die sich an die Backen und die Ohren klebte. Es machte uns Spaß, die Knie zu beugen und auf, nieder und wieder auf, um so in die eine oder die andere Hitzezone einzutauchen, wobei wir unsere Gesichter musterten, um festzustellen, wie stark wir schon schwitzten, mit dem Erfolg, daß wir bald zerflossen. Und die ganze Zeit schwiegen wir, blickten auf die Gleise ganz in der Ferne oder den Fluß auf der anderen Seite, das Stückchen milchkaffeefarbenen Fluß.

Nach dieser ersten Inspektion des Reiches stiegen wir die Böschung hinunter und begaben uns in den kargen Schatten der Weiden, die dort, wo sich die weiße Pforte öffnete, an die Einfriedung unseres Hauses stießen. Hier befand sich die Hauptstadt des Reiches, die wildwüchsige Stadt, das Zentrum unseres Spiels. Angefangen mit dem Spiel hatte Leticia, die von uns dreien am glücklichsten dran war und die meisten Vorrechte genoß. Leticia brauchte weder Teller abzutrocknen noch Betten zu machen, konnte den ganzen Tag lesen oder Bildchen kleben, und abends ließen sie sie sogar länger aufbleiben, wenn sie es verlangte, ganz zu schweigen von dem Zimmer ganz für sich allein, der Fleischbrühe und anderen Vorteilen. Nach und nach hatte sie es verstanden, ihre Vorrechte auszunutzen, und seit dem vorigen Sommer leitete sie das Spiel, ich glaube, in Wirklichkeit regierte sie sogar das Reich; zumindest gab immer sie an, was wir machen sollten, und Holanda und ich stimmten ohne Widerrede, beinah froh, zu. Vermutlich hatten die langatmigen Vorträge von Mama, wie wir uns gegenüber Letitia betragen sollten, ihre Wirkung getan, oder es war einfach so, daß wir sie halt mochten und es uns deshalb nichts ausmachte, wenn sie die Anführerin war. Leider sah sie ja nicht aus wie eine Anführerin, sie war die kleinste von uns dreien und obendrein mager. Holanda war ja auch mager, und ich wog nie mehr als fünfzig Kilo, aber Leticia war die magerste von uns dreien, und was noch schlimmer ist, ihre Magerkeit war von der Art, die man schon von weitem, am Hals und an den Ohren erkennt. Vielleicht lag es an der Verknöcherung des Rückens, daß sie noch magerer erschien; da sie den Kopf fast gar nicht zur Seite bewegen konnte, wirkte sie wie ein aufrechtes Bügelbrett, eins von diesen weiß bezogenen Dingern, wie es sie bei den de Lozas gab. Ein Bügelbrett, das, mit dem breiten Teil nach oben, an der Wand stand. Und uns regierte.

Die tiefste Genugtuung bereitete mir die Vorstellung, daß Mama oder Tante Ruth eines Tages von dem Spiel erfuhren. Falls sie je davon Wind bekamen, mußte man sich auf ein heilloses Donnerwetter gefaßt machen. Das tiefe b und die Ohnmachtsanfälle, die maßlosen Vorwürfe, Hingabe und Opfer übel gelohnt zu haben, die zuhauf beschworenen namhaftesten Strafen und am Ende die Verheißung unseres Schicksals, nämlich, daß wir drei auf der Straße enden würden. Letzteres hatte uns immer verblüfft, da es uns ziemlich normal vorkam, auf der Straße zu enden.

Zuerst loste Leticia uns aus. Wir benutzten dazu kleine, in der Hand verborgene Steine. Abzählen bis einundzwanzig, irgendein System. Wenn wir das benutzten, wo man bis einundzwanzig zählen mußte, stellten wir uns noch zwei oder drei Mädchen vor, die wir mitzählten, damit man nicht mogeln konnte. Wenn auf eine von ihnen die einundzwanzig kam, warfen wir sie aus der Gruppe und losten von neuem, bis es eines von uns traf. Dann hoben Holanda und ich den Stein und öffneten die Schachtel mit dem Schmuck. Wenn zum Beispiel Holanda gewonnen hatte, wählten Leticia und ich den Schmuck aus. Das Spiel schrieb zwei Formen vor: Standbilder und Stellungen. Die Stellungen erforderten keinerlei Aufputz, wohl aber große Ausdruckskraft, als Neid etwa galt es, die Zähne zu zeigen, die Hände zusammenzuballen und es zuwege zu bringen, daß man ein gelbliches Aussehen erhielt. Für die Nächstenliebe war das Ideal ein engelhaftes Antlitz mit zum Himmel gekehrten Augen, während die Hände einem armen unsichtbaren kleinen Waisenkind etwas – einen Lumpen, einen Ball, einen Weidenzweig – darreichten. Scham und Furcht waren leicht darzustellen; Rachsucht und Eifersucht verlangten sorgfältigste Studien. Der Schmuck war fast ganz für die Standbilder bestimmt, wobei völlige Freiheit herrschte. Damit eine Statue gelang, mußte man jede Einzelheit der Gewandung wohl überlegen. Das Spiel schrieb vor, daß die Erwählte an der Auswahl nicht teilnehmen durfte; die beiden anderen erörterten das Motiv und legten danach den Schmuck an. Die Erwählte mußte ihre Statue erfinden, indem sie von dem Gebrauch machte, was man ihr angelegt hatte, und das Spiel war auf diese Weise viel verzwickter und aufregender, weil es manchmal Gegenbündnisse gab und das Opfer sich mit Schmuck ausstaffiert sah, mit dem nichts anzufangen war; von ihrem Scharfsinn hing es dann ab, daß sie dennoch eine gute Statue erfand. Im allgemeinen schnitt, wenn das Spiel Stellungen vorschrieb, die Erwählte gut ab, während die Statuen manchmal schrecklich danebengingen.

Was ich erzähle, hat, ich weiß nicht mehr wann, angefangen, aber alles änderte sich von dem Tag an, als das erste Zettelchen aus dem Zug fiel. Natürlich waren die Stellungen und Standbilder nicht für uns selbst bestimmt, denn wir wären ihrer bald überdrüssig geworden. Das Spiel schrieb vor, daß die Erwählte sich, aus dem Schatten der Weiden tretend, am Fuße der Böschung aufstellen und auf den Zweiuhrachtzug warten mußte, der aus Tigre kam. An dieser Stelle in Palermo fahren die Züge ziemlich rasch vorüber, und wir schämten uns deshalb auch nicht, wenn wir Statue oder Stellung spielten. Wir sahen die Leute an den

Fenstern fast überhaupt nicht, aber mit der Zeit erhielten wir darin Übung und wußten, daß einige Reisende darauf warteten, uns zu sehen. Ein Herr mit weißem Haar und Hornbrille lehnte den Kopf aus dem Fenster und winkte der Statue oder der Stellung mit dem Taschentuch zu. Die Jungen, die aus der Schule kamen und auf den Trittbrettern saßen, riefen im Vorbeifahren irgend etwas, einige aber blickten uns auch nur ernst an. In Wirklichkeit sah die Statue oder die Stellung wegen der Anstrengung, unbeweglich stehenzubleiben, nichts von alledem, aber die beiden anderen unter den Weiden begutachteten den von ihr erzielten Erfolg oder die Gleichgültigkeit, die sie hervorgerufen hatte, mit großer Genauigkeit. Es war an einem Dienstag, als das Zettelchen herunterfiel, während der zweite Wagen vorbeifuhr. Es fiel dicht neben Holanda nieder, die an diesem Tag die Lästerung war, und sprang dann bis zu mir. Es war ein mehrfach gefaltetes Zettelchen und steckte in einer Schraubenmutter. Von der Hand eines Jungen und ziemlich schlecht geschrieben stand darauf: »Sehr schön die Statuen. Ich reise am dritten Fenster des zweiten Wagens. Ariel B.« Es kam uns ein bißchen dürftig vor, bedenkt man all die Arbeit, es an die Schraubenmutter zu binden und zu werfen, aber es entzückte uns. Wir losten, um zu entscheiden, wer es behalten dürfe, und ich gewann. Am andern Tag wollte niemand spielen, weil jede sehen wollte, wie Ariel B. war, aber wir fürchteten, daß er unsere Unterbrechung falsch auslegen könnte, so daß wir doch losten, und Leticia gewann. Holanda und ich freuten uns sehr, weil Leticia als Statue sehr gut war, das arme Geschöpf. Die Lähmung machte sich nicht bemerkbar, wenn sie ruhig dastand, und sie brachte überaus edle Gebärden zuwege. Als Stellungen wählte sie stets die Großzügigkeit, das Mitleid, das Opfer und die Entsagung. Als Statue strebte sie den Stil der Venus aus dem Wohnzimmer an, die Tante Ruth die Venus vom Nilo nannte. Hierfür wählten wir ihr speziellen Schmuck aus, damit Ariel einen guten Eindruck davontrug. Wir legten ihr ein Stück grünen Samt nach Art einer Tunika um und setzten eine Krone aus Weiden auf ihr Haar. Da wir kurzärmelig gingen, war der Effekt ungemein griechisch. Leticia probte eine Weile im Schatten, und wir beschlossen, daß auch wir uns von fern bemerkbar machen und Ariel diskret, aber sehr liebenswürdig grüßen wollten.

Leticia war großartig, nicht einen Finger bewegte sie, als der Zug kam. Da sie den Kopf nicht drehen konnte, warf sie ihn zurück, die Arme lagen fast so dicht an ihrem Körper an, als ob sie ihr fehlten; sah man von dem Grün der Tunika ab, war es, als betrachte man die Venus vom Nilo. Am dritten Fenster sahen wir einen Jungen mit blonden Locken und hellen Augen, der uns mächtig zulächelte, als er entdeckte, daß Holanda und ich ihn grüßten. Der Zug hatte ihn im Nu entführt, aber es war halb fünf, und wir diskutierten noch immer, ob er dunkel gekleidet war, ob er eine rote Krawatte trug und ob er fies oder sympathisch war. Am Donnerstag stellte ich die Mutlosigkeit dar, und wir erhielten ein weiteres Zettelchen, das lautete: »Alle drei gefallt ihr mir sehr. Ariel.« Jetzt steckte er den Kopf und einen Arm zum Fenster hinaus und begrüßte uns lachend. Wir schätzten ihn auf achtzehn Jahre (waren uns aber sicher, daß er nicht älter als sechzehn war) und einigten uns darauf, daß er täglich von irgendeinem englischen College nach Hause fuhr. Was das englische College betraf, waren wir uns völlig sicher, einen beliebigen Rekruten konnten wir nicht akzeptieren. Man sah ja, daß Ariel etwas Besseres war.

Nun geschah es, daß Holanda das unglaubliche Glück hatte, drei Tage hintereinander zu gewinnen. Sich selbst übertreffend, stellte sie die Enttäuschung und den Diebstahl dar und gab das sehr schwierige Standbild einer Tänzerin, wobei sie sich auf einen Fuß stellte, sowie der Zug in die Kurve einbog. Anderntags gewann ich, und dann noch einmal; als ich gerade den Schrecken darstellte, traf mich fast ein Zettelchen von Ariel an der Nase, das wir anfangs nicht verstanden: »Die tollste ist die faulste.« Leticia war die letzte, der es dämmerte, wir sahen, wie sie rot wurde und auf die Seite ging, und Holanda und ich schauten uns ein wenig wütend an. Als erstes fällten wir das Urteil, daß Ariel ein Idiot war, aber das konnten wir natürlich Leticia nicht sagen, dem armen Engel, feinfühlig wie sie war und mit dem Kreuz, das sie zu tragen hatte. Sie sagte nichts, schien aber anzunehmen, daß der Zettel ihr gehörte, und steckte ihn weg. An diesem Tag kehrten wir ziemlich schweigsam heim, und am Abend spielten wir nicht miteinander. Bei Tisch war Leticia sehr heiter, ihre Augen glänzten, und Mama blickte ein- oder zweimal zu Tante Ruth hinüber, als wolle sie sie zur Zeugin ihrer eigenen Freude machen. In diesen Tagen probierten sie nämlich eine neue Behandlung aus, damit Leticia kräftiger wurde, und augenscheinlich schlug sie wunderbar bei ihr an.

Bevor wir einschliefen, sprachen Holanda und ich über die Sache. Ariels Wisch verdroß uns nicht weiter, aus einem fahrenden Zug sieht man Dinge, wie man sie eben sieht, Leticia aber nützte, wie wir fanden, ihren Vorteil uns gegenüber allzusehr aus. Sie wußte, daß wir ihm nichts sagen würden, und daß in einem Haus, wo es jemanden gibt, der irgendeinen körperlichen Defekt und dabei großen Stolz besitzt, alle so tun, als ignorierten sie es, angefangen bei dem Kranken selbst, oder – noch besser – sich anstellen, als wüßten sie nicht, daß der andere weiß. Aber man sollte auch nicht übertreiben, und die Art, wie Leticia sich bei Tisch aufgeführt hatte, oder daß sie das Zettelchen einfach behielt, ging zu weit. In dieser Nacht hatte ich wieder meine Alpträume von Zügen, ich ging im Morgengrauen über riesige von Gleisen voller Abzweigungen überzogene Bahngelände, sah in der Ferne die roten Lichter von Lokomotiven, die näherkamen, überschlug angsterfüllt, ob der Zug zu meiner Linken vorbeifahren würde, und fühlte mich zugleich durch die mögliche Ankunft eines Schnellzugs in meinem Rücken oder – was noch schlimmer war – dadurch bedroht, daß einer der Züge im letzten Augenblick von seiner Strecke abwich und auf mich zufuhr. Aber am Morgen vergaß ich es rasch, weil Leticia starke Schmerzen hatte, als sie erwachte, und wir ihr beim Anziehen helfen mußten. Es kam uns so vor, als hätte sie wegen gestern leichte Gewissensbisse, und wir waren sehr gut zu ihr, sagten, das käme nur davon, daß sie zuviel auf den Beinen sei und daß es vielleicht das beste wäre, wenn sie auf dem Zimmer bliebe und lese. Sie sagte nichts, kam aber zum Mittagessen an den Tisch, und auf die Fragen von Mama gab sie zur Antwort, es ginge ihr schon wieder sehr gut und der Rücken tue ihr fast nicht mehr weh. Sagte es zu ihr und schaute uns dabei an.

An diesem Nachmittag gewann ich, aber im gleichen Augenblick schoß mir etwas durch den Kopf, und ich sagte zu Leticia, ich überließe ihr meinen Platz, ohne ihr natürlich zu verstehen zu geben, weshalb. Wenn der andere ihr den Vorzug gab, sollte er sie auch anschauen, bis er zuviel kriegte. Da das Spiel Statue vorschrieb, wählten wir für sie, um ihr das Leben nicht unnötig schwer zu machen, einfache Dinge aus, und sie erfand eine Art chinesischer Prinzessin, mit schüchterner Miene, gesenktem Blick und gefalteten Händen, wie es die chinesischen Prinzessinnen machen. Als der Zug vorüberfuhr, stellte sich Holanda mit dem Rücken zu ihm unter die Weiden, ich aber schaute auf und sah, daß Ariel nur Augen für Leticia hatte. Er blickte ihr nach, bis sich der Zug in der Kurve verloren hatte, und Leticia stand reglos und wußte nicht, daß er sie soeben so angesehen hatte. Aber als sie dann kam, um unter den Weiden auszuruhen, sahen wir, daß sie es doch wußte und am liebsten den ganzen Nachmittag, den ganzen Abend über als Prinzessin herumgelaufen wäre.

Am Mittwoch losten Holanda und ich zwischen uns aus, weil Leticia meinte, daß es nur gerecht wäre, wenn sie sich heraushielt. Holanda mit ihrem verdammten Glück gewann, aber Ariels Brief fiel neben mir nieder. Als ich ihn aufhob, wollte ich ihn gleich Leticia geben, die kein Wort sagte, aber dann dachte ich, daß es auch nicht anginge, ihr jeden Gefallen zu tun, und machte ihn langsam auf. Ariel kündigte an, daß er anderntags bei der nächsten Station aussteigen und auf dem Bahndamm zu uns kommen wolle, um ein Weilchen mit uns zu plaudern. Alles war fürchterlich geschrieben, aber der letzte Satz war schön: »Ich grüße die drei Statuen ergebenst.« Die Unterschrift sah wie Gekritzel aus, obwohl man ihr Persönlichkeit nicht absprechen konnte.

Während wir Holanda den Schmuck abnahmen, schaute mich Leticia ein- oder zweimal an. Ich hatte ihnen die Botschaft vorgelesen, und niemand äußerte sich dazu, was wenig ergiebig war, denn schließlich und endlich wollte Ariel kommen und man mußte diese Neuigkeit bedenken und etwas beschließen. Wenn sie zu Hause davon erfuhren oder es einer von den de Lozas, neidisch, wie diese Zwerginnen waren, unglücklicherweise einfiel, hinter uns her zu spionieren, konnten wir sicher auf was gefaßt sein. Im übrigen war es sehr sonderbar, ausgerechnet bei so einer Sache stumm zu bleiben und uns, während wir den Schmuck verwahrten und durch die weiße Pforte heimkehrten, fast nicht anzublicken.

Tante Ruth bat Holanda und mich, José zu baden, Leticia aber nahm sie mit sich, um sie zu behandeln, und wir konnten uns endlich in Ruhe ausschütten. Wir fanden es wunderbar, daß Ariel kam, noch nie hatten wir einen Freund wie ihn gehabt, unser Vetter Tito kam nicht in Betracht, ein Simpel, der Bildchen sammelte und noch an die Erstkommunion glaubte. Die Aussicht machte uns schon ganz nervös, und José mußte es ausbaden, der arme Engel. Holanda war beherzter und brachte die Rede auf Leticia. Ich wußte nicht, was ich davon halten sollte, auf der einen Seite schien es mir entsetzlich, daß Ariel es merken würde, aber es war auch gerecht, daß die Dinge ins reine kamen, weil niemand eines anderen wegen Schaden leiden soll. Mir wäre es nur lieb gewesen, wenn Leticia nicht darunter leiden mußte, es genügte das Kreuz, das sie zu tragen hatte, noch dazu jetzt mit der neuen Behandlung und all den Sachen.

Abends konnte Mama es gar nicht glauben, uns so schweigsam zu sehen, und sagte: welch ein Wunder, die Mäuse müssen uns wohl die Zungen abgebissen haben, danach blickte sie Tante Ruth an, und die beiden dachten bestimmt, daß wir irgend etwas ausgefressen und jetzt Gewissensbisse hatten. Leticia aß sehr wenig und sagte, sie habe Schmerzen und wolle auf ihr Zimmer gehen, um »Rocambole« zu lesen, Holanda reichte ihr den Arm, auch wenn Leticia es nicht gern hatte, und ich fing an zu stricken, worauf ich immer verfalle, wenn ich nervös bin. Zweimal dachte ich daran, in Leticias Zimmer zu gehen, ich konnte mir gar nicht erklären, was die beiden so allein dort machten, doch Holanda kam mit äußerst wichtiger Miene wieder und blieb, ohne ein Wort zu sagen, an meiner Seite, bis Mama und Tante Ruth den Tisch abräumten. »Sie wird morgen nicht mitgehen. Sie hat einen Brief geschrieben und gesagt, daß wir ihn ihm geben sollen, wenn er viel fragt.« Sie öffnete ihr Blusentäschchen halb und ließ mich einen veilchenfarbenen Umschlag sehen. Dann rief man uns zum Tellerabtrocknen, und an diesem Abend schliefen wir nach all den Aufregungen und der Anstrengung, José zu baden, beinah auf der Stelle ein.

Am anderen Tag war die Reihe an mir, auf dem Markt einkaufen zu gehen, und den ganzen Vormittag über sah ich Leticia nicht, die auf ihrem Zimmer blieb. Ehe man zu Tisch rief, ging ich für einen Augenblick zu ihr und traf sie, in viele Kissen und den neunten Band von »Rocambole« versunken, am Fenster an. Es ging ihr sichtlich schlecht, aber sie fing an zu lachen und erzählte mir von einer Biene, die den Ausgang nicht fand, und von einem komischen Traum, den sie gehabt hatte. Ich sagte ihr, es sei schade, daß sie nicht zu den Weiden kommen könnte, aber ich fand es sehr schwierig, es ihr mit den richtigen Worten zu sagen. »Wenn du willst, können wir Ariel erklären, daß dir unwohl war«, aber sie sagte nein und verstummte. Ich drang noch ein bißchen in sie, doch mitzukommen, und am Ende faßte ich Mut und sagte ihr, sie brauche keine Angst zu haben, wobei ich ihr vor Augen hielt, daß wahre Liebe keine Schranken kennt und was der vortrefflichen Gedanken mehr sind, die wir aus dem »Schatz der Jugend« geschöpft hatten, aber es wurde immer schwieriger, ihr etwas zu sagen, weil sie die ganze Zeit das Fenster anstarrte und so aussah, als ob sie gleich zu weinen anfangen würde. Schließlich ging ich unter dem Vorwand, daß Mama mich brauchte. Das Mittagessen dauerte Tage, und Holanda bezog von Tante Ruth eine Ohrfeige, weil sie Soße aufs Tischtuch gekleckert hatte. Wie wir die Teller abgetrocknet haben, kann ich nicht mehr sagen, jedenfalls befanden wir uns plötzlich unter den Weiden, und wir zwei umarmten uns voller Seligkeit und gar nicht eifersüchtig aufeinander. Holanda erklärte mir, was wir über unsere Schulkenntnisse alles sagen müßten, damit Ariel einen guten Eindruck bekäme, weil die aus der Oberschule auf Mädchen herabsehen, die nur die Volksschule besucht haben und bloß Schneidern und Lederpunzen lernen. Als der Zweiuhrachtzug vorüberfuhr, streckte Ariel voller Begeisterung die Arme heraus, und wir winkten ihm mit unseren bedruckten Tüchern Willkommen zu. Zwanzig Minuten später sahen wir ihn auf dem Bahndamm näherkommen, und er war größer, als wir gedacht hatten, und ganz in Grau.

An das, was wir anfangs geredet haben, erinnere ich mich kaum noch, er war trotz seines Kommens und der Zettelchen ziemlich schüchtern und sagte sehr ernsthafte Dinge. Kaum war er da, lobte er unsere Statuen und Stellungen sehr und fragte, wie wir hießen und weshalb die Dritte fehle. Holanda erklärte, Leticia habe nicht kommen können, und er sagte, das wäre schade, und Leticia sei aber ein hübscher Name. Danach erzählte er uns von der Handelsschule, die bedauerlicherweise kein englisches College war, und wollte wissen, ob wir ihm den Schmuck zeigen könnten. Holanda hob den Stein auf, und wir ließen ihn die Sachen sehen. Sie schienen ihn sehr zu interessieren, und mehrmals nahm er einen der Schmuckgegenstände in die Hand und sagte: »Das da hat Leticia an einem Tag getragen« oder: »Dies hier war für die orientalische Statue«, womit er die chinesische Prinzessin meinte. Wir setzten uns in den Schatten der Weide, und er war vergnügt, aber zerstreut, man sah, daß er nur blieb, weil er gut erzogen war. Holanda schaute mich zwei- oder dreimal an, als die Unterhaltung schleppend wurde, und das bereitete uns großen Kummer, so daß wir am liebsten gegangen wären oder gewünscht hätten, Ariel wäre nie gekommen. Abermals fragte er, ob Leticia krank sei, und Holanda sah mich an, und ich dachte schon, sie würde es ihm sagen, aber sie erwiderte statt dessen nur, daß Leticia nicht habe kommen können. Mit einem kleinen Zweig zeichnete Ariel geometrische Figuren auf die Erde, und von Zeit zu Zeit betrachtete er die weiße Pforte, und wir wußten, was er dachte, weshalb Holanda gut daran tat, daß sie den veilchenfarbenen Umschlag hervorzog und ihm überreichte, und er stand mit dem Umschlag in der Hand verwirrt da, wurde, als wir ihm erklärten, daß Leticia ihm den schicke, sehr rot und steckte den Brief, ohne ihn vor uns lesen zu wollen, in die Innentasche seiner Jacke. Fast im gleichen Augenblick sagte er, daß es ihm sehr gefallen habe und er sich freue, gekommen zu sein, aber seine Hand fühlte sich weich und unsympathisch an, so daß es ohnehin besser war, der Besuch nahm ein Ende, auch wenn wir später immer nur an seine grauen Augen und diese traurige Art denken mußten, wie er lächelte. Auch erinnerten wir uns, wie er sich verabschiedet hatte, indem er sagte: »Auf immer«, eine Floskel, die wir daheim noch nie gehört hatten und die uns so gottvoll und poetisch vorkam. All das erzählten wir Leticia, die uns unter dem Zitronenbaum im Innenhof erwartete, und ich hätte sie gern gefragt, was in ihrem Brief stand, aber ich ahnte so einiges, weil sie den Umschlag verschlossen hatte, bevor sie ihn Holanda anvertraute, folglich sagte ich auch nichts, und wir erzählten ihr nur, wie Ariel war und wie oft er nach ihr gefragt hatte. Ihr dies zu sagen, war gar nicht leicht, weil es eine schöne und zugleich schlimme Sache war, wir merkten wohl, daß Leticia sich sehr glücklich fühlte und zur gleichen Zeit dem Weinen nahe war, bis wir fortgingen, weil uns Tante Ruth angeblich brauchte, während sie zurückblieb und den Wespen im Zitronenbaum zusah.

Als wir uns an diesem Abend zu Bett legten, sagte Holanda zu mir: »Du wirst sehen, ab morgen ist das Spiel zu Ende.« Aber sie irrte sich, wenn auch nicht sehr, denn am andern Tag gab uns Leticia, als der Nachtisch kam, das vereinbarte Zeichen. Wir gingen das Geschirr abwaschen, ziemlich erstaunt und auch ein bißchen wütend, weil das eine Unverschämtheit von Leticia und nicht in Ordnung war. Sie wartete an der Pforte auf uns, und wir starben fast vor Angst, als wir bei den Weiden angekommen waren und sehen mußten, daß sie Mamas Perlencollier und all ihre Ringe aus der Tasche zog, sogar den großen mit dem Rubin von Tante

Ruth. Wenn die de Lozas, diese widerlichen Zwerginnen, hinter uns her spionierten und uns mit den Juwelen sahen, würde es Mama ganz bestimmt sofort erfahren und uns umbringen. Doch Leticia war nicht bange und sagte, daß, wenn etwas passieren sollte, sie die einzige Verantwortliche wäre. »Ich möchte gern, daß ihr heute mich an die Reihe laßt«, fügte sie hinzu, ohne uns anzuschauen. Wir holten den Schmuck unverzüglich hervor, wollten plötzlich zu Leticia so gut sein, ihr jeden Gefallen erweisen, obwohl wir innerlich immer noch ein wenig Groll hegten. Da das Spiel Statue vorschrieb, wählten wir herrliche Dinge für sie aus, die gut zu den Juwelen paßten, viele Pfauenfedern, um sie in ihrem Haar zu befestigen, ein Fell, das von fern wie ein Silberfuchs aussah, und einen rosafarbenen Schleier, den sie wie einen Turban umband. Wir sahen, wie sie nachdachte, die Statue übte, ohne sich aber zu bewegen, und als der Zug in der Kurve sichtbar wurde, begab sie sich mit all den Juwelen, die in der Sonne funkelten, an den Fuß der Böschung. Sie hob die Arme, als ob sie statt einer Statue eine Stellung wiedergeben wollte, und deutete mit den Händen gen Himmel, während sie den Kopf nach hinten warf (das einzige, was die Ärmste machen konnte) und den Körper durchbog, daß uns angst und bange wurde. Sie kam uns wunderbar vor, die herrlichste Statue, die sie je geschaffen hatte, und dann sahen wir Ariel, der sie anschaute, aus dem Fenster hing und ausschließlich sie anschaute, den Kopf wandte und sie, ohne uns zu sehen, anschaute, bis ihn der Zug plötzlich entführte. Ich weiß nicht, wieso wir beide gleichzeitig losliefen, um Leticia zu stützen, die da mit geschlossenen Augen und großen dicken Tränen übers ganze Gesicht stand. Sie stieß uns, nicht unwillig, zurück, aber wir halfen ihr, die Juwelen in der Tasche zu verbergen, und sie ging allein nach Hause, während wir zum letzten Mal den Schmuck in seiner Schachtel verwahrten. Fast wußten wir schon, was passieren würde, aber trotzdem gingen wir zwei am andern Tag zu den Weiden, nachdem uns Tante Ruth dringend um Ruhe gebeten hatte, damit Leticia, die Schmerzen hatte und schlafen wollte, nicht gestört wurde. Als der Zug kam, sahen wir ohne jede Überraschung das dritte Fenster leer, und während wir uns halb erleichtert und halb wütend zulächelten, stellten wir uns Ariel vor, der auf der anderen Seite des Wagens still auf seinem Platz sitzt und mit seinen grauen Augen auf den Fluß blickt.

Inhalt

ENDE DES SPIELS (1956)
(Erweiterte Fassung 1964)

Julio Cortázar, Die Erzählungen
Inhaltsübersicht der Bände 2 bis 4:

Band 2 enthält die Sammlungen:
Die geheimen Waffen
Geschichten der Cronopien und Famen
Das Feuer aller Feuer

Band 3 enthält die Sammlungen:
Aus: *Reise um den Tag in 80 Welten*
Aus: *Letzte Runde*
Oktaeder
Passatwinde

Band 4 enthält die Sammlungen:
Ein gewisser Lukas
Alle lieben Glenda
Unzeiten
und ein Gesamtinhaltsverzeichnis

Suhrkamp Verlag GmbH
Torstraße 44, 10119 Berlin
info@suhrkamp.de
www.suhrkamp.de